그림에서 묻어나는 십자가 신학

그림에서 묻어나는 십자가 신학

지은이 최대열
펴낸이 성상건
디자인 임서영
펴낸날 2024년 8월 22일
펴낸곳 도서출판 나눔사
주 소 (우)10270 경기도 고양시 덕양구 푸른마을로 15, 301동 1505호
전화 02-359-3429 팩스 02-355-3429

등록번호
2-489호(1988년 2월 16일)
이메일 nanumsa@hanmail.net

ISBN 978-89-7027-879-7 (03330)
값 32,000원

그림에서 묻어나는 십자가 신학

저자 · 최대열

나눔사

이 책을 예수 그리스도의 복음을 전해주시고, 가르쳐주시고, 몸소 보여주신 모든 분들께 드립니다.

사랑하는 부모님, 목사님, 전도사님, 교회학교 선생님, 신학교 교수님,

교회 친구들, 신학교 동기들, 함께 사역하는 교역자들과 교우들,

장애 가운데 믿음의 길을 경주하는 성도들,

신학자들과 기독미술인들, 함께 꿈꾸며 살아가는 식구들과 주위 분들,

그리고 오직 예수 그리스도의 십자가를 높이고, 사랑하고, 전하기 원하는 분들께 감사드립니다.

세상에서 가장 악하고 추한 죄인이며 가장 부족하고 연약한 저에게

가장 좋은 분들을 허락하신 하나님께 감사드립니다.

감사의 글

거룩하신 성 삼위일체 하나님께 모든 영광과 존귀, 감사와 찬양을 올려드립니다. 이 글은 예수 그리스도의 십자가형(Crucifixion) 그림을 감상하며 해석하고, 그림에서 묻어나는 신학들을 더듬어 보며 묵상하고자 한 글입니다.

2020년 2월, 느닷없이 코로나가 한국에 들이닥쳤습니다. 남의 나라 이야기인 줄 알았는데, 한순간에 제 삶의 현실이 되었습니다. 때마침 교회력으로 사순절(Lent)이 시작되는 '재의 수요일(Ash Wednesday)' 무렵이었습니다. 저는 급하게 부랴부랴 서재에서 십자가에 관한 책들을 몇 권 뽑아들고 자가 격리를 위해 골방에 들어갔습니다. 그렇지 않아도 사순절에 예수 그리스도의 십자가에 다시 정면으로 부딪히고 싶은 마음이 간절하던 차였습니다. 왜냐하면 기독교 신앙의 본질이 그리스도의 십자가에 있는데, 어느새 타성에 젖고 탐욕에 물들어가는 내 영혼의 초라함, 아니 추악함을 절실히 느끼고 있었기 때문이었습니다.

십자가에 관한 책들을 잠잠히 묵상하며 읽어가는 중에 십자가형 그림들이 눈에 들어왔습니다. 오래 전부터 기독교 미술에 관심을 가지고 있었는데, 그러한 관심 때문이었을까 순간 십자가형 그림이 마음

속 깊숙이 들어왔습니다. 몰트만(Jürgen Moltmann)은 『십자가에 달리신 하나님』(1972)을 쓰면서 샤갈(Marc Chagall)의 〈황색의 십자가형〉(1943)을 묵상하였노라고 고백하였습니다. 몰트만은 이 그림이 자신의 책에 담긴 십자가 신학을 잘 드러내주고 있다고 하였습니다.

자가 격리를 마치며 십자가형 그림에 관한 공부를 제대로 한번 해 보아야겠다는 마음이 들었습니다. 그래서 틈나는 대로 십자가형 그림을 묵상하며ʼ 관련 자료들을 모아 글을 쓰기 시작하였습니다. 어느덧 해가 네 번 바뀌었습니다. 그동안 쓴 글을 다시 읽어보니 천박하고 난삽하여 부끄럽기 그지없었습니다. 사실 저는 화가도 아니고, 미술이나 미학을 전공한 사람도 아닙니다. 그저 미술을 좋아하는 사람 중의 하나일 뿐입니다. 따라서 이 글은 미술에 관한 학술적인 논문도 아니고, 미술 작품에 대한 전문적인 평론도 아닙니다. 그저 신학을 하고 목회를 하는 한 사람으로서 예수 그리스도의 십자가형 그림을 묵상하며 느끼는 바를 글 가는 대로 적어본 것입니다. 그리고 보면, 이 글은 무엇보다 저 스스로의 신학 정리와 영성 수련을 위한 것이고, 나아가 나눌 수 있다면 기독교인의 신앙과 교양을 위한 것이고, 조금 더 허락해 준다면 같은 시대를 살아가는 분들과 더불어 종교와 미술과 인생에 대해서 함께 생각해 보고자 한 글입니다.

지난 4년, 코로나 기간에 참으로 많은 그림들을 보았습니다. 미술 공부를 하며 가장 먼저 살펴본 그림이 십자가형 그림이었습니다. 예수 그리스도의 십자가가 저에게 미술에 관심을 갖게 한 최초의 계기였습니다. 또한 그 사이에 교회의 발달장애인들과 함께 예수의 생애에 관한 그림들을 공부하고 책을 내었습니다. 『어, 보인다 보여』(나눔사, 2022)가 그것입니다. 그리고 내친 김에 그림 속에 들어있는 장애인을 살펴보고 책을 내었습니다. 『그림에서 장애인을 만나다』(나눔사, 2023)가 그것입니다. 그런데 제일 처음 시작하여 지금껏 여전히 놓지 못하고 있는 그림의 주제는 십자가형입니다. 십자가는 언제 어디서나 저에게 삶의 기본과 자세, 삶의 목적과 의미를 되돌아보게 하는 주제입니다.

책을 출간하며 도와주신 분들께 지면을 빌어 감사의 마음을 표하고 싶습니다. 먼저, 언제나 그렇듯이 거룩하신 성 삼위일체 하나님께 감사드립니다. 그분은 제 존재의 근거이자 제 인생의 목적이고 의미입니다. 그분은 저의 창조자이시며 구원자이십니다. 제가 존재한다면 그것은 그분 때문이고, 제가 무엇을 한다면 그 또한 그분 때문이기를 소망합니다. 십자가형 그림을 묵상하며 원고를 집필하는 이 모든 과정도 그분의 은혜이자 도움이었습니다. 하나님은 저에게 글을 쓸 수 있는 마음과 삶의 여건을 허락해 주셨고, 또 귀한 분들을 만나게 해주셨습니다.

부족한 사람에게 목회의 길을 허락해 주신 명성교회 김삼환 원로 목사님과 김하나 담임목사님께 감사드립니다. 두 분 목사님의 말씀은 저에게 항상 깊은 깨달음과 진한 울림을 주고 있습니다. 김삼환 목사님의 십자가 사진 묵상집 『십자가 십자가』 (오주, 2016)는 이 글을 쓰는 동안 제게 큰 감동을 주었습니다. 명성교회의 동료 부교역자들과 성도들에게 감사드립니다. 특히 매주일 함께 그림을 보며 말씀과 삶을 나누어 주신 사랑부 식구들에게 감사드립니다.

또한 부족한 사람에게 신학의 길을 열어 주신 김균진 교수님에게 감사드립니다. 이 글에 소개되는 신학의 일반적인 내용은 대개 김균진 교수님의 『기독교 신학』에 기초하고 있습니다. 또한 앞서 미술신학의 본을 보여주신 독일 칼스루에의 임재훈 목사님과 예술목회연구원의 심광섭 박사님께 감사드립니다. 심광섭 박사님의 『십자가와 부활의 미학』 (예술과영성, 2021)은 이 책을 구성하는데 큰 도움을 주었습니다. 한국조직신학회 회원, 장애인신학회 회원, 예술목회연구원 연구위원들께 감사드립니다.

아울러 이 책의 출간을 위해 도움을 주신 나눔사 성상건 사장님과 출판사 여러분들께 감사드립니다. 그럼에도 이 글의 부족함과 미숙함은 전적으로 저의 책임입니다. 모든 잘못은 저의 무지와 나태에서 온 것입니다. 제가 잘 몰라서 그렇고, 제가 성실하지 못하고 섬세하지 못하고 예민하지 못해서 그런 것들입니다. 너그러이 용납해 주시기를 바라며 이 글로 인해서 저를 도와주신 분들께 누가 되지 않기를 바랍니다.

2024년 이제 코로나19의 기세가 거의 잦아든 것 같습니다. 그러나 그렇다고 해서 인생이나 세계의 문제가 해결된 것은 결코 아닙니다. 코로나19 이후에 또 어떤 코로나가 올지도 모르거니와 우리의 인생과 세계에는 코로나 외에도 직면한 수많은 문제들이 있습니다. 세계는 지금 전쟁, 재난, 불평등과 차별, 대립과 혐오, 양극화, 그리고 심각한 기후 위기를 마주하고 있습니다. 개인적으로도 경제, 건강, 진로, 가정, 직장, 소외, 고독, 절망, 무의미와 허무 등 많은 어려움을 겪고 있습니다. 주어진 상황과 직면한 문제에 어떻게 대처할 것인가는 인간의 영원한 과제인 것 같습니다. "나는 누구이며, 우리는 어떻게 살 것인가?" 저는 언제나 예수 그리스도의 십자가에서 그 답을 찾고자 합니다. 이름하여 십자가 신학이고, 십자가 신앙이고, 십자가 목회이고, 십자가 영성입니다. 모쪼록 어려운 시기에 이 어설픈 글이 누군가에게는 묵상과 사고와 신앙과 인생에 조금이나마 위안이 되고 소망이 되기를 간절히 바라고, 또 기도합니다. 감사합니다.

2024. 2. 14.

재의 수요일에 명성교회 은혜교육관에서

최대열

차례

그림에서 묻어나는 십자가 신학

기독교의 상징으로서 십자가

십자가는 기독교를 대표하는 상징이다. 교회 건물마다 십자가가 세워져 있고, 교회 용품에도 십자가 문양이 새겨져 있다. 기독교인들 중에는 집에 십자가 장식을 하는 사람들도 있고, 몸에 십자가 장신구를 착용하는 사람들도 제법 있다. 역사적으로 건축물이나 조형물에 있는 십자가는 대개 기독교와 관련되어 있다. 지금도 여전히 기독교를 상징하는 이미지, 그림, 디자인으로 십자가가 널리 사용되고 있다. 그러다 보니 기독교라고 하면, 기독교인이 아니더라도 누구나 머릿속에 십자가를 가장 먼저 떠올린다.

이글은 예수의 십자가형 그림을 감상하며 그 안에 담겨있는 의미를 찾아보고자 하는 작업이다. 그림은 한 화폭에 세계를 담고, 시대를 담고, 인생을 담고 있다. 그림이 오늘 우리에게 주는 지식과 의미와 감동은 다양하다. 여기서는 그림이 담고 있는 미술사학적, 미학적, 인문학적 그리고 신학적, 영성적 의미를 살펴보고자 한다. 특히 살펴보는 그림이 십자가형 그림인 만큼 무엇보다 그림에서 묻어나는 신학, 곧 십자가에 대한 신학적 의미를 추적해 보고자 한다.

그런데, 왜 하필 십자가형 그림인가? 그것은 기독교가 역사적으로 예수의 십자가로부터 출발하였고, 기독교의 중심 내용이 그리스도의 십자가에 기초하고 있기 때문이다. 기독교는 나사렛 예수가 십자가에 죽고 부활함으로써 시작되었다. 기독교의 핵심은 예수의 십자가의 죽음이 한낱 개인의 인간적인 죽임이 아니라 세상을 구원하기 위한 메시야의 죽음이었으며, 그리하여 그를 믿는 자는 누구든지 구원을 얻게 된다는 신앙이다. 그런 의미에서 기독교는 언제나 십자가에서 출발하고, 십자가를 높이고, 십자가로 되돌아가고, 십자가를 중심으로 한다.[1]

그래서 기독교라고 하면 형식에서나 내용에서나 가장 중요한 것이 예수 그리스도의 십자가이다. 기독교와 관련하여 신학이든, 예전이든, 생활이든, 어떤 분야에서든지 십자가가 없으면 그것은 기독교라 할 수 없다. 기독교의 중심에는 언제나 십자가가 있다. 지난 세기 후반 스토트(John Stott, 1921~2011)는 신학의 주변화에 맞서 기독교의 십자가 중심성(Centrality)을 강조하였고, 몰트만(Jürgen Moltmann, 1926~2024)은 기독교의 정체성(Identität)과 시대적 정합성(Relevanz)을 십자가에서 찾았다.[2] 예수 그리스도의 십자가가 없다면 그것은 더 이상 기독교라 할 수 없다. 기독교는 예수 그리스도의 십자가 사건에서 진리와 구원, 생명과 희망을 찾는다. 이렇듯 기독교를 가장 잘 표현해 주고 있는 것이 바로 예수 그리스도의 십자가이다.

그렇다 보니, 역사상 기독교 미술에서 가장 중요한 주제인 동시에 또한 가장 많이 다룬 주제가 예수의 십자가형이다. 중세에 세상의 중심은 기독교였다. 기독교적 세계관이 온 세상을 지배하였다. 예전, 정치, 문화, 사상, 예술, 심지어 일상생활까지 기독교적이었다. 때문에 예수의 십자가형 그림은 당시 예술의 최고봉이었다. 당시의 건축과 조각과 회화의 절정의 기술과 자본이 기독교 미술, 특히 예수의 십자가형 그림에 집중 동원되었다. 르네상스를 지나며 세속화 과정으로 인해 기독교 미술은 예술의 한 지류가 되었지만, 기독교의 영역에서는 여전히 예수의 십자가형 그림만큼 지속적으로 강조된 주제가 없다. 수많은 십자가형 그림들은 분명히 같은 주제를 다루었지만, 그 작품의 표현과 담고 있는 의미가 똑같은 것은 하나도 없다. 그래서 예수의 십자가형 그림을 살펴보고자 한다. 그 표현이 시대마다 사람마다 어떻게 다르고, 또 그 안에는 어떤 사연과 신학이 담겨 있을까?

십자가의 역사적 기원

기독교의 십자가는 어떻게 비롯된 것일까? 사실 십자가가 처음부터 기독교의 것은 아니었다. 십자가의 기원에 관하여서는 먼저 두 가지 사항을 언급할 필요가 있다. 첫째는 종교적 상징으로서의 십자가이다. 인간은 종교적 존재(Homo Religious)여서 고대로부터 이미 십자가 문양을 종교적 의미로 사용하였다.[3] 고대 바빌로니아인은 하늘의 신 아누(Anu)의 상징으로 십자가를 사용하였고, 고대 이집트인은 신성과 영생의 상징으로 원형(圓形)이 붙어 있는 십자가를 사용하였다. 그리스 신화에 따르면, 아폴론(Apollon)은 십자형 홀을 들고 있고, 게르만 신화에서 토르(Thor)는 십자모양의 망치를 가지고 있다.[4] 여기서 십자가는 하늘과 땅, 곧 하나님과 인간의 만남을 상징한다. 십자가는 신 또는 신적 존재와의 만남과 그에 따른 종교적 경험(숭배, 경험, 인식, 표현 등)을 의미한다.

다른 하나는 처형 도구로서의 십자가이다. 이것은 역사적으로 기독교와 보다 가까이 연관되어 있다. 십자가는 고대 근동에서 사람을 처형하던 방법 중의 하나였다. 헤로도토스(Herodotos, BC c. 484~c. 425)의 기록에 따르면, 십자가형은 페르시아에서 유래한 것으로 전해지고 있다. 그런데 고대의 자료를 살펴보면 인도인, 앗시리아인, 스키타이인, 타우리아인, 켈트족도 십자가형을 사용하였다.[5] 역사적 추적을 계속한다면 아마도 더 이전으로 거슬러 올라갈 수 있을지도 모르겠다. 그런 잔혹한 십자가형이 로마 제국의 확장 속에 로마 안으로 유입되었다. 로마인에게 야만족으로 여겨지던 이방 민족의 십자가형은 그야말로 잔인하고 두렵고 혐오스러운 것이었다. 여기서 십자가는 고통과 죽음, 저주와 공포를 의미한다.

예수 당시에 십자가형은 세상에서 이미 가장 잔혹한 처형으로 알려져 있었다. 책형(磔刑)에는 I자, 十자, T자, X자 등 여러 형태가 있었는데, 주로 십자(Cross, 十字) 형태로 된 기둥에 죄수를 못 박아 죽였기에 십자가형(Crucifixion)이라고 불렸다. 십자가형은 십자로 된 형틀에 양 손과 발에 못을 박아서 매달아 죽기까지 고문하고 유기하였다. 당시 십자가형은 형틀의 형태도 여러 가지였지만 처형 방법에 따라 여러 가지로 행하여졌다. 때론 처형 이후에도 전시적 효과를 위해 시신을 오랫동안 십자가에 달아놓기도 하였다. 십자가의 고통과 수치는 상상 이상으로 잔혹한 것이었다.

요세푸스(Josephus, c. 37~c. 100)의 기록에 따르면, 로마 제국은 십자가형의 잔혹성으로 인해 로마 시민을 십자가형에 처하는 것을 극히 경계하였다. 로마인들에게 십자가는 무식하고 잔인한 야만인의 것이지, 고상한 문화를 가진 로마인에게는 결코 적용할 수 없는 것으로 여겨졌기 때문이다. 그래서 로마제국에서 십자가형은 주로 이방인이나 노예들에게 적용되었다. 그런데 AD 30년경 유대인 나사렛 예수가 그렇게 잔혹한 십자가에 처형을 당하였다.

유대 전통에서도 십자가는 흔하지 않은 것이었다. 유대 율법에 따르면, 이스라엘 백성이 죄를 범할 경우에는 대개 돌로 쳐 죽이는 투석형(投石刑)이 일반적이었다(출 19:13, 레 20:2, 15, 27, 24:14, 16, 23, 민 15:35-36, 신 13:10, 17:5, 21:21, 22:21, 24). 다만, 신명기 21장 22-23절에 사람이 죽어 나무에 달리는 것은 하나님께 저주를 받은 것이라는 구절이 있다. 그래서 유대인들에게 나무에 달려 죽는다는 것은 매우 부끄럽고 수치스러운 일로 여겨졌다(삼하 18:14-15). 예수의 십자가형은 유대인 전통에 따라 저주와 수치의 징표로 여겨졌다. 유대인들로서는 고대하던 메시야가 그렇게 저주 받은 수치 속에 잔혹한 죽음을 당한다는 것은 있을 수 없는 일이었다. 성서에서 십자가는 고통과 죽음의 의미와 함께 또한 저주와 수치의 의미를 가지고 있다.[6]

예수의 십자가형 사건의 구성

나사렛 출신의 한 유대인 예수가 십자가에 못 박혀 죽었다. 그는 어쩌다 끔찍한 십자가형을 당하게 된 것일까?

예수의 죽음에 관한 기록은 신약성서의 복음서에서 찾아 볼 수 있다. 복음서의 기록에 따르면, 대제사장들과 공회가 예수를 죽이고자 모의하였다(마 26:4, 59, 27:1, 20, 막 14:55, 눅 19:47), 대제사장들과 서기관들과 장로들은 유대 사회의 지도자들이었다. 당시 유대에는 70인으로 구성된 '산헤드린(Sanhedrin)'이라는 공회가 있어서 유대 사회를 이끌었는데, 예수의 죽음은 종교지도자들과 이 공회가 함께 결의한 일이었다.

그럼, 왜 이들은 예수를 죽이고자 하였을까? 당시 유대의 종교지도자들에게 예수의 교훈과 기적은 매우 성가시고 불편한 것이었다. 예수는 기적을 일으키고 율법을 새롭게 설파함으로써 많은 민중들로부터 선풍적인 인기를 얻고 있었다. 대제사장, 서기관, 바리새인과 장로들에게는 그런 지혜와 능력이 없었다. 게다가 예수가 종교적으로 기득권 세력이었던 지도자들의 위선을 비판하고 책망하였으니 그들의 마음은 상할 대로 상하여 원한이 가득 차게 되었다. 그런데 예수가 안식일에도 병자를 고치고 심지어 자신을 하나님의 아들이라고 하니, 그들은 이것을 빌미삼아 예수에게 안식일을 범한 죄에다 신성을 모독한 죄까지 덮어씌웠다(요 5:18, 10:33, 11:53).

그러나 예수를 죽이기는 쉽지 않았다. 예수를 죽일만한 확실한 물증이 마땅치 않았고, 예수에 대한 민중들의 인기도 무시할 수 없었거니와 무엇보다 예수를 죽일 권한이 그들에겐 없었다. 당시 유대 땅에서 사람을 공개적으로 죽이고자 한다면 로마 총독의 재가가 필요하였다. 그리하여 유대의 종교지도자들은 예수를 로마 제국에 저항하는 정치적 반역자인 것처럼 꾸며 예수를 '유대인의 왕'이라고 고발하였다. 당시 유대에는 두 정치권력이 있었는데, 하나는 분봉 왕 헤롯(Herod Antipas, 재위 BC 4~AD 39)이었고, 다른 하나는 총독 빌라도(Pontius

Pilatus, 재직 AD 26~36)였다. 로마는 큰 나라답게 로마 황제와 로마 제국과 로마의 법에 반대하지 않는 선에서 정복민의 종교와 문화를 인정해 주었다. 분봉 왕을 세워서 지역을 자치적으로 운영케 하는 한편, 총독을 파견하여 지역을 감독하도록 하였다. 헤롯과 빌라도는 평소에는 원수같이 지냈다. 그런데, 예수를 십자가에 죽이는 일에는 어찌된 일인지 서로 의기를 투합하였다(눅 23:11-12).

헤롯의 입장에선 민중의 인기를 얻고 있는 예수가 마뜩치 않은데다가 무엇보다 유대의 종교지도자들이나 공회원들과 척을 지고 싶지 않았다. 그것은 빌라도도 마찬가지였다. 빌라도도 자신이 관리하는 영역에서 소요가 일어나는 것을 원치 않았다. 빌라도는 아내의 청도 있었지만, 무엇보다 예수를 직접 심문하여 보고는 예수에게서 이렇다 할 혐의점을 찾지 못하여 놓아주고자 하였다. 그러나 대제사장과 장로들이 예수를 '유대인의 왕'이라 하여 로마에 반기를 든 정치범으로 몰아가자, 빌라도는 로마 총독의 직무상 더 이상 비켜갈 수가 없게 되었다. 거기다가 대제사장과 장로들의 사주를 받은 군중들이 계속하여 예수를 십자가에 못 박으라고 외쳐대자 빌라도는 결국 예수를 십자가에 넘겨주게 되었다(막 15:15).

이것은 예수가 십자가에 죽게 된 종교·사회·정치적 경위를 간략하게 정리한 것이다. 그러나 복음서는 단순히 인물의 생애나 세계의 역사를 말하려고 기록한 책이 아니다. 이러한 경위는 예수가 십자가형에 이르게 된 표면적이고 현실적인 과정일 뿐이고, 복음서가 정말로 전하고자 하는 메시지는 십자가에 죽은 나사렛 예수가 바로 하나님의 아들로서 우리를 구원하시는 메시야, 곧 그리스도라고 하는 사실이다(마 16:16, 막 1:1, 요 1:29, 20:31). 성서 전체, 나아가 기독교 전체가 바로 이것을 말하고 있다.[7] 그럼, 예수는 정작 자신의 죽음에 대해서 뭐라고 하였을까? 예수는 자신의 죽음을 어떤 의미로 받아들였고, 또 무슨 목적으로 그 모진 십자가의 고난을 감당하였을까? 예수는 자신이 이 세상에 온 목적이 자신의 목숨을 사람들의 대속물로 주기 위함이라고 분명히 밝혔다(마 20:20, 막 10:45). 또한 그는 사람들이 영생을 얻을 수 있도록 자신이 모세 시대 광야의 놋 뱀처럼 높이 들려야 할 것이라고 말하였고(요 3:14-16), 제자들에게 자신이 사람들에게 넘겨져 많은 고난을 당하게 될 것이라고 여러 차례 예고하였다(막 8:30-31, 9:30-32, 10:32-34).

• 인자가 온 것은 섬김을 받으려 함이 아니라 도리어 섬기려 하고 자기 목숨을 많은 사람의 대속물로 주려함이니라 (막 10:45)

• 모세가 광야에서 뱀을 든 것 같이 인자도 들려야 하리니 이는 그를 믿는 자마다 영생을 얻게 하려 하심이니라 (요 3:14-15)

• 보라 우리가 예루살렘으로 올라가노니 인자가 대제사장들과 서기관들에게 넘겨지매 그들이 죽이기로 결의하고 이방인들에게 넘겨주어 그를 조롱하며 채찍질하며 십자가에 못 박게 할 것이나 제 삼일에 살아나리라 (마 20:18-19)

복음서에는 예수 외에도 예수의 죽음을 헤아려 본 여러 사람들의 증언이 기록되어 있다. 세례 요한은 지나가는 예수를 가리켜 '세상 죄를 지고 가는 하나님의 어린 양'이라고 말하였고(요 1:29), 베드로는 '주는 그리스도'라고 신앙고백을 하였다(마 16:16, 막 8:29, 9:20). 시각장애인이었다가 고침을 받는 한 사람은 예수를 '인자'라고 고백하였고(요 9:35-38), 마르다는 '주는 그리스도시요 세상에 오시는 하나님의 아들'이라고 고백하였다(요 11:27). 또한 골고다 현장에서 예수의 십자가형을 끝까지 지켜보았던 백부장은 예수를 가리켜 진실로 '하나님의 아들'이었다고 말하였다(마 27:54, 막 15:39).

- 이튿날 요한이 예수께서 자기에게 나아오심을 보고 이르되 보라 세상 죄를 지고 가는 하나님의 어린 양이로다 (요 1:29)
- 시몬 베드로가 대답하여 이르되 주는 그리스도시요 살아 계신 하나님의 아들이시니이다 (마 16:16)
- 예수를 향하여 섰던 백부장이 그렇게 숨지심을 보고 이르되 이 사람은 진실로 하나님의 아들이었도다 하더라 (막 15:39)

예수가 십자가에 죽었다가 부활 승천한 후 그의 복음이 제자들을 통하여 세상에 전파되기 시작하였다. 신약성서 사도행전은 사도들의 행적과 초대교회의 사역을 기록하고 있는데, 그때 전파된 복음의 핵심 내용은 십자가에 달려 죽은 나사렛 예수가 바로 세상을 구원하는 메시야, 곧 그리스도라는 것이었다. 그래서 예수 그리스도를 믿으면 누구든지 죄 사함을 받고 구원을 얻게 된다는 것이었다. 초대교회 교인들에게 십자가는 죄와 고통과 죽음의 상징인 동시에 또한 그것을 넘어서 구원과 승리와 생명의 상징이 되었다. 기독교의 십자가는 저주와 수치와 무능과 실패를 넘어서 구원과 승리와 영광과 사랑의 이미지를 갖게 되었다.

바울 서신은 십자가의 이러한 양면성을 고스란히 담고 있다. 바울은 십자가가 고통이자 저주이기에 유대인에게는 거리끼는 것이고 헬라인에게는 미련한 것이지만, 바로 그 십자가에 세상이 알지 못하는 구원에 이르는 지혜와 능력이 있다고 말하였다(고전 1:18-25). 예수 그리스도의 십자가에 하나님의 구원과 사랑이 계시되어 있다. 그리하여 성도는 예수 그리스도의 십자가를 통하여 하나님을 알고, 구원을 받고, 하나님의 사랑과 능력을 경험하며 하나님 나라의 소망을 갖게 된다. 성도는 그리스도와 함께 죽고, 그리하여 십자가의 고난을 짊어지고 살아가게 된다. 이것이 바울의 십자가 신학이다.[8]

'십자가 신학(Theologia crucis)'이란 용어는 신학에서 전문적으로는 마르틴 루터(Martin Luther, 1483~1546)가 1518년 하이델베르크에서 자신의 신학을 변론하며 중세 로마 가톨릭의 '영광의 신학(Theologia gloriae)'에 반대하여 주장한 용어이다. 루터는 중세 로마 가톨릭의 신학이 학문과 지식에서 영광을 추구한데 반해서 오직 십자가와 고난 속에서 숨어 계신 하나님을 발견할 수 있다고 주장하였다.[9] 그래서 루터는 십자가를 신학의 근거이자 기준으로 삼았다. "십자가만이 오직 우리의 신학이다(Crux sola est nostra thologia)." "십자가는 모든 것을 시험한다(Crux probat omnia)."

그러나 일반적으로 생각해보면, 십자가 신학이란 용어는 십자가와 관련하여 십자가가 담고 있는 전반적인 의미로도 사용할 수 있다. 십자가가 단 한 사람에게 단 하나의 의미만으로 머물러 있을 수는 없다. 십자가는 계시, 사랑, 구원, 고난, 저주, 희생, 심판, 죽음, 부활, 소망, 영광, 화해, 평화 등 여러 다양한 의미들을 담고 있다. 따라서 우리는 십자가가 담고 있는 여러 다양한 의미들을 따라 여러 다양한 십자가 신학을 말할 수 있다.[10] 사실 십자가의 의미는 무한하다. 예수 그리스도가 '만유의 주'이시기에 그의 십자가는 만유에 만 가지 의미와 능력을 가진다.

초기 기독교 미술에서의 십자가

초기 기독교인들에게 예수 그리스도는 곧장 십자가로 연결되었다. 기독교와 십자가는 떼려야 뗄 수 없는 것이었다. 그것은 역사적으로 예수 그리스도가 십자가에 못 박혀 죽고 부활하심으로써 기독교가 시작되었기 때문이다. 십자가는 기독교 역사의 처음부터 자연히 그리고 당연히 기독교의 상징이 되었다. 초대교회 때부터 기독교인들은 십자가를 그어 자신의 정체를 드러내거나 십자가 모양으로 예수 그리스도와 기독교를 표현하였다.

그러나 초대교회 시대에 십자가에 대한 표현은 매우 제한적이었다. 당시 사회에서 십자가는 여전히 고난, 죽음, 저주, 경멸의 상징이었고, 무엇보다 기독교는 초기에 유대교의 박해와 로마 제국의 박해를 감내해야 했기 때문이다. 기독교인이 십자가에 달린 예수를 믿었기 때문이었을까 로마 제국은 기독교인들을 죽일 때 종종 십자가에 매달아 처형하였다. 따라서 십자가 표식은 교회 공동체 내에서 은밀하게 전해졌고 공유되었다. 십자가를 공개적으로 밖으로 드러내는 것은 목숨을 거는 매우 위험한 일이었다.

기독교 초기에 십자가에 달린 예수를 그리거나 조각한다는 것이 위험천만한 일인 동시에 또한 잔인하고도 불경스러운 일로 여겨졌다. 로마의 박해 외에도 구약 전통을 계승한 기독교에서 그림이나 조각은 우상을 만드는 것처럼 여겨졌다. 모세의 율법에는 우상뿐만 아니라 어떤 형상도 만드는 것을 금하였다(출 20:4-5, 신 5:8-9). 또한 당시에 십자가는 여전히 고통과 수치의 상징이었기에 구세주를 십자가에 달린 모습으로 처절하게 표현한다는 것은 잔인하고도 불경스러운 일이었다.

그래서 초기 기독교인들은 기독교를 상징하는 일종의 표식으로 십자가를 사용하였다. 이 시기 십자가와 함께 또한 물고기 그림이 기독교, 교회, 성도를 의미하는 표식으로 사용되었다. 십자가야 당연히 그럴 수 있지만, 물고기는 또 어떻게 기독교의 표식이 되었던 것일까? 물고기가 기독교의 표식이 되었던 것은 성서에 언급된 물고기(눅 5:6, 요 6:11, 21:11) 때문이라기보다는 헬라어로 예수(Ἰησοῦς), 그리스도(Χριστός), 하나님의(θεοῦ) 아들(Υἱός), 구세주(Σωτήρ)의 앞 철자를 모았을 때 조합된 단어가 익투스(ἰχθύς), 곧 헬라어로 물고기를 뜻하였기 때문이다. 기독교 초기에는 기독교의 상징으로 십자가와 물고기 같은 단순한 모노그램이 사용되었다.[11]

초기 기독교인들은 로마의 박해를 피해 카타콤으로 숨어들었고, 박해가 길어짐에 따라 그곳에서 오랫동안 생활하게 되었다. 초기 기독교인들의 흔적이 카타콤의 벽에 그림으로 남아 있다. 2세기경의 지하 묘소에는 비둘기, 공작, 불사조, 닻, 어린 양, 물고기, 향유병, 기도하는 오란테 여인상, 요나, 선한 목자, 종려나무 가지 등이 그려져 있다.[12] 이것들은 모두 기독교의 상징물들이다. 특히 어린 양과 선한 목자는 기독교적으로 예수 그리스도를 떠올리게 한다. 그런데, 그 표현들을 자세히 살펴보면 그리스로마 신화의 헤르메스와 오르페우스 그림에서 차용한 것들이다. 그러고 보면 미술은 일면 모방이고, 모방은 새로운 창작으로 인도하는 것 같다.

2세기에 카타콤의 그림이 주로 단일 형상을 위주로 하였다면, 3세기에 들어서는 성서에 나오는 이야기 그림이 등장하기 시작하였다. 아브라함이 이삭을 바치는 이야기, 다니엘 세 친구가 풀무 불에서 살아난 이야기, 사자 굴속의 다니엘 이야기, 요나가 물고기 뱃속에 들어갔다가 살아난 이야기, 죽은 나사로가 다시 살아난 이야기, 예수 그리스도가 예루살렘에 입성하는 이야기, 선한 목자이신 예수 그리스도가 양을 돌보는 이야기 등이다. 이 시기에 이르러 성모 마리아의 수태고지 이야기도 그림에 등장하기 시작하였다.[13] 이 이야기들은 성서 안에서도 주로 기독교의 복음, 구원, 믿음, 부활, 영생과 관련한 이야기들이다.

십자가가 로마 사회에서 공개적으로 표현되기 시작하였던 것은 313년 콘스탄티누스 황제가 밀라노 칙령(Edict of Milano)을 선포하여 기독교가 긴 박해에서 벗어나 자유를 얻기 시작하면서 부터이다. 326년, 예수의 무덤을 발견한 데 이어 콘스탄티누스의 어머니 헬레나(St. Helena, 250~330)가 예수의 십자가를 발견하였다고 전해진다.[14] 콘스탄티누스 황제는 그곳에 성당을 세웠다. 그리고 계속하여 예수가 태어난 곳, 세례 받은 곳, 승천한 곳 등지에 기념 성당을 건축하였다. 성당마다 십자가가 사용되기 시작하였고, 이때부터 십자가는 교인들 사이에서만 아니라 세상에서도 더 이상 수치가 아니라 기독교의 자랑이 되었다. 이제 십자가는 패배와 고난이 아니라 승리와 영광의 상징이 되었다.

로마 박해의 시기에 카타콤의 미술은 주로 장례 미술의 성격을 띠었는데, 박해가 끝나자 기독교 미술은 성서이야기를 담은 서사 형식의 미술로 전개되었다. 4세기 이후로 구약과 신약 성서의 이야기들 그림이 그려지기 시작하였다. 석관 부조에 새겨진 고난 받으시는 예수 그리스도 또한 수치나 패배가 아니라 자랑과 승리의 모습으로 표현되었다. 가시관을 쓴 예수 그리스도가 마치 승리의 관을 쓰고 있는 듯하다. 심문 받으시는 그리스도 또한 고난과 죽음을 두려워하지 않는 당당한 자세로 표현되었다.

미술사 속의 십자가형 그림

313년 로마의 기독교 공인과 391년 기독교 국교화로 기독교는 로마 문화의 주류가 되었다. 이후로 지금까지 유럽 문화의 근저에 기독교가 자리 잡게 되었다. 미술의 영역에서도 예외가 아니다. 중세 미술은 거의 다 성당과 수도원을 중심으로 이루어졌으며, 그 내용은 성서와 기독교의 것들이었다. 이 책은 그중에서도 기독교의 핵심이라고 할 수 있는 예수의 십자가형 그림을 추적하고 있다.

기독교 초기의 고대 교회는 예수의 십자가형을 표현하기에 주저하였다. 그것은 구약의 우상제작 금지의 전통과 함께 잔혹한 십자가형 묘사로 인한 신성모독의 여지가 있었기 때문이다. 그러나 로마의 국교화 이후 예수의 십자가형 표현도 신성모독의 굴레에서 차츰 벗어나기 시작하였다. 오히려 십자가형의 예수의 머리에 후광을 드리움으로써 영광스럽게 하였다. 십자가는 국가적으로 큰 자랑과 영광이 되었다.

중세의 십자가형 그림은 예수의 십자가형이라는 역사적 사실에 그리스도의 구원 사건이라는 신학적 의미를 담아 영화롭게 표현하고자 하였다. 물론 십자가형의 고난과 수치는 지울 수 없는 일이었기에, 그 표현 속에는 십자가의 고통이 담겨 있으나 그것을 가급적 아름답고 영화롭게 표현하는 방향으로 나아갔다. 중세가 깊어갈수록 예수의 십자가형의 고난과 영광 위에 신비로움과 아름다움이 더해 갔다. 중세 성당이나 수도원에서 고딕 양식과 십자가형은 이러한 내용과 형식과 분위기를 잘 표현하고 있다.

르네상스 시대가 시작되면서 중세의 신(神) 중심의 예술이 인간(人間) 중심의 예술로 전환되었다. 중세 미술은 기독교의 내용을 전달하기 위해 과장하고 거룩하게 표현하였는데, 르네상스 미술은 이것들을 보다 사실적이고 현실적으로 표현하고자 하였다. 인체 해부, 원근법, 미술 재료와 기법의 발전은 르네상스 미술을 훨씬 세련, 화려, 미화시켰다. 그리고 이것은 예수의 십자가형 그림에 고스란히 적용되었다. 르네상스 미술에서 예수는 건장하고 아름다운 인물로 묘사되었다. 기독론의 양성론적(兩性論的) 관점에서 보자면 예수에 대한 인간적이고 사실적인 묘사로 그리스도의 인성이 드러난 것 같았으나, 그리스도의 고상함과 화려함은 결국 신성을 부각하였다. 미술의 주체나 고객이 여전히 교회나 수도원이나 왕궁이었기에 기독교적 내용에 르네상스의 고양된 기법이 적용되었다.

문예사에서 르네상스의 전환이 있었다면, 교회사에서는 종교개혁

이 발발하였다. 종교개혁은 기독교 내에서 성서의 근본으로 돌아가려는 자연 발생적인 사건으로 볼 수도 있지만, 또한 사회 전반에서 일어나고 있는 르네상스의 교회 차원의 적용 사건으로 볼 수도 있다. 종교개혁자들은 공동체에 따라 다소 입장을 달리하지만, 전반적으로는 중세 가톨릭교회가 추구하였던 예술 전통에 반대하였다. 그들은 '오직 성서'로만을 주장함으로써 성서 외의 다른 것들에 부정적인 입장을 취하였다. 그래서 교회 절기, 성인 숭배, 그리고 기독교 미술에 반대하였다. 자연히 미술품 제작에도 소극적이었다. 그렇다고 해서 모든 종교개혁자들이 미술을 반대한 것은 아니었다.[15] 종교개혁 사상을 그림으로 표현한 작품들도 여럿 남아있다. 십자가형 작품도 예외가 아니었다. 그림은 오히려 신학사상을 담아 전하기에 더 없이 유리한 방법이기도 하였다.

종교개혁에 반대하여 로마 가톨릭교회는 반종교개혁(反宗敎改革)을 진행하였다. 여기서 반종교개혁이란 로마 가톨릭교회가 교회의 개혁 자체를 반대하는 것이 아니라 개신교의 종교개혁에 반대하여 로마 가톨릭교회의 기존 모습에서 탈피하여 새로이 개혁하고자 시도한 것이다. 이 작업은 구체적으로 트리엔트 공의회(Council of Trient, 1545~1563)를 통하여 진행되었다. 로마 가톨릭교회는 종교개혁 진영의 미술 반대에 반대하여 오히려 역으로 미술을 선교와 목회에 적극적으로 활용하기로 하였다. 이때 생겨난 예술사조가 바로크(Baroque) 양식이다. 바로크란 말은 포르투갈어 '바로코(barroco, 비뚤어진 모양의 진주)'에서 유래하였는데, 르네상스에 비해 균형과 조화에 약간 변형을 주어 오히려 역동성을 드러낸 예술을 대한 경칭이다. 바로크 미술은 르네상스를 거치며 세련되고 고양된 미술기법들을 동원하여 기독교의 교리를 표현하고자 하였다. 그런 점에서 중세 미술과 바로크 미술은 미술의 장소와 기법을 달리하였을 뿐, 전달하고자 하는 메시지는 오히려 같은 맥락에 있다고 할 수 있다. 이 시기 기독교 미술 작품이 그러한 경향을 따르고 있는데, 십자가형은 보다 확실히 그렇다. 그것은 마치 지난 20세기 초반에 정통주의 신학이 자유주의 신학을 거친 이후에 신정통주의 신학을 전개된 것에 견줄 수 있다. 바로크 양식은 세련되고 화려한 기법으로 미술 자체의 발전에도 큰 기폭제가 되었다.

근대에 들어서 미술은 기독교의 울타리를 훌쩍 넘어섰다. 르네상스 시대, 특히 이탈리아를 넘어 북유럽에서 전개되었던 르네상스에서도 미술의 탈기독교화(脫基督敎化)를 찾아볼 수 있다. 그림의 주제와 대상이 더 이상 교회에 머물러 있지 않았다. 그림을 주문하고 소비하는 주체가 교회와 수도원을 넘어서 상업의 발달로 부를 갖춘 일반 중산층에게로 확장되었다. 그림의 대상도 신을 넘어서 인간이 되었고 세상이 되었다. 그림의 주제도 성서와 기독교만 아니라 인간과 자연, 인물과 정물, 개인의 일상과 인류의 역사로 확장되었다. 초상화도 왕정의 초상화에서 일반 서민들의 일상으로 확장되기 시작하였다.

근대가 진행될수록 예수의 십자가형 그림은 두 가지 방향으로 전개되었다. 하나는 십자가형 그림이 기독교 세계 안으로 후퇴하였다는 것이다. 전체 그림의 양을 놓고 본다면, 십자가형 그림은 현격히 줄어들었다. 십자가형 그림은 더 이상 세계에서 각광받는 주제가 아니게 되었다. 그것은 사회에서 교회가 차지하는 비중과 영향력과 맞물려 있다. 과학, 의학, 예술, 정치, 경제, 문학, 스포츠 등 여러 분야가 발전하면서 사회는 점점 더 탈교회화하였고, 신대륙 발견과 함께 아메리카, 아시아, 아프리카와의 교류는 세계의 관심을 교회를 훨씬 넘어서게 하였다. 그림의 소재와 주제는 교회를 넘어서 너무나도 다양해졌다. 십자가형 그림은 크게 위축되었다. 그런가 하면 다른 하나는 십자가가 다양한 문화 속에서 다양하게 표현되기 시작하였다는 것이다. 십자가형은 종교적 의미를 넘어서 또한 인간과 세계가 마주하는 고난과 비극에 대한 상징으로 표현되기 시작하였다. 십자가형 그림은 기독교의 교리를 넘어서 전 인류, 전 세계를 아우르는 고난, 사랑, 구원, 평화, 희망의 주제가 되었다. 이러한 기독교의 현대적 추세를 하비 콕스(Harvey Cox, 1929~)는 기독교의 세속화(Secularization)라고 표현하였다.[16]

지난 20세기에 기념할만한 십자가형 그림들이 있다. 여러 작품들이 있는데, 위의 두 경향에 맞추어 보자면, 먼저 놀데(Emil Nolde, 1867~1956), 루오(Georges-Henri Rouault, 1871~1958), 벡크만(Max Beckmann, 1884~1950)의 십자가형 그림이다.[17] 놀데는 단순하지만 강렬한 색채와 구성으로 예수의 수난을 그렸다. 특히 그의 〈십자가형〉(Crucifixion, 1912)은 매우 강렬하다. 루오는 독실한 기독교인으로서 이 무모한 시대에 자신은 오직 십자가에 달린 예수만 믿는다며 예수의 수난 장면을 많이 그렸다. 그의 작품은 독특한 양식과 표현을 가지고 있는데, 특히 인물 묘사에서 독창적이다. 〈십자가에 못 박힌 그리스도〉(Christ en croix, 1936)에서도 강력하다. 벡크만은 그의 평생에 변화하는 현대 사조들을 두루 거쳤는데, 1900년 작 〈십자가형〉(Die Kreuzigung, 1900)은 표현주의 작품이다. 이들의 그림은 예수 그리스도의 십자가형 사건을 세계에 다시 폭로하며 관객들에게 기독교적 구원과 사랑의 의미를 전달하고자 하였다.

　　그런가하면 지난 세기를 풍미한 피카소(Pablo Ruiz y Picasso, 1881~1973), 샤갈(Marc Chagall, 1887~1985), 달리(Salvador Dali, 1904~1989)도 십자가형 그림을 그렸다. 그런데, 이들의 십자가형은 기독교의 경계를 넘어선다. 피카소는 1930년에 십자가형(Crucifixion)을 초현실적으로 그렸다. 그의 상징화되고 추상화된 십자가형은 인간의 파편화되고 단절된 비극적 삶을 예수의 십자가형에 담고 있다. 샤갈은 유대인으로서 성서화를 많이 그렸는데, 그의 화풍은 가히 '색의 예술가'라 할 만하다. 그의 표현은 서사적이고, 내용은 유대교보다는 오히려 기독교적이다.[18] 그는 평생에 십자가형을 여러 번 그렸는데, 1938년 작 〈하얀 십자가〉(The white crucifixion, La crocifissione bianca)는 1938년 11월 9일에 발생한 유대인 학살 사건 '수정의 밤(Kristallnacht)'을 고발하고 있다. 달리도 십자가형을 그렸다. 1951년 작 〈십자가의 성 요한의 그리스도〉(Christ of St. John of the Cross)와 1954년 작 〈십자가형〉(Crucifixion)이 대표적이다. 다원적이고 다중적인 현대 사회에서 소외된 현대인들의 삶을 호소하며 십자가에서 화해와 평안을 찾고 있다. 이들의 십자가형은 기독교 경계를 넘어 보편적인 관점에서 험난한 세상을 살아가는 현대인을 위로하며 소망을 주고자 한다.

　　미술사에서 그리스도의 십자가형 그림은 역사적 흐름을 반영한다. 예수 그리스도의 형상화는 역사적으로 신학사(神學史)는 물론 시대의 정신사(精神史)와 긴밀한 관계가 있다. 신학적으로 예수 그리스도의 의미는 물론이고 문화사적으로 시대의 정신과 중요한 사건을 반영한다. 근대 이전까지는 주로 교회의 영향 아래에서 가장 정선된 신학과 문화를 반영하였다면, 근대에는 산업의 발달 속에 교회를 벗어나 개인의 신앙심 고취를 위해 이용되었다. 근대를 지나서 그리스도의 형상화는 기독교에 국한된 종교적 의미를 넘어섰다. 세속성의 증폭 속에 인간화되거나 종교성을 유지한 채 관념화되었다. 어떤 경우이든 현대에 들어서 예수 그리스도의 형상화는 주관성을 확보하여야 했고, 또한 기독교의 정체성과 현대 사회, 곧 교회의 전통과 현대 문화 사이의 변증법적 긴장에 자리하게 되었다.[19]

그림의 성격과 해석의 방향

그림을 어떻게 볼 것인가? 그림을 해석하는 방법에는 어떤 것들이 있으며, 그림을 어떻게 해석하는 것이 과연 옳은 일일까? 구체적으로 그림들을 해석하기에 앞서 그림 일반, 곧 미술(美術)이 무엇인가에 대해서 먼저 생각해 볼 필요가 있을 것 같다. 왜냐하면 대상이 무엇인가에 따라 접근하는 도구나 방법도 달리 사용해야 하기 때문이다. 그림을 어떻게 규정하는가에 따라서 적절한 해석 방법을 택할 수 있을 것이다.

인류의 역사적 발전을 더듬어 볼 때, 그림의 성격을 크게 다섯 가지로 정리할 수 있다.

첫째, 그림은 고대로부터 종교와 연관되어 있었다(종교 작품으로서 미술). 고대의 동굴 벽화는 대개 종교적 제의와 연관되어 있었던 것으로 보인다. 모든 그림이 종교와 관련되어 있다는 뜻은 아니다. 다만, 인류의 역사에서 보면 그림은 먼저 종교를 위하여 표현되고 사용되었다는 의미이다.[20] 고대의 그림 중에는 신화를 그린 그림이 많다. 그리스로마 시대에 신화를 그린 작품들이 있다. 또한 왕을 표현한 그림들도 제법 있는데, 당시 왕은 신이나 신의 아들로 숭배되던 시절이었으므로 이 또한 종교와 연관된 그림들이라 할 수 있다. 중세나 르네상스 시절에도 그림은 종종 교회나 수도원에서 신앙의 고취를 위하여 제작되고 관람되었다. 오늘날 종교미술도 이와 같은 기능을 포함하고 있다.

둘째, 그림은 교육을 목적으로 사용되곤 하였다(교육 자료로서 미술). 그림은 글을 모르는 사람에게 어떤 지식을 전달하거나 가르칠 때에 매우 유용한 것이었다. 고대에도 그렇거니와 특히 중세의 미술은 교회가 성서와 교리를 가르치는 중요한 수단 중의 하나였다. 그림의 교육적 활용은 지금도 마찬가지이다. 오늘날도 독자의 이해를 돕고자 책에 그림을 곁들이는 경우는 흔한 일이고, 아예 그림이나 만화로 책을 제작하여 지식을 전달하는 경우도 허다하다.

셋째, 그림은 인류의 역사적 산물이라 할 수 있다(역사적 산물로서 미술). 글이 생기기 전에, 또는 언어와 인쇄가 오늘처럼 발전하기 전에 그림은 역사를 남기는 하나의 중요한 방법이기도 하였다. 물론 지금도 그림이나 사진으로 역사를 남기기도 한다. 고대의 동굴 벽화로부터 현대의 수많은 미술 작품에 이르기까지 모든 그림은 인류의 역사를 담고 있다. 그 자체가 역사인 동시에 또한 그 안에는 그 시대의 흔적이 남아 있다. 그 시절의 무엇인가를 기억하고 기념하고자 제작된 경우가 아니더라도, 또한 그림에는 의도치 않았던 당시의 풍경이며 역사적 사건과 사람들의 생활 모습과 지식이 담겨 있다.

넷째, 그림은 화가가 의도를 가지고 만들어낸 작품이다(작가의 작품으로서 미술). 그림은 자연과 달리 반드시 그린 사람이 있다. 작가 곧 화가이다. 때론 그 화가가 누군지 모를 때도 있지만, 확실한 것은 그 작품 역시 반드시 만든 이가 있다는 사실이다. 그는 무엇인가를 표현하거나 전달하거나 소망하고자 그림을 그린 것이다. 그것은 자기 자신을 위한 것일 수도 있고, 의뢰한 사람이나 기관을 위한 것일 수도 있고, 아니면 타인이나 세상과 함께 뭔가를 나누고자 한 것일 수도 있다. 아무튼 거기에는 화가의 의도가 있다는 것이다.

다섯째, 그림은 그 자체로 아름다움을 추구하고 향유하는 미술 작품이다(미술 작품으로서 미술). 인간은 본성상 아름다움을 찾고 즐기는 심미적 존재(審美的 存在), 호모 에스테티쿠스(Homo aestheticus)이다. 사람은 자연과 인간과 문화를 보며 아름다움을 느낀다. 인류는 고대로부터 왕궁이며 신전에 아름다운 것들로 장식을 하였다. 중세 교회나 대학도 그렇거니와 근대 유럽에 도시가 건설되면서 청사의 장식을 위하여서도 많은 그림을 제작하였다. 근대 중산층이 성장하면서 개인 가정집에도 그림을 소장하게 되었다. 그림이 아름다움 자체를 추구하는 전문 미술로서 자리 잡은 것은 역사적으로 그리 오래 된 일이 아니지만, 분명한 사실은 그림에는 본질적으로 아름다움이 스며있다는 사실이다.

그럼, 그림을 어떻게 볼 것인가? 아니, 먼저 어떻게 인간이 그림을 해석하고 감상할 수 있는가? 거기에는 그림을 그린 이와 그림을 보는 이 사이에 공통된 인간의 본성과 경험과 이해와 감정과 소망이 존재하기 때문이다. 예를 들면, 생에 대한 기본적인 인간의 본성, 무엇인가 표현하고 전하고 나누고자 하는 본성, 행복과 아름다움을 추구하는 본성, 인간이면 누구나 경험하게 되는 생의 희로애락, 현실에서 마주하는 공통의 문제, 인류가 바라는 소망 등…. 이 연속선이 있기에 오늘 우리는 그림을 보며 무엇인가를 알아가고, 깨닫고, 느끼고, 공감하고, 감동하게 된다.

위에 정리한 대로 만약 그림이 종교적인 것이라면 신앙과 경건을 위해 해석해야 할 것이다. 그림이 교육을 위한 것이라면 그림을 통해 가르치려는 내용을 파악하고 이해하는 일이 중요할 것이고, 역사적 산물이라면 그림으로부터 필요한 지식과 역사적 교훈을 얻어야 할 것이다. 그림이 화가의 감정과 소망을 담고 있다면, 그의 인생을 따라가며 그의 경험과 감정을 공유해 나가야 할 것이다. 무엇보다 그림 속 화가의 의도를 찾아야 할 것이다. 그림이 아름다운 미(美)를 추구하는 것이라면, 그림 속에서 어떤 지식이나 정보를 얻기에 앞서 먼저 아름다움을 발견하고 그 아름다움을 향유하는 일이 중요할 것이다.

그러나 이 모든 해석에 또한 비판적인 해석이 더해져야 할 것이다. 왜냐하면 작품의 성격이 그리 단순하지 않고 다양하고 복잡하기 때문이다. 자칫 섣불리 작품을 규정하고 따라가다가 작품의 허와 실, 보이지 않는 이면의 진리, 작품 너머의 교훈과 감정 등을 놓칠 수 있다. 굳이 해석학에 비유하자면 이 비판적 해석학은 부정의 해석학, 의심의 해석학, 해체의 해석학이라 할 것이다. 그래서 우리는 그림에 대해서 비판적 읽기와 비판적 감상을 필요로 한다. 또한 기독교인으로서 그림을 해석하고 감상하는 데에는 무엇보다 성령의 감동을 간구해야 할 것이다. 어디, 그림 해석뿐이랴? 사람이 생각하고 느끼고 살아가는 모든 것에는 다 하나님의 은혜가 필요하다.

미술사학의 비평 방법들

그림에 대한 개인적인 해석에 앞서 미술사학에서는 미술 작품을 어떤 방법들로 해석하고 있는지 살펴보고자 한다. 사실 미술 작품에 대한 해석들은 보는 사람의 관점에 따라 다 다른 것이 아닐까? 그렇다. 미술 작품은 작가의 것이기도 하지만, 또한 보는 이의 것이기도 하다. 작가의 손을 떠나서 오히려 보는 이의 해석과 감동이 훨씬 더 깊고 풍성함을 경험하곤 한다. 그럼에도 불구하고 그림에 대한 기본적인 지식과 그동안의 해석과 비평을 알아두는 것이 감상하는데 보다 유익하다.

미술사학은 먼저 작품에 대한 기본적인 감식을 한다. 이 작품이 어느 시대 또는 누구의 것인지 파악하는 것이다. 작가가 특정되면 작품을 작가의 인생과 관련지어 이해하고 설명하곤 한다. 작가의 정신이나 그 시대의 정신을 따라서 작품의 내용과 의도를 파악하기도 한다. 작품의 구도와 기법의 특징을 좇아 의도와 의미를 찾기도 하고, 전통적으로 표현되어 왔던 주제와 상징과 방식을 좇아 도상학적으로 연구하기도 한다. 그리고 작품이 담고 있는 사회적 구조와 정치적 의도를 비판적으로 해석하기도 한다.

이것이 미술 작품에 대한 해석의 전부가 결코 아닐 것이다. 사실 그림의 의미는 작품에 접근하는 방식, 곧 보는 이의 관심사에 따라 매우 다양한 것이다. 정말로 그림은 각자 보기 나름이다. 지난 세기부터는 페미니즘, 정신분석학, 기호학, 포스트식민주의 관점 등에서의 다양한 접근이 이루어지고 있다. 모든 해석들이 유용하고 때로는 저마다 필수적이라고 말할 수 있지만, 분명한 사실은 그것들 가운데 어느 하나만 옳다거나 어느 것이 더 나은 것이라고 주장할 수 없다는 사실이다.[21] 나의 경우에는 신학적 관점과 장애의 렌즈가 유독 강한 편이다.[22]

미술사학의 해석 방법을 정리하면서 신학자로서 문득 성서해석학의 비평 방법들이 떠올랐다. 오늘날 성서해석학은 크게 두 가지 방법론을 사용하고 있다. 하나는 19~20세기에 부상하였던 '역사비평(Historical criticism)'이라고 하는 것이다. 이 방법은 성서의 내용을 넘어서 본문의 자료, 연대, 저자, 역사적·사상적 배경 등을 연구한다고 하여 흔히 '고등비평(Higher criticism)'이라고도 불린다. 이것은 성서의 본문이 어떻게 형성되었는지를 추적하고, 문학적 특징과 편집 의도를 고찰하고, 역사적·사상적 맥락에서 본문의 의미를 밝히려 한다. 일종의 통시적(通時的) 접근이다. 그런데 지난세기 후반, 대략 1970년대에 들어서 역사비평의 한계를 절감하면서 본문을 있는 그대로 정경으로 인정하여 하나님의 말씀으로서 본문이 오늘 나에게 말씀하시는 바와 그 의미와 적용을 찾는 비평 방법이 전개되기 시작하였다. 이름하여 '정경비평(Canonical criticism)'이라고 하는 것이다.[23] 이것은 역사적이고 실증적인 접근 속에서 한동안 망각하고 있던 성서로서의 본질과 권위를 회복하며 성서를 지금 나에게 말씀하시는 하나님의 말씀으로 해석하고자 하는 방법론적 전환이다. 일종의 공시적(共時的) 접근이다. 오늘의 신학과 목회는 성서에 관하여 역사비평적인 접근과 함께 정경비평적인 접근을 병행하고 있다.

앞서 소개한 미술사의 방법론도 따지고 보면 이와 비슷한 맥락에 있다고 할 것이다. 작품의 진위를 감정하고 작가와 연대와 기법 등을 살펴보고, 작가의 인생과 당시의 역사와 문화와 사상을 고찰함으로써 작품의 의도와 해석과 의미를 찾고자 하는 것은 성서해석학의 고등비평과 같은 접근 방향이다. 이것은 과거로 돌아가 작품의 형성과 당시 작품의 의미를 찾는 작업이다. 그러나 최근의 접근법은 작품을 있는 그대로 인정하고, 그 작품이 오늘 나에게 전해주는 지식과 감동과 의미를 찾고자 한다. 이러한 작업에서는 나의 경험, 나의 삶의 자리, 나의 감정과 나의 소망이 중요한데, 기독교 신앙에서는 그 위에, 아니 그 기저로부터 성령의 감동과 그에 상응하여 해석하고 감상하는 사람의 영적 감각이 중요하다. 그림 또한 역사적·학문적 해석과 함께 스스로 감상하고 해석하는 실존적·주관적 해석이 따라야 한다.[24] 그림을 읽는 작업은 사회에서 공인되고 공유되는 해석과 함께, 또한 그것 위에 보는 사람이 스스로 그림을 향하여 질문하고 그림과 대화함으로써 자신에게 지식과 감동과 미와 영성을 채워가는 과정이 되어야할 것이다.

최근 흥미로운 경향 중의 하나는 미술사학의 보편적 관심을 아예 접고서 자신의 관심과 관점에 따라서 작품에 접근하는 시도들이다. 예를 들어 개인적인 관심사에 따라 미술 작품에 담겨 있는 역사, 경제, 정치, 문화, 종교, 의복, 음식, 건축, 스포츠, 질병, 과학 등 다양한 주제들을 고찰하는 것이다. 본래 작품이 의도한 것은 아니지만, 작품도 시대적 산물이라 작품 속에는 그 시대의 문화와 사상이 묻어 있기에 충분히 가능한 일이기도 하다. 이러한 시도들은 작품 속에서 작가들이 표현하고자 한 지식이나 감정이나 아름다움이 아니라 오히려 관람자의 관심사에 집중하여 당시의 사회적 상황과 인간의 생활을 고찰한다. 이것들은 흔히 '그림으로 읽는 OOO', '그림 속 OOO', '미술관에 간 OOO', 'OOO 미술관'이라는 식으로 표현되곤 한다.[25] 생각해보면 나의 이 글도 그런 해석과 감상 작업들 중의 하나일 것이다.[26] 그림에서 묻어나는 십자가 신학! 곧 기독교의 관점, 특히 십자가 신학의 관점이다. 이 책은 기독교적 관점, 특히 십자가 신학의 관점에서 그림을 해석하고 묵상하는 것이다. 그림 안에 담겨 있거나 그림에서 묻어나는 신학을 추적하고, 오늘 우리의 삶의 자리에 어떤 영적 깨달음과 실천적 교훈을 주는지 나누고자 한다.

기독교 신학에서는 그림을 통하여 사유하고 신학 안에서 그림을 해석하고자 하는 시도가 이미 오래 전부터 계속 있어 왔다.[27] 그것은 신학이 전통적으로 그림과 매우 밀접한 관계를 가져왔기 때문이다. 중세는 물론, 적어도 르네상스 시기까지 서양 미술의 대부분은 교회를 중심으로 성서와 기독교의 내용을 주요 소재로 삼았다. 르네상스 이후로도 미술에 대한 기독교적 영향력은 계속 되었다. 서양 미술의 상당한 분량이 기독교와 관련되어 있음은 누구나 알고 있는 사실이다. 그러니 신학도 미술을 통해서 당시의 성서해석이나 신학사상이나 신앙생활에 대해서 충분히 살펴볼만 하다. 그러고 보면, 성서를 그림으로 그렸던 성서화가들은 이미 나름대로 성서를 해석한 신학자들이라 할 수 있고,[28] 교회사적 인물이나 사건을 그림으로 그렸던 종교화가들도 이미 나름대로 신학적인 시각을 가진 신학자들이라 할 수 있다. 그런 점에서 이글은 그림에 대한 역사적 이해와 미학적 비평과 함께 그림에 묻어 있는 신학적 해석과 신앙적 묵상을 추구한다.

묻어난다는 것에 대해서

이 책의 제목을 "그림에서 묻어나는 십자가 신학"이라고 하였다. 그림이 무엇인지, 십자가 신학이 무엇인지 대략 어림짐작할 수 있다. 그럼, 묻어난다는 것은 무엇일까? 그림과 십자가 신학을 연결하는 동사로 묻어난다는 표현을 사용하였는데, 그 의미가 무엇일까? 글을 묶으며 책 제목으로 '담겨있는', '드러나는', '생각나는' 등 여러 표현들을 생각해 보았지만, '묻어나는'이라는 표현이 가장 적절한 것 같다. 그럼, 묻어난다는 것은 무슨 의미일까?

묻어난다는 말은 흔히 어떤 물체를 접촉하여 그 물체의 일부 물질이 옮겨 붙는 것을 말한다. 예를 들어 페인트칠한 담장을 지나 가다가 스쳐서 몸이나 옷에 그 담장의 페인트가 묻어나게 된다. 물감이 묻고, 흙이 묻고, 먼지가 묻고, 오물이 묻는다. 그런가 하면, 직접적인 접촉은 아니더라도 냄새나 분위기를 통해서 무엇인가 묻어나기도 한다. 예를 들어 갈비를 구워먹는 식당을 다녀오고 나면, 몸이나 옷에 그 고기 냄새가 묻어난다. 꽃향기가 묻어나고, 된장 냄새가 묻어나고, 생선 비린내가 묻어난다. 또한 외국을 다녀오거나 고향을 다녀오거나 특별한 어떤 경험을 하고 나면, 삶의 태도에서 그곳의 경험과 분위기가 물씬 묻어난다.

국어사전을 찾아보면, 묻어난다는 "물건에 칠하거나 바른 물질이 다른 것에 닿았을 때 거기에 옮아 묻다." 그리고 "말이나 글 따위에서 어떤 분위기나 감정 따위가 드러나다."는 의미로 뜻풀이가 되어 있다. 묻어난다는 말은 본디 일상생활에서 접촉을 통해 전달되는 감각적인 표현에서 출발하였는데, 그것이 말이나 글 등에서 드러나는 어떤 분위기나 감정을 의미하는 서정적인 표현에 이르게 되었다. 그런데 거기서 그치지 않는 것 같다. 묻어난다는 표현은 말이나 글을 넘어, 그림이나 건축 등 다양한 분야에서 분위기나 감정을 넘어, 또한 어떤 생각이나 사상을 드러나게도 한다. 그런 의미에서 이 책이 다루는 바 그림 속에서 신학을 찾아보려는 시도에서 묻어난다는 표현은 적절하다.

이 책의 내용과 관련하여 묻어나다는 단어가 가지고 있는 뉘앙스를 짚어 보며 생각해 보고자 한다. 여기서 뉘앙스(Nuance)는 단어의 용례에 따른 어감을 의미한다. 첫째, 묻어난다는 말은 의도보다는 비의도의 뉘앙스를 가지고 있다(비의도성). 우리는 가끔 일부러, 자의적으로 담장의 페인트를 만지기도 한다. 그러나 그럴 때보다는 의도치 않게 담장 곁을 지나가다가 우연히, 어쩌다, 해프닝으로 담장을 스침으로써 페인트의 색상이나 냄새를 지니게 될 때가 더 많다. 묻어나다는 말은 그럴 때 주로 사용한다. 그림에서 작가의 의도를 파악하는 것은 중요한 일이다. 그러나 그와 함께 작가가 의도하지 않았던 것을 발견하는 것도 중요하다.

둘째, 묻어난다는 말은 묻어나는 표면의 물질보다는 원본의 내용이나 정신을 가지고 있다(정신성). 색연필로 그림을 그리고 스케치북을 접어놓았다가 나중에 열어 보면 덮은 종이에 색연필이 묻어 있음을 발견하곤 한다. 단순히 물질로서 색연필의 흔적을 볼 수 있다. 그러나 보노라면 그것은 묻어있는 색연필의 물감보다 어렴풋 색연필로 그린 그림 원본의 모양과 채색의 흔적을 발견하게 된다. 묻어난다는 것은 물질보다 정신의 발견을 좇아가게 한다. 그림에는 기법 못지않게 그림이 전하려는 내용 곧 정신, 감정, 지식, 소망이 담겨 있다. 물론 얼핏 보아 그것을 발견하지 못할 수도 있다.

셋째, 묻어난다는 말은 보유보다는 계시의 뉘앙스를 가지고 있다(계시성). 묻어난다는 말은 무엇을 꾹꾹 눌러 담아 숨겨두기보다는 어떤 계기로 그것을 밖으로 드러내어 보여준다는 뉘앙스가 크다. 때론 보다 정확히 드러내려는 의도도 있다. 중요한 정신은 그림 속에 마냥 감추어져 있는 것이 아니다. 담겨 있는 것은 드러나기 마련이다. 존재론적으로 존재는 자신의 존재와 본성을 드러내 보이려 한다. 그림 속에서 무언가 중요한 것이 관객들에게 말을 걸어온다. 신학과 영성 분야에서 이것은 중요한 차원, 중요한 국면이다.

넷째, 묻어난다는 말은 확실하다기보다는 어딘가 불확실하다는 뉘앙스를 가지고 있다(불명확성). 위의 두 번째 설명과 다소 상충되는 것 같기도 하지만, 결코 그렇지 않다. 묻어난다는 것은 때로 모든 것에서 확실하지 않다는 사실을 반영한다. 무엇이 묻기는 묻었는데, 그것이 정확히 무엇이며 어디에서 어떤 경로로 묻게 되었는지 모르는 경우가 허다하다. 그럼에도 확실한 것은 무엇인가 묻어있다는 사실이다. 그리고 그것에 질문을 던지고 그 답을 찾아가는 것이 이 글의 목적이고 의도이기도 하다. 이 글의 전제이자 주장이 바로 그것이다.

모든 그림에는 어떤 신학이 담겨있다.

우리는 그림을 감상하며 그림을 통해서 여러 가지의 것들을 느낄 수 있고 깨달을 수 있다. 거기에는 작가가 의도적으로 표현하여 전하고자 하는 내용들이 담겨 있을 수도 있지만, 또한 작가도 모르게 그 시대에 만연하여 스며든 표현이나 사상도 담겨 있을 수 있다. 작품은 화가의 작품이지만 동시에 그 시대의 작품이기도 하기 때문이다. 위대한 화가는 작품 속에 그 시대의 문화와 사상을 잘 표현하는 한편, 또한 기존의 또는 동시대의 다른 작품들이 미처 담지 못한 독창적인 미와 사상을 표현한다. 작품들 속에서는 정말 많은 것들이 담겨 있다. 그것은 기독교 미술도 마찬가지이다. 특히 기독교의 미술의 대표 주제인 예수 그리스도의 십자가형은 더욱 그러하다.

십자가형 그림의 해석

이 글은 예수 그리스도의 십자가형 그림에 대한 미술사학, 인문학, 미학적, 신학적 해석이자 신앙적 감상이고 영적인 묵상이다. 이 책에서는 예수의 십자가형(Crucifixion)에 관한 그림만 다룬다. 기독교 성화에는 수많은 작품들이 있다.[29] 그리스도에 관한 것만 찾아보더라도 사도신경에 등장하는 5개의 주제 곧 그의 탄생, 수난, 부활, 승천, 재림을 그린 그림들이 많고, 그 외에도 복음서에 기록된 예수의 기적과 비유와 행적 등을 그린 그림들도 많다. 예수의 수난만 놓고 보더라도 체포, 심문, 십자가를 지고 감, 십자가의 올림, 십자가형, 십자가에서 내림, 장례(애도) 등 여러 주제로 그린 그림들이 많다. 처음에는 십자가와 관련하여 여러 주제의 작품들을 살펴보고자 하였는데, 작품이 많아도 너무 많은데다가 나의 지식과 시간과 실력이 이에 전혀 미치지 못하여 줄이고 줄여서 아예 십자가형 그림만 다루게 되었다. 십자가형 그림은 신학의 보고(寶庫)이다.[30] 그런데, 그것도 너무 많다. 이에 또 줄이고 줄여서 이 책에선 먼저 20개의 십자가형 작품만 선별하여 소개하고자 한다.

그럼, 다시 기본 질문으로 돌아가서 십자가형 그림을 어떻게 해석할 것인가? 흔히 그림은 아는 만큼 보인다고 말하곤 한다. 그런데 그것은 절반의 진리이다. 그림은 또한 보는 만큼 알게 되기도 한다. 무엇보다 그림을 보노라면 보는 것 이상으로 더 보고 싶고, 아는 것 이상으로 더 알고 싶은 마음이 생겨난다. 보고 느끼는 대로 더 궁금하고, 그래서 또 묻게 되고 상상하게 되고 추적하게 된다.[31] 어떤 작품을 대하면서 이것이 누가 언제 어디서 어떤 의도로 어떤 기법을 사용하여 그렸는지 궁금하다. 또한 그림의 전체적인 구도와 세부적인 묘사에 어떤 의도와 의미가 담겨 있는지도 궁금하다. 그러나 무릇 미술 작품이라고 한다면 오늘 이 그림이 내게 무엇을 말하고 있으며, 나에게 어떤 의미로 다가오는가를 깨닫고 느끼는 것이 더 중요한 일일 것이다. 이것은 분석과 해석을 넘어 감상과 공감의 영역이다. 이것은 단순히 미술 지식의 습득을 넘어 실제로 살아가는 삶의 문제이다.

나는 미술을 전공한 사람이 아니다. 화가도 아니거니와 미술 관련 종사자도 아니고, 미술이나 미학을 전문적으로 연구하는 사람도 아니다. 나는 그저 미술을 좋아하는 많은 사람들 중의 한 사람일 뿐이다. 나는 신학을 공부하고 목회하는 여러 사람들 중의 하나일 뿐이다. 아니, 그에 앞서 나는 그저 신실하고 싶은 한 명의 기독교인일 뿐이다. 성령의 역사 안에서 미술은 신앙을 위한 좋은 통로이자 사역을 위한 좋은 도구가 된다. 코로나를 계기로 좀 더 집중하여 예수 그리스도의 십자가를 좇다 보니 어느새 역사적인 십자가형 그림들 앞에 서게 된 것뿐이다.

그래서 이글은 전문적인 평론이나 미학 논문이 아니다. 사실 십자가형 그림들을 묵상하고 연구하면서 순간순간 논문을 쓰고 싶은 마음이 간절하였다. 관련 자료들을 찾아보고 다시 작품을 들여다보노라면 새로운 것들이 보이고 새로운 통찰과 생각들이 떠올랐기 때문이다. 그러나 이 글은 일단 20편에 이르는 십자가형 그림을 소개하고, 그 안에 묻어 있는 신학을 들추어내며 신앙의 관점에서 묵상하려는데 일차적인 목적을 두었기에 마음을 접고 또 접었다. 여기에 소개하는 20개의 작품 외에도 세상엔 200개, 2000개, 아니 그 이상의 수많은 십자가형 그림들이 있다. 그 작품들에 대한 소개와 해석과 감상은 다음으로 미루어 두고자 한다.

처음 5편의 십자가형은 원시 기독교 초기부터 중세까지 십자가형 그림이 어떻게 발전하였는지를 살펴 본 작품들이다. 따라서 다양한 방식으로 제작된 십자가형이 소개된다. 알렉사메노스(Alexamenos)의 십자가형은 일종의 그라피토(Graffito)로서 당시 로마인들이 초기 기독교를 어떻게 바라보았는지 알려준다. 도미틸라 사르코파구스(Domitilla sarcophagus)는 일종의 석관으로 죽음을 맞이하는 초기 기독교인들의 종말론적 신앙이 담겨 있다. 성 사비나(St. Sabina) 성당의 목문(木門)의 십자가 부조는 기독교가 공인되고 로마가 기독교화되면서 십자가가 더 이상 숨겨야할 수치가 아니라 오히려 드러내어 기념할 자랑이 되었음을 알려준다. 라뷸라 복음서(Rabbula Codex)의 삽화는 십자가형 사건을 그림으로 소개한 최초의 회화 작품이라 할 수 있다. 다프니(Daphni) 수도원의 모자이크(Mosaic)는 십자가형을 그리스도의 구원 사역으로 거룩하고 신비하게 표현하고 있다.

두 번째 5편은 르네상스 시대의 십자가형을 다룬다. 이제부터의 작품들은 거의 회화의 영역 안에 있다. 회화의 아버지라 불리는 치마부에(Cimabue)의 십자가형은 신비감에 더해 아름다움을 추구하였다. 이탈리아 르네상스의 회화의 문을 연 조토(Giotto)의 십자가형은 아름다우면서도 보다 사실적으로 표현하고자 하였다. 플랑드르 르네상스의 얀 반 에이크(Jan van Eyck)는 유화를 개발하여 정교하고 세밀하고 아름답게 십자가형을 연출하였다. 마사초(Masaccio)는 십자가형을 삼위일체적 관점에서 표현하였다. 그의 〈삼위일체〉(Trinity, 1428)는 원근법을 회화에 제대로 적용한 대표작이다. 그리고 라파엘로(Raffaello)의 〈십자가형〉(Crucifixion, 1502~1503)은 이탈리아 르네상스 회화의 최고봉답게 가장 수려하고 안정적이고 정갈하고 아름답다.

그 다음 5편은 종교개혁과 종교개혁 이후 시대의 작품들이다. 따라서 이 5편의 십자가형에는 개혁적 성향이 묻어난다. 그뤼네발트(Grünewald)의 십자가형은 '종교개혁 이전의 종교개혁적 작품'이라는 평을 받고 있다. 조화와 균형, 미와 영광을 추구하던 당시 르네상스 경향에 반해 이 작품은 지독히도 인간적이게 처절한 고난으로 얼룩져 있기 때문이다. 미켈란젤로(Michelangelo)는 르네상스 시대 로마 가톨릭 예술을 대표하는 화가인데, 그의 십자가형에는 어딘가 모르게 새로운 변화의 열망이 감지되고 있다. 크라나흐(Cranach)는 종교개혁의 화가답게 그의 십자가형 그림 안에 루터의 신학을 담았다. 엘 그레코(El Greco)는 종교개혁에 맞선 로마 가톨릭의 반종교개혁 신학을 자신의 독창적인 화풍으로 표현하였다. 루벤스(Rubens)의 십자가형은 바로크 미술의 정수를 보여주며 로마 가톨릭교회의 신학을 드러낸다.

마지막 5편은 근대에 접어들면서 새로운 모습을 보여주는 십자가형 그림들이다. 렘브란트(Rembrandt)는 종종 루벤스와 비견되는데, 그의 작품은 반종교개혁 이후 오히려 개신교적 성향을 연출하고 있다. 수르바란(Francisco de Zurbarán)은 분명히 바로크 진영의 인물인데, 그의 십자가형은 인간 중심의 새로운 접근을 보여주고 있다. 실베스트르(Louis de Silvestre)의 십자가형은 제작 계기나 그림 내용에서 정말 희한한 작품이다. 이는 중세의 객관적 신앙이 르네상스를 거치고 난 후, 주관주의적 신앙으로의 근대적 전환의 한 예를 보여준다. 프리드리히(C. D. Friedrich)의 십자가형은 독일 낭만주의답게 자연을 종교의 자리로 삼아 십자가를 표현하였다. 고갱(P. Gauguin)의 십자가형은 전통적인 그리스도의 십자가에 화가 자신의 삶의 고뇌와 고난을 종합함으로써 근대적 접근을 시도하였다.

이글은 그림을 보며 드는 첫 느낌과 함께 그림에 관해 떠오르는 단순한 질문들로부터 시작한다. 글의 전개는 마치 추리소설처럼 궁금한 것을 추적하는 인식의 순서를 따라간다. 알아가는 기쁨이랄까? 그림을 보면서 이것은 무엇을 표현한 것이고, 작가는 왜 이렇게 표현했을까 라는 단순하고도 때로 막연한 질문으로부터 출발하여 표현의 의미며 제작의 동기 그리고 당시의 상황 속에서 작품을 해석한다. 그 과정에서 혹 그림에 담겨 있거나 배경이 되는 신학들이 있으면 더 들어 찾아보고, 아울러 기독교 신앙의 관점에서 그림을 바라보며 오늘 나에게 다가오는 느낌과 의미를 정리한다. 그래서 이글은 그림마다 한 편의 추리의 여정이기도 하고, 또한 인문학적·신학적 탐구이기도 하고, 또한 신앙적·영적 묵상이기도 하다.

십자가에 대한 신학적 이해와 영적 묵상

이글은 그림에 대한 미학적이고 인문학적 접근을 우선하지만 궁극적으로는 신학적이고 신앙적인 관점을 일관되게 견지하고자 한다. 이글에서 사용하는 작품의 해석 방법은 여러 가지일 수 있지만, 그 끝에는 이 작품을 통해 다시금 예수 그리스도의 십자가 앞에 서고 십자가의 도를 되새기며 십자가의 삶을 살고자 하는 소망이 있고 결단이 있다. 나는 모든 그림을 십자가 신앙의 관점에서 보고자 한다. 어디 그림뿐이랴? 자연이며 사건이며 개인적인 인생사나 세계의 역사나 모두 다 십자가 신앙의 관점에서 보며 해석하고 묵상하기를 간절히 소망한다.

바울은 오직 예수 그리스도와 그의 십자가만을 알기 원하였고(고전 2:2), 또한 십자가 외에는 결코 자랑할 것이 없다고 고백하였다(갈 6:14). 사실 이 고백은 바울뿐만 아니라 모든 신실한 그리스도인들의 간절한 소망이자 거룩한 고백이다. 왜냐하면, 예수 그리스도의 십자가는 구원이자 승리이고, 변혁이며 영생이고, 모든 것을 참고 견디고 인내하게 하는 소망이 되기 때문이다. 십자가형 그림은 그리스도의 처절한 고난과 희생 속에서 죄인에게 긍휼과 사랑을 베푸는 구원의 상징이 되고, 악하고 추한 개인과 세상을 거룩하고 아름답게 변화시키는 변혁의 상징이 된다.[32]

• 내가 너희 중에서 예수 그리스도와 그가 십자가에 못 박히신 것 외에는 아무 것도 알지 아니하기로 작정하였음이라 (고전 2:2)
• 그러나 내게는 우리 주 예수 그리스도의 십자가 외에 결코 자랑할 것이 없으니 그리스도로 말미암아 세상이 나를 대하여 십자가에 못 박히고 내가 또한 세상을 대하여 그러하니라(갈 6:4)

찬송가 423장 〈먹보다도 더 검은〉은 예수 그리스도의 십자가로 거듭난 성도의 삶에 대해서 찬양하고 있다. 이 찬송은 허버트 부스 (Herbert Booth, 1862~1926)가 작사 작곡하였다. 허버트 부스는 구세군을 창설한 아버지 윌리엄 부스(William Booth, 1829~1912)의 다섯째 아들로 아버지를 도와 세계 전역에 복음을 전하기 위해 전력하였는데, 특히 찬송을 만들어 보급하는 일로 도왔다.[33] 이 찬송가의 4절 가사는 다음과 같다.

♬ 나의 모든 보배는 저 천국에 쌓였네 나의 평생 자랑은 주의 십자가로다 (후렴) 주의 보혈 흐르는데 믿고 뛰어 나아가 주의 은혜 내가 입어 깨끗하게 되었네 ♬

나 또한 예수 그리스도의 십자가가 구원이자 자랑이라는 고백을 가지고 이 글을 시작한다. 십자가 없이 기독교가 있을 수 없거니와 십자가 없이 나의 인생도 있을 수 없다. 십자가로 인하여 비로소 참된 인생이 시작되었고, 함께 나눌 사랑과 함께 소망할 미래가 존재하게 되었다. 십자가 안에 모든 것이 다 있다. 그림과 노래의 만남이랄까? 성화와 찬송의 만남이랄까? 이 글은 십자가형 그림을 보면서 그에 어울리는 찬송을 함께 묵상한다. 성령은 그림과 찬송을 통하여 나를 더 깊은 신학의 세계와 영적 세계로 인도한다.

Part I

초기 기독교와 중세

Alexamenos' graffito, c. 200, graffito, Palatine Hill Museum

1
알렉사메노스의 그라피토

최초의 십자가형 그림

　기독교 미술은 지금껏 주로 성서의 이야기와 교회의 역사를 다루어 왔다. 예수의 생애는 기독교 미술의 주요 주제였는데, 그중에서도 특히 세 가지 사건 곧 성탄(Nativity), 십자가형(Crucifixion), 부활(Resurrection)은 기독교의 내용과 관련한 핵심 주제였다. 사도신경은 기독교가 믿는 신앙의 내용을 쉽고 간략하게 요약하고 있는데, 예수의 생애를 위의 세 가지 사역으로 요약하고 있다. 그 중에서도 십자가형은 기독교의 정체성을 결정하는 역사적 사건으로서 예수 그리스도의 사역의 의미를 담고 있기에 기독교 미술에서 가장 중요한 주제로 다루어져 왔다.

　그럼, 기독교 역사에서 최초로 등장하는 예수의 십자가형 그림은 무엇일까? 현재까지 알려진 바로는 AD 200년경의 것으로 추정되는 소위 '알렉사메노스의 그라피토(Alexamenos' graffito)'라고 하는 것이다. 알렉사메노스(Alexamenos)는 사람의 이름이다. 그라피토(Graffito)란 칼, 못, 돌 같은 뾰족한 것으로 긁거나 파서 새긴 그림이나 글을 말한다. 이것은 일종의 낙서라고도 할 수 있는데, 달리 말하면 민중예술의 한 형태라고도 할 수 있다.[34] 알렉사메노스의 그라피토는 1857년 로마의 팔라티노 언덕(Palatine Hill in Rome) 근처에서 발굴된 도무스 젤로티아나(Domus Gelotiana)라는 건물의 벽에서 발견되었다.

이 그림은 무엇을 말하고자 하는 것일까? 그림 속 십자가에 달린 사람은 누구일까? 그런데, 얼핏 보기에 그림 속 십자가에 달린 사람의 머리가 좀 이상하다. 아무리 봐도 사람의 머리 모양 같지가 않다. 어떤 짐승의 머리 같다. 이것은 무슨 의미일까? 그리고 그 옆에 있는 사람은 누구인가? 양팔을 좌우로 벌리고 있는 그의 포즈는 무엇을 표현한 것일까? 그런가 하면, 십자가형 그림 아래에는 무슨 글자가 적혀 있다. 이 글자는 또 무슨 내용일까? 이 그림은 오늘 우리의 신앙을 위해서 어떤 의미가 있을까?

그림이 오래된 탓일까? 그림이 무슨 내용인지 분명하지가 않다. 오래 전에 벽에다 새겨 그려 넣은 것이다 보니 세월이 지나면서 아무래도 많이 흐려지고 지워진 것 같다. 감사하게도 이것을 보다 명확하게 탁본한 것들이 있다.[35] 탁본(拓本)이란 비석, 기와, 기물 따위에 새겨진 글씨나 무늬를 종이에 그대로 떠내는 작업이나 그렇게 떠낸 종이를 말한다. 탁본한 것을 들여다보는 것이 아무래도 그림을 이해하는 데 조금 더 나을 것 같다.

지울 것은 지우고 드러낼 것을 드러내니 그림이 확실히 선명해 보인다. 그림을 다시 보니 상단 가운데에 나귀 머리를 한 사람이 십자가에 못 박혀 있다. 그리고 왼쪽에 서 있는 사람이 양손을 저어가며 그를 경배하고 있는 듯하다. 그 밑에는 헬라어 대문자로 투박하게 "ΑΛΕ ξΑ ΜΕΝΟC CΕΒΕΤΕ ϑΕΟΝ"(ALE XAMENOS WORSHIPS DEITY)

라고 새겨져있다. 알아보기 쉽게 정서하면 "알렉사메노스가 신을 경배한다(Ἀλεξάμενος σέβετε θεόν)."는 글이다. 어떤 철자는 식별이 쉽지 않다. 또한 σέβετε는 헬라어 문법상 3인칭 단수 동사인 σέβεται가 옳을 것으로 보인다. 식별이 어려운 철자도 있고 문장의 문법적 오류를 지적할 수도 있겠지만, 그렇다고 해도 이 글의 내용과 그림의 분위기가 크게 달라질 것 같지는 않다.

Stone rubbing trace of the Alexamenos' graffito

그림 하단의 글을 고려한다면, 그림의 왼쪽에 서 있는 사람이 아마도 알렉사메노스(Alexamenos)일 것이다. 그는 한 손을 앞으로 들고 다른 한 손을 뒤로 빼면서 십자가에 달린 분에게 경의를 표하는 몸짓을 하고 있다. 그라피토의 글 내용처럼 그는 십자가에 달린 신을 경배하고 있다. 만일 우리가 생각하는 대로 십자가에 달린 분이 예수 그리스도라면, 이 사람은 기독교인일 것이다. 알렉사메노스라는 이름이 실존 인물의 실제 이름인지 아니면 기독교인을 대표하는 상징 이름인지는 단언할 수 없다. 고대 헬라에서 알렉사메노스라는 이름은 흔한 이름이라고는 할 수 없지만, 그렇다고 해서 아예 없는 이름도 아니다. 소크라테스의 제자 중에 테오스의 알렉사메누스(Alexmenus of Teos)가 있었고, 기원전 2세기경의 장군 중에 아에톨리아의 알렉사메누스(Alexmenus of Aetolia)도 있었다. 그런가 하면 또한 알렉사메노스라는 이름은 헬라어 알렉소(ἀλέξω, 나는 방어한다, 돕는다)와 메노스(μένος, 힘, 용기, 권능)의 합성어로서 '신앙을 지키는 능력을 소유한 기독교인'을 떠올리게 하는 대표 이름이라고 할 수도 있다.[36]

이상한 점은 그림에서 십자가에 달린 사람의 머리가 나귀라는 것이다. 그렇다고 해서 십자가에 달린 존재가 실제로 나귀일 것 같지는 않다. 실제 나귀를 십자가에 달아놓고 그 나귀를 신으로 섬기는 일은 생각하기조차 어려운 일일 뿐더러 무엇보다 그림에서 십자가에 달린 몸이 나귀의 것이 아니라 사람의 것이기 때문이다.

만약 십자가에 달린 사람의 머리가 그리스로마에서 잘 알려진 어떤 특정 신이나 어떤 특정인물의 것이라고 한다면, 이 그림은 아래에 새겨진 글을 따라 그냥 그렇게 알렉사메노스가 십자가에 달린 그 누군가를 신으로 경배하나보다 하며 넘어갔을 것이다. 그러나 십자가에 달린 존재를 신으로 섬기는 것도 큰 걸림돌이거니와 머리가 나귀인 신을 경배한다는 것은 보는 사람 누구에게나 큰 걸림돌이 아닐 수 없다. 이 그림은 알렉사메노스라는 사람이 십자가에 달린 나귀와 같은 사람을 신으로 경배하고 있는데, 이것은 참으로 미련하고 어리석은 짓이라고 비꼬아 조롱하는 것이 분명하다. 그래서 이 그라피토는 일명 '불경스런 그라피토(Graffito blasfemo)' 또는 '신성모독의 그라피토'라고 불리기도 한다.

여러 생각들을 할 수 있겠지만, 일단 이 그라피토와 관련하여 적어도 다음의 세 가지 사항은 분명한 것 같다. 1. 알렉사메노스는 그의 신을 경배하고 있다. 2. 알렉사메노스가 경배하는 신은 나귀 머리를

하고 있다. 3. 나귀 머리를 하고 있는 신은 십자가에 달렸다.[37]

십자가에 달린 나귀 머리의 신?

그럼, 그림에서 나귀 머리를 한 채 십자가에 못 박혀 있는 신은 누구일까? 예수 그리스도일 것이다. 역사적으로 십자가에 달리신 분이라고 하면, 가장 먼저 떠오르는 인물은 바로 예수 그리스도이기 때문이다. 이 그라피토의 제작 연대는 대략 AD 200년경으로 추정되고 있다. 학자에 따라서 그 범위를 더 넓게 잡으면 AD 193~235년 어간으로 확대할 수 있는데, 아무튼 이 무렵이면 기독교가 이미 로마제국의 거의 전역에 전파되었을 시기이다.

기독교는 십자가에 달린 나사렛 예수를 그리스도로 믿었다. 우리는 사도행전에서 기독교 초기의 원초적인 설교를 찾아볼 수 있다. AD 30년경 베드로는 십자가에 못 박혀 죽은 예수를 하나님이 주와 그리스도가 되게 하셨다고 설교하였다(행 2:36). 또한 바울은 여러 교회에 보낸 서신들에서 하나님의 아들 예수가 십자가에 못 박혀 죽으시고 사흘 만에 부활하심으로써 우리를 죄에서 구원하셨다고 전하였다. 사도와 성도들의 전도를 통해 1세기가 채 넘어가기도 전에 이미 기독교가 전 로마에 전파되었다. 수차례에 걸친 로마의 기독교 박해는 아이러니하게도 로마 전역에 기독교를 알리는 데에 오히려 혁혁한 역할을 하였다.[38] 로마가 기독교를 박해할수록 기독교는 로마에 더욱 널리 그리고 분명하게 퍼져나갔다.

새겨진 글을 단서 삼아 그림을 생각해보면, 그림 속 십자가에 달린 존재는 신이거나 또는 신처럼 숭앙되는 존재여야 한다. 누가 있을까? 혹시 디오니소스(Dionysos)? 그리스신화에서 디오니소스는 제우스(Zeus)와 테베의 공주 세멜레(Semele) 사이에서 태어난 아들로서 자연의 생성력을 주관하는 신, 곧 풍요의 신이다. 특히 포도와 포도주를 주관하는 신이자 술의 신이고, 그래서 또한 축제와 황홀경의 신으로 알려져 있다. 로마 신화에서는 바쿠스(Bacchus)이다.

그는 신(제우스)과 인간(세멜레) 사이에 태어나서 신으로 불렸다. 그의 이름에서 디오(Dio)는 제우스를 의미하지만, 디오니소스의 출생 과정을 생각할 때에 두 번 태어났다(어머니가 둘이다)는 뉘앙스를 가지고 있다. 디오니소스는 세멜레의 몸에 잉태되었지만, 중간에 그녀가 제우스의 본 모습을 보고 타죽자 제우스가 태아를 자신의 허벅지에 넣어서 키웠다. 그래서 디오니소스는 죽음과 재생의 신으로 추앙되기도 하였다. 그래서 당시 로마인들에게 디오니소스는 신으로서 인간의 몸으로 오시고 또 십자가에 죽으셨다가 다시 살아 난 예수 그리스도와 비견되었다.

그런데, 그 이전부터 이미 로마에서는 디오니소스 숭배가 성행하였다. 2세기 무렵에는 해마다 봄이면 디오니소스를 숭배하는 의식이 거행되었다. AD 약 200년경의 것으로 추정되는 디오니소스의 대리석 석관 부조가 있다. 이 그림은 당시 로마의 디오니소스 숭배 축제를 반영하고 있다. 이 그림에 나오는 막대형 디오니소스는 긴 수염과 머리에 덩굴을 엮어 만든 면류관을 쓰고 있다. 그런가 하면, 예수의 이야기와 흡사한 디오게네스의 석관 부조도 있다. 이 그림은 누가복음 2장의 아기 예수 이야기와 흡사하게 아기 디오니소스에게 십자가를 전해주며 그의 운명을 예언하고 있다.[39)]

Marble sarcophagus of Dionysus pole, 100s-200s   Marble sarcophagus of Dionysus, 190s

하지만, 그라피토의 십자가에 달린 존재는 아무래도 디오니소스는 아닌 것 같다. 만약 그가 디오니소스라면 그는 결코 나귀 머리로 조롱거리가 될 존재가 아니다. 왜냐하면 그의 이야기는 이미 오래전부터 세상에 널리 알려졌고, 그는 당시 로마에서 최고로 추앙받고 숭배되는 신들 중의 하나였기 때문이다.

디오니소스가 아니면, 고대 근동에 또 다른 신적 존재가 있을 수 있지 않을까? 혹시 아누비스(Anubis)? 아누비스는 고대 이집트 신화에서 죽음의 문을 열고 죽은 자를 관장하는 신인데, 그 형상이 사람의 몸에 자칼의 머리를 가지고 있었다. 나귀 머리와 자칼의 머리? 늑대 인간? 외견상 가능성이 있을 수는 있지만, 분위기를 보면 이 또한 전혀 아니다. 고대 근동의 신화를 보면, 죽었다가 다시 살아난 신적 존재들이 여럿 있다(Dumuzi, Adonis, Attis, Dionysus, Orpheus, Ba'al Hadad, Osiris). 그러나 대개 이런 존재들은 이미 당시에 제법 그럴듯한 모양과 대우를 받는 신들이지 결코 나귀와 십자가로 멸시와 조롱을 받을 존재는 아니었다. 그러고 보면 그림에서 십자가에 못 박혀 있는 나귀 머리의 인물은 예수 그리스도를 가리키는 것이 확실하다. 만약 현 인류가 모르는, 역사 속에 사라진 십자가에 달린 또 다른 신이나 신으로 추앙된 인물이 있다면 모를까, 그림 속에 십자가에 달린 인물은 기독교의 예수 그리스도이다.

십자가에 달린 예수 그리스도

마르틴 헹엘(Martin Hengel)의 지적대로 이 그림이 십자가에 못 박힌 예수에 대한 반(反)기독교적 풍자라는 것은 의심할 여지가 없어 보인다. 당시 로마 사람들에게 나귀 머리는 유대교를 조롱하던 표현 중의 하나였다. 성전에서의 나귀 제사는 고대에 반(反)유대교 편에서 유대인을 폄하하고자 사용하던 전형적인 표현 중의 하나였다.[40] 그리고 당시 로마인들에게 기독교는 일견 유대교의 한 분파처럼 여겨졌다.

로마는 하나의 제국이라는 이름 아래에서 로마 황제를 섬기고 로마의 법과 질서를 따르기만 하면, 일반적으로 로마가 정복한 민족들의 고유한 종교와 문화를 허용해 주는 입장이었다. 예나 오늘이나 사실 그래야 거대한 조직을 유지할 수 있다. 그러나 스스로 최고의 지성인이고 문화인으로 자처하였던 로마인의 눈에 야만족의 종교는 다 그저 하찮은 것으로 우스워 보였을 뿐이다. 추측컨대 로마 사람들이 보기에 유대인의 희생 제사가 마치 제물인 동물을 섬기는 것으로 오해되었고, 나아가 폄하에 이용되었을 것이다. 로마인들의 눈에 유대교는 나귀를 섬기는 것처럼 우스꽝스러워 보였고, 기독교는 거기에 더하여 십자가에 달린 나귀를 섬기는 것처럼 더 우스꽝스러워 보였을 것이다.

로마인들에게 나귀보다 더욱 거슬리는 것은 십자가였다. 십자가는 당시 로마에서 행해지는 최악의, 최고의, 가장 고통스럽고 수치스럽고 혐오스러운 처형이었다. 당시 로마에서 최고형은 십자가형이었다. 처형 방법으로 잔혹하기로는 십자가형(十字架刑)이 최고였고, 다음으로 화형(火刑), 그리고 참수형(斬首刑)이나 맹수형(猛獸刑)이 그 뒤를 이었다. 그래서 로마인들에게 십자가라는 단어는 입에 담는 것조차 혐오스런 일이었고, 비유나 메타포로 사용하는 것 또한 공포였다. 로마인들은 십자가를 자신들과는 거리가 먼 야만족이나 노예들에게나 처해지는 형벌로 여겼다.

그런 십자가에 달려 죽은 사람을 신으로 경배하다니! 로마인들은 십자가에 달려 죽은 예수를 신으로 믿고 따르는 기독교인들을 어리석은 사람들이라고 조롱하였고, 기독교가 전하는 복음도 어리석은 것으로 여겼다. 신학자 오리게네스(Origenes, c. 185~c. 254)는 철학자 켈수스(Celsus)가 기독교와 유대교를 가리켜 나귀를 섬기는 종교라고 비난하는 것을 반박하였다.[41]

그런데, 왜 하필 나귀 머리일까? 지금도 그렇지만 당시 로마인들에게 나귀는 어리석은 동물의 대명사였다. BC 6세기 이솝(Aesop)이 지어 널리 알려진 우화들을 보면, 나귀는 주로 어리석은 동물로 등장한다.[42] 우화란 동물이나 식물 또는 사물을 의인화하여 그들의 행동 속에서 인생과 세상에 풍자와 교훈의 뜻을 전하는 형식의 이야기다. 이솝 우화(Aesopica)는 당시 로마 사회에 이미 널리 알려져 있었다.

이솝 우화에서 나귀는 어리석은 사람의 어리석은 짓을 대변한다. 대표적인 우화로 〈제 꾀에 넘어간 나귀〉 또는 〈소금 짐을 나르던 나귀〉라는 제목으로 알려진 우화가 있다. 소금 짐을 나르던 나귀가 한번은 물에 빠졌는데, 짐이 가벼워지는 경험을 하였다. 그래서 다음에 짐을 지고 갈 때에는 꾀를 내어 일부러 물에 빠졌는데, 그때 지었던 짐은 소금이 아니라 솜이어서 물을 머금은 솜으로 인해 더욱 무거워졌다는 이야기이다. 이 이야기에서 눈여겨 볼 것은 나귀가 어쩌다 어리석은 행동을 하게 된 것이 아니라 나귀가 나름 머리를 써서 지어낸 꾀가 오히려 더 어리석었다는 것이다. 당시 로마에서 나귀는 미련, 우둔, 어리석음의 대명사였다. 이런 전통은 지금도 서구문화 속에 전승되어 내려오고 있다. 지금도 서구 사회에서 나귀는 어리석음의 대명사이다.

블러드스톤 부적

그런가 하면, 비슷한 시기인 2세기말~3세기 초에 제작된 것으로 추정되는 '블러드스톤 부적(Bloodstone amulet)'이 있다. 어쩌면 이것이 최초의 십자가형 작품일 수 있다. 하비(Harvey)와 스파이어(Spier)는 블러드스톤 부적이 최초의 십자가형으로 알려진 알렉사메노스의 그라피토(Alexamenos' graffito)와 거의 동시대일 것이라고 주장하였다. 이것은 지중해 동쪽 아마도 시리아에서 제작된 것으로 추정되는데, 이것을 부적(Amulet)이라고 부르는 이유는 그 재료와 형태와 비문이 이집트와 시리아에서 시작되어 당시 로마에 널리 통용되던 부적과 비슷하기 때문이다.

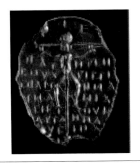 

Jesus on cross, the Bloodstone amulet, 3×2.5×0.58cm, British Museum, London

이 작품은 녹색과 붉은색 점들이 들어있는 옥벽(jasper)에 예수의 십자가형을 음각(intaglio)으로 새겨 넣었다. 예수는 긴 머리에 긴 수염을 하고 있으며, T자형 십자가에 양팔을 벌려 달려 있고, 고개는 약간 왼쪽으로 기울어 있다. 그는 나체이다. 그의 다리는 어정쩡하게 앉아 있는 것처럼 무릎이 약간 굽은 채 늘어져있다. 그리고 이 작품에는 당시 이교의 부적처럼 헬라어 비문들이 적혀 있다. 이것의 용도는 정통적인 기독교의 신앙고백이라기보다 다분히 세상에서 재앙을 막기 위한 미신적 욕구에서 출발한 것으로 보인다. 다만, 예수가 십자가의 고난과 저주를 이긴 것처럼 이 부적의 힘을 빌려 세상의 사악한 세력을 물리치고자 하는 염원이 담긴 것을 보인다. 그리고 보면 사도행전에 나오는 시몬의 예(행 8:9-24)처럼 세상의 마술사나 이교의 제사장들도 십자가의 능력을 인정하고 소유하고 싶어 하였던 것 같다. 사마리아 성의 마술사 시몬은 사도들이 기적을 행하는 것을 보고 돈을 주고 그 능력을 사고자 하였다.

기독교의 십자가와 당시 이교도가 바라보던 십자가는 내용과 능력, 동기와 목적에서 전혀 다르다. 기독교의 십자가의 능력은 세상적인 것이 아니거니와 돈으로 살 수 있는 것도 아니다. 기독교의 십자가는 세상이 생각하는 그런 부적이 아니다. 십자가는 하나님의 거저 주시는 은혜이며, 믿음으로 그 능력을 힘입게 된다. 누구든지 예수 그리스도를 믿기만 하면 죄 사함을 받고 하나님의 자녀가 될 수 있다. 그의 십자가와 부활을 믿으면 의롭다 여김을 받고 구원을 받게 된다. 내가 나의 욕심을 위해 십자가를 사용하는 것이 아니라 오히려 십자가의 그리스도가 복음을 위하여 나를 사용하신다.

• 예수는 우리가 범죄한 것 때문에 내줌이 되고 또한 우리를 의롭다 하시기 위하여 살아나셨느니라(롬 4:25)
• 네가 만일 네 입으로 예수를 주로 시인하며 또 하나님께서 그를 죽은 자 가운데서 살리신 것을 네 마음에 믿으면 구원을 받으리라(롬 10:9)

기독교의 초기 변증

알렉사메노스의 그라피토는 기독교에 대하여 십자가에 달린 나귀를 믿는 것처럼 어리석은 것이라고 풍자하고 조롱하는 그림이다. 블러드스톤 부적은 복음에 대한 오해 속에 십자가에 달린 예수의 문양을 부적으로 사용한 예이다. 그럼, 이 무렵에 기독교 진영에서는 어떤 대응이 있었을까? 분명히 교회의 어떤 대응이 있었을 것이다. 기독교는 예수의 제자들인 사도와 그들의 제자인 속사도와 또 그의 제자들에 의해 공동체 내부적으로 조직과 신앙과 예전에서 체계화되었다. 또한 그와 함께 외부적으로 기독교에 대한 오해를 해소하고 기독교를 변호하려는 시도가 이어졌다. 기독교를 변호하고 기독교의 진리를 해명하려 한 변증가를 흔히 '호교론자(護教論者)' 또는 '호교교부(護教教父)'라고 부른다.

역사와 유형을 고려하여 몇 사람만 소개하면 다음과 같다. 기독교 최초의 호교교부로 알려진 콰드라투스(Quadratus, ? ~129)는 124년 또는 129년 박해 때 하드리아누스 황제(Hadrianus, 재위 117~138)에게 기독교를 변호하는 탄원서를 보냈다. 유스티누스(Justinus, c. 100~165)는 기독교야말로 가장 완전한 철학이라고 주장하며 로마에 학교를 세워 기독교를 가르치고 변호하였는데, 165년 박해 때 참수되었다. 그를 흔히 '성 유스틴(St. Justin)' 또는 '순교자 유스티누스(Justinus Martyr)'라고 부른다. 아테나고라스(Athenagoras, c. 133~c. 190)는 당시 기독교인을 무신론자, 인육을 먹는 자, 근친상간을 하는 자라고 모함한 것에 대하여 반박하고 변호하였다. 아리스테이디스(Aristeidis)는 최초로 변증론(Apology)을 저술하였다. 그는 인류를 야만인, 그리스인, 유대인, 기독교인의 네 부류로 구분하였고, 기독교만이 도덕적 성격을 가졌다고 주장하였다.[43]

변증에도 여러 유형들(types)이 있다. 예를 들어 비난받는 것을 해명하여 오해를 풀어주는 유형, 단점이나 약점에 대한 인간적인 보편성에 선처를 구하는 유형, 역사적 발전의 최고 단계로 입증하고 설득하는 유형 등. 그러나 모든 변증은 기본적으로 대립되는 내용의 양자 간에 또는 상대하는 대화자들 사이를 이어주는 연속선이 있어야 한다. 서로 상반되는 둘 사이에 공통되는 공동의 기반이 있어야 변증이 가능하다. 당시 로마 사회에서는 로마 제국에서 인정되고 있던 지혜, 윤리, 법이 그것이었다. 기독교 초기의 호교론자들은 로마인들이 어리석다고 평가하고 조롱한 바로 그 십자가에 참 지혜가 있다고 변증하고자 하였다.

십자가 신학: 조롱 속의 진리

그림 속의 알렉사메노스가 누구인지는 알려진 바가 없다. 그라피토의 내용만 놓고 보면, 아마도 그는 기독교인이었을 가능성이 크다. 이 그림을 그린 사람이 누구인지는 모르지만, 만약 알렉사메노스가 실존 인물이라면 아마도 그는 알렉사메노스를 알고 있던 사람이었을 것이다. 그리고 조금 더 추정해 보자면, 이 그림이 그려진 곳이 팔라티노이므로 아마도 그 주변 지역의 인물이었을 가능성이 있다.

이 벽화가 그려진 곳이 팔레티노, 곧 팔레티누스 언덕이라는 점이 마음 한편에 남는다. 팔라티누스는 로마 제국이 탄생하게 된 요람과 같은 곳이다. 로물루스와 레누스가 늑대의 젖을 먹고 자란 곳이 바로 팔라티누스였다. 로물로스는 팔라티누스 언덕에 기반을 마련하였고, 레누스는 아벤티누스 언덕에 기반을 마련하였으나 결국 로물루스가 승리하여 팔라티누스 언덕 위에 로마를 건국하였다.

매우 아이러니한 역사다. 지금으로부터 2,800년 전 로마 건국의 기반이 된 바로 그 자리에 십자가에 달린 예수 그리스도를 그린 가장 오래 된 그림이 남겨져 있고, 1,800년 전 예수 그리스도와 기독교를 조롱하던 그 그림이 바울의 고백처럼 오늘날 우리에게 오히려 십자가에 구원의 지혜와 능력이 있음을 알려주고 있으니 말이다.

그림을 통해서 재확인하는 바는 성서적 증언이다. 인간은 스스로 지혜롭다고 하지만, 하나님의 앞에서는 한낱 어리석음에 머무를 뿐이다(잠 26:12, 고전 1:25). 하나님은 슬기 있는 자들이 아니라 오히려 어린 아이들에게 진리를 나타내신다(마 11:25, 눅 10:21). 바울은 십자가가 유대인에게는 부끄러운 것이고 헬라인에게는 어리석은 것이지만, 구원을 받은 성도들에게는 오히려 하나님의 능력이요 하나님의 지혜라고 적었다(고전 1:18, 22-24).

- 십자가의 도가 멸망하는 자들에게는 미련한 것이요 구원을 받는 우리에게는 하나님의 능력이라(고전 1:18)
- 유대인은 표적을 구하고 헬라인은 지혜를 찾으나 우리는 십자가에 못 박힌 그리스도를 전하니 유대인에게는 거리끼는 것이요 이방인에게는 미련한 것으로 되 오직 부르심을 받은 자들에게는 유대인이나 헬라인이나 그리스도는 하나님의 능력이요 하나님의 지혜니라(고전 1:22-24)

찬송가 150장 〈갈보리산 위에 십자가 섰으니〉는 조지 베나드 (George Bennard, 1873~1958)가 작사 작곡한 곡이다. 그는 복음에 열정적인 부흥목사였다. 그는 약 300편의 찬송을 지었는데, 특히 이 곡을 평소에 즐겨 애창하였다. 이 곡은 십자가의 의미를 알려주기 위하여 정성과 열심을 다해 지은 곡이다. 그는 간절히 기도하던 중 '험한 십자가(The old rugged cross)'라는 제목을 정하였고, 또 수개월을 고심한 끝에 이 찬송의 작사와 작곡을 하였다.[44] 세상의 눈에 십자가는 고난과 멸시의 표이지만, 신앙의 눈에 십자가는 구원과 영광의 표이다. 그래서 그는 오직 주의 십자가를 사랑하고 끝까지 험한 십자가를 붙들겠다고 노래하였다. 찬송가의 2절 가사이다.

> ♫ 멸시천대 받은 주의 십자가에 나의 마음이 끌리도다 귀한 어린 양이 세상 죄를 지고 험한 십자가 지셨도다(후렴) 최후 승리를 얻기까지 주의 십자가 사랑하리 빛난 면류관 받기까지 험한 십자가 붙들겠네 ♫

마르틴 루터(Martin Luther, 1483~1546)는 1518년 하이델베르크에서 자신의 신학을 변론하며 '십자가 신학(Theologia crucis)'을 주창하였다. 그의 십자가 신학은 오직 십자가에 달린 그리스도 안에 참된 신학과 하나님의 인식이 있다는 것이다. 영광의 신학자들은 십자가와 고난을 미워하고 업적과 그 영광을 사랑하여 십자가의 선한 것을 악한 것이라 부르고 업적의 악한 것을 선한 것이라 부르지만, 하나님은 오직 고난과 십자가 안에서 발견된다.[45] 하나님은 계시하시는 하나님이시며 동시에 숨어계신 하나님이시다(Deus revelatus et Deus absconditus). 하나님을 알 수 있는 것은 세상이 보기에 어리석고 무능한 것 같은 예수 그리스도의 십자가에서이다. 십자가 신학의 출발이 바로 여기에 있다. 삼위일체 하나님은 십자가에서 자신을 계시하시며 우리는 하나님의 은혜로 십자가에서 그 하나님을 만날 수 있다.

세상이 보기에 가장 어리석은 십자가에 하나님을 아는 참된 지혜가 있다. 세상이 보기에 가장 무력한 십자가에 온 인류를 구원하는 하나님의 능력이 있고, 세상이 보기에 가장 혐오스런 십자가에 우리를 향한 가장 아름다운 하나님의 사랑이 있고, 세상이 보기에 가장 절망적인 십자가에 하나님이 세상에 주시는 진정한 희망이 있다. 세상이 보기에 가장 부끄러운 십자가가 구원 받은 성도의 유일한 자랑이다. 조롱 속에 담긴 진리! 인류를 구원하는 복음의 진리가 십자가의 조롱과 멸시 속에 담겨 있다.

Sarcophagus with scenes from the passion of Christ, c. 350, Marble sarcophagus, Museo Pio Cristiano, Vatican

2
도미틸라 사르코파구스

석관 부조에 담긴 사생관

이 그림은 AD 약 350년경의 것으로 로마 근교 도미틸라(Domitilla) 묘지에서 발견된 사르코파구스(Sarcophagus)이다. 이것은 도미틸라 묘지에서 발견하였다고 해서 흔히 '도미틸라 사르코파구스(Domitilla sarcophagus)'라고 불리거나 또는 그리스도의 수난 장면이 새겨져 있다고 해서 일명 '그리스도의 수난 사르코파구스(Sarcophagus with scenes from the passion of Christ)'라고 불린다. 사르코파구스(Sarcophagus)란 고대 그리스와 로마에서 사용하던 석관을 일컫는 말인데, 석관에 새겨진 부조(浮彫)를 가리키기도 한다.[46] 그런데, 왜 하필 석관의 부조일까? 왜 하필 석관에다가 예수 그리스도의 십자가를 새겨 넣었을까?

석관(石棺)이란 말 그대로 돌(石)로 된 관(棺)을 가리킨다. 돌은 견고하고 안전하여서 인류 역사상 일찍부터 장례에 사용되었다. 메소포타미아 문명에서는 BC 약 3000년 무렵 이미 석관을 사용하였다. 그리스로마 문명에서는 BC 7세기경부터 석관을 사용하기 시작하였는데, BC 약 4세기에 이르러서는 석관의 대리석 한쪽 면에 부조를 하거나 관 뚜껑에 죽은 사람의 모습을 새겨 넣었다. 석관에 십자가를 새겨 넣은 것을 보면, 이것은 기독교인의 석관이 확실하다.

인간은 누구나 다 죽는다(Being mortal). 인간은 죽음 앞에서 불안해하고, 죽음을 당하여 절망하며, 지인의 죽음을 보며 애통해한다. 그래서일까? 사람들은 죽은 사람을 장례하며 추모와 위로와 소망을 얻고자 한다. 죽음이 인간에게 결코 피할 수 없는 운명이어서인지 인간은 죽음 앞에 서면 숙연해진다. 죽음 앞에서 인생을 되돌아보고, 내세와 영원을 생각하고, 그리하여 현실의 삶을 보다 충실하게 살아가고자 한다(시 90:12, 전 7:2, 4). 하이데거(Martin Heidegger, 1889~1976)는 죽음 앞에서 현존재의 이런 실존적 각성을 '선구적 결단(Vorlaufende Entschlossenheit)'이라고 하였다.[47] 선구적 결단(先驅的 決斷)이란 아직 일어나지 않은 미래의 죽음을 현재로 앞당겨 가져옴으로써 이후의 삶을 보다 의미 있게 살고자 하는 실존적 결단이다. 그러고 보면 고대 미술의 큰 자락이 종교나 장례와 연관되어 있음은 매우 흥미로운 사실이다. 종교미술과 장례미술이라!

옛날 로마인들은 석관 부조에 주로 어떤 그림을 새겨 넣었을까? 석관이란 것이 모름지기 장례를 위한 것이라 석관에는 대개 죽은 사람이나 또는 그와 관련된 것을 새겨 넣거나 아니면 사람이 죽고 난 후의 삶에 대한 소망을 새겨 넣었다. 그러고 보면, 고대의 석관에는 그 시대의 죽음에 대한 이해가 담겨 있다고 할 수 있다. 그 시대의 사생관(死生觀)이나 내세관(來世觀)을 이해하려면 그 시대의 무덤을 보아야 할 것이다. 기독교가 로마에 확산되면서 로마의 기독교인들도 자연스레 석관을 사용하기 시작하였는데, 대략 3세기 말부터 일부 기독교인들이 카타콤의 장례를 위하여 석관에 기독교 장식을 시작하였다.

초기 기독교의 석관 부조

그럼, 초기 기독교인들은 석관에 무엇을 새겨 넣었을까? 죽음에 대하여 어떻게 생각하였을까? AD 약 270년경의 것으로 추정되는 산타 마리아 안티콰(Santa Maria Antiqua) 성당의 사르코파구스에는 왼쪽부터 오른쪽으로 요나의 이야기에 나오는 큰 물고기, 박 넝쿨 그늘에 있는 요나, 기도하는 여인, 철학자, 선한 목자, 그리고 그리스도의 세례가 그려져 있다. 또 AD 280년대의 것으로 추정되는 한 사르코파구스는 구약의 선지자 요나 이야기를 담고 있어서 일명 '요나의 사르코파구스(Sarcophagus of Jonah)'로 불리기도 한다.

Sarcophagus, c. 270, Marble, 59×218cm, Santa Maria Antiqua, Rome

Sarcophagus of Jonah, 280s, Stone, Museo Pio-Clementino, Vatican

초기 기독교인의 석관 부조에 요나의 이야기가 자주 등장하게 된 것은 요나가 사흘 동안 물고기 뱃속에 있다가 다시 살아나온 것이 예수 그리스도가 십자가에 죽었다 사흘 만에 부활한 것과 비교되었기 때문이다. 예수 스스로도 자신의 죽음을 요나의 이야기에 비유하곤 하였다(마 12:39-41, 16:4, 눅 11:29-32).

• 예수께서 대답하여 이르시되 악하고 음란한 세대가 표적을 구하나 선지자 요나의 표적 밖에는 보일 표적이 없느니라 요나가 밤낮 사흘 동안 큰 물고기 뱃속에 있었던 것 같이 인자도 밤낮 사흘 동안 땅 속에 있으리라(마 12:39-40)

매우 흥미롭게도 초기 기독교의 역사는 박해와 순교의 역사였다. 기독교인들에게 죽음이란 먼 훗날의 이야기가 아니라 가까워도 너무 가까운 일상의 현실이었다. 기독교는 처음에 로마인들에게 그저 그들이 정복한 야만 종교 중의 하나로 생각되었다. 게다가 기독교는 유아를 유괴하고 살해하여 그 피와 살을 먹는 반인륜적인 종교로 오해를 받았고, 무엇보다 로마 제국과 로마 황제에 반항하는 반역종교로 정죄되었으니 박해는 당연한 것이었다. 기독교인들은 옥에 갇히고, 채찍에 맞고, 참수되고, 십자가에 달리고, 원형 경기장에서 사자의 밥이 되어야 했다(히 11:36-38). 이에 기독교인들이 박해를 피하여 지하 동굴인 카타콤으로 숨어들었다. 박해를 피해 카타콤으로 숨어든 기독교인들은 그곳에서 신앙을 지키며 살았다. 박해가 장기화됨에 따라 그들은 거기서 살다가 또 거기서 죽어 그곳에 묻히게 되었다.

초기 기독교의 종말론적 부활 신앙

그럼, 초기 기독교인들로 하여금 이러한 박해를 견디게 하고 순교를 감당할 수 있게하였던 것은 무엇일까? 그것은 바로 예수 그리스도에 대한 믿음과 소망 때문이었다. 사실 기독교는 처음부터 그리고 본질적으로 철저하게 종말론적이다.[48] 그것은 예수가 십자가에 죽고 그것으로 끝나 버린 것이 아니라 사흘 만에 죽음을 이기고 부활하셨기 때문이다. 그래서 기독교인들 또한 자신들이 죽으면 예수처럼 새로운 몸으로 부활할 것과 영원한 삶을 살게 될 것을 믿었다. 뿐만 아니라 기독교인들은 부활 승천하신 그리스도가 다시 재림하셔서 심판하시고 영원한 새 하늘과 새 땅을 이루실 것을 믿었다. 기독교는 하나님이 주관하시는 역사, 곧 인간의 죽음과 세계의 종말 그리고 그 너머의 영원한 세계를 소망하는 종교이다.

• 예수께서 이르시되 나는 부활이요 생명이니 나를 믿는 자는 죽어도 살겠고 무릇 살아서 나를 믿는 자는 영원히 죽지 아니하리니 이것을 네가 믿느냐 이르되 주여 그러하외다 주는 그리스도시요 세상에 오시는 하나님의 아들이신 줄 내가 믿나이다(요 11:25-27)
• 하나님의 날이 임하기를 바라보고 간절히 사모하라 그 날에 하늘이 불에 타서 풀어지고 물질이 뜨거운 불에 녹아지려니와 우리는 그의 약속대로 의가 있는 곳인 새 하늘과 새 땅을 바라보도다(벧후 3:12-13)

그라바(André Grabar)는 이교와 기독교의 장례에는 근본적인 차이가 있다고 주장하였다. 그것은 기독교 장례미술에는 죽음의 테마가 부재한 반면, 이교의 장례미술에는 죽음의 테마가 중심을 차지하고 있다는 것이다.[49] 초기 기독교인들은 죽음을 인생의 소멸이나 파멸이 아니라 예수 그리스도로 말미암은 부활과 영생으로 보았다. 그들은 죽어도 다시 살 것을, 그리고 영원히 살 것을 믿었다. 그러기에 기독교인들은 순교 또한 마다하지 않았고, 천국을 향한 소망으로 받아들일 수 있었던 것이다.

기독교인들은 카타콤에 생활하면서 카타콤의 벽에 자신들의 신앙을 그려 넣었다. 또한 기독교인들이 석관을 사용하게 되자 거기에도 그들이 믿는 구원과 부활의 소망을 새겨 넣었다. 기독교인들은 예수 그리스도로 말미암은 부활과 영생에 대한 확실하고 강한 소망을 석관 부조에 담았다.[50] 앞서 언급하였듯이 요나의 이야기가 대표적이다. 그 외에도 아브라함이 아들 이삭을 제물로 바치려는 장면, 노아의 방주, 선한 목자, 기도하는 여인 등의 그림을 새겨 넣었는데, 이것은 모두 하나님께서 죽음을 넘어 영생의 길로 인도하실 것을 소망하는 내용이다.

• 아브라함은 시험을 받을 때에 믿음으로 이삭을 드렸으니 그는 약속들을 받은 자로되 그 외아들을 드렸느니라 그에게 이미 말씀하시기를 네 자손이라 칭할 자는 이삭으로 말미암으리라 하셨으니 그가 하나님이 능히 이삭을 죽은 자 가운데서 다시 살리실 줄로 생각한지라 비유컨대 그를 죽은 자 가운데서 도로 받은 것이니라(히 11:17-19)

그리스도의 수난 석관 그림

그럼, 이 로마 근교의 도미틸라 묘지에서 발견된 사르코파구스, 곧 석관 부조의 그림은 어떠한가? 이 부조의 그림은 석관의 전면에 새겨져 있다. 부조 그림의 구조는 일정한 간격의 기둥들이 위로 상인방(lintels)과 페디먼트(pediments)를 떠받치고 있는데, 그 기둥들 사이사이에 십자가와 함께 예수 그리스도의 수난 장면들을 새겨 넣었다. 기둥들 사이의 일정 공간을 마치 판넬이나 화판처럼 사용하였다.

부조의 그림 내용을 살펴보면, 가운데 십자가를 중심으로 하여 제일 왼쪽에는 구레네 시몬이 십자가를 지고 가고, 로마 군병이 그를 재촉하듯 밀고 있다(마 27:32). 그리고 그 옆에는 로마 군병이 예수의 머리에 관을 씌우고 있다(마 27:29). 가운데 십자가의 오른쪽으로는 로마 군병이 예수를 로마 총독 빌라도 앞으로 데려 가고, 빌라도는 그 앞에서 자신은 이 죽음에 책임이 없다는 듯 손을 씻고 있다(마 27:24). 복음서에서 이 사건들이 일어난 순서를 고려하면, 이 부조는 그림의 오른쪽에서 왼쪽으로 진행되는 순서로 배치되어 있다. 그리고 부조 그림의 한 가운데에는 십자가가 서 있다. 석관 부조의 구조상 이 가운데 그림이 하이라이트일 듯하다. 십자가의 가로대 양 옆에는 두 마리의 새가 앉아 있고, 십자가 아래에는 두 명의 군병이 돌 위에 앉아 있다(마 28:4).

기독교 석관이라고 하면, 성도의 장례에 위로와 소망을 담아 예수

그리스도의 부활 장면을 새겨 넣을 법한데, 이 석관에는 예수의 부활이 아닌 수난 장면을 새겨 넣었다. 왜일까? 그것은 예수의 십자가와 부활은 결코 뗄 수 없는 불가분의 관계에 있기 때문이다. 예수의 수난이 곧 그의 부활로 이어진다. 예수의 십자가 없이 그리스도의 부활이란 있을 수 없고, 예수 그리스도의 부활이 없는 십자가는 기독교가 아니다. 시간적으로, 논리적으로 십자가의 죽음이 부활에 앞서 있는데, 부활로 말미암아 십자가의 의미와 능력이 드러난다. 기독교는 예수 그리스도의 십자가와 부활로부터 시작되었으며, 그의 십자가와 부활을 가장 근본적인 정체성으로 가지고 있다. 그리하여 기독교가 철저히 종말론적 종교임을 확인시켜 준다.

그러고 보면, 이 부조의 그림은 예수의 수난을 표현하고 있지만, 그것은 단지 인간적인 비극이 아니라 그리스도의 승리를 담고 있다. 수난의 역사적 장면들은 이미 예수 그리스도의 부활의 소망을 담고 있다. 그림을 다시 자세히 들여다보자. 그림 속 예수의 모습은 결코 고난에 힘겨워하고 괴로워하는 인간의 모습이 아니다. 그의 형상은 오히려 당시 로마에서 영웅이나 위인을 표현하던 형상이다. 그의 외모는 수려하며 고상하고, 그의 의복 또한 품위와 기품이 있다. 그의 의상은 당시 로마의 원로들이나 귀족들의 것처럼 보인다. 무엇보다 예수가 손에 한 줌 옷자락을 쥐고 있는 모습은 영락없이 로마의 원로나 철학자의 모습이다. 장면은 분명히 십자가에 이르는 고난의 상황인데, 그의 얼굴은 오히려 차분하고 평온하며 상처 하나 없다. 좌편에 군병이 예수의 머리에 씌우는 관은 가시로 엮어 만든 고난의 관이 아니라 월계수로 엮어 만든 영광의 관처럼 보인다. 우편에 빌라도 앞에 선 예수는 죄수로 잡혀 왔지만, 그의 태도는 오히려 손을 씻는 총독 빌라도보다 더 당당하다. 이 그림에서 예수는 죽음에 고뇌하고 괴로워하는 그리스도가 아니라 죽음을 이기고 승리한 그리스도이다.

예수의 수난사에서 제일 중요한 장면이 있다면, 그것은 아마도 예수가 십자가에 달린 장면일 것이다. 생각 같아선 석관의 한 가운데에 예수 그리스도가 십자가에 달린 십자가형을 새겨 넣을 법 한데, 이 석관에서는 그렇게 하지 않았다. 왜 그랬을까? 구약의 전통을 따라 우상화를 피하려 한 신학적 이유도 있었을 것이다. 그러나 그것 보다는 존귀하신 구주 예수 그리스도를 감히 잔인하고 치욕적인 십자가에 달린 모습으로 묘사한다는 것이 신앙적으로 쉽게 용납하기 어려워서였을 것이다. 기독교인들에게 예수 그리스도는 십자가에 모진 고난에 고통스럽게 죽어간 실패한 인간이 아니라 죄와 고통과 죽음을 이기고 부활하신 승리자 그리스도이기 때문이다.

그래서일까? 초기 기독교 미술을 보면, 예수가 십자가에 처절하게 달린 그림은 찾아보기 힘들다. 초기 기독교에서는 예수를 사실적으로 표현하기보다는 기호나 표식으로 표현하였다. 십자가는 예수가 실제로 십자가에 달려 죽었기 때문에 당연히 처음부터 기독교를 상징하는 표식으로 사용되었다. 그리고 또한 물고기 모양도 사용되었다. 그것은 헬라어로 '하나님의 아들 구세주 예수 그리스도(Ἰησοῦς, Χριστός, Θεοῦ, Υἱός, Σωτήρ)'의 첫 철자를 따서 조합하면 물고기를 뜻하는 단어 '익투스(ΙΧΘΥΣ)'가 되었기 때문이다. 또한 구원에 대한 확신과 소망을 담아 닻으로 된 십자가 모양도 있었다(히 6:19). 십자가가 로마인에게는 여전히 잔인하고 혐오스런 것이었지만, 기독교인에게는 예수 그리스도를 가리키는 동시에 구원의 표시이자 신앙의 표시였다.

초기 기독교 미술은 아무래도 당시 문화의 주류였던 그리스로마의 미술로부터 영향을 받을 수밖에 없었다. 카타콤의 벽화나 석관 부조가 그 대표적인 예이다. 시간이 지나가면서 카타콤의 벽에는 비교적 단순한 기독교적 상징물들이 그려지기 시작하였다. 예를 들어 양, 비둘기, 감람나무 잎, 포도나무, 목자 등이다. 그중에 선한 목자 그림은 그리스로마 신화의 오르페우스 그림과 흡사하다. 그 외에도 성서의 이야기들을 그림으로 남겨 놓았다. 예를 들어 아브라함 이야기, 이삭 이야기, 요나 이야기 등이 그것들이다. 이러한 그림들은 석관 부조에도 그대로 담겨졌다.

승리와 영광의 키로 십자가

이 석관 부조는 예수의 수난 이야기를 담고 있는데, 정작 십자가에 달린 예수의 그림, 곧 십자가형 그림은 없다. 대신에 이 석관 부조의 중앙에는 십자가 문양을 크게 새겨 넣었다. 아무래도 이 가운데 그림이 이 사르코파구스의 하이라이트인 것 같다. 그런데 십자가의 모양이 예사롭지 않다. 그냥 단순한 십자가가 아니다. 무언가 많은 서사(敍事, Narrative)를 담고 있는 것 같다. 이 십자가의 문양은 무엇인가?

이 십자가 문양(☧)은 역사적으로 로마 황제 콘스탄티누스(Constanti

nus I, 재위 306~337)와 관련이 있다. 로마 제국은 AD 235년부터 284년까지 50년 동안 무려 26명의 황제가 바뀌는 대 혼란의 시기를 보내었다. 이 혼란을 끝낸 사람은 디오클레티아누스 황제(Diocletianus, 재위 284~305)였다. 그는 제국을 보다 안정적으로 유지하기 위해 로마 제국을 둘로 나누어서 각각 두 명의 정

황제와 부황제가 다스리는 4두 체제를 도입하였다. 그리하여 306년 로마 제국에는 4명의 황제, 곧 갈레리우스(Galerius, 재위 305~311)와 세베루스(Severus, 재위 305~307), 그리고 막시미누스 다이아(Maximinus, 재위 305~313)와 콘스탄티누스가 로마를 다스렸다. 그런데 이전 황제 막시미아누스(Maximianus, 재위 286~305)의 아들 막센티우스(Maxentius, 재위 306~312)가 반란을 일으켜 자기 자신을 황제로 선포하고 등극하였다. 막시미누스 다이아는 막센티우스와 동맹을 맺었고, 막센티우스는 세베루스와 갈레리우스를 연달아 제압하였다. 그리고 이제 마지막으로 콘스탄티누스와의 일전을 치르게 되었다.

312년 10월 28일, 콘스탄티누스는 5만의 군대로 밀비우스(Milvius) 다리를 사이에 두고 막센티우스의 10만 대군과 결전을 벌이기 위하여 대치하고 있었다. 콘스탄티누스는 꿈에 하늘이 열리고 "이 기호로 승리하리라(In hoc signa vinces)"라는 소리와 함께 십자가를 보았다. 콘스탄티누스는 꿈에 본 십자가를 군대의 깃발과 방패에 붙이고 나

가 싸워서 승리하였고, 그 결과 로마 제국을 차지하게 되었다. 그리고 이듬해 313년 콘스탄티누스는 리키니우스(Licinius, 재위 308~324)와 함께 밀라노 칙령(Edict of Milan)을 선포하며 기독교를 공인하였다.[51] 이로 인해 기독교는 300년 가까이 이어져 온 끈질기고 모진 박해로부터 해방을 얻게 되었다. 이제 역사적으로 십자가는 로마 사회에서 고난과 수치의 상징에서 승리와 영광의 상징으로 바뀌게 되었다. 콘스탄티누스의 이 일화에 관한 그림이 카파도기아의 교부 나지안주스 그레고리의 설교집(Homilies of St. Gregory of Nazianzus)에 남아 있다.

Miniature painting illustrating a Byzantine manuscript copy of the Homilies of Gregory of Nazianzus (BnF MS grec 510), folio 440 recto.

이 그림은 전체 3단으로 구성되어 있다. 상단의 그림은 콘스탄티누스가 잠을 자면서 하나님으로부터 십자가 깃발을 들고 나가라는 지시를 받는 꿈을 꾸는 장면을 그린 것이다. 중앙의 그림은 가운데 밀비우스 다리의 전투를 그린 것인데, 콘스탄티누스의 생각에는 십자가가 들어있다. 하단의 그림은 콘스탄티누스의 어머니 헬레나(St. Helena, 250~330)가 예수님이 달리셨던 십자가를 발견하는 그림이다. 전설에 따르면, 헬레나는 이 십자가를 예루살렘 골고다에서 찾아 그 일부를 아들 콘스탄티누스에게 가져다주었다고 한다.[52]

콘스탄티누스가 새겨 넣은 십자가 모노그램(monogram)을 흔히 '라바룸 십자가' 또는 '키로 십자가'라고 한다. 라바룸(labarum)이란 로마 군대가 사용하던 깃발을 말하는데, 이 깃발에 십자가를 그려 넣었기에 '라바룸 십자가'라고 한다. 그리고 십자가에 헬라어 크리스토스(χριστός)의 앞 두 철자 '키(X)'와 '로(P)'를 대문자로 함께 붙여 넣었기에 '키로 십자가'라고도 한다.[53] 이 라바룸 십자가는 콘스탄티누스에 의해 로마 황제의 표장(標章)으로 채택되었고, 317년에 주조된 로마 화폐에도 들어갔다. 키로 십자가는 구원과 승리와 영광을 상징한다.

바로 그 키로 십자가가 이 석관의 중앙 한 가운데에 새겨져 있다. 그러므로 이 석관은 아무리 빨리 잡아도 AD 313년 이후의 것이다. 학자들은 대개 4세 중반, 약 350년경의 것으로 추정하는데, 이 때쯤이면 기독교는 이미 로마 제국에서 사회적으로 당당히 그 위엄과 영광을 얻고 있을 때이다. 그러므로 이 키로 십자가 문양의 크리스토그램(Christogram)은 더 이상 수치와 고난과 패배와 죽음의 의미가 아니라 승리와 영광과 부활과 생명의 의미를 담고 있다.[54] 이 석관에서 십자가 문양은 우리를 위해 죽으신 예수 그리스도의 부활과 영광의 의미를 담고 있는 것이다.

그러고 보면, 부조 그림의 가운데에 십자가 문양에 함께 새겨진 그림들도 예수 그리스도의 부활과 승리와 영광을 표현한 것들이다. 먼저 키로 십자가를 두르고 있는 큰 원이 있는데, 이 원은 월계수로 장식된 월계관이다. 이 가운데 월계관은 왼쪽 옆에 예수의 머리에 씌우고자 하는 월계관과 같은 것이다. 월계관은 로마에서 전통적으로 성공한 장군이나 황제에게 수여되던 것으로 승리와 존엄을 상징한다.

십자가 가로대 위에 있는 두 마리의 새들이 월계관을 부리로 물고 있다. 로마 전통에서는 독수리가 월계관을 가져다주는 것으로 묘사되었다. 그런데, 기독교 전통에서는 주로 비둘기가 등장한다. 비둘기는 노아시대 홍수를 마감하고 새 희망을 알리는 비둘기이자 하나님의 영인 성령의 현현을 의미하였기 때문이다(창 8:11, 눅 3:22). 월계관과 비둘기는 로마 전통에서 예수 그리스도에게 최고의 승리와 영광을 돌리는 것을 의미한다. 그리고 십자가 아래의 두 명의 로마 군병 역시 예수의 부활을 연상시킨다. 이들은 졸고 있는 것인지 졸도한 것인지, 정신이 없어 보이는 것이 예수의 무덤을 지키다가 예수의 부활에 놀라서 혼절한 로마 군병들을 묘사한 것 같다(마 28:4). 월계관, 독수리, 해와 달로 로마의 황제에게 바치던 최고의 존엄과 명예와 영광을 이제 월계관(가시관), 비둘기, 키로 십자가로 예수 그리스도에게 바치고 있다.

4세기 중반의 다른 사르코파구스를 보더라도 이러한 경향이 잘 드러난다. 유니우스 바수스(Junius Bassus)는 로마 원로원의 일원으로서 최고의 지위를 누렸는데, 기독교로 개종하여 임종 병상에서 세례를 받은 것으로 알려져 있다. 그의 사르코파구스에는 왼쪽부터 오른쪽으로 상단에 이삭의 희생, 베드로의 체포, 베드로와 바울과 함께 보좌에 앉으신 그리스도, 본디오 빌라도 앞에서 예수의 심문 두 장면, 그리고 하단에 거름더미 위의 욥, 아담과 하와, 나귀를 타고 예루살렘에 입성하시는 예수, 사자 굴속의 다니엘, 처형장으로 끌려가는 사도 바울의 그림이 그려져 있다.[55]

〈두 형제의 사르코파구스〉 역시 두 층으로 구성되어 있다. 먼저

Sarcophagus of Junius Bassus, 349, Marble, 120×140×120cm, Museo Tresoro, Basilica di San Pietro, Vatican

위층에는 나사로의 부활, 베드로의 부인에 대한 예언, 모세에게의 율법 전달, 그리고 가운데 메달리온(medallion)을 지나서 이삭의 희생, 빌라도 앞에선 그리스도가 그려져 있고, 아래층에는 간수들에게 세례를 베푸는 베드로, 사자 굴속의 다니엘, 군병들에게 신앙을 교육하는

Sarcophagus of the "Two Brothers", c. 350, Marble, Museo Pio-Clementino, Vatican

베드로, 시각장애인 치유, 오병이어의 기적이 그려져 있다.

〈도미틸라 사르코파구스〉와 가장 유사한 사르코파구스는 〈부활 양식의 나무가 있는 사르코파구스〉(Sarcophagus "with trees" of the Anastasis type, c. 340~350)이다. 이 사르코파구스는 위에 승리와 영광의 월계수가 드리워져 있고, 가운데에는 위로부터 부활을 상징하는 키로 십자가, 두 마리의 새, 그리고 무덤가에서 졸고 있는 두 병사가 등장한다. 그림의 양쪽 끝에는 제물을 드리는 가인과 아벨 그리고 고난당하는 욥이 묘사되어 있고, 그 안쪽으로는 베드로의 체포와 바울의 순교가 묘사되어 있다. 모두 다 극한 고난과 죽음을 넘어선 예수 그리스도의 부활을 부각시키고 있다.

Sarcophagus "with trees" of the Anastasis type, c. 340~350, Vatican

십자가 신학: 죽음 너머의 부활 신앙

역사적으로 기독교는 처음 출발할 때부터 시작하여 이 무렵에도 계속하여 예수 그리스도의 신성을 강조하고 있었다. 예수는 그리스도이시며 하나님의 유일하신 아들로서 본질상 성부 하나님과 동일하다고 고백되었다. 325년 콘스탄티누스의 주관으로 니케아에서 제

1차 공의회가 열렸다. 당시 니케아에는 콘스탄티누스의 별궁이 있었다. 콘스탄티누스는 정치 통합에 이어서 신학적으로 갈라진 로마를 통합하고자 하였다. 제1차 니케아 공의회에서 성부 하나님과 성자 예수 그리스도의 동일본질(Homoousios)이 교회의 공식적인 신앙으로 채택되었다. 그리고 이것은 곧 삼위일체 하나님에 대한 신앙고백으로 이어졌다.

• 너희가 나무에 달아 죽인 예수를 우리 조상의 하나님이 살리시고 이스라엘에게 회개함과 죄 사함을 주시려고 그를 오른손으로 높이사 임금과 구주로 삼으셨느니라(행 5:30-31)

• 그리스도께서 약하심으로 십자가에 못 박히셨으나 하나님의 능력으로 살아 계시니 우리도 그 안에서 약하나 너희에게 대하여 하나님의 능력으로 그와 함께 살리라(고후 13:4)

예수 그리스도는 하나님의 유일하신 아들로서 우리를 위하여 십자가에 죽으시고 사흘 만에 부활하신 우리의 구원자이시다. 그가 십자가에 죽으심으로써 우리를 죄에서 구원하셨고, 죽은 자 가운데에서 부활하심으로써 우리를 사망에서 구원하셨다(롬 4:25). 예수 그리스도는 죽음을 이기신 분이고, 우리는 그분으로 말미암아 죽음 너머 하나님 나라와 영생을 소망할 수 있게 되었다. 십자가 신학은 모든 인간이 마주하는 운명 앞에서 철저히 죽음의 신학인 동시에 또한 죽음을 넘어선 철저히 부활의 신학이다. 그것은 어떤 설화나 주장이 아니라 예수 그리스도의 십자가의 죽음과 사흘 만의 부활이라는 역사적 사건에 기초한 것이다.

• 그러나 이제 그리스도께서 죽은 자 가운데서 다시 살아나사 잠자는 자들의 첫 열매가 되셨도다(고전 15:20)

찬송가 171장 〈하나님의 독생자 예수〉는 게이더 부부(Gloria & William J. Gaither)가 함께 작사하고, 남편 윌리엄 게이더(William J. Gaither)가 작곡한 곡이다. 두 사람은 평생 함께 찬양을 만들어 공연하며 복음을 전하였다. 이 곡은 십자가에 죽었으나 다시 살아나셔서 사망 권세를 이기신 예수 그리스도를 찬양한다. 성도는 다시 사신 구주를 믿기에 모든 삶에서 두려움은 사라지고 기쁨으로 충만한 삶을 산다. 이 부활 찬송은 20세기 미국의 5대 복음찬송 중의 하나로 일컬어지고 있다. 1절의 가사는 다음과 같다.

♬ 하나님의 독생자 예수 날 위하여 오시었네 내 모든 죄 사하시려고 십자가 지셨으나 다시 사셨네 살아계신 주 나의 참된 소망 두려움이 사라지네 사랑의 주 내 갈 길 인도하니 내 모든 삶의 기쁨 늘 충만하네 ♬

십자가는 분명 고난과 수치와 죽음의 상징이다. 그것은 예수 그리스도의 십자가도 마찬가지이다. 그러나 예수 그리스도가 죽은 자 가운데서 사흘 만에 부활하심으로써 그의 십자가는 실패와 저주가 아니라 구원과 사랑과 승리와 영생의 상징이 되었다. 기독교의 신앙은 십자가의 고난에서 부활의 영광을 바라는 것이다. 죽은 이의 장례에서, 아니 자신의 죽음 문턱에서 우리는 죄와 고난과 죽음을 이기고 부활하신 승리와 영광과 생명의 예수 그리스도를 소망한다. 그리하여 그의 부활은 예수 그리스도를 믿는 성도들의 소망이요 현실이 된다. 죄로부터의 구원이 예수 그리스도의 십자가로 이루어지듯이 죽음 너머 영원한 생명도 예수 그리스도의 십자가로 이루어진다.

Crucifixion, Wooden door, 430~432, Wood, Santa Sabina, Rome

3
사비나 성당의 목문 부조

기독교 초기의 십자가형 미술 작품

AD 313년 콘스탄티누스 황제(Constantinus I, 재위 306~337)에 의해 로마에서 기독교가 공인되었고, 380년 테오도시우스 황제(Theodosius I, 재위 379~395)에 의해 기독교가 로마의 국교가 되었다. 테오도시우스 황제는 380년 데살로니가 칙령으로 기독교를 국교로 선포하였고, 391년 행정법으로 상세한 내용을 규정했다. 이로써 예수의 십자가는 고난과 수치의 표징을 넘어 승리와 영광의 표징이 되었다. 자연스레 교회 건축이 생겨났고, 교회 건물에 십자가 장식을 하거나 성구에 십자가 문양을 넣는 일이 일어나게 되었다. 나아가 십자가에 달린 예수 그리스도의 모습의 형상화가 등장하기 시작하였다.

그럼, 예수 그리스도의 십자가형을 기독교 신앙의 입장에서 직접적으로 표현한 최초의 것이 무엇일까? 십자가에 달린 예수 그리스도를 형상화한 최초의 작품이 무엇일까? 현재 확실히 남아 있는 것으로는 약 430년경의 작품들이 있다.

먼저 420~430년경의 것으로 추정되는 상아로 된 카스켓(Casket)에 양각(relief)으로 새겨진 예수의 십자가형 그림이 있다. 어쩌면 이것이

기독교 신앙에서 출발한 최초의 십자가형 미술 작품일 수 있다. 카스켓(Casket)은 옛날에 귀한 물건을 담아두던 상자를 말한다.[56] 이 그림은 카스켓을 덮고 있는 4개의 판넬들 중의 하나인데, 각각의 판넬은 3인치×4인치의 사이즈로 되어 있다. 이 그림은 담고 있는 내용 때문에 〈그리스도의 십자가형〉(Crucifixion of Christ) 또는 〈그리스도의 십자가형과 유다의 죽음〉(Crucifixion of Christ and the Death of Judas)이라고 불리기도 한다. 판넬의 그림을 고려한다면, 이 카스켓은 아마도 유물을 담아 두는 유물상자였을 것이다.

Crucifixion of Christ Panel from the Ivory Casket,
c. 420~430, relief, carved, British Museum, London

그림의 오른쪽에 예수 그리스도가 정자세로 앞을 바라보며 탄탄하게 십자가에 못 박혀 있다. 예수의 머리에는 둥그런 원으로 후광을 묘사하였고, 십자가 위에는 REX IVD라고 적혀 있다. REX IVD는 라틴어로 유대인의 왕(Rex Iudaeorum)이라는 뜻이다. 이것은 복음서에 기록된 대로 예수의 십자가에 붙여 놓은 죄패를 표현한 것이다. 그의 몸은 단단한 근육질로 묘사되어 있다. 그런가하면 왼쪽에는 예수와 대조적으로 가룟 유다가 얼굴을 옆으로 한 채 나무에 목매달려 있다. 그의 몸은 맥없이 축 늘어져 있다. 예수 주위에는 세 명의 인물이 있는데, 십자가 왼쪽 날개 곧 예수의 오른팔 아래에 있는 두 남녀는 성모 마리아와 제자 요한이고, 오른쪽의 인물은 예수를 창으로 찔렀던 로마 군인 롱기누스(Longinus)이다. 그는 오른팔을 들어 눈을 가리고 있다. 십자가에 고난당하시는(결국 죽음을 이기신) 예수님을 감히 바라보지 못하고 있다. 전설에는 예수의 십자가의 피가 그의 눈에 튀어 그의 안질이 고침을 받았다는 이야기도 있다.[57] 예수가 땅에 굳게 박힌 십자가 위에 견고히 달려 있다면, 가룟 유다는 허공에 떠 있으며 그 아래에는 터진 돈 주머니가 놓여 있다. 그림은 역사적으로 일어난 예수의 십자가형 사건에 대한 묘사와 함께 우리의 인생이 어디에 기초해야 할 것인지, 무엇을 추구할 것인지 시사하는 것 같다.

사비나 성당 목문 부조

그런가하면 약 430~432년경에 제작된 산타 사비나(Santa Sabina) 성당의 목문에 새긴 부조(浮彫)가 있다. 그 전에는 예수 그리스도를 대개 문자나 표식으로 표현하거나 아니면 선한 목자 또는 요나 이야기 등을 그려서 예수 그리스도를 비유적으로 표현하였다. 앞서 살펴본 알렉사메노스의 그라피토는 기독교의 십자가에 달린 예수에 대한 신앙을 조롱하는 작품이었고, 사르코파구스의 그림은 예수의 십자가의 죽음을 상징적으로 묘사하였다. 그런 점에서 이 작품은 상아 카스켓 판넬과 함께 기독교 미술로서의 동기와 목적을 가지고 예수의 십자가형으로 직접적으로 표현한 가장 초기의 작품이라 할 수 있다.

산타 사비나 성당은 로마 아벤티노(Aventino) 언덕에 있다. 산타 사비나 성당은 당시 로마의 건축 양식을 따라 삼랑식(三廊式)의 바실리카 양식으로 422년에 착공하여 432년에 완공되었다. 건축에서 문을 제작하고 장식하는 일은 대개 건물의 기본 구조물을 다 완성하고 내장 작업을 하는 마무리 단계에 해당한다. 이 문도 아마 성당의 건축이 거의 마무리되던 430년에서 432년 어간에 완성되었으리라 추정된다.

사비나 성당의 문은 사이프러스(cypress) 나무로 된 목문이다. 그리고 그 목문에는 부조 그림들이 있다. 목문 부조는 본래 총 28개의 판넬로 구성되었다. 각 판넬에는 구약과 신약 성서의 주요 그림을 새겨

넣었다. 성녀 사비나의 신앙과 순교를 기념하여 시리즈로 제작된 최초의 기독교 미술이다. 어쩌다 제작되거나 남아있는 단편 작품이 아니라 누군가 주제를 가지고 제작한 일련의 예술 작품이다. 그런데 그중 10개는 소실되어서 지금은 18개만 남아 있다. 사비나 성당의 전체 목문 그림은 다음과 같다.

Wooden door, 430~432, Wood,
Santa Sabina, Rome

현재 남아 있는 18개의 그림 중에서 구약성서와 신약성서의 그림 한 판넬씩만 잠깐 소개하면 다음과 같다.[58] 먼저는 구약성서에서 모세의 소명 장면이다. 모세는 구약을 대표하는 인물이다. 하나님의 명령에 따라 이집트에서 노예 생활을 하던 히브리인들을 이끌어내어 지금의 이스라엘 민족을 만들어내었을 뿐 아니라 이스라엘 백성이 살아가는 삶의 질서인 율법 토라를 이스라엘 민족에게 전해주었다. 구약은 율법과 예언으로 요약되는데, 율법의 대표자는

The Calling of Mosses

모세이고, 예언의 대표자는 엘리야이다. 그래서 예수가 변화산에서 변모하였을 때, 그 양옆에 나타난 인물이 바로 모세와 엘리야였다(막 9:4). 모세는 나이 80에 호렙산에서 장인 이드로의 양을 치고 있었는데, 불붙은 떨기나무를 보고 찾아왔다가 하나님의 부르심을 받았다. 이 부조는 그 장면을 표현하고 있다.

다른 하나의 그림은 신약성서 복음서에 기록된 예수의 행적에 관한 그림들 중의 하나이다. 이 판넬에는 예수의 세 가지 행적이 새겨져 있다. 위로부터 보면, 예수가 시각장애인을 치유하고 있다. 어떤 이는 무덤(집)에서 나오는 나사로의 부활 장면이라고 하는데, 인물의 왼손에 지팡이를 짚고 있는 것을 보면 시각장애인으로 보는 것이 옳다. 중간에는 오병이어 기적이다. 예수가 물고기 두 마리와 보리떡 다섯 개로 오천 명을 먹인 사건으로 네 복음서에 모두 기록되어 있다. 아래에는 가나의 혼인잔치이다. 요한복음에 따르면, 예수의 첫 번째 이적으로 가나의 혼인잔치에서 물로 포도주를 만든 기적이다. 예수가 하인들에게 결례를 위한 물 항아리에 물을 가득 채우게 하였다. 그리고 그 물을 연회장에게 가져다주게 하였는데, 물이 어느새 최상품 포도주로 변해있었다.

세 행적 그림에서 예수는 모두 긴 머리를 하고 있고, 왼손으로 옷자락을 잡고 있다. 이것은 앞서 2장의 도미틸라 사르코파구스에 묘사된 예수의 모습과 흡사하다. 세 행적에 대한 묘사에서 세부적인 사항은 복음서 기록과 정확하게 일치하지는 않는

Christ's miracles

다. 아마도 상징적 의미를 따른 것 같다. 중간의 오병이어 그림에서 물고기는 세 마리, 바구니는 일곱 개로 묘사되었다. 복음서에 따르면, 보리떡 다섯 개와 물고기 두 마리로 오천 명을 먹이고 열두 바구니가 남았다(눅 9:16-17). 하단의 가나 혼인잔치 그림에는 물을 담은 돌항아리가 일곱 개다. 요한복음에 따르면, 돌항아리는 여섯 개였다(요 2:6). 일곱이라는 수는 상징적으로 완전, 완성을 의미한다.

목문 부조 작품들은 오래된 만큼 그림은 단순하고 투박하다. 십자가형도 예외가 아니다. 십자가형 그림은 마치 벽돌로 된 벽 같은 배경에 세 명의 죄수들이 십자가에 나란히 달려있는 것이 전부이다. 언뜻 보기에 죄수들이 십자가에 달려 있다기보다는 십자가 앞에 서 있다 할 정도로 표현이 투박하다. 십자가의 형틀조차 제대로 찾아보기 힘들다. 오히려 죄수들이 양팔을 수평으로 벌려 서 있는 자세 자체가 십자가 모양을 구성하고 있다. 그러나 양 손에 못이 박혀 있는 것을 표현하고자 한 것은 분명한 것 같다. 특히 가운데 위치한 사람의 양 손에는 못 박힌 자국이 선명하다. 그렇다고 해서 죄수들의 양 손이 십자가에 못 박혀서 그 몸이 사실적으로 축 늘어진 모양새는 아니다. 그저 십자가에 달렸다는 사실을 확실히 전달하고자 하는 정도이다. 이것은 아마 5세기 당시에 나무라고 하는 재료에다가 부조라고 하는 기술의 표현상 한계일 것이다.

십자가에 달린 세 사람의 자세와 모습에는 별 차이가 없다. 다만, 가운데 십자가에 달린 사람이 좌우 양편의 십자가에 달린 사람들보다 훨씬 더 크고 뚜렷하다. 크기에 있어서 거의 두 배에 가깝다. 또한 머리 부분의 모양이 좌우 양편의 죄수의 것과 달리 이목구비가 보다 뚜렷하고, 긴 머리와 긴 수염을 드러내고 있다. 목문의 다른 판넬에서도 예수는 긴 머리를 하고 있다. 이것은 분명히 좌우 양편의 십자가에 달린 사람들과 달리, 가운데 십자가에 달린 예수 그리스도를 부각시켜 강조하고자 한 것이다. 예수는 인간적으로 고난당하는 처절한 모습이라기보다는 승리하신 구원자 그리스도의 모습이다. 기법에서 조각의 투박함도 있겠지만, 신학적으로 그리스도의 신성을 강조하려 한 의도가 보인다.

이 그림은 신약성서의 내용과 일치한다. 신약성서의 네 복음서는 모두 다 예수 그리스도가 십자가에 못 박혔을 때, 두 강도가 그의 좌우편에서 함께 십자가에 못 박혔다고 증언하고 있다(마 27:38, 막 15:27, 눅 23:33, 요 19:18). 그래서 이후로 예수의 십자가형 그림은 지극히 당연하게도 그리스도의 십자가를 중심하여 두 강도의 십자가를 좌우 양옆에 하나씩 위치시키게 되었다.

  • 또 다른 두 행악자도 사형을 받게 되어 예수와 함께 끌려 가니라 해골이라 하는 곳에 이르러 거기서 예수를 십자가에 못 박고 두 행악자도 그렇게 하니 하나는 우편에, 하나는 좌편에 있더라(눅 23:32-33)

이 부조의 출처가 산타 사비나 성당임을 고려할 때, 이 그림은 분명히 예수 그리스도의 십자가형을 공개적으로 표현한 것이다. 그 용도가 무엇이었을까? 이것은 분명히 예수 그리스도를 기념하며 예배 드리는 성당을 장식하는 상징적인 장식물이었다. 산타 사비나 성당은 성녀 사비나를 기념하여 건축한 성당으로 전해진다. 그럼, 사비나는 어떤 인물이었을까?

전설에 따르면, 성녀 사비나(St. Sabina)는 이탈리아 로마(Roma) 출신의 부유한 과부였다. 그녀는 시리아 안디옥 출신의 하녀 세라피아(Serapia)의 경건 생활에 감동을 받아 기독교인이 되었다. 그들은 둘다 126년경 하드리아누스(Hadrianus) 황제의 박해 때 순교하였다. 먼저 세라피아가 로마의 신들에게 제물 바치기를 거부하고 신앙을 고백하며 순교하였다. 사비나는 로마의 빈디치아누스 언덕에 자신을 위해 준비해 두었던 무덤에 성녀 세라피아의 시신을 안치하였다. 그리고 한 달 뒤 사비나 또한 기독교인으로 고발되어 신앙을 증거하고 순교하였다. 그 후 교황 첼레스티누스 1세(Caelestinus I, 재위 422~432) 시절, 약 430년경 일리리아(Illyria)의 신부 베드로가 로마의 아벤티노(Aventino) 언덕에 사비나를 기념하여 성당을 세우고 그곳에 사비나의 유해를 모셨다. 이후로 사비나는 주부와 아이들의 수호성인으로 일컬어지게 되었다.

이 부조는 성서의 내용을 시각화하여 성당에 예배하러 오는 성도들의 신앙을 고취시키기 위한 것이었다. 성도들은 성당의 목문 부조를 보고 묵상하며 예배드리는 마음 자세를 갖추게 되었을 것이다. 십자가에 달린 사람들이 양팔을 벌린 이 자세는 이미 카타콤에서 성도들이 기도하는 모습을 표현한 오란테(Orante) 자세와 흡사하다. 사실이 기도 자세는 꼭 기독교에만 해당되는 것은 아니었다. 고대의 다른 종교에서도 이렇게 양 손을 들고 기도하는 모습을 찾아볼 수 있다. 이러한 형태의 자세를 기도하다는 단어 오라레(orare)에서 유래하여 오란스(Orans) 또는 오란트(Orant)라고 한다. 기독교의 입장에선 고대 종교의 오란테 자세가 기독교 미술로 유입되었다고 볼 수 있으나, 그보다는 구약 성서의 기도 전통을 기독교 미술이 이어받은 것으로 보는 것이 옳을 것이다.

그래서 사비나 성당의 십자가형만 보고서 혹시 사비나 성당의 목문 부조가 예수의 십자가형이 아니라 카타콤의 벽화처럼 단순히 성도의 기도하는 모습이 아닐까 의심해 볼 수 있다. 그러나 그것은 성당 목문에 새겨진 일련의 전체 그림들을 몰라서 생긴 오해이다. 그리고 십자가형 부조만 놓고 보더라도 세 인물에 대한 묘사, 특히 하체에 걸친 속옷은 그들이 십자가에 달린 죄수임을 분명히 한다. 세 사람 모두 하체만 페리조마(perizoma)로 살짝 가린 채 발가벗겨져 있다. 기도하는 사람을 이렇게 나체로 그리기는 곤란한 일이다. 또한 세 사람의 손에는 못 자국이 있는데, 특히 가운데 인물의 손의 못 자국은 크고도 선명하다. 못 박힌 손을 들고 기도하기는 어려운 일이다. 그리고 양 옆의 인물에 비해, 가운데 인물의 두 배나 되는 크기는 이것이 예수의 십자가형을 표현한 것임을 분명히 한다.

기독교의 기독론 형성

예수의 십자가형을 그림으로 표현할 수 있게 되었다는 것이 무슨 의미일까? 그것은 적어도 이제 예수 그리스도를 믿고 따른다는 것을 공개적으로 드러내놓고 표현하여도 더 이상 피해나 손해가 없다는 로마제국의 사회적·역사적 상황 변화를 의미한다. 또한 예수 그리스도를 고난과 수치의 십자가에 달린 모습으로 표현하여도 더 이상 신앙적 회의나 의심이 들지 않을 정도로 신학적·교리적 기반이 구축되었음을 의미한다. 그렇지 않다면, 이러한 표현은 생명에 치명적인 위협이 될 뿐 아니라 기독교 신앙의 근본적인 붕괴를 가져올 수 있기 때문이다.

역사적으로 313년 로마제국에서 기독교가 공인된 이후로 교회의 건축이 활발해졌다. 콘스탄티누스는 예수 그리스도의 행적과 연관된 장소마다 성당을 건축하였다. 전설에 따르면, 그의 어머니 헬레나 (Helena, 250~330)가 325년 예수가 못 박혔던 십자가를 발견하였고, 그곳에 기념 성당을 세웠다고 한다. 성당 건축은 그 자체로 하나의 기독교 예술 작품이지만 또한 그 안을 장식하기 위하여 여러 예술 작품을 필요로 하였다. 기독교 예술의 발전은 성당 건축과 함께 기독교 신앙을 고양하고, 교육하고, 표현하고자 하는 의도에서 진행되었다. 391년 로마 제국이 기독교를 국교화하면서 이러한 추세는 더욱 견고해지고 활발해졌다.

로마 제국의 기독교 공인과 국교화는 신학적으로도 상당한 기초를 확립하게 하였다. 초대 교회의 직면한 문제들, 곧 신앙의 체계화, 이단에 대한 대처, 기독교 예전의 수립, 선교의 활성화 등에 대한 교회 차원의 정립이 필요하였다. 이에 교회는 공의회로 모여서 신학적인 정립을 하였다. 공의회(Ecumenical council)란 기독교의 교리와 규례 등을 결정하기 위해서 교회의 대표들이 공적으로 모여 하는 회의를 가리킨다. 신약성서 사도행전 15장에 기록된 예루살렘 회의가 공의회의 기원이자 근거라 할 수 있다.

기독교 초기의 가장 중요한 신학적 문제는 바로 예수 그리스도에 관한 것이었다.[59] 예수는 누구인가? 예수는 그리스도인가? 예수가 그리스도라고 하면, 그는 하나님과 어떤 관계에 있는가? 그가 성육신하신 하나님이라고 하면, 그 안의 인성과 신성은 어떤 관계에 있는가? 이런 질문들은 단순히 성도들의 호기심이 아니라 구원의 문제와 직결된 것이었다. 이것은 기독교의 가장 근본적이며 정체성이 되는 문제였기에 기독교 역사 초기에 가장 먼저 제1~4차 공의회를 거치며 기독론의 기초를 정립하게 되었다.[60]

역사적으로는 325년에 니케아에서 제1차 공의회가 열렸다. 이 공의회는 콘스탄티누스 황제의 소집으로 열렸는데, 예수 그리스도의 신성을 부인하던 아리우스파(Arianism)를 이단으로 정죄함으로써 기독교 교리를 세우고 교회를 통일시키는 결과를 가져왔다. 아리우스(Arius, c. 250~c. 336)는 그리스도가 아들이라고 하면 태어난 자이므로 존재하지 않은 때가 있었던 창조된 자로서 성부와 결코 동질일 수 없다고 주장하였다. 이에 대해 아타나시우스(Athanasius, 295~373)는 그리스도의 탄생은 인간의 탄생과 달리 성부의 본질에서 영원히 탄생하는 것이라고 주장하였다. 제1차 니케아 공의회에서는 성부 하나님과 성자 예수 그리스도의 동일본질(Homoousios)이 공인되었다.

381년, 제2차 콘스탄티노플 공의회에서는 아리우스파의 계속되는 저항에 맞서 성부와 성자의 동일본질을 재확인하였고, 또한 예수 그리스도의 인성을 부인하는 아폴리나리우스주의(Apollinarianism)를 정죄하였다. 아폴리나리우스(Apollinarius, 310~390)는 예수 그리스도가 온전한 인성이 아니라 인간의 육체만을 취함으로써 온전한 신성을 가지고 있다고 주장하였는데, 그것은 결국 예수 그리스도의 인성을 부정하는 것이었다. 콘스탄티노플 공의회에서는 성령도 성부와 성자와 함께 동일한 예배와 영광을 받는다고 함으로써 삼위일체 교리를 확정하였다.

431년, 제3차 공의회가 에베소에서 열렸다. 에베소 공의회는 성모 마리아를 '하나님의 어머니(Theotokos)'라고 부를 수 있는가에 관한 기독론 논쟁으로 소집되었다. 알렉산드리아의 대주교 시릴(키릴, Cyril, c. 375~444)은 성모 마리아를 하나님의 어머니라고 부를 수 있다고 주장한데 반해 콘스탄티노플의 대주교 네스토리우스(Nestorius, ? ~451?)는 성모 마리아가 예수 그리스도의 육신의 어머니이기는 하지만 하나님의 어머니로 불리는 것은 옳지 않다고 주장하였다. 공의회는 예수 그리스도의 신성을 확실히 확보하기 위하여 네스토리우스를 이단으로 정죄하였다. 사비나 성당의 십자가형 목문 부조가 아마도 이 무렵에 제작되었을 것 같은데, 이때쯤이면 교회의 권위도 국가적으로나 사회적으로 대단한 위치에 올라섰거니와 예수 그리스도에 관한 교리도 이미 상당히 구축되었다.

그리고 20년 후인 451년, 제4차 공의회가 칼케돈에서 열렸다. 공의회는 예수 그리스도에게는 인간이 된 신성 밖에 없다는 유티케스(Eutyches, 380~456)의 단성론을 정죄하고, 예수 그리스도는 완전한 인성과 완전한 신성을 가진(the same perfect in Godhead and also perfect in manhood) 참 하나님이시며 참 인간(truly God and truly man)이라고 결정하였다. 특히, 그의 신성과 인성은 혼합되지 않고 변화되지 않으며 분리되지 않고 나뉘지 않는다(inconfusedly, unchangeably, indivisibly, inseparably)고 공표하였다. 이렇게 4차에 걸친 초기의 공의회를 통하여 기독교의 가장 기본적인 삼위일체론과 기독론 교리가 정립되었다.

십자가 신학 : 기념하는 신앙

신앙은 기념이다. 절기는 기념이다. 절기 때만이 아니라 신앙은 모든 순간이 예수의 십자가의 구원 사건에 대한 기념이다. 그리고 그 기념은 성령의 역사 안에서 현재가 된다. 성 사비나 성당은 성녀 사비나를 기념한다기보다 근원적으로 사비나의 그리스도에 대한 신앙을 기념하는 것이다. 기념과 동경의 대상이 인간으로 바뀌면 위험해진다. 이 실수가 자칫 인간 우상화의 길을 걷게 한다. 인간은 다 죄인이고 연약한 존재이다. 죄인이어서 구주를 소망하고, 예수 그리스도의 십자가 사건이 구원의 사건이 된다. 연약하여서 십자가가 능력이 된다.

인물뿐 아니라 모든 건물, 모든 기념일, 모든 기념 작품이 다 그렇다. 십자가로 페넌트(pennant)를 만들고, 카스켓(casket)을 만들고, 십자가로 교회 장식을 하고, 성구를 제작하는 것은 특히 예수 그리스도의 십자가를 기념하기 위함이다. 그것은 근원적으로 죄인이고 무능한 인간을 기념하는 것이 아니라 그런 그가 간절히 믿고 의지하였던 예수 그리스도의 구원의 사건을 기념하는 것이다. 그의 십자가와 부활을 기념하는 것이다. 오늘날도 인간은 여전히 죄인이고 연약한 존재이다. 여전히 은혜가 전적으로 필요하고, 믿음이 간절하다. 이미 신앙의 길에 접어든 성도들도 여전히 은혜를 사모한다.

기념은 성령의 역사 안에서 현재가 된다. 기념은 단순히 과거를 기억하고 회상하는 것이 아니다. 놀랍게도 기념은 오늘을 믿음으로 살게 하고, 믿음으로 버티게 하고, 믿음으로 과거를 감사하고, 믿음으로 미래를 소망하게 하는 능력이 된다. 온갖 시련과 고난 가운데서도 십자가에 달려 나를 구원하신 그리스도의 사랑과 권능은 오늘 내가 마주하는 온갖 죄와 고난, 시련과 핍박에서 다시금 일어서고 믿음으로 경주하게 하는 능력이 된다.

찬송가 270장 〈변찮는 주님의 사랑과〉는 프랭크 보텀(Frank Bottom, 1823~1894)이 작사하였다. 이 곡은 주님의 변하지 않는 십자가의 사랑을 찬양한다. 그리스도는 자신을 십자가에 내어 주셔서 우리를 구원하셨다. 거룩한 십자가의 보혈이 우리를 죄에서 흰 눈보다 더 희게 깨끗하게 하였다. 주님은 우리를 변함없이 사랑하시는데, 우리 또한 주님을 변함없이 사랑하여야 하리라! 시험이나 환난이 와도 십자가 단단히 붙잡고 천국에 들어가기까지 영적인 싸움을 경주하여야 한다. 4절의 가사는 다음과 같다.

♬ 십자가 단단히 붙잡고 날마다 이기며 나가세 머리에 면류관 쓰고서 주 앞에 찬양할 때까지(후렴) 예수는 우리를 깨끗게 하시는 주시니 그의 피 우리를 눈보다 더 희게 하셨네 ♬

예수를 그리스도로 고백하고 경배할 수 있는 자유가 있다는 것은 참으로 감사한 일이다. 기독교 초기의 혹독한 박해와 환란의 시대가 지나갔다. 사비나 성당의 부조 그림은 기독교에 대한 열정이 사회 전반에서 공개적으로 타오르던 시절의 작품이다. 이 작품은 미적인 예술성이나 기술적인 정교함보다 예수 그리스도에 대한 신앙과 예배를 우선한다. 성도는 자신이 믿는 바를 고백하고 표현하고자 한다. 그래서 신조 내지 신경이 생겨났고, 찬송과 미술 작품이 생겨났다.

성도는 우리를 위해 십자가에 달리신 예수 그리스도를 영원히 기념하고, 찬양하고, 경배하고자 한다. 우리는 이 믿음을 끝까지 견지하여야 한다. 사비나는 순교하기까지 신앙을 견지하였으며, 사비나 기념 성당은 이후로 성도들에게 믿음의 삶을 상기시켜 주었을 것이다.

아이러니하게 박해와 고난의 상황에서 잘 믿던 신앙이 막상 자유와 안정이 주어지고 나면, 오히려 신앙의 열심과 열정이 사라지게 되는 현상을 종종 보게 된다. 기독교 신앙은 정기적이든 비정기적이든 언제나 기회를 얻어 다시금 예수 그리스도의 십자가를 기념하는 일이다. 그분이 십자가에서 보여주신 긍휼의 사랑과 구원의 역사를 되새기고, 또 그분의 부활에서 보여주신 복음의 사명과 영원한 미래를 소망하는 일이다. 기념하는 신앙은 과거에 대한 회상인 동시에 또한 미래에 대한 기대이다. 신앙은 성령 안에서 현재화 되고 주관화 된다. 예나 지금이나 또 앞으로도 영원히 예수는 우리의 그리스도이다.

Rabbula Codex (Rabbula Gospels), 586, Manuscript (Cod. Plut. 1, 56), 336×267 mm, Biblioteca

4
라뷸라 복음서의 삽화

최초의 십자가형 회화 그림

예수 그리스도의 십자가형을 그림답게 제대로 그린 최초의 그림은 무엇일까? 아마도 우리는 AD 6세기경에 제작된 라뷸라 복음서에서 비로소 그것을 발견할 수 있을 것 같다. 앞서 살펴본 십자가형 그림들에서 어렴풋 예수의 십자가형을 발견할 수 있었다. 그러나 200년경의 알렉사메노스 그라피토(Alexamenos' graffito)는 내용도 불경한데다 형태도 낙서에 가까웠고, 350년경의 도미틸라 사르코파구스(Domitilla sarcophagus)는 석관이라는 특수 형식에 키로 십자가로 상징화하여 예수의 십자가형을 제대로 목격하기 어려웠다.

그나마 420~430년경에 제작된 상아 성유물 상자 마스켈 카스켓(Maskell casket)에서 십자가에 달린 예수의 모습을 볼 수 있었고, 또한 430~432년경에 제작된 성 사비나(St. Sabina) 성당의 목문 부조에서도 단순하게나마 십자가에 달린 예수의 모습을 볼 수 있었다.[61] 이 작품들도 예수 그리스도의 십자가형을 표현하고 있다. 그러나 이 작품들은 모두 조각품들이다. 제대로 된 그림, 곧 회화로 된 것은 이 라뷸라 복음서의 것이 제일 처음인 것 같다. 이 그림은 구도와 채색과 내용에서 회화로서의 요소를 두루 갖추고 있다.

회화(繪畫, Painting)란 말 그대로 그림이다. 여러 가지 선이나 색채로 평면상에 형상을 그려낸 그림을 말한다. 종이, 판넬, 유리, 비단, 캔버스 등 2차원적 평면 또는 동굴이나 사원의 벽 등 특정한 장소에 구체적인 형상이나 이미지를 그려서 표현한 조형예술이다. 인류사적으로 보면, 처음엔 생존과 기복을 위한 주술적 맥락에서 시작되었으나, 점차 종교적이고 장식적 목적으로 제작되었다가, 자신의 생각이나 감정을 표현하고 전달하기 위한 것으로 발전하였다. 현재 회화는 장소나 부위, 재료와 기법, 의도와 목적에 따라 수도 없이 다양하게 진행되고 있다.

더욱이 이 그림은 라뷸라 복음서 안에 들어 있는 삽화(揷畫)이다. 삽화란 글의 내용을 보완하고 그 이해를 돕기 위해 문장 내용에 관계되는 정경·인물 등을 묘사하여 글속에 삽입한 그림을 말한다. 삽화는 글을 아는 사람에게는 물론, 글을 잘 모르는 사람에게 내용을 전달하는데 유용한 도구이자 장치이다. 글과 책이 일반적이지 않던 중세에는 그림이야말로 복음의 내용을 알기 쉽게 잘 전달해주는 좋은 방편이었다. 그래서 성화(聖畫)는 '그림으로 된 성서(聖書)'라는 말이 생겨나기도 하였다. 라뷸라 복음서의 삽화는 예수의 생애를 기록한 복음서의 삽화이므로 그림 또한 예수의 생애를 표현한 것이다.

복음서의 십자가형 삽화

이 삽화는 기독교에서 가장 중요한 두 개의 역사적 사건을 한 장에 담고 있다. 그것은 곧 예수 그리스도의 십자가와 부활 사건이다.

기독교는 역사적으로 예수가 십자가에 달려 죽고 사흘 만에 다시 살아나심으로 시작되었다. 이 그림은 상단부에 예수의 십자가형 장면을, 하단부에 예수의 부활 장면을 묘사하였다. 예수의 십자가형 그림에 집중하기 위해서 먼저 상단부의 그림만 떼어서 살펴보기로 하자.

가운데 십자가에 달린 분은 누구일까? 그는 왜 양 옆의 죄수들과 달리 자주색 옷을 입고 있을까? 그리고 십자가 주변에 등장하는 인물들은 또 누구인가?

그림 중앙에 십자가에 달린 분은 의심할 여지없이 예수 그리스도이다. 그의 머리에는 푸른색 외곽선 안에 노란색으로 채색된 둥근 원이 그려져 있다. 이것은 동서양을 막론하고 고대로부터 거룩한 존재에게 붙였던 '후광(後光)'이다. 서양에서는 이것을 할로(Halo) 또는 님부스(Nimbus)라고 부른다. 님부스는 본래 그리스의 신들, 특히 태양의 신 헬리오스(Helios)의 머리에 화환 모양의 빛으로 그려졌던 것인데, 이집트 프톨레미우스 왕조에서는 이것을 왕들에게 붙여서 왕의 신성을 나타내었다. 그러던 것이 1세기경에는 로마 황제들에게, 그리고 4세기 중반에 이르러서는 예수 그리스도에게 사용되었다. 이후로 5세기경에는 천사들에게, 6세기경부터는 성모 마리아, 사도들, 그리고 다른 성인들에게도 사용되었다. 후광은 그 인물이 신성한 존재라는 의미로서 주로 머리 뒤나 머리 위에 금색 원형으로 그려졌다. 그래서일까? 그림 속 예수의 얼굴에선 고통의 처절함을 찾아보기 어렵다. 몸에서 처참한 상처의 흔적도 찾아보기 어렵다. 이 당시 십자가형의 예수 그리스도는 왕이고, 승리자이고, 구원자로 표현되었다.

앞서 사비나 성당 목문 부조에서 보았듯이 이 그림에서도 예수의 좌우편에는 두 강도가 십자가에 달려 있다. 그런데, 이 그림에서 예수는 다른 죄수들과 달리 자주색 바탕에 금박 무늬의 옷을 입고 있다. 좌우의 죄수들이 흰색의 작은 속옷만 하체에 두른 것과 비교하면 매우 대조적이다. 십자가에 달린 예수를 왜 이렇게 표현하였을까? 당시 십자가형에 처해진 사람들의 모습은 좌우편에 있는 두 죄수의 모습이 현실에 보다 더 가까울 것이다. 왜냐하면 십자가형을 당하는 죄수들에게 겉옷은 물론 속옷도 허락되지 않았기 때문이다. 십자가형은 죄수에게 극심한 고통을 가하는 것과 함께, 또한 극도의 수치를 안기는 것으로도 유명하다. 로마 당국은 십자가형을 통하여 죄수에게 최악의 형벌을 가하는 한편, 대중에겐 경고의 본을 보여 지배권력을 강화시켰다. 그래서 때로는 일부러 죄수가 죽은 후에도 오랜 기간 십자가에 매달아 놓기도 하였다. 십자가에 달린 몸을 독수리가 뜯어 먹고, 상하고 썩어서 파리 떼가 달라붙었다. 완전히 발가벗겨서 가장 부끄럽게 만들었다. 십자가에 달린 사람은 자기의 수치를 가릴 수 없었다.

예수도 예외는 아니었다. 신약성서를 보면, 예수의 겉옷은 그를 십자가에 못 박은 군병들이 찢어서 나누어 가졌다(마 27:35, 막 15:24, 23:34, 요 19:23). 그런데 예수의 속옷은 통으로 짠 것이어서 겉옷처럼 찢어 나눌 수 없었다. 그러자 군병들은 속옷을 서로 차지하기 위해서 제비를 뽑았다(요 19:23-24). 이 기록은 결국 예수가 겉옷은 물론 사실은 속옷마저 다 빼앗겼음을 의미한다. 그는 발가벗겨졌다. 이것은 예수가 여느 십자가형의 죄수들처럼 십자가에서 최고의 고난과 최고의 수치를 고스란히 당하였음을 폭로하고 있는 것이다. 현실은 그림처럼 그리 아름답지 않았다.

• 군인들이 예수를 십자가에 못 박고 그의 옷을 취하여 네 깃에 나눠 각각 한 깃씩 얻고 속옷도 취하니 이 속옷은 호지 아니하고 위에서부터 통으로 짠 것이라 군인들이 서로 말하되 이것을 찢지 말고 누가 얻나 제비 뽑자 하니 이는 성경에 그들이 내 옷을 나누고 내 옷을 제비 뽑나이다 한 것을 응하게 하려 함이러라 군인들은 이런 일을 하고(요 19:23-24)

그런데, 이 그림에서 십자가에 달린 예수는 자주색 바탕에 노란색 무늬의 팔소매 없는 콜로비움(Kolobium)을 입고 있다. 양 옆의 죄수들의 몸이 페리조마(Perizoma)로 겨우 하체의 일부만 가리어진 것에 비해, 예수의 몸은 자주색 옷으로 대부분 가리어져 있다. 무엇 때문일까?

여기에는 예수 그리스도에 대한 존엄과 경배가 담겨있다. 기독교인들의 입장에선, 십자가에 달린 그리스도를 그림으로 표현한다는 것 자체가 매우 조심스런 일인데, 그 몸을 흉하게 상하고 찢긴 피투성이로 발가벗겨져 있는 것으로 표현한다는 것은 조심의 경계를 넘어 모독으로까지 여겨질 수 있기 때문이다. 그래서 예수의 몸은 좌우 양편의 강도들의 몸과는 달리 거의 대부분을 가리었다.

사실 이것 때문에 기독교에서 예수의 십자가형을 그림으로 표현하는 것이 역사적으로 늦어졌다. 기독교는 유대교의 전통을 이어받았는데, 우상숭배 금지의 전통 또한 그대로 이어받았다. 모세의 율법에 따르면, 하나님은 하늘이나 땅이나 땅 아래 물속에 있는 것의 어떤 형상도 만들지 말라고 하였다(출 20:4-5). 이러한 전통은 예수 그리스도를 그림으로 표현하는 일을 주저하게 하였는데, 더욱이 십자가형은 매우 잔혹하여서 보는 것은 물론, 떠올리는 것조차 껄끄러운 광경이었다.

예수가 입고 있는 콜로비움이 자주색의 금박 무늬인 것 또한 예사롭지 않다. 자주색은 고대로부터 왕의 색으로 알려져 있다. 오늘같이 염료가 발달하지 않은 고대에 자주색, 보다 정확히 말해서 푸른빛을 띤 보라색을 얻기란 매우 어려운 일이었다. 당시 이 자주색 염료는 주로 바다에 사는 뿔고동(Murex brandaris)에서 얻었는데, 뿔고동 약 1만 마리에서 겨우 1그램의 보라색 염료를 얻을 수 있었다고 한다.[62] 당시 뿔고동을 주로 지중해 연안 항구인 티레(Tyre)에서 얻었기에 일명 '티리언 퍼플(Tyrian purple)'이라고도 불렀다. 고대로부터 이 자주색은 귀한 색이어서 주로 왕의 의상에 사용되었다. 그래서 '로얄 퍼플(Royal purple)'이라고도 하였다. 또한 노란색은 달리 말해 황금색이다.

자주색에 금박 무늬 의상은 고대 페르시아로부터 왕궁에 거하는 왕을 상징하는 의상이다.

신약성서에 따르면 예수가 십자가에 못 박히기 전에 군병들에 의해 심한 고문을 당하고 희롱을 당하였다. 그때 군병들은 예수의 옷을 벗기고 대신 홍포(χλαμύδα κοκκίνην) 곧 자색 옷(πορφύρα ῀῀ πορφυροῦν ἱμάτιον)을 입히고, 머리에 가시로 관을 엮어 씌웠다(마 27:28-31, 막 15:17-20, 요 19:5). 왜 하필 자주색의 홍포(紅布)일까? 이것은 예수가 '유대인의 왕'이라는 죄명으로 십자가에 죽음을 맞이하게 된 것에 대한 일종의 잔인하고 노골적인 희롱이었다. 그의 무능한 왕권을 조롱하기 위해서 왕이 쓰는 왕관을 빗대어 가시로 관을 엮어 씌웠고, 왕이 입는 보라색 의상을 빗대어 자색의 홍포를 입힌 것이었다. 복음서의 기록에 따르면, 희롱을 마친 후에는 홍포를 벗기고 도로 그의 옷을 입혀 십자가에 못 박고자 끌고 나갔다(막 15:16-20). 그러고 보면, 그림에서 자주색의 금박 무늬 콜로비움은 십자가에 달린 예수 그리스도가 만왕의 왕이라는 의미를 역설적으로 보여주고 있는 셈이기도 하다.

그림에서 예수는 십자가에 못 박혀 있다. 손발에 박힌 못은 작은 원으로 표현하였는데, 붉은색으로 십자가에서 흘린 피도 함께 묘사

하였다. 그림에서 예수는 양손과 양발에 못이 박혀 있다. 요즘 우리가 흔히 생각하는 세 개의 못이 아니라 네 개의 못이다. 전설에 따르면, 성 헬레나가 예수의 십자가 형틀을 찾았을 때, 그녀는 예수를 십자가에 박았던 네 개의 못도 찾았다고 전해진다.[63) 그림을 보면, 예수의 십자가 오른쪽에 한 로마 군병이 한 손엔 양동이를 들고 한 손엔 포도주에 적신 해면을 단 장대를 예수를 향하여 들고 있다(마 27:48, 막 15:36, 눅 23:36, 요 19:29). 십자가 왼쪽에는 또 다른 한 로마 군병이 허리춤에 칼을 찬 채 창으로 예수의 옆구리를 찌르고 있다(요 19:34). 전설에 따르면, 해면을 든 사람의 이름은 스테파톤(Stephaton)이고, 창을 든 사람의 이름은 롱기누스(Longinus)이다. 창이 장대보다 길다. 신약성서에는 이들의 이름이 기록되지 않아서 그 진위를 확인할 수 없는데, 그림을 자세히 들여다보면 왼쪽에 창으로 찌르고 있는 붉은 옷의 건장한 인물 위로 'λονγινυς'(롱기누스)라고 적혀 있다. 이미 이 당시에 십자가에 달린 예수를 창으로 찌른 사람의 이름이 롱기누스라고 널리 알려져 있었던 것 같다.

• 그 중의 한 사람이 곧 달려가서 해면을 가져다가 신 포도주에 적시어 갈대에 꿰어 마시게 하거늘(마 27:48)
• 그 중 한 군인이 창으로 옆구리를 찌르니 곧 피와 물이 나오더라(요 19:34)

예수의 십자가 좌우편에는 두 강도가 나란히 십자가에 달려 있다(마 27:38, 막 15:27, 눅 23:32-33, 요 19:18). 누가복음은 이들 중 한 강도가 예수를 끝까지 비방한데 반해, 다른 한 강도는 예수에게 긍휼을 구하여 낙원에 이르는 은혜를 입었다고 기록하고 있다(눅 23:39-43). 전설에 따르면, 회개하여 구원을 받은 강도의 이름은 디스마스(Dismas)이고,

끝까지 예수를 조롱한 강도의 이름은 게스타스(Gestas)이다.[64] 그런데, 신약성서에는 양편의 강도 중 어느 편의 강도가 비방자이고, 어느 편의 강도가 긍휼을 입은 자인지 기록되어 있지 않다. 그림을 자세히 들여다보면, 왼쪽 곧 십자가에 달린 예수의 우편에 있는 강도가 고개를 다소곳이 숙인 반면, 예수의 좌편 강도는 고개를 예수를 향하여 들고 있다. 이에 따른 반응일까? 예수의 얼굴은 그의 우편에 있는 강도에게로 약간 기울어진 듯하다. 예수 그리스도의 십자가를 중심으로 한 십자가에 달린 좌우편 강도에 대한 이 구도는 이후로 예수의 십자가형 그림의 전통이 되었다.

• 강도 둘을 예수와 함께 십자가에 못 박으니 하나는 그의 우편에, 하나는 좌편에 있더라(막 15:27)

십자가 바로 아래에 있는 세 사람은 로마 군병들이다. 그들은 앉아서 예수의 옷을 나누고 있다. 복음서는 그들이 예수의 겉옷을 나누어 갖고, 속옷은 통으로 짠 것이어서 제비를 뽑아 취하였다고 기록하고 있다(요 19:23-24).

• 그들이 예수를 십자가에 못 박은 후에 그 옷을 제비 뽑아 나누고 거기 앉아 지키더라(마 27:35-36)

그림의 왼쪽 곧 십자가에 달린 예수의 우편에는 한 남자와 한 여자가 있다. 여자의 머리에 후광이 드리워져 있는 것을 보아 그녀는 예수의 어머니 성모 마리아가 분명하다. 그 옆의 인물은 예수의 제자 요한이다. 요한복음에 따르면, 십자가에 달린 예수는 곁에 제자 요한

이 있는 것을 보고는 어머니 마리아에게 그를 가리켜 아들이라고 하였고, 또한 요한에게는 그녀를 가리켜 어머니라고 하였다(요 19:26-27). 예수는 십자가에 달려 죽어가면서 사랑하는 어머니 마리아를 사랑하는 제자 요한에게 의탁한 것이다. 이후로 요한은 예수의 어머니 마리아를 자신의 어머니처럼 모셨다고 전해진다. 그래서 예수의 십자가형 그림에서 성모 마리아와 사도 요한은 종종 함께 등장한다.

• 예수께서 자기의 어머니와 사랑하시는 제자가 곁에 서 있는 것을 보시고 자기 어머니께 말씀하시되 여자여 보소서 아들이니이다 하시고 또 그 제자에게 이르시되 보라 네 어머니라 하신대 그 때부터 그 제자가 자기 집에 모시니라(요 19:26-27)

그림의 오른쪽 아래에는 세 명의 여인들이 있다. 이 여인들이 구체적으로 누구인지에 대해서는 복음서에 따라 약간의 차이가 있다. 마태복음과 마가복음은 갈릴리에서부터 따라온 많은 여자들이 멀리

서서 십자가를 바라보았다고 기록하였다. 마태복음은 막달라 마리아, 야고보와 요셉의 어머니 마리아, 세배대의 아들들의 어머니를 기록하였고(마 27:55-56), 마가복음은 막달라 마리아, 작은 야고보와 요셉의 어머니 마리아, 살로메를 기록하였다(막 15:40-41). 누가복음은 갈릴리로부터 따라 온 여인들이 멀리 서서 바라보았다고만 기록하였을 뿐, 여인들이 구체적으로 누구인지는 기록하지 않았다(눅 23:49). 요한복음은 예수의 어머니, 이모, 글로바의 아내 마리아, 막달라 마리아가 예수의 곁에 서 있었다고 기록하였다(요 19:25). 마태, 마가, 누가복음은 여인들이 십자가에서 멀리 서서 바라보았다고 기록한 데 반해서, 요한복음은 예수의 십자가 곁에 서 있었다고 네 명을 기록하였다. 그리고 보면, 이 그림은 왼쪽의 성모 마리아와 제자 요한은 요한복음에 근거하였고, 오른쪽의 세 여인은 마태복음이나 마가복음에 근거하였다고 할 수 있다.

• 예수를 섬기며 갈릴리에서부터 따라온 많은 여자가 거기 있어 멀리서 바라보고 있으니 그 중에는 막달라 마리아와 또 야고보와 요셉의 어머니 마리아와 또 세베대의 아들들의 어머니도 있더라(마 27:55-56)

이 그림은 예수 그리스도의 십자가형을 신약성서의 네 복음서에 기초하여 거의 사실적으로 묘사하고 있다. 이것은 예수의 십자가 사건이 역사적 사실임을 알려주는 동시에, 또한 그 안에 존귀하신 구세주 그리스도라는 신학적 의미를 담고 있다. 예수의 십자가 뒤로 산언덕 사이에는 두 개의 둥그런 원 같은 것이 있는데, 이것은 해와 달을 표현한 것이다. 해와 달, 곧 낮과 밤 다시 말해 모든 시간과 역사의 주인이 예수 그리스도이심을 알려준다. 그도 그럴 것이 서력의 근간이 되는 BC와 AD도 예수 그리스도의 탄생을 기준으로 그리스도 전 (Before Christ)과 주님의 해(Anno Domini) 이후로 구분한 것이다. 예수 그리스도는 알파와 오메가로서 낮이든 밤이든, 또한 과거든 현재든 미래든, 언제 어디서나 우리의 구세주이다.

이 그림은 성서의 증언에 충실하다. 그도 그럴 것이 이것은 하나의 독립된 미술 작품이 아니라, 비잔틴 필사본 〈라뷸라 복음서〉(Codex Rabuleusis) 안에 수록된 삽화들 중의 하나이기 때문이다.[65] 약 5~6세기 무렵부터 비잔틴, 곧 동로마 지역에서는 성서 필사본을 제작하기 시작하였다. 라뷸라 복음서란 AD 586년경 라뷸라(Rabbula)가 북 메소포타미아의 자그바(Zagba)에 있는 성 요한 수도원에서 네 복음서를 고대 시리아어로 필사한 것이다. 라뷸라라는 인물에 대해서는 아마 수도원의 수사였을 것이라는 추정 외에 별로 알려진 것이 없다.[66] 그런데, 흥미로운 것은 이 라뷸라 필사본에는 예수의 십자가형, 부활, 승천, 성모자, 복음서 헌정 등을 그린 14장의 채색 그림이 들어있다는 사실이다. 이 그림은 성서 삽화(揷畫)로서 작고 세밀하게 그렸다고 하여서 '성서세밀화(聖書細密畫)'라고도 부른다. 시리아 계열의 복음서로 삽화가 수록된 복음서는 아마 이 라뷸라 복음서가 가장 오래된 것일 것이다.

그림의 구체적인 표현, 곧 인물, 의상, 자연 등의 묘사가 로마 계열과는 사뭇 다르다. 이 그림은 시리아의 전통을 따르고 있다. 그림의 테두리 장식도 고대 페르시아로부터 전해 내려온 시리아의 것이다. 라뷸라 복음서가 제작된 곳이 비잔틴, 보다 구체적으로 시리아 지역이다. 로마가 유대 땅으로부터 상당히 멀리 떨어진 것에 비하면, 시리아는 상대적으로 유대 땅과 가까운 편이다. 이 삽화는 로마 전통의 인물이나 의상이 아니라 시리아 전통에 따라 그 지역의 인물과 의상을 따르고 있다. 로마 전통의 그림이 예수 그리스도를 로마식으로 이상적이고 상징적으로 표현하였다면, 시리아 전통의 그림은 시리아 문화를 바탕삼아 가능한 한 현실적으로 표현하고자 하였다.

라뷸라 복음서에서 예수의 십자가형 그림은 예수의 부활의 그림과 함께 한 장으로 전면에 실려 있다. 상단이 십자가형 장면이고, 하단이 부활 장면이다. 하단의 그림을 보면, 가운데에 위치한 무덤은 열려 있고, 로마 군병들은 놀라서 나동그래져 있다. 그림의 왼편에는 천사가 바위에 걸터앉아서 무덤을 찾은 두 여인에게 부활의 소식을 알리고 있고(마 28:1), 그림의 오른편에는 부활하신 예수 그리스도가 그 발아래에 엎드린 두 여인에게 부활의 인사를 전하고 있다(마 28:9). 흥미로운 것은 두 여인 가운데 한 여인에게만 후광이 드리어져 있다는 점이다. 후광이 드리운 여인은 막달라 마리아일 것이다.

• 예수는 우리가 범죄 한 것 때문에 내줌이 되고 또한 우리를 의롭다 하시기 위하여 살아나셨느니라(롬 4:25)

• 바울이 자기의 관례대로 그들에게로 들어가서 세 안식일에 성경을 가지고 강론하며 뜻을 풀어 그리스도가 해를 받고 죽은 자 가운데서 다시 살아나야 할 것을 증언하고 이르되 내가 너희에게 전하는 이 예수가 곧 그리스도라 하니(행 17:2-3)

AD 586년이면, 기독교의 기본 교리, 특히 예수 그리스도에 관한 교리가 거의 완성된 시기이다. 교리(Dogma)라고 해서 비상식적이거나 강압적인 어떤 것으로 오해할 필요가 없다. 교리란 기독교가 믿는 바를 성서에 기초하여 이론적으로 가장 체계적으로 정리한 것이다. 교회가 성장하면서 교회는 안팎으로 이론적인 신학 작업을 진행할 수밖에 없는 상황에 직면하였다. 그것은 먼저, 교회 내적으로 믿고 있는 바를 정리하여 교육하고 전수하여야 할 필요에 따른 것이다. 둘째, 교회 안팎으로 이단들이 등장하게 되어 이들을 반박하고 대적하여야 할 필요에 따른 것이다. 셋째, 교회 밖으로 기독교를 변호하고 변증하고, 또한 전도하고 선교하기 위한 필요에 따른 것이다.

325년, 니케아 제1차 공의회는 예수 그리스도의 신성을 부인하던 아리우스파(Arianism)를 이단으로 정죄하고, 성부 하나님과 성자 예수 그리스도의 동일본질(Homoousios)을 결정하였다. 381년, 제2차 콘스탄티노플 공의회는 아리우스파의 계속되는 저항에 맞서 성부와 성자의 동일본질을 재확인하고, 그리스도의 인성을 부인하던 아폴리나리우스주의(Apollinarianism)를 이단으로 정죄하였다. 431년, 제3차 에베소 공의회는 성모 마리아를 '하나님의 어머니(Theotokos)'라고 부를 수 없다는 네스토리우스(Nestorius, c. 386~451)를 이단으로 정죄하고 예수 그리스도의 신성을 확보하였다. 451년, 제4차 칼케돈 공의회는 유티케스(Eutyches, 380~456)의 단성론을 정죄하고, 예수 그리스도를 완전한 인성과 완전한 신성을 가진 참 하나님이며 참 인간이라고 공표하였다.

오늘날 널리 알려져 있는 사도신경(Apostle's creed)은 약 5세기경부터 발견되는데, 기독교의 가장 기본적인 교리를 대중적으로 가장 잘 요약해 주고 있다.[67] 기독교 초기의 니케아, 콘스탄티노플, 에베소, 칼케돈의 신조와 비교해 보면, 어려운 개념이나 이론보다는 사건을 중심으로 정리하였다. 성자 예수 그리스도에 관하여는 성부 하나님의 유일한 아들로서 성령으로 잉태되어 동정녀 마리아에게서 나셨고, 본디오 빌라도에게 고난을 받아 십자가에 못 박혀 죽으셨고, 장사한 지 사흘 만에 죽은 자 가운데서 다시 살아나셨고, 하늘에 오르셨고, 성부 하나님 우편에 앉아 계시다가 언젠가 그곳으로부터 산자와 죽은 자를 심판하러 오실 것이라는 기본적인 내용을 담고 있다. 성자 그리스도의 사역은 다섯 가지 사건, 곧 탄생(성육신), 십자가, 부활, 승천, 재림으로 요약되는데, 이것들은 성화의 주요 소재가 되었다. 그중에서 비기독교인도 인정하는 역사적인 사건이자 기독교의 핵심 사건은 바로 예수가 십자가에 못 박혀 죽임을 당한 사건이다.

이 그림은 예수가 십자가 못 박혀 죽으신 하나님의 아들 그리스도이심을 분명히 부각하고 있다. 그리하여 그것을 독자로 하여금 잘 이해하도록 도와주는 기능을 하고 있다. 혹시 글을 모르는 문맹이라 하더라도 이 그림을 보며 예수의 십자가 사건을 들으면, 충분히 이해하고 예수 그리스도를 믿고 구원에 이르는데 유용하였을 것이다. 물론 글을 아는 사람은 그림을 함께 보면서 당시의 상황을 머릿속에 보다 생생하게 그려볼 수 있었을 것이다.

십자가 신학: 복음 속의 복음

기독교 성화의 주요 목적은 복음을 전하고, 신앙을 고취시키고자 하는 것이었다. 성화에는 제작자, 나아가 제작을 의뢰한 기독교 공동체의 신앙고백과 신학이 담겨 있다. 제작자의 입장에서 성화는 예술품 자체로 하나님께 영광을 돌리는 도구가 되기도 한다. 그러나 또한 그 작품을 통해 보는 이들에게 예수 그리스도에 대한 이해와 그에 대한 신앙을 불러일으키고자 하는 의도와 목적이 담겨 있다. 성화는 기독교 교육과 선교의 도구이자 방법이었다. 성화는 글로 다할 수 없는 이해와 말로 다할 수 없는 감동을 전해주기 때문이다.

로호르스트(Gerard Rouwhorst)는 라뷸라 복음서의 이 그림이 가지고 있는 예전적 배경과 기능을 언급하였다.[68] 라뷸라 복음서는 성서 내용의 전달뿐 아니라 그 진열과 배치 자체로 예전적 배경을 구성하는 데 일조하였고, 성서 속 그림은 예전적 기능과 함께 신앙을 고취하는 데 일조하였다. 그것은 서양미술사에서 수없이 제작되었던 제단화와 그 의도와 목적을 같이한다. 제단화는 교육적, 선교적 용도와 함께 예배 환경을 구성하고 예배에 집중하게 하는 예전적 기능을 감당하였다.[69]

이 그림은 복음서의 내용을 시각화하기 위해서 일련의 여러 사건들을 하나의 화폭에 담고 있다. 따라서 그림에서 역사적 오류나 과학적 오류를 지적할 수도 있다. 예를 들어, 예수님이 십자가에 죽으실 때 자색 옷이 아니라 본래 입던 옷을 입고 있어야 한다는 지적이나 해와 달이 한 공간에 있을 수 없다는 지적과 같은 것들이다. 그러나 종종 우리는 달을 보지 못하고 달을 가리키는 손가락에만 집착하는 우(愚)를 범하곤 한다. 때로 손가락도 보아야 하겠지만, 먼저 손가락이 가리키는 달을 볼 수 있어야 한다. 오늘 나는 이 그림을 통해서 먼저 그리고 거듭하여 다시 십자가에 달리신 예수 그리스도를 바라보고자 한다. 성화에 대한 온갖 신학적 논란과 비평 가운데 옳고 그름이 아니라, 먼저 예수 그리스도를 보고 신앙을 고백하고 구원의 은혜를 되새기는 계기가 되었으면 하는 바람이다. 이 그림은 성서 속에 성서를 그림으로써 예수 그리스도의 십자가 사건이 역사적 사건인 동시에 우리를 위한 구원의 사건임을 알려주고 있다.

복음서는 '복음의 구주 예수 그리스도'를 우리에게 알려주고 있다. 마태복음은 예수가 구약에서 일관되게 약속된 메시야임을 알려주고, 마가복음은 예수 그리스도가 하나님의 아들이며 그의 존재와 사역이 복음임을 알려주고, 누가복음은 예수 그리스도의 사건이 역사적 사실임을 알려주고, 요한복음은 그리스도가 태초부터 존재하는 하나님임을 알려준다.

- 아브라함과 다윗의 자손 예수 그리스도의 계보라(마 1:1)
- 하나님의 아들 예수 그리스도의 복음의 시작이라(막 1:1)
- 우리 중에 이루어진 사실에 대하여(눅 1:1)
- 태초에 말씀이 계시니라 이 말씀이 하나님과 함께 계셨으니 이 말씀은 곧 하나님이시니라(요 1:1)

무엇보다 요한복음은 복음서를 기록하는 목적이 예수가 그리스도 이심을 믿고 그로 말미암아 영생을 얻게 하려는데 있음을 분명히 하고 있다(요 20:30-31). 성서의 본질은 복음(Evangelium)이다. 성서의 정경화(Canonization)의 기준도 복음성이다. 복음서에서 당시의 역사·사회·정치·문화적 상황을 아는 것보다 예수가 그리스도이심을 믿는 것이 천배 만 배 중요하다. 십자가형 그림 또한 마찬가지이다. 라뷸라 복음서의 십자가형 삽화에서 가장 먼저, 그리고 가장 중요하게 보아야 할 것은 바로 주 예수 그리스도이시다. 그림을 통하여 예수 그리스도가 누구신가를 알고(존재), 그가 우리를 위하여 하신 일들을 알고(사역), 그를 믿음으로 구원과 영생을 얻는 것이 무엇보다 중요하다. 이것이 복음서의 가장 기본적인 십자가 신학이다. 십자가형 삽화는 복음서 안에 있는 복음이다. 이해하기 어려운 복음을 가장 쉽게 알려준다.

• 예수께서 제자들 앞에서 이 책에 기록되지 아니한 다른 표적도 많이 행하셨으나 오직 이것을 기록함은 너희로 예수께서 하나님의 아들 그리스도이심을 믿게 하려 함이요 또 너희로 믿고 그 이름을 힘입어 생명을 얻게 하려 함이니라(요 20:30-31)

찬송가 199장 〈나의 사랑하는 책〉은 밀란 윌리엄스(Milan. B. Williams, 1860~1941)가 1921년에 성서를 주제로 한 설교를 준비하며 지은 찬송시이다. 성서는 성령의 감동으로 된 것으로 구원에 이르는 지혜가 있게 하고, 또 하나님의 사람으로 온전하게 하여 모든 선한 일을 행할 능력을 갖추게 한다(딤후 3:16-17). 윌리엄스는 평생 가지고 다니는 어머니의 낡은 성서를 바라보다가 My Mother's Bible이라는 제목의 가사를 썼다. 이 찬송시는 성서의 여러 사건을 소개하는데,

그 가운데 가장 중요한 사건은 역시 예수 그리스도께서 우리를 위해 십자가에 달리신 십자가의 사건이다. 십자가의 구원이 성서 전체의 핵심 주제이다. 3절의 가사는 다음과 같다.

> ♬ 예수 세상 계실 때 많은 고난당하고 십자가에 달려 죽임 당한 일 어머니가 읽으며 눈물 많이 흘린 것 지금까지 내가 기억합니다(후렴) 귀하고 귀하다 우리 어머니가 들려주시던 재미있게 듣던 말 이 책 중에 있으니 이 성경 심히 사랑합니다 ♬

성서 속 십자가형 그림을 보며 찬송가 속 십자가형 가사를 노래하노라면, 예수 그리스도의 십자가의 그 크신 사랑과 은혜와 능력이 내 심령과 삶 가운데 차고 넘친다. 그림이든 찬송이든 예수 그리스도의 십자가는 성도와 교회에게 가장 귀한 소재이자 주제이다. 우리가 하나님의 존재와 사랑, 구원과 능력을 경험하는 것은 일차적으로 예수 그리스도의 십자가를 통해서이다. 예수 그리스도의 십자가는 사랑이다. 그 사랑은 세상의 사랑과 달리 무조건적인 긍휼과 은혜의 사랑이다. 그 사랑은 세상의 사랑과 달리 영원한 구원과 능력의 사랑이다. 예수 그리스도의 십자가의 사랑이 우리를 죄와 마귀와 사망에서 구원하시는 복음 중의 복음이다.

Crucifixion, Mosaic in the North Arm of the East Wall of the Church of the Dormition, c. 1090~1100, Daphni, Greece

5
다프니 수도원의 모자이크

십자가형 모자이크

이 그림은 11세기 후반의 것으로서, 다프니(Daphni) 수도원에 있는 예수 그리스도의 십자가형 모자이크 그림이다. 그림은 단순하고 정갈하게, 화려하며 아름답게 예수의 십자가형을 표현하고 있다. 그런데, 십자가에 달린 예수의 몸은 왜 이런 형태를 취하고 있는 것일까? 그리고 좌우의 인물들은 누구이며, 그들이 취하고 있는 포즈는 또 무슨 의미인가? 이 모자이크 그림에는 앞서 살펴 본 그림들과 달리 십자가 아래에 해골이 놓여 있는데, 해골은 또 무슨 의미일까?

이 그림은 보는 이로 하여금 십자가에 달린 예수 그리스도에게 집중하게 한다. 이 그림에는 황금색을 배경으로 십자가에 달린 예수와 양 옆의 남녀 두 인물만 등장한다. 고대로부터 노란색은 왕의 색상으로서 그 존엄과 영광을 나타내었다. 세 인물의 머리에는 모두 후광이 드리워져 있는데, 그중 예수의 후광이 가장 진하고, 또 안에 십자가 문양이 들어 있다. 십자가 양 옆의 두 인물은 누구일까? 그들은 앞서 라뷸라 복음서의 삽화에서도 살펴보았듯이 예수의 어머니 성모 마리아와 그의 제자 요한이다. 요한복음에 따르면, 예수는 어머니 마리아를 제자 요한에게 의탁하였다(요 19:26-27). 그래서 이 두 사람은 예수의 십자가형 그림에 단골로 등장하는 인물이 되었다.

이 그림은 이전의 십자가형 그림들에 비해 십자가에 달린 예수의 모습을 보다 현실적으로 그려내고 있다. 라불라 복음서의 삽화와 비교해 보면, 확실히 다르다. 십자가에 달린 예수의 몸은 어색하게 곧게 뻗어 내린 직선이 아니라 자연스럽게 약간 휘어져 있다. 예수는 양손에 각각 못이 박혔고, 양발에도 각각 못이 박혔다. 이 그림에서도 예수의 몸은 네 개의 못으로 십자가에 박혀 있다. 그리고 양손과 양발에서 피가 흘러내린다. 특이한 것은 옆구리에서도 피가 흘러나오는데, 피가 한줄기로 뿜어 나오고 있다는 것이다. 이것들은 예수의 십자가 처형 장면을 보다 현실적으로 묘사하는 것과 함께, 특히 예수가 십자가에서 흘리신 피를 강조하려는 것이다.

11세기 예수 그리스도의 십자가형 그림은 보다 현실적이고, 또한 보다 미술적이다. 물론 종교적이다. 초기 기독론 논쟁의 주요 논제 중의 하나였던 양성론(兩性論, Dyophysitism)의 관점에서 보면, 이 그림 하나만으로 단정 짓기는 곤란하지만, 이 그림은 이전 그림들에 비해 예수의 신성과 인성이 조화를 이루고 있다는 느낌이다. 만약 예수의 신성을 더욱 강조하려고 하였다면, 십자가에 달린 예수의 모습을 고통에 보다 더 초연한 자세로 표현하였을 것이다. 만약 예수의 인성을 더욱 강조하려고 하였다면, 십자가에 달린 예수의 모습을 보다 노골적으로 처참하게 표현하였을 것이다. 그렇게 생각하면, 이 십자가형은 매우 단정하고 절제되어 있어서 거룩하고 경건하게 느껴진다.

왼쪽의 성모 마리아는 고상하고 품격 있게 금박의 짙푸른 외투를 입고 있다. 그녀의 머리에 후광이 있어 그녀가 성인의 존재임을 알려 주고 있다. 푸른색의 옷 역시 성인을 상징한다. 그녀의 의상뿐 아니라 표정과 외형까지 정교하고 섬세하게 묘사되었다. 특히 그녀의 손 동작이 눈에 띤다. 왼손은 자신의 목 아래로 가슴을 향하고, 오른손은 십자가 위의 예수를 향하고 있다. 그리스도의 고난을 애도하는 동시에 강복의 은혜를 호소하는 자세이며, 또한 보는 이들에게 십자가에 달린 예수 그리스도를 소개하는 동작이다. 오른쪽의 사도 요한 역시 머리에 후광을 드리우고 금박의 푸른 옷에 연푸른 겉옷을 걸치고 있어 성인의 존재임을 나타낸다. 마리아와 요한 모두 자태와 의상이 경건하고 거룩하다. 눈가에는 눈물이 그렁하고 표정엔 애도가 가득하다. 요한의 오른손은 강복의 의미와 함께 위로 십자가의 예수 그리스도를 가리키고, 왼손은 아래로 강복과 함께 구속의 역사를 가리킨다. 마리아와 요한의 이런 자세와 동작은 이후에 십자가형 그림의 기본 구도와 모범이 되었다.

다프니 수도원의 모자이크 그림

이 그림은 다프니 수도원에 있는 모자이크 그림들 중의 하나이다. 모자이크 그림을 모자이크화(Mosaic畵)라고도 한다. 사실, 그 말이 그 말이다. 다프니는 아테네에서 서쪽으로 약 10km 떨어진 곳에 있으며, 이곳의 다프니 수도원 성당은 십자가 형태의 구조로 되어 있다. 성당의 천장과 벽은 중세 약 1100년경에 만들어진 것으로 황금색 모자이크로 되어 있다. 모자이크(mosaic)란 여러 색상의 돌, 유리, 도편(陶片)등을 펼쳐 무늬나 그림을 내고 모르타르나 석회나 시멘트 등으로 접착시키는 미술 기법이다. 모자이크는 기법의 아름다움과 함께 신비스러움을 자아낸다. 그래서 중세에 접어들면서 교회나 수도원에서 모자이크 장식이 크게 유행하기 시작하였다. 대략 4세기 후반 무렵부터 성당의 애프스(apse) 천장에 예수의 모자이크화가 그려지기 시작하였는데, 이 작품이 제작된 11세기 후반에는 예술적 표현 기법이나 기독교적 내용에서 거의 절정을 이루었다.

다프니 수도원 성당에는 〈십자가형〉 외에도 예수와 관련하여 〈세례〉, 〈변모〉, 〈예루살렘 입성〉, 〈판토크라토르〉 등 12개의 작품이 있다. 이 일련의 그림들은 예수 그리스도가 누구인가를 명시하고 있으며, 또한 그림들을 통해 그를 기리고 기념하고 있다. 그러면, 예수 그리스도, 그는 누구인가? 이 모자이크 그림들은 그를 누구라고 표현하고 있는가?

다프니 수도원의 모자이크 그림 중에서, 특히 인상적인 것은 천장 한 가운데 위치한 그림이다. 크기로 보아도 그렇고, 위치로 보아도

그렇다. 이 가운데 그림을 가리켜 '판토크라토르(Pantokrator)'라고 한다. 판토크라토르란 헬라어 파스(πᾶς, πᾶν, 모든)와 크라토스(κράτος, 힘, 권력, 지배)의 합성어로서 만물의 지배자, 전능자, 주권자, 만유의 주를 의미한다(고후 6:18, 계 1:8, 11:17). 판토크라토르는 역사적으로 AD 약 4세기 후반부터 나타나는데, 그 완성적인 형태 중의 하나가 다프니 수도원의 것이다. 판토크라토르의 형상은 대개 긴 머리에 수염을 기른 장년의 그리스도 상으로서 원형의 메달리온(medallion) 안에 반신상으로 그려졌는데, 짙푸른 또는 검푸른 옷을 입고 있으며, 오른손으로는 강복을 하고 왼손엔 성서를 들고 있다. 중세 중기 이후 판토크라토르는 주로 비잔틴 양식의 성당 천장에 모자이크 형태로 장식되었다.

여기에서 눈여겨 볼만한 것은 십자가에 달리신

예수의 후광과 판토크라토르의 후광이 같은 형태라는 것이다. 다른 성인의 후광과 달리 예수의 후광에는 십자가 문양이 들어있다. 그것은 비단 십자가형 그림만 아니라 예수의 생애를 그린 〈세례〉, 〈변모〉, 〈입성〉 등의 모자이크 그림에도 동일하다. 둥그런 원 안에 노란색으로만 채워진 성인들의 일반적인 후광과 달리, 후광 안에 십자가 문양이 들어 있어서 이 분이 바로 십자가에 달리신 구주 예수 그리스도이심을 의미한다. 다프니 수도원의 모자이크 그림은 이 땅에 오셔서 십자가에 달리신 예수 그리스도가 곧 판토크라토르, 전능하신 만유의 창조주이자 구원자 곧 만유를 다스리시는 전능자이심을 알려주고 있다.

판토크라토르에서 묻어나는 신학

여기서 잠깐! 이 책의 제목이 암시하듯이 그림에는 당시의 사상이 묻어있고, 기독교 미술에는 당시의 신학이 묻어있다. 판토크라토르에서도 신학이 묻어난다. 그것은 앞서 소개하였듯이, 예수 그리스도가 만유의 주이시며 모든 것을 주관하시고 다스리신다는 것이다. 양성론의 관점에서 보면, 신성의 극대화이다. 예수 그리스도의 신성에 대한 최고의 표현이다. 하나님이 만물의 창조자이시며 만유의 주이신데, 그 표현이 예수 그리스도에게도 주어진 것이다. 만유의 주 예수 그리스도! 모든 것이 그로 말미암아 생겨나고, 그가 모든 것을 다스리신다(골 1:15-18, 요 1:1-3).

흥미로운 하나의 예로 6세기경에 제작된 성 캐서린 수도원(St.

Catherine's monastery)의 판토크라토르는 당시의 기독론을 반영하고 있다. 다음 그림에서 무엇이 보이는가? 얼핏 보기에는 흔히 알고 있는 판토크라토르의 모습이다. 그렇다. 머리 뒤의 후광, 푸르다 못해 검은 의복, 긴 머리와 수염, 그리고 강복하는 오른손과 성서를 든 왼손, 모두 그대로이다. 그런데 자세히 보면, 얼굴의 모습이 약간 이상하다. 눈, 코, 입 모두 있는데, 어딘가 모르게 약간 어색하다. 그렇다. 얼굴의 왼쪽과 오른쪽이 다르다.

Pantocrator icon, St. Catherine's monastery, 6th century

그렇다. 이것은 예수의 신성과 인성, 곧 양성론을 판토크라토르 그림 안에 시각화한 것이다. 예수 그리스도 안에는 신성과 인성이 있는데, 그의 신성과 인성은 나뉘거나 분리되지 않고 하나임을 표현한 것이다. 앞의 장에서도 소개하였듯이 기독교의 초기 공의회, 특히 제1~4차 공의회의 주요 논제는 예수 그리스도에 관한 것이었다. 예수는 어떻게 그리스도인가? 제1차 325년 니케아 공의회와 제2차 381년 콘스탄티노플 공의회가 성자 예수 그리스도와 성부 하나님의 관계를 집중 논의하여 삼위일체의 신앙고백에 이르렀다면, 제3차 431년 에베소 공의회와 제4차 451년 칼케돈 공의회는 예수 그리스도의 신성과 인성의 문제에 집중하였다. 예수가 하나님의 아들이라고 한다면, 그는 신인가? 인간인가? 그의 안에 있는 신성과 인성은 어떻게 되는가?

　제3차 에베소 공의회에서는 시릴(키릴, Cyril, c. 376~444)과 네스토리우스(Nestorius, c. 386~451)가 충돌하였다. 알렉산드리아의 대주교 시릴과 콘스탄티노플의 대주교 네스토리우스는 둘 다 예수 그리스도는 참 하나님이며 삼위일체의 한 위격임을 인정하였다. 그러나 예수 그리스도의 인성에 대한 표현과 그의 위격 안에서 신성과 인성의 결합에 대해서는 의견을 달리하였다. 네스토리우스는 그리스도의 신성과 인성을 각각 강조하였다. 그는 성자의 한 위격 안에 신성과 인성이 공존하는데, 그리스도는 인간 예수 안에 로고스로 내주한다고 보았다. 그래서 논쟁의 발단이 되었던 성모 마리아에 대한 표현에서도 그는 테오토코스(Theotokos, 하나님의 어머니)가 아니라 크리스토토코스(Christotokos, 그리스도의 어머니)라고 불러야 한다고 주장하였다. 반면에 시릴은 신성과 인성의 독자성보다 성자의 위격의 일치성을 강조하였다. 에베소 공의회는 네스토리우스를 정죄하고, 시릴의 입장을 채택하여 성자 예수 그리스도 안에 완전한 인성과 완전한 신성이 함께 있다고 고백하였다.

　제4차 칼케돈 공의회는 3차 에베소 공의회의 연속선상에 있다. 3차 에베소 공의회는 테오토코스를 천명하였으나, 성자 예수 그리스도 안에 있는 신성과 인성의 관계에 대해서는 명확하게 설명하지 못하였다. 그러다 보니 콘스탄티노플의 수도사제 유티케스(Eutyches, c. 380~c. 456)는 성자 안에는 인간이 되신 신성 밖에 없다는 단성론(Monophysitism)을 주장하였다. 그러자 콘스탄티노플의 대주교 플라비아누스(Flavianus, ? ~ 449)가 448년에 회의를 열어 그를 이단으로 정죄하였다. 이에 알렉산드리아의 대주교 디오스쿠루스(Dioscurus, ? ~530)

가 동로마 황제 테오도시우스 2세(Theodosius II, 재위 408~450)에게 간청하여 449년 에베소에서 교회회의를 열어 유티케스를 복위시켰고, 오히려 플라비아누스를 단죄하고 그의 일행을 양성론자라고 정죄하였다. 양성론(Dyophysitism)은 성자의 위격 안에 양성, 곧 신성과 인성이 동등하게 있다는 주장이다.

450년 테오도시우스 2세가 급사하고 교회의 동향이 급변하며, 451년 칼케돈에서 제4차 공의회가 열렸다. 교황 레오 1세(Pope Leo I, 재위 440~461)는 이전에 있었던 에베소의 교회회의를 가리켜 '에베소의 도적들'이라고 표현하였는데, 이후로 449년의 에베소 교회회의를 가리켜 '도적교회회의(Latrocinium)' 또는 '강도회의'라고 부르게 되었다. 당연히 에베소의 결의는 무효화되었다. 알렉산드리아 대주교 디오스쿠루스는 이단으로 정죄되었고, 플라비아누스는 성인이자 순교자로 선포되었다. 칼케돈 공의회는 예수 그리스도를 완전한 인성과 완전한 신성을 가지신 완전한 인간이요 완전한 신이시며, 그의 신성과 인성은 서로 섞이지 않고, 변하지 않고, 나뉘지 않고, 떨어지지 않는다고 선언하였다.

성상논쟁

공의회 이야기가 나왔으니 여기서 잠깐 시간을 내어 그림과 관련하여 중세의 중요한 신학논쟁 하나를 살펴보도록 하자. 그것은 소위 '성상논쟁' 또는 '성상파괴논쟁(Iconoclast Controversy, 726~843)'이라 불리는 것이다.[70] 즉 성상을 옹호/애호하는 입장과 성상을 반대/파괴하는 입장이 대립하였던 역사이다.

기독교 역사를 살펴보면, 성상논쟁이 여러 번 있었다. 325년, 제1차 니케아 공의회에서는 그리스도를 하나의 피조물로 보려는 아리우스주의에 대항하여 알파(α)와 오메가(Ω)를 그려 넣는 것을 이단으로 정죄한 바 있다. 달리 말해, 기독교 예술의 정통성과 함께 가장 적합한 그림 언어를 정립하는 것은 처음부터 교회의 과제였던 것이다.[71]

기독교 역사에서 특히 두 가지의 성상논쟁이 중요하다. 하나는 중세의 성상논쟁이다. 726년부터 843년까지 성상옹호주의자(Iconophiles)와 성상파괴주의자(Iconoclasts) 사이에 수차례 걸쳐 이전 회의의 결정을 뒤집어엎는 결정들이 있었다.[72] 회의의 결정에 따라 성상이 파괴되기도 하고 복구되기도 하였다. 결국 이 성상논쟁은 1054년 동방교회와 서방교회가 분열하게 되는 하나의 원인을 제공하기도 하였다. 다른 하나는 종교개혁과 함께 발생한 성상논쟁이다. 1517년 루터의 종교개혁 이후로 로마 가톨릭교회는 성상을 옹호하는 전통의 입장을 고수한데 반해, 종교개혁 진영은 성상숭배를 우려하여 성상을 반대하였다. 급진적인 종교개혁 진영에서는 대대적인 성상파괴를 시행하였다.[73]

중세의 성상논쟁은 시기적으로 앞의 4장 라불라 복음서(586)에서 이번 5장 다프니 모자이크(c. 1100)로 넘어가는 사이에 위치하고 있다. 그럼, 여기서 잠시 중세의 성상논쟁의 역사를 살펴보도록 하자.

313년 로마의 기독교 공인, 391년 로마의 기독교 국교화를 거치며 기독교 미술은 크게 활성화되었다. 교회의 건축, 장식뿐 아니라 개인의 신앙생활을 위한 삽화, 장신구 나아가 로마 제국 전반의 일반 문화에도 기독교 미술이 확산되었다. 황제 유스티니아누스 1세(Justinianus I, 재위 527~565)는 비잔틴 제국의 영토를 확장하였고, 로마법 대전을 완성하였는데, 특히 문화 정책에도 열심이었다. 따라서 그 시절 미술품 제작에 큰 붐(boom)이 일어났다.

그 와중에, 기독교 미술품의 확산 속에 성인의 그림이나 성상에 얽힌 기적 이야기들이 생겨나기 시작했다. 이것은 자칫 성상숭배적 성격을 띠기도 하였다. 615년에 페르시아인들이 예루살렘을 정복하였고, 626년에는 수도 콘스탄티노플까지 포위하게 되었다. 그 때 성모가 성벽 밖에서 싸우는 모습이 목격되었다는 소문 가운데 성모의 이콘을 수도의 황금 문(Golden gate)에 세우게 되었다. 638년에는 이슬람인들이 예루살렘을 차지하였고, 그리고 674~678년과 또 717~718년에 재차 수도 콘스탄티노플을 포위하였다. 그러자 이번에 또 성모의 이콘을 성벽에 내걸었다. 결과적으로 주변은 방치된 채 콘스탄티노플과 데살로니가는 이슬람의 침공을 막아낼 수 있었다. 이러한 일들을 겪으면서 성상에 대하여 단순한 애호를 넘어 성상을 의지하려는 경향이 생겨났다.

그러던 중, 황제 레오 3세(Leo III, 재위 717~741)가 성상파괴를 명령하였다. 그것은 그가 당시 이슬람의 침공과 함께, 또 때마침 726년에 발생한 지진을 성상숭배에 대한 하나님의 진노라고 보았기 때문이었다. 그는 콘스탄티노플 대궁전의 칼케 문(Chalke gate) 위에 있던 그리스도 상을 제거하였고, 730년에 성상제거 칙령을 발표하였다. 당시 성상과 성물을 가장 많이 가지고 있던 수도원은 졸지에 탄압의 대상이 되었다. 레오 3세의 아들 콘스탄티누스 5세(Constantinus V, 재위

741, 743-775)는 754년 히에리아 종교회의(Hieria Synod)에서 성상제거를 거듭 결의하였고, 성상을 파괴하거나 백색 도료로 덮어버렸고, 성상 옹호자들을 파문하였다. 수도원의 수도사들에게도 직접적인 억압과 박해를 가하였다.

그런데, 콘스탄티누스 5세의 며느리인 여제 이레네(Irene of Athens, 725~803)가 787년 니케아 공의회(Councils of Nicaea)를 열어서 성상파괴를 뒤집고 성상옹호를 주장하였다. 그래서 대궁전 칼케 문 위에 다시 예수 그리스도의 이콘을 두었다. 775년, 콘스탄티누스 5세가 죽자 그의 아들 레오 4세(Leo IV, 재위 775~780)가 왕위에 올랐다. 레오 4세의 아내가 이레네이다. 780년 여름 레오 4세가 즉위 5년 만에 갑자기 죽자 그의 아들 콘스탄티누스 6세(Constantinus VI, 재위 780~797)가 10살의 어린 나이로 왕위에 올랐다. 그래서 그의 어머니 이레네가 아들을 대신하여 섭정을 하게 되었는데, 나중에는 아들마저 죽여 버리고 친히 여제(女帝, 재위 797~802)가 되었다. 787년, 제7차 공의회가 니케아에서 열렸다. 이 공의회는 니케아에서 열린 두 번째 공의회이다(제1차 니케아 공의회는 325년). 이 공의회에서는 성상옹호론자들의 입장이 채택되었는데, 이들은 성상을 숭배, 경배(Latria)하는 것이 아니라 존경, 공경(Dulia)하는 것이라고 주장하였다. 예배와 숭배는 오직 하나님에게만 드리는 것이며, 성상은 존경과 공경의 대상이라고 하였다.

그러나 성상옹호는 채 30년을 가지 못하였다. 왕권의 격변 시기를 보내고, 814년에 레오 5세(Leo V, 재위 813~820)는 칼케 문의 이콘을 다시 제거하였다. 그는 815년에 제2차 성상파괴공의회를 소피아 대성당에서 소집하여 787년의 니케아 공의회의 결정을 파기하였고, 754

년의 제1차 성상파괴공의회의 결정을 재확인하였다. 레오 5세는 성상을 파괴하였고, 성상옹호론자들을 단죄하고 추방하였다. 그러나 820년, 레오 5세는 반대파에 의해 소피아 대성당 제단 앞에서 암살당하였다.

그리하여 이 또한 30년을 가지 못하였다. 842년 로마 제국의 87대 황제이자 성상파괴주의를 제창한 마지막 황제 테오필로스(Theophilos, 재위 829~842)가 죽고, 그의 아내 여제 테오도라(Theodora the Armenian, 섭정 842~856)가 어린 아들 황제 미카엘 3세(Michael III, 재위 842~867)를 대신하여 섭정하였다. 그녀는 성상에 관하여 선왕인 남편과 입장을 달리하였다. 843년, 그녀는 아들 미카엘 3세의 이름으로 성상옹호를 천명하였다. 그 해에 콘스탄티노플의 총대주교 메토디우스(Methodius, 826~885)가 성상공경을 합법적으로 승인하였다. 그리고 보면, 두 여제 곧 이레네와 테오도라는 모두 성상옹호주의자였다. 콘스탄티노플 대궁전 칼케 문의 예수 그리스도의 이콘은 가시적으로 중요하였다. 민중들에겐 이콘이 성문에 있느냐 없느냐에 따라 당시 황제의 정책이 성상옹호인지 성상파괴인지 한 눈에 알아볼 수 있는 징표였기 때문이다. 이후로 종교개혁의 파란이 있기 전까지 서방교회에서는 전반적으로 성상옹호 입장이 유지되었다.

8세기 성상옹호의 대변자는 다마스쿠스의 성 요한(St. John of Damascus, 676~749)이었다. 흥미로운 것은 그가 성상을 옹호하는 주장의 근거였는데, 그것은 다름 아닌 예수 그리스도의 성육신(Incarnation)이었다. 그에 따르면, 성상은 보이지 않으시는 하나님을 형상화하는 것이 아니라 성육신하신 하나님의 형상화라는 것이다. 성육신이란 하나님이 스스로 자기 자신을 형상화한 것이므로 예수 그리스도의 성상은 문제될 것이 없다는 입장이다. 하나님이 이 땅에 성육신하여 오신 것은 하나님이 자기 자신을 인간의 모든 성격과 체질, 그리고 모양과 색상을 취하여 스스로 형상화하신 것이므로 문제가 안 된다는 것이다. 성육신은 하나님의 자기계시이자 자기표현이다. 달리 말해 하나님의 자기 형상화이다.

해골에 떨어지는 십자가의 보혈

이제 다시 다프니 수도원의 십자가형 모자이크 그림으로 돌아가 보자. 이 그림에는 특이하게 예수의 십자가 아래에 해골이 놓여 있다. 복음서에 따르면, 예수가 십자가에 달려 죽은 곳이 히브리말로 '골고다'라고 하는 곳인데, 골고다라는 말의 의미가 '해골'이라는 뜻이다(마 27:33, 막 15:22, 눅 23:33, 요 19:17). 네 복음서 모두 예수가 십자가에 못 박힌 곳을 '골고다'라고 하는 지명으로 확실히 명기하고 있고, 또 모두 그 지명의 의미를 '해골'이라고 분명히 적어두고 있다. 그러

므로 이 그림은 지극히 성서적이다. 해골이라 이름하는 곳을 그림으로 그릴 때, 해골을 그려 넣는 것만큼 좋은 것은 없을 것이다.

그런데 흥미로운 것은 십자가에 못 박힌 예수의 몸

에서 흘러나온 피가 해골 위에 떨어지고 있다는 것이다. 이것은 단순히 지명으로서의 골고다를 표현한 것을 넘어선다. 단순히 해골이라는 것을 강조하려면, 더 많은 해골들이나 아예 해골 무덤들을 그려 넣었으면 나았을 것이다. 그러나 여기에는 오직 하나의 해골만 그려져 있고, 무엇보다 그 위에 예수의 십자가로부터 피가 흘러내리고 있다는 것이 특이하다.

일반적으로 미술사학자나 신학자들은 이 해골이 아담의 해골이라고 해석한다. 물론 실제가 아니라 상징이다. 아담은 하나님이 창조하신 최초의 인간이자 전 인류의 대표이다. 아담은 하나님이 지으신 모든 인간을 대표한다. 그래서 아담의 존재와 삶은 모든 인간에게 적용된다. 아담의 죄는 단순히 한 개인의 죄가 아니다. 아담의 죄는 온 인류의 죄이며, 아담의 타락은 온 인류의 타락이다. 아담의 타락은 이 세상의 모든 인간이 죄인임을 말하고 있다. 로마서 5장 12절은 아담의 죄로 모든 사람이 죄인이 되었다고 선언한다.

- 그러므로 한 사람으로 말미암아 죄가 세상에 들어오고 죄로 말미암아 사망이 들어왔나니 이와 같이 모든 사람이 죄를 지었으므로 사망이 모든 사람에게 이르렀느니라(롬 5:12)
- 한 사람의 범죄로 말미암아 사망이 그 한 사람을 통하여 왕 노릇 하였은즉 더욱 은혜와 의의 선물을 넘치게 받는 자들은 한 분 예수 그리스도를 통하여 생명 안에서 왕 노릇 하리로다(롬 5:17)

기독교 신학은 아담으로 대표되는 인간의 본래적인 죄를 '원죄'라고 규정하였다. 아담의 죄는 인류 최초의 죄이자 모든 죄의 근원이 되는 죄이고, 또한 모든 인간에게 해당되는 본래적인 죄이다. 죄에는 인간이라면 누구나 본래적으로 갖는 원죄(原罪)가 있고, 또 개인이 각자 자신의 인생을 살면서 짓는 자범죄(自犯罪)가 있다. 자범죄는 개인마다 다를 수 있지만, 원죄는 본래적이고 보편적이고 공통적이다. 그래서 성 아우구스티누스(St. Augustinus, 354~430)는 원죄를 모든 인간에게 생물학적으로 유전되는 것으로 보았고, 루터(Martin Luther, 1483~1546)는 모든 인간에게 존재하는 인간의 탐욕으로 보았다. 리츨(Albrecht Ritschl, 1822~1889)은 원죄를 모든 사람이 참여되어 있는 죄의 사회적 보편성이라는 개념을 통해서 해석하고자 하였다.[74] 신학자마다 해석은 다를지라도, 아담을 대표로 하는 모든 인간이 죄에 매여 있다는 사실은 동일하다.

성서는 거듭 이 세상의 모든 사람이 죄인이라고 말씀한다. 이 세상에는 단 한 사람의 의인도 없을 뿐만 아니라, 이 세상에서 가장 거짓되고 부패한 것이 인간의 마음이라 인간이 생각하는 모든 것이 다 악할 뿐이라고 말씀한다(렘 17:9, 롬 1:28-32, 롬 3:10-18). 이러한 인류를 구원하기 위하여 성부 하나님이 성자 예수 그리스도를 이 세상에 보내시고, 십자가에 내어 주신 것이다. 이러한 인류를 구원하기 위하여 성자 예수 그리스도께서 이 땅에 인간의 몸으로 오셔서 십자가에 못 박히신 것이다. 그리고 십자가에서 흘리신 그의 피가 온 인류의 죄를 씻기시며 온 인류를 죄에서 구원하시는 것이다.

그러고 보면, 이 그림에서 십자가에 달리신 예수의 몸 곳곳에서 피가 흘러나오고 있다. 양손과 양발, 그리고 옆구리에서 피가 흘러내린다. 이 그림에는 그리스도의 십자가로 말미암은 죄로부터의 구원이라는 신학이 담겨 있다. 달리말해, 이 해골 그림은 예수 그리스도의 십자가의 보혈로 온 인류가 죄 사함을 받고 구원을 받게 된다는 사실을 표현한 것이다. 오늘날 우리가 부르는 대부분의 찬송가 가사는 기본적으로 바로 이 사실, 곧 예수 그리스도가 십자가에서 흘린 피로 우리가 죄 사함을 받고 구원을 받아 하나님의 자녀가 되고 하나님 나라의 백성이 되었다는 내용을 담고 있다(요일 1:7).

십자가 신학: 피의 신학

예수 그리스도는 성부 하나님의 뜻을 따라 이 땅에 오셔서 십자가에 자기 몸을 드려 못 박혀 피 흘려 죽으심으로써 우리의 모든 죄를 사하시고 우리를 죄에서 구원하셨다. 이것이 기독교의 진리이다. 이것이 복음이다. 이것이 우리를 향하신 삼위일체 하나님의 사랑이며 구원의 역사이다. 다프니 수도원 성당의 모자이크는 그러한 예수의 십자가형의 구원의 역사를 기념하고, 그리하여 그리스도가 만유의 주가 되심을 표현하고 있다.

십자가형 그림에서 피는 기본적인 구성 요소이다. 사람이 십자가에 처형되었으니 피가 없을 수 없다. 특히 예수의 십자가형은 이미 온 몸에 채찍을 당하였고, 머리에 가시관을 썼고, 손과 발에 못이 박혔고, 옆구리를 창에 찔렸으니 피가 없을 수 없다. 앞서 본 라불라 복음서의 십자가형 삽화에도 예수의 손과 발에 피가 분명하게 묘사되었다. 이후의 그림들과 비교하면 핏기에 가까울 정도여서 그리 강렬하지는 않지만, 그리스도의 피를 중요한 요소로 본 것은 분명하다.

그런데 이 모자이크 그림에서는 십자가에서 흘린 예수 그리스도의 피가 확실히 본격적으로 묘사되었다.

• 율법을 따라 거의 모든 물건이 피로써 정결하게 되나니 피흘림이 없은즉 사함이 없느니라(히 9:22)

• 너희가 알거니와 너희 조상이 물려 준 헛된 행실에서 대속함을 받은 것은 은이나 금 같이 없어질 것으로 된 것이 아니요 오직 흠 없고 점 없는 어린 양 같은 그리스도의 보배로운 피로 된 것이니라(벧전 1:18-19)

• 염소와 송아지의 피로 하지 아니하고 오직 자기의 피로 영원한 속죄를 이루사 단번에 성소에 들어가셨느니라(히 9:12)

예수의 십자가의 피는 모든 인류의 죄를 사하신다. 그래서 예수 그리스도의 피를 보배로운 피라고 하여 '보혈(寶血)', 거룩한 피라고 하여 '성혈(聖血)'이라고 부른다. 예수의 십자가에 대한 가장 전통적이며 기본적인 신학은 하나님의 아들 그리스도의 십자가의 죽음이 우리를 구원하시는 사건이라는 것이며, 그 구체적인 방법이 구약의 희생 제사의 전통을 따라 예수 그리스도가 완전하고도 영원한 대속물이 되어 십자가에서 죽으심으로써 그의 흘리신 피가 우리의 모든 죄를 사하신다는 것이다(대속론).

그런 차원에서 십자가의 신학은 피의 신학, 성자 예수 그리스도의 피의 신학이다. 방지일 목사는 이것을 강조하여 '피의 복음'을 설파하였다.[75] 예수 그리스도의 피가 없으면, 그것은 기독교 신앙이 아니기 때문이다. 예수 그리스도의 피가 우리를 죄에서 깨끗하게 하고, 우리를 죄와 마귀에게서 해방시킨다. 그 피가 우리 안에서 죄를 멀리하고 의를 가까이 하게 역사한다. 그 십자가의 피를 생각할 때, 예수 그리스도의 희생의 사랑과 구원의 능력을 찬양하게 된다.

찬송가 254장 〈내 주의 보혈은〉은 하트소우(Lewis Hartsough, 1828~1919)가 1872년 한 부흥회에서 작사 작곡하여 부른 찬송이다. 그는 건강이 좋지 못하였으나 그의 찬송에는 능력이 나타났다. 생키는 이 찬송을 '초대의 찬송(Invitation Hymn)'으로 소개하였는데, 실제로 길 가던 사람 중에 이 찬송을 듣고 교회로 들어 온 사람들이 여럿 있었다고 한다. 이 찬송은 주께로 나아올 때 십자가의 보혈로 주어지는 사죄와 구원의 감동을 노래한다. 1절의 가사는 다음과 같다.

♫ 내 주의 보혈은 정하고 정하다 내 죄를 정케 하신 주 날 오라 하신다(후렴) 내가 주께로 지금 가오니 십자가의 보혈로 날 씻어 주소서 ♫

십자가는 사랑의 상징이자 구원의 상징이다. 십자가 사건은 삼위일체 하나님이 인류를 사랑하셔서 인류를 구원하시고자 행하신 고유한 결정적 사역이다. 하나님의 아들 예수 그리스도가 십자가에서 죽는 것 외에는 다른 길이 없다. 예수의 십자가가 구원이 되는 것은 십자가 안에 하나님의 아들 그리스도의 대속물로서의 희생이 있기 때문이다. 대속적 희생의 현실이자 상징은 피흘림의 죽음이다. 예수 그리스도의 피가 십자가에서 흘러내려 죄 많은 내 영혼을 적신다. 그의 보혈이 흘러 죄로 얼룩진 내 인생을 덮어 버린다. 예수의 십자가의 붉은 피가 시커먼 내 죄를 씻어 맑히며 흘러간다. 죄악 세상을 향하여 거침없이 흐르는 강하고 귀한 예수 그리스도의 십자가의 보혈!

Part II

르네상스

Cimabue, Crucifix, 1268~1271, Tempera on wood, 336×267cm, San Domenico, Arezzo

6
치마부에의 <십자가형>

이탈리아 미술의 아버지 치마부에

이 그림은 치마부에(Giovanni Cimabue, c. 1240~c. 1302)가 목판에 템페라로 제작한 그리스도의 십자고상(十字苦像)이다. 십자고상(Crucifix)이란 십자가에 못 박힌 예수의 수난을 그린 그림이나 새긴 형상을 말하는데, 평면의 회화 그림보다는 특별하게 새기거나 그린 형상을 가리켜 말한다. 이 그림은 이전의 그림들에 비해 고상하면서 품격이 있어 보인다. 그런데, 십자가에 달린 예수 그리스도의 몸이 많이 휘어져 있다. 치마부에는 왜 이렇게 예수 그리스도를 표현하였을까? 그리고 성모 마리아와 사도 요한의 위치도 특이하다. 왜 하필 예수의 양팔 끝에 위치시켰을까? 십자가 위에 적힌 글은 무엇이고, 그 위의 인물은 또 누구인가?

이 그림은 치마부에의 것으로 알려져 있는데, 치마부에에 대해서는 별로 알려진 바가 없다. 그는 이탈리아 피렌체 출신으로 본명은 베니치비에니 디 페포(Benicivieni di Pepo)이다. 그가 '치마부에(Cimabue)'라고 불린 것은 아마도 그의 고집 센 성품 때문인 것 같다. 치마부에란 '황소의 머리'를 뜻하는 말인데, 평소 그의 성격이 황소처럼 거칠고 저돌적이어서 그렇게 불리게 된 것 같다. 그는 자존심이 매우 세어서 남들의 말에 별로 귀를 기울이지 않았다. 사실 그 정도의 자신감, 독창성, 예술성이 있어서 당대에 자신의 작품 세계를 구현시킬 수 있었으리라!

치마부에는 조토(Giotto, 1267~1321)의 스승으로 알려져 있다. 이에 대한 직접적인 증거는 없다고 하지만, 치마부에가 이탈리아 회화에서 선구적 위치를 차지하고 있음은 분명하다. 단테(Alighieri Dante, 1265~1321)는 『신곡』(Divina commedia)의 〈지옥편〉에 "그림에서는 치마부에가 패자(覇者)의 자리를 유지한다고 생각했는데, 작금에 이르러선 조토의 명성만 높고 그의 이름은 희미하게 되었다."라고 기술하였다.[76] 이 기록을 보면, 조토 이전에 치마부에가 그림으로 상당한 명성을 떨쳤던 것이 확실하다. 또한 1550년에 미술사가 바사리(Giorgio Vasari, 1511~1574)가 이탈리아 미술가 약 200명의 열전을 출간하였는데, 그 첫 번째 인물을 치마부에로부터 시작하였다. 이 책의 원제가 『아레초 사람 조르조 바사리가 예술에 대한 유익하고 필요한 서문과 함께 토스카나어로 기술한 치마부에부터 우리 시대까지의 가장 위대한 건축가, 화가 그리고 조각가들의 생애』[77] 라고 되어 있는 것을 보아 치마부에가 근대 이탈리아 미술에서 선구적 위치에 있음은 분명하다.

크로체 디핀타 템페라

이 작품은 목판에 템페라로 제작한 것으로서, 아레초의 산 도미니코 성당(San Dominico in Arezzo)에 있는 작품이다. 템페라(Tempera)라는 말은 본래 안료와 매체를 혼합한 일종의 그림물감을 가리키는 말인데, 이것으로 그리는 표현 기법이나 작품 또한 '템페라'라고 부르게 되었다. 당시에 안료를 녹이는 용매제로 아교, 벌꿀, 수액 등 여러 가지가 사용되었는데, 주로 사용된 것은 계란이었다. 템페라 화법은 빨리 건조되고, 건조 된 후에는 잘 변질되지 않아서 목화나 벽화에 사용하기에 유리하였다. 그러나 붓질이 자유롭지 않아서 자유로운 채색이 쉽지 않았다. 16세기 유화가 보급되기 전까지 채색은 주로 템페라 기법을 사용하였다.

이 그림에서 특이한 것은 나무판자의 형태이다. 치마부에는 일반적인 직사각형 판넬이 아니라 십자가형 판넬을 사용하였다. 이런 십자가형 판넬 작품을 가리켜 흔히 '크로체 디핀타(Croce dipinta)'라고 하는데, 이는 이탈리아어로 '채색된 십자가'라는 뜻이다. 이러한 표현 기법은 십자군 전쟁 통에 비잔틴 예술이 이탈리아에 전해진 것으로 보인다.

크로체 디핀타 판넬을 사용함에 따라 그림 안에 많은 인물이나 내용들을 다 담을 수 없게 되었다. 그렇다 보니, 오히려 이 그림은 오직 십자가에 달린 예수 그리스도에게 집중하게 되었다. 예수의 십자가형 그림에 함께 등장하던 성모 마리아와 사도 요한은 십자가 양팔 끝의 가장자리에 위치하게 되었다. 마리아와 요한은 가운데 예수 그리스도를 향하여 고개 숙여 애도와 애정을 담아서 경건하고 엄숙한 포즈를 취하고 있다. 마리아는 왼손으로 눈물을 닦고 있고, 요한은 오른손으로 턱을 괴고 있다. 그런데 마리아의 오른손 검지와 요한의 왼손 검지는 은연중 십자가에 달린 예수 그리스도를 가리키고 있다.

치마부에는 십자가에 달린 예수를 보다 사실적으로 묘사하였다. 예수의 몸은 많이 휘어져서 마치 앞으로 곧 떨어질 것 같이 십자가 기둥에서 벗어나 있다. 예수의 얼굴은 고통으로 일그러졌고 눈은 감겼으며, 고개는 옆으로 젖혀졌다. 고통과 고뇌에 반응하는 표정과 모습이다. 머릿결 한 올까지 세밀하게 묘사하였다. 손가락과 발가락까지 일일이 묘사하였고, 손과 발에 박힌 4개의 못도 선명하게 그려 넣었다. 이것은 예수의 십자가형의 역사성과 사실성을 잘 드러내고 있다. 예수의 십자가 사건은 역사적 사실이다(눅 1:1).

이것은 예수 그리스도의 고난을 극적이면서도 미적으로 표현한 것이다. 다소 길게 늘어진 양팔과 휘어진 허리와 다리는 아름다운 곡선을 이루고 있다. 이것은 십자가형의 예술적 표현이다. 팔다리의 근육과 가슴의 갈비뼈를 섬세하게 묘사하였고, 배는 다섯 부분의 복근을 구분하여 묘사하였다. 이것은 인체를 묘사함에 있어서 사실적인 표현을 추구하였음을 반영한다. 이것은 당시 인체를 사실적으로 표현하는데 있어서 한 걸음 더 진일보한 것이다. 이 그림은 그 사실성을 예술적으로 표현하고자 하였다. 예수의 허리는 아름답게 치장된 고급스런 천을 걸쳐서 하체를 세련되게 가리고 있다. 인체 표현과 함께 의상 표현 또한 단아하고 고상하며 아름답고 거룩하다.

예수의 머리에는 이전 작품과 마찬가지로 후광이 드리워 있다. 십자가 위에는 죄패가 붙어 있다. 네 복음서 모두 예수의 십자가 위에 죄패가 붙었음을 기록하고 있다(마 27:37, 막 15:26, 눅 23:38). 특히 요한복음에 따르면, 빌라도가 패를 써서 예수의 십자가 위에 붙여 놓았는데, 내용은 나사렛 예수 유대인의 왕이라는 것이며, 히브리 말과 로마 말과 헬라 말로 각각 적어 놓았다(요 19:19-20). 그리고 그 위에 크로체 디핀타의 꼭대기에는 둥그런 톤도(Tondo)가 있다. 톤도란 이탈리어로 '둥글다'란 뜻으로, 본래 원형의 회화나 부조를 말하며 고대부터 사용되었던 것이다. 미술에서는 대개 조각이 있는 둥근 금속판을 가리키는데, 중세 말부터 16세기 무렵까지 이탈리아에서 성행하였다. 이 톤도에는 예수 그리스도가 강복(降福)을 하고 있는 그림이 들어 있다.

이 작품은 1268년~1271년경의 것으로 치마부에의 비교적 초기 작품이다. 치마부에의 대표작은 어머니 마리아와 아기 예수를 그린 〈성모자상〉(聖母子像)인데, 그는 이 주제의 작품을 여러 번에 걸쳐 그렸다. 이에 못지않게 예수의 십자가형도 여러 번 그렸다. 현재 세 개의 십자가형 작품이 남아 있다. 연대기 순으로 살펴보면, 첫 번째 작품이 바로 아레초의 산 도메니코 성당에 있는 이 크로체 디핀타 작품이다. 두 번째 작품은 1277년~1280년경에 제작한 아시시의 산 프란체스코 성당에 있는 프레스코화이다. 프레스코란 소석회에 모래를 섞은

모르타르를 벽면에 바르고 수분이 있는 동안 채색하여 완성하는 대표적인 벽화 기법으로 14~15세기 이탈리아에서 전성기를 누렸다. 그리고 세 번째 작품은 1287년~1288년에 제작한 피렌체의 산타 크로체 성당에 있는 크로체 디핀타인데, 현재 많이 훼손된 상태이다.

Cimabue, Crucifix, 1287~1288, Panel, 448×390cm, Museo dell'Opera di Santa Croce, Florence

치마부에의 십자가형 프레스코화

여기서 잠깐 십자고상(Crucifix)을 떠나 프레스코화로 그린 십자가형(Crucifixion)을 살펴보도록 하자. 치마부에는 아시시의 산 프란체스

코 성당(San Francesco in Assisi)에 여러 프레스코화를 연작(連作)으로 제작하였다. 거기에는 〈십자가형〉 외에도 〈마리아의 생애〉, 〈네 명의 복음서 저자〉, 〈사도들의 생애〉도 함께 있다.

예수의 십자가형 프레스코화는 앞서 살펴 본, 산 도미니크 성당에 있는 십자고상보다 많은 내용들을 담고 있다. 당연히 직사가형의 벽화이다 보니 십자가형의 목판보다는 확실히 그림을 그릴 공간이 많기 때문일 수 있다. 그럼에도 불구하고 가장 먼저 눈에 들어오는 것은 십자가에 달린 예수의 모습이 아레초의 산 도미니코 성당에 있는 크로체 디핀타의 것과 거의 같다는 사실이다. 십자가상의 예수의 모습은 이후에 피렌체의 산타 크로체 성당(Santa Croce in Florence)에 있는 것에 이르기까지 큰 변화가 없어 보인다. 십자가의 고통과 고뇌를 거

Cimabue, Crucifixion, 1277-1280, Fresco, 350×690cm, Upper Church, San Francesco, Assisi

룩한 구세주 성자 그리스도에 어울리도록 고상하고 품격 있게, 절제되고 정제된 형태로 아름답고 신비하게 담아내고 있다.

이 벽화에서 흥미로운 것은 십자가에 달린 예수 주위로 12명의 천사들이 날고 있다는 것이다. 예수의 십자가형이 단지 지상에서 일어난 인간들의 세속 사건이 아니라 하늘의 거룩한 존재들이 관여한 하나님의 구원 사건임을 표현하고 있다. 십자가 아래로는 십자가를 중심하여 좌우의 두 무리들이 대별된다. 십자가에 달린 예수의 우편, 곧 관람자의 입장에서 보기에 그림 왼편에는 예수의 십자가의 죽음을 애통해 하는 사람들이 있다. 일렬에 있는 사람들은 대개 머리에 후광이 드리워져 있는 것으로 보아 성모 마리아와 제자 요한 그리고 가까이 예수를 따랐던 여인들이다. 그리고 그 뒤에 조금 떨어져서 여러 사람들이 있음을 가늠해 볼 수 있다. 한편 반대편, 곧 관람자의 입장에서 보기에 그림 오른편에는 예수를 십자가에 못 박아 죽이는 사람들이 자리하고 있다. 한 군병은 긴 창으로 예수의 옆구리를 찌르고 있고, 또 한 군병은 쓸개 탄 포도주를 장대에 매여 예수의 입에 대려하고 있다. 전자는 롱기누스(Longinus)이고, 후자는 스테파톤(Stephaton)이다. 십자가 아래의 이런 좌우 구도, 곧 십자가 왼편에 예수를 따르는 무리들과 오른편에 예수를 죽이는 무리들의 대립 구도는 이후로 예수의 십자가형 그림의 전통이 되었다.

또한, 이 그림에는 특이하게 십자가 아래에 몸을 굽혀 엎드려있는 한 여인이 등장한다. 그녀는 십자가 왼편에 위치하며 십자가를 향하여 엎드린 옆모습으로 묘사되었다. 십자가 아래에 경건하게 꿇어 엎드려 있는 이 여인은 누구일까? 혹시 막달라 마리아? 그렇다. 그녀는 막달라 마리아다. 막달라 마리아는 평생 예수를 따르며 정성으로 섬겼던 여인이다. 누가복음 8장에 근거해서 유추해 보면, 아마도 그녀는 비천하고 가난한 신분이 아니었을 것이다. 함께 등장하는 여인들이 나름 사회적 신분을 가지고 있고, 또한 자신들이 가진 소유로 예수와 제자들을 섬긴 것을 고려한다면, 그녀 역시 어느 정도의 신분과 재물을 가지고 있었을 것으로 추정된다. 그러나 일곱 귀신에 들려서 비참하고 괴로운 인생을 살았던 것은 분명하다. 그런 막달라 마리아를 예수가 치유해 주었다.

• 또한 악귀를 쫓아내심과 병 고침을 받은 어떤 여자들 곧 일곱 귀신이 나간 자 막달라인이라 하는 마리아와 헤롯의 청지기 구사의 아내 요안나와 수산나와 다른 여러 여자가 함께 하여 자기들의 소유로 그들을 섬기더라(눅 8:2-3)

그러기에 막달라 마리아는 골고다까지 따라와서 예수 그리스도의 십자가의 죽음과 장례를 지켜보았고(마 27:56, 61, 막 15:40, 47, 요 19:25), 안식 후 첫날 새벽에 예수의 무덤에까지 찾아갔다(마 28:1, 막 16:1, 눅 24:10, 요 20:1). 요한복음에 따르면, 안식 후 첫날 새벽 미명에 예수의 무덤에 오른 여인도 막달라 마리아였고, 부활하신 그리스도를 가장 먼저 만난 여인도 막달라 마리아였다(요 20:1-18).

• 안식 후 첫날 일찍이 아직 어두울 때에 막달라 마리아가 무덤에 와서 돌이 무덤에서 옮겨진 것을 보고(요 20:1)
• 예수께서 마리아야 하시거늘 마리아가 돌이켜 히브리 말로 랍오니 하니 (이는 선생님이라는 말이라)(요 20:16)
• 막달라 마리아가 가서 제자들에게 내가 주를 보았다 하고 또 주께서 자기에

게 이렇게 말씀하셨다 이르니라(요 20:18)

    그림에서 막달라 마리아가 십자가에 달린 예수의 발아래에 위치하게 된 것은 아마도 복음서에서 예수의 발을 씻겨드렸던 여인의 이야기와 오버랩이 되었기 때문인 것 같다.[78] 누가복음 7장에 보면, 예수가 한 바리새인의 집에 들어갔을 때, 죄인이었던 한 여인이 눈물로 예수의 발을 적시고 자기 머리털로 예수의 발을 닦고 그 발에 입을 맞추고 향유를 부었다(눅 7:37-38). 누가복음 7장과 8장의 두 기사가 동일한 인물의 것처럼 오버랩이 된 것이 아니었을까? 마태복음과 마가복음은 예수가 죽음을 앞두고 베다니 나병환자 시몬의 집에 있을 때, 한 여자가 귀한 향유 한 옥합을 가져다 예수의 머리에 부어 장례를 준비하였다고 기록하고 있다(마 26:6-13, 막 14:3-9). 그녀가 누구인지 명확하지 않다. 그런데, 요한복음은 나사로의 누이 마리아가 향유를 붓고 자기의 머리털로 예수의 발을 닦았다고 기록하고 있다(요 12:1-8).

    • 그 동네에 죄를 지은 한 여자가 있어 예수께서 바리새인의 집에 앉아 계심을 알고 향유 담은 옥합을 가지고 와서 예수의 뒤로 그 발 곁에 서서 울며 눈물로 그 발을 적시고 자기 머리털로 닦고 그 발에 입 맞추고 향유를 부으니(눅 7:37-38)
    • 이 마리아는 향유를 주께 붓고 머리털로 주의 발을 닦던 자요 병든 나사로는 그의 오라버니더라(요 11:2)
    • 마리아는 지극히 비싼 향유 곧 순전한 나드 한 근을 가져다가 예수의 발에 붓고 자기 머리털로 그의 발을 닦으니 향유 냄새가 집에 가득하더라(요 12:3)

십자가 신학: 아름다운 예수 그리스도

미술사에서 치마부에는 중세와 근대 사이의 새로운 획을 그은 인물이다. 그는 중세의 전통적인 방식에다가 근대적인 새로운 표현을 더하였다. 그는 인체를 표현함에 있어서도 관찰에 기초하여 보다 사실적으로 묘사하였고, 또한 장소를 통한 공간에 관심을 가지고 그림에 건축물을 그려 넣었다. 치마부에는 전통적인 방식으로 그림을 표현하였지만, 또한 새로운 표현방식으로 극적인 감각을 부여하였다. 서방의 전통 양식에 동방 비잔틴의 표현 방식을 들여와서 사실적이면서도 격조 있는 아름다움을 표현하였다. 이전의 중세의 화가들이 대개 이름 없이 성당에 단편적인 작품을 남긴 것과 달리, 치마부에는 자신의 이름을 분명히 하며 일련의 작품들을 남겼다. 그래서 바사리의 평가처럼, 그는 이탈리아 미술 역사에 새로운 획을 그은 최초의 근대화가라 부를 만하며 피렌체 학파의 시초라고 부를 만하다.

그의 크로체 디핀타에서도 드러나듯이 그의 그림은 비잔틴 양식의 틀에 중세의 장엄과 신비가 담겨 있는 동시에, 또한 인간에 대한 사실적이고 정감어린 묘사가 담겨 있다. 이러한 그의 표현은 르네상스 미술을 향한 여명을 보여주고 있다. 그의 크로체 디핀타를 보노라면, 한없이 신비스럽고 거룩한 분위기를 경험하게 된다. 단정하고 고상하게 제한된 판넬 속에 십자가에 달린 예수 그리스도는 신비로움과 아름다움을 보여준다. 십자고상은 아름답게 단축한 표현 속에서 십자가의 고난을 감당하시는 사랑과 십자가의 고난을 통해 이루신 구원을 찬양하게 한다.

치마부에의 이 크로체 디핀타는 개인적으로 필자에게는 스페인 바로크의 거장 벨라스케스(Diego Velá zquez, 1599~1660)의 십자가형의 거룩한 아름다움을 떠올리게 한다. 군더더기 없이 오직 십자가에 달린 그리스도만 바라보게 하는데, 아름답다. 어떤 특별한 구도나 채색이 전혀 없다. 아무런 꾸밈도 없다. 현실적이지도 않고 자연스럽지도

않다. 그런데, 한없이 아름답다. 그리고 그 아름다움 속에 한없이 묵직한 대속의 고난과 희생의 사랑이 담겨 있다. 온 인류를 넉넉히 구원하시고도 남을, 온 세상을 풍족히 적시고도 남을 깊은 은혜의 샘, 영성의 샘이 그 안에 들어있다. 경이롭고도 경외롭다. 외람되게 표현하여, 역설적이게도 아름다운 예수 그리스도의 십자가이다.

Velázquez, Christ on the Cross, 1632, Oil on canvas, 248×169cm, Museo del Prado, Madrid

찬송가 144장 〈예수 나를 위하여〉는 한국 찬송가 역사상 최초로 한국인이 작사한 곡이다. 작사자는 김인식(1885~1962)이다.[79] 그는 십자가에 달리신 예수 그리스도의 구속의 사역과 또한 아름다움을 노래하였다. 나아가 성자 구주 예수 자체를 아름답다고 찬양하였다. 그렇다. 예수 그리스도는 아름다운 분이시다. 그의 인생과 사역도, 인품과 인물도 아름답다. 나아가 그의 고난의 십자가 또한 아름답다. 1

절과 4절의 가사를 여기에 옮긴다.

🎵 1. 예수 나를 위하여 십자가를 질 때 세상 죄를 지시고 고초당하셨네 예수님 예수님 나의 죄 위하여 보배 피를 흘리니 죄인 받으소서 4. 아름답다 예수여 나의 좋은 친구 예수 공로 아니면 영원 형벌 받네 예수님 예수님 나의 죄 위하여 보배 피를 흘리니 죄인 받으소서 🎵

예수 그리스도는 아름답다. 참으로 아름답다. 그런데, 그의 아름다움을 다 표현할 수 없다. 어떤 천재 화가라 해도, 어떤 천재 문인이라 하더라도 작품 속에 다 담을 수 없다. 아니, 억만 분의 일조차 담기가 쉽지 않다. 그의 아름다움은 세상의 것과 다른 거룩함과 신비함을 가지고 있기 때문이다. 그가 아름다운 것은 영광에 둘러싸인 천상의 보좌에서만은 아니다. 그의 아름다움은 낮고 추한 마구간 구유 위에서도 마찬가지고, 지상에서의 거칠고 투박한 생활에서도 마찬가지다. 그리고 역설적이게도, 고난 속에 지치고 상한 십자가에서도 그는 더욱 아름답다. 그의 본성이 아름다우시기에 그의 모든 삶의 모습이 아름답다. 아름다운 나의 주 예수 그리스도! 언제 어디서나 주님을 따라 아름답게 살자.

Giotto, No. 35 Scenes from the Life of Christ: 19. Crucifixion, 1304~1306, Fresco, 200×185cm,
Cappella Scrovegni(Arena Chapel), Padua

7
조토의 <십자가형>

서양 회화의 아버지 조토

이 그림은 조토(Giotto di Bondone, 1267-1337)가 프레스코화로 그린 예수 그리스도의 십자가형이다. 화폭에 그림이 가득한 것이 무언가 상당히 많은 내용을 담고 있는 것 같다. 그림 속 십자가에 달린 예수의 모습은 어떠한가? 십자가에 달린 예수의 발아래에 허리를 굽혀 숙이고 있는 여인은 누구인가? 왼쪽의 사람들은 또 누구이고, 오른쪽의 사람들은 또 누구인가? 그리고 이 그림엔 왜 푸른색 바탕에 천사들이 날고 있을까?

조토는 서양 미술의 역사에서 결코 빼놓을 수 없는 인물이다. 미술도 분야가 조소, 건축, 장식, 조각, 영상, 설치 등 다양하다. 그런데, 미술이라고 하면 사람들은 가장 먼저 그림 곧 회화(繪畫)를 떠올린다. 어떤 이는 그렇게 된 것이 바로 조토 때문이라고 한다. 조토의 그림 때문에 그로부터 지금까지 약 800년간 회화가 미술의 역사를 지배하게 되었다는 것이다. 그것은 아마도 조토의 천재적 재능, 미술에 대한 열정, 새로운 관점의 해석, 그리고 새 시대의 새로운 기법들 때문일 것이다. 치마부에(Giovanni Cimabue, c. 1240~c. 1302)가 중세 미술에서 르네상스 미술로 넘어가는 과도기적 인물이라면, 조토는 르네상스 미술의 문을 연 인물이라 할 수 있다. 그래서 미술사 책에서 조토와 더불어 새로운 장(章)을 시작하는 것이 통례이기도 하다.[80]

　치마부에가 조토의 스승이라는 직접적인 증거는 없다. 그러나 바사리(Giorgio Vasari, 1511~1574)의 기록에 따르면, 그가 치마부에의 영향을 받은 것은 확실하다. 전해 내려오는 이야기에 따르면, 치마부에가 일찍 조토의 뛰어난 재능을 알아보고 그를 제자로 삼았다는 일화가 있다. 치마부에는 그림을 배운 적이 없는 조토가 돌로 돌 위에 양을 그리는 것을 보고 제자로 삼았다고 한다.[81] 한 번은 조토가 파리를 그렸는데, 치마부에가 그것이 실제 파리인 줄 알고 여러 번 쫓아내고자 하였다고도 한다. 이런 일화는 조토의 탁월한 미술적 재능과 함께 그의 사실주의적 화풍을 단적으로 알려주고 있다. 조토의 그림은 이전의 그림들에 비해 확실히 사실적이다.

치마부에와 조토의 비교

　조토의 작품은 내용과 형식에서 치마부에의 것을 많이 따르고 있다. 조토가 목판에 템페라로 제작한 예수의 십자고상(Crucifix)이나 프레스코로 그린 예수의 십자가형(Crucifixion)은 그 형태나 구조에 있어서 치마부에의 것과 유사하다. 치마부에는 십자군전쟁 통에 전해진 비잔틴 양식을 그의 작품 속에 수용하였다. 그는 특히 정해진 십자가의 목판 틀에 템페라 기법으로 채색 십자고상(Croce dipinta)을 제작하였는데, 기독교인이라면 한번쯤 이 작품을 보았을 것이다. 치마부에는 예수의 십자고상을 고상하고 거룩하면서도 신비롭게 묘사하였다. 예수의 몸은 왼쪽으로 많이 휘어졌는데, 이것은 미적 표현인 동시에 예수의 인성 곧 그의 고난을 표현하고자 한 것이었다. 조토 또한 스승 치마부에의 영향을 받아 템페라로 십자고상을 여러 번 제작하였는데, 그는 예수의 몸을 왼쪽이 아니라 약간 오른쪽으로 기울어지게 묘사하였다. 조토의 그림이 치마부에의 그림보다 훨씬 자연스럽다. 발 모양에서도 치마부에는 휘어진 다리를 붙여 내려선 양발을 벌려서 아름답게 표현하였는데, 조토는 양발을 모두었다.

Cimabue, Crucifix, 1287~1288, Panel, 448 ×390cm, Museo dell'Opera di Santa Croce, Florence

Giotto, Crucifix, 1290~1300, Tempera on wood, 578×406cm, Santa Maria Novella, Florence

조토는 프레스코에서도 치마부에의 것을 많이 따르고 있다. 프레스코란 소석회(消石灰)에 모래를 섞은 모르타르를 벽면에 바르고, 그것이 마르기 전에 그 위에 색을 칠해 그림을 그리는 중세의 대표적인 벽화 기법이다. 프레스코는 이탈리아어로 '신선하다'는 의미를 가지고 있는데, 아마도 회반죽이 마르기 전에 축축하고 신선할 때 안료를 녹여 그림을 그리는 데에서 유래한 것 같다. 회반죽이 마르기 전에 그리는 기법을 부온 프레스코(buon fresco), 마른 후에 그리는 기법을 세코(secco), 어느 정도 마른 상태에서 그리는 것을 메조 프레스코(mezzo secco)라고 한다. 프레스코 기법은 오래 전 고대 로마인들도 사용하였는데, 서양미술사에서 크게 부각된 것은 대략 이 무렵부터이다. 프레스코화는 13세기 말에 회화 분야에서 본격적으로 사용하기 시작하여 14~15세기에 전성기를 누렸으나, 16~17세기 후로는 유화에 의해 밀려났다. 치마부에는 아시시 성당 벽화를 프레스코로 그렸고, 조토는 파도바 아레나의 스코로베니 예배당의 벽화를 프레스코로 그렸다.

Cimabue, Crucifixion, 1277~1280, Fresco, 350×690cm, Upper Church, San Francesco, Assisi   Giotto, Crucifixion, 1304~1306, Fresco, 200×185cm, Cappella Scrovegni, Padua

　　조토의 십자가형 프레스코에서도 십자가에 달린 예수의 모습은 단아하고 거룩하고 엄숙하다. 4세기 이후로 예수 그리스도의 십자가형 그림이 영광과 승리의 내용을 강조하였다면, 양성론(兩性論, Dyophysitism)이 정착된 7세기를 지나면서 고난당하는 인간적인 모습 또한 담아내기 시작하였다. 예수가 십자가에서 모진 고난과 죽음을 당하셨지만, 그 고난을 통해서 오히려 구원과 승리를 이루셨음을 극적으로 표현하고자 하였다. 기독론의 관점에서 보면, 십자가형 그림에서 예수 그리스도의 인성과 신성을 모두 표현하고자 하였다. 중세가 깊어갈수록 이러한 신학적 입장은 그대로 유지되었다. 다만, 그림은 보다 사실적으로 자연스러우면서도 미적으로 아름답게 묘사되었다.

그래서 십자가에 달린 예수의 몸은 모진 고난을 사실적으로 표현하였지만, 그의 얼굴에는 영적인 평안을 담았다. 이 그림에서도 예수 그리스도의 팔은 늘어져서 십자가에 달린 형상을 보다 사실적으로 표현하였다. 그런데, 예수의 얼굴은 고통 가운데 고요히 눈을 감고 있다. 예수의 머리 뒤에는 후광이 드리었고, 그 후광 안에는 십자가 문양이 들어있다. 십자가가 섰던 곳이 골고다임을 알려주듯이 십자가 아래에는 해골이 보인다.[82] 예수가 십자가에 달린 곳은 성문 밖 골고다였는데, 골고다란 말은 해골이란 뜻이다(마 27:33, 막 15:22, 요 19:17).

그림 속 막달라 마리아

치마부에의 그림과 마찬가지로 조토의 이 그림에도 십자가 하단에 한 여인이 엎드려서 예수의 발에 손을 대고 있다. 앞의 6장에서 살펴보았듯이 이 여인은 막달라 마리아이다. 서양문화사엔 막달라 마리아에 대한 오해로 생겨난 문학이나 예술 작품들이 여럿 있다. 극단적인 예는 그녀를 창녀 출신으로 보는 것이다. 이런 이야기는 매우 드라마틱해서 독자나 관람자들에게 훨씬 더 큰 흥미를 불러일으켰다. 이 드라마는 아마도 누가복음 7장의 향유를 부어 자신의 머리털로 예수의 발을 씻긴 여인의 기사(눅 7:36-50)에 누가복음 8장의 일곱 귀신들렸던 막달라 마리아의 기사가 얹혀졌기 때문일 것이다. 누가복음 7장의 예수의 발을 씻긴 여인은 '죄 많은 여인'으로 소개되었는데, 중세의 해석자들은 그 죄를 간음이나 음란의 성적인 죄로 해석하였다. 그리고 여기서 한걸음 더 나아가 그녀를 아예 창녀로 해석하였다. 그러나 예수 그리스도를 만난 이후의 삶으로 인해 막달라 마리아는 창녀의 이미지와 함께 성녀의 이미지도 갖게 되었다.[83]

그래서인지 이 그림에 등장하는 막달라 마리아의 머리털은 유난히 두드러지게 표현되었다. 십자가형 그림에 등장하는 막달라 마리아의 모습은 대개 아름답고 화려한 긴 머리털을 가진 여인으로 묘사되었다. 그리고 그녀의 성물(聖物)은 그녀가 예수님께 향유를 부은 일로 인해 당연히 향유를 담은 향유병이 되었다. 그래서 그녀 옆에 종종 향유병이 그려지기도 한다. 이 그림에서도 막달라 마리아는 긴 머

리털을 가지고 있으며, 십자가 아래에 위치하여 예수의 발을 씻기듯 만지고 있다. 예수의 발은 조토가 제작한 십자고상과 달리 프레스코 십자가형에선 약간 벌어진 두 다리를 그대로 내려 양발에 각각 못을 박은 것으로 표현하였다.

조토는 막달라 마리아를 보다 사실감 있게 입체적으로 묘사하였다. 막달라 마리아는 십자가에 달린 예수를 마주한 채 엎드려 있다. 조토는 여인의 앞모습이 아니라 옆모습에 가까운 뒷모습을 그려 넣

었다. 사실 이것은 중요한 변화이다. 이전의 중세 그림에서 등장인물들은 그들의 캐릭터를 강조하기 위하여 비현실적이게도 주로 정면을 바라보고 있는 앞모습으로 그렸다. 그런데 스승 치마부에는 파격적으로 막달라 마리아를 옆모습으로 그렸고, 조토는 보다 자연스럽게 그렸다. 막달라 마리아를 십자가 앞에 위치시킴으로 옆모습이라기보다 뒷모습에 가깝다. 중세에는 인물을 뒷모습으로는 거의 그리지 않았다. 그런데, 조토의 그림에는 뒷모습을 보이는 인물들이 종종 등장한다. 〈예수의 생애〉 시리즈만 하더라도 〈체포〉(The Arrest of Christ)나 〈애도〉(Lamentation) 같은 작품에도 전면에 뒷모습을 보이는 인물들이 있다. 그만큼 조토가 사실적인 화풍을 추구하였음을 의미한다.

그림 속 군상들

이 그림은 십자가를 중심으로 좌우편에 두 인물의 군상이 대립하고 있다. 십자가에 달린 예수의 우편, 곧 그림의 왼쪽에는 막달라 마리아 외에도 여러 인물들이 등장하는데, 그들 중에 앞의 세 사람이 두드러진다. 가운데 푸른색 의상을 입은 인물은 당연히 성모 마리아이다. 그녀는 아들의 죽음을 보며 너무나도 상심한 나머지 몸의 균형을 잃고 쓰러지는 듯하다. 그런 성모 마리아를 부축하는 양 옆의 두 인물이 있다. 붉은색 의상을 입은 인물은 제자 요한이다. 제자 요한은 성모 마리아의 오른편에 서서 마리아의 왼팔을 붙잡아 주고 있다. 그리고 노란색 의상을 입은 여인은 아마도 다른 마리아, 곧 야고보와 요셉의 어머니 마리아일 것이다. 이 세 인물은 모두 머리에 후광이 드리워져 있다. 이전의 예수의 십자가형 그림에서는 대개 십자가 아래에 성모 마리아와 제자 요한만 등장하였는데, 이 그림에서는 제법 많은 인물들이 등장한다.

그럼, 그림의 오른쪽에 있는 사람들은 누구일까? 그림의 기본 구도는 스승 치마부에의 것과 같다. 이 사람들은 왼쪽의 사람들과 반대 입장에 선 사람들이라고 생각하면 이해가 쉬울 것이다. 왼쪽의 사람들이 예수를 그리스도로 믿고 따르며 그의 죽음을 애도하는 사람들이라고 한다면, 오른쪽의 사람들은 예수를 믿지 않을 뿐더러 오히려 예수를 십자가에 못 박아 죽인 사람들이다. 십자가를 중심으로 좌우를 구분하는 이러한 구도는 르네상스를 거쳐 지금까지 십자가형 그림의 기본 구도가 되었다.

그림의 오른쪽 앞에는 세 군병들이 자색 옷을 놓고 서로 실랑이를 하고 있다. 한 사람이 칼을 들고 자르려 하자 옆의 사람이 그의 손목을 붙잡고 있고, 또 한 사람은 그 둘을 만류하고 있다. 자색 옷은 왕에 대한 상징으로서 군병들은 예수에게 홍포를 입혀 조롱하였다. 복음서에 따르면, 희롱을 다한 후에 다시 예수의 옷을 입혀서 끌고 나갔으므로 예수가 십자가에 달릴 때 실제로 입었던 옷은 이 자색 옷은 아니었을 것이다(마 27:28, 31). 다만, 이 자색 옷으로 예수의 죄목이 유대인의 왕이라고 한 사실과 그가 영적으로 만왕의 왕이 되심을 표현하고자 한 것이다. 그림 뒤에 힐끗 보이는 사람들로 미루어 짐작하건대, 예수를 십자가에 못 박은 편의 사람들이 많았음을 암시한다. 그 뒤로 군대를 떠올리게 하는 깃발이 서 있는데, 깃발의 색깔은 죽음을 의미하는 듯 검은색이다.

십자가 가까이에 앞의 사람들에게 가려서 거의 뒷모습에 가까운 옆모습을 보이는 한 인물이 있다. 그는 긴 창인지 장대인지를 들고 있다. 복음서에 따르면, 한 군병이 쓸개즙을 섞은 포도주를 예수님께 마시게 하려고 건네었고(마 27:34), 또 한 군병은 창으  로 예수의 옆구리를 찔렀다(요 19:34).

이 그림에서 흥미로운 사람은 세 군병들 뒤로 머리에 후광이 드리운 인물이다. 조토는 자색 옷을 나누는 군병들 사이를 적절하게 벌려 그 사이에 마치 대화하는 것 같아 보이는 두 인물을 잘 드러나게 배치하였다. 그리고 얼굴 정면이 보이는 인물의 머리에 후광이 드리워있다. 후광이 드리워있음을 고려할 때, 이 인물은 아마도 현실에선 예수의 십자가 처형에 관련하여 비록 오른쪽 그룹에 서 있지만, 신앙적으론 예수를 믿고 경배한 인물일 것이다. 복음서에서 그런 사람이 누가 있을까? 예수의 십자가 처형에 관여하면서 예수를 그리스도로 고백한 사람?

복음서에 따르면, 예수의 십자가 처형의 전 과정을 다 지켜본 로마 군대의 백부장이 있다. 그는 십자가에 달려 죽은 예수를 가리켜 이 사람이야말로 진실로 하나님의 아들이었노라고 고백하였다(마 27:54, 막 15:39, 눅 23:47). 그림 속의 이 사람은 백부장일 것이다. 그런데 기독교 초기부터 공관복음서에 기록된 이 백부장은 요한복음서에서 예수의 옆구리를 창으로 찌른 한 군인으로 전해졌다(요 19:34). 그래서 예수를 창으로 찌른 이 사람을 신앙고백을 한 백부장으로 동일시하게 되었다. 창으로 찌른 사람의 이름은 롱기누스(Longinus)라고 전해지는데,[84] 성서에 확실한 기록이 없으므로 이름의 진위를 확인하기는 곤란하다. 다만, 롱기누스라는 이름은 로마 사회에서는 제법 알려진 이름이었다. 왜냐하면 브루투스(Marcus Junius Brutus, BC 85~42)와 모의하여 시저(Gaius Julius Caesar, BC 100~44)를 암살하였던 장군의 이름도 롱기누스(Gaius Cassius Longinus, BC 85~42, 브루투스의 매제)였기 때문이다.[85]

애도의 천사들

이 그림에서 또 하나 흥미로운 점은 짙푸른색 하늘에 천사들이 날고 있다는 것이다. 십자가에 달린 예수 주위에 천사를 그려넣은 것은 스승 치마부에를 따르고 있다. 짙푸른 하늘은 예수가 십자가에 달렸을 때, 하늘이 빛을 잃고 어두워졌다는 복음서의 기록에 따른 것이리라(마 27:45, 막 15:33, 눅 23:44). 짙푸른 바탕은 예수는 물론 천사들을 그려 넣기도 좋았을 것이다.

그러나 복음서에 예수가 십자가에 달려 죽을 때 천사가 등장하였다는 기록은 없다. 복음서에 천사가 등장하는 것은 오히려 예수 그리스도가 탄생할 때이다(눅 2:13-14). 그런데 조토는 예수가 십자가에 달려 죽는 장면에도 천사를 그려 넣었다. 〈성탄도〉(Nativity)에는 당연한 것이고, 〈십자가형〉(Crucifixion)과 〈애도〉(Lamentation)에도 천사들을 그려 넣었다. 조토는 예수의 생애의 주요 장면마다 천사들을 그려 넣었다. 예수가 성자 그리스도임을 증거하는 동시에 그의 생애가 한낱 인간의 삶이 아니라 천사가 수종을 드는 하나님의 사역이었음을 증거하는 것이다.

Giotto, Nativity, 1304~1306, Fresco, 200×185cm, Cappella Scrovegni(Arena Chapel), Padua

Giotto, Lamentation, 1304~1306, Fresco, 200×185cm, Cappella Scrovegni(Arena Chapel), Padua

조토는 예수의 〈성탄도〉에는 5명의 천사를 그려 넣었다. 아기 예수는 그저 위를 가린 야외 마굿간의 구유에 뉘어 있고, 그 곁에 성모 마리아가 있다. 아버지 성 요셉은 그 앞에서 아기 예수를 지키고 있다. 오른쪽에는 양떼들이 있고, 목자들이 서서 우러러 보고 있다. 푸른 하늘을 날고 있는 다섯 명의 천사는 모두 두 손을 모아 찬양과 경배를 올려드리고 있다. 〈애도〉에는 〈십자가형〉과 마찬가지로 열 명의 천사를 그려 넣었다. 그들은 모두 매우 슬픈 표정으로 얼굴을 가리기도 하고, 슬픔에 절규하기도 하며 예수의 죽음을 애도하고 있다.

그럼, 여기서 〈십자가형〉 그림에 묘사된 천사들의 모습을 한번 살펴보자. 십자가형 그림에는 열 명의 천사들이 있다. 열 명의 천사들은 십자가를 기준으로 하여 좌우에 대칭적으로 위치하고 있는데, 천사들의 표정이나 태도엔 모두 비애와 슬픔이 담겨있다. 그리고 비통과 함께 또한 예수 그리스도의 십자가 사건을 도우며 그 사건의 의미를 알려 주고 있다. 천사들의 몸은 모두 다 십자가에 달리신 예수 그리스도를 향하여 있다. 십자가 위의 두 천사는 천상의 시야로 두 팔 벌려 예수 그리스도를 내려다보고 있다. 세 명의 천사는 예수의 양손과 옆구리에서 흘러내리는 피를 그릇, 곧 성작(聖爵) 혹은 성배(聖杯)에 받고 있다. 이 피는 인류를 대속하기 위하여 십자가에서 흘리신 성자 예수 그리스도의 보혈이다. 옆구리의 피를 받는 천사의 십자가 맞은편에 있는 천사는 옷을 찢어 가슴을 드러내고 있는데, 이것은 처절한 슬픔과 철저한 회개의 의미를 담고 있다. 십자가 횡대의 양끝의 붉은 의상의 두 천사는 두 손을 모아서 슬픔과 경건을 표현하고, 그 아래의 푸른색 의상의 두 천사는 팔을 뒤로 한 채 십자가를 향하여 날고 있다. 앞서 본 치마부에의 프레스코화에도 천사들이 비슷하게 슬픔과 아픔의 포즈를 가지고 등장한다.

Giotto, Crucifixion(left angels)　　　　Giotto, Crucifixion(right angels)

스크로베니 성당 벽화

사실 이 그림은 조토가 파도바(Padova)에 있는 스크로베니 예배당(Scrovegni chapel) 벽에 그린 연작 프레스코화들 중의 하나이다. 이 예배당은 파도바의 부자였던 엔리코 스크로베니(Enrico Scrovegni)가 1304년~1306년에 건축하여 성모 마리아에게 봉헌한 것인데, 조토는 엔리코의 주문에 따라 1304~1306년경 예배당의 벽과 천장에 38개의 프레스코 벽화를 그려 넣었다. 스크로베니 예배당은 제단 안쪽을 제외하고는 모든 벽면과 천장에 프레스코화로 가득 차 있다. 출입구 위의 벽면(서쪽)에는 대작 〈최후의 심판〉(Last judgement)이 그려져 있다. 예배당의 양쪽 벽면은 3층으로 구획되었는데, 제일 상층에는 성모 마리아와 그녀의 부모에 관한 일화가 그려져 있고, 아래 두 층에는 예수 그리스도의 생애가 그려져 있다. 예수의 수난은 남쪽 하단에 6장면, 예수의 죽음과 부활은 북쪽 하단에 6장면이 그려져 있다. 아마도 예수의 생애를 이렇게 프레스코 연작으로 그린 것은 아마도 조토가 처음일 것이다. 예수의 십자가형은 그가 그린 〈예수의 생애〉 연작 중 19번째 그림이다.

스크로베니 예배당 출입문 벽에는 〈최후의 심판〉 그림이 걸려 있다. 이것은 예배당에 전시해 놓은 다른 그림들에 비해 20배 이상 큰 초대형 작품이다. 그림의 중앙에는 심판자 예수 그리스도가 보좌에 앉아 있는데, 구원과 영광의 상징인 쌍무지개가 그를 둥그렇게 둘러싸고 있고, 그 주위를 열두 천사가 둘러싸고 있다. 예수 그리스도 옆으로 보좌에 앉아있는 사람들은 열두 사도이다. 아래에 십자가를 중심으로 좌우가 엄격히 구분되어 있다. 보좌에 앉아 계신 예수의 입장

에서 아래로 우편에는 천국을, 좌편에는 지옥을 표현하였다. 예수 그리스도의 시선은 우편의 천국을 향하고 있다.

왼쪽에, 천국에 있는 사람들은 거룩한 삶을 산 왕과 성인과 사제와 의인들인데, 그들은 자신들의 삶을 상징하는 옷을 입고 있다. 앞줄 왼쪽에서 네 번째, 흰 모자를 쓴 인물은 화가 자신 조토이다. 그림 중앙에 한 쪽 무릎을 꿇고 성모 마리아에게 봉헌하는 인물은 이 예배당을 건축하고 작품을 의뢰하였던 엔리코 스크로베니이다. 성모 마리아 옆에는 사도 요한과 성녀 카타리나가 있다. 그러고 보면, 엔리코도 성전을 지어 봉헌하여서 구원받은 사람들의 무리 속에 들어 있다.

반면에, 그림의 오른쪽 지옥에 있는 사람들은 모두 벌거벗겨진 채 지옥 불에 떨어지고 있다. 여기 저기 교수형처럼 머리카락이나 성기가 나뭇가지에 매달린 사람들도 있다. 큰 사탄이 지옥에 떨어진 죄인들을 삼키고 또 배설하고 있다. 어떤 죄인은 입에서부터 항문까지 쇠꼬챙이가 꿰어져 있다. 조토는 천국과 지옥의 극적인 대비를 통해 사람들을 구원에 이르도록 자극한다. 조토는 정교하고 강렬하며 사실적인 묘사로 회개와 심판에 대해 분명한 교훈을 주었다. 그래서 교인들은 이곳에 들어와서 그림을 보고 이곳을 나설 때에 최후의 심판을 바라보며 다시금 바르게 살 것을 다짐했을 것이다.

단테는 『신곡』의 〈지옥편〉에서 엔리코의 아버지 리날도(Rinaldo Scrovegni)를 등장시켰다. 신곡은 1306~1307년경에 쓰여서 1313~1314년에 출판되었으니, 단테는 조토의 활약을 익히 알고 있었을 것이다.[86] 엔리코의 부친 리날도는 고리 대금업자였다. 단

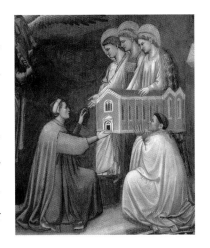

테는 『신곡』에서 리날도가 권력을 악용하여 부를 축적하였기에 그를 이 세상에서 낭비와 인색으로 살았던 사람들이 있는 지옥에서 고통 받는 것으로 묘사하였다. 그림의 오른쪽 곧 지옥 쪽에는 목을 맨 가룟 유다와 함께 3명의 고리대금업자들 각각 정면, 뒷면, 측면의 형태로 나무에 달려 있다.[87]

실제로 엔리코 스크로베니가 이 교회를 건축하여 봉헌한 이유는 아버지와 자신의 죄를 씻기 위한 것이었다. 그래서 조토는 엔리코가 자신이 기부한 교회를 마리아에게 바치는 장면을 〈최후의 심판〉하단 왼쪽 중앙의 천국 쪽에 그려 넣었다.[88] 그림 속에 성인이나 성직자 또는 왕이나 귀족이 아니라 일반인 그것도 상인인 봉헌자를 그려 넣는 일은 이전에는 찾아보기 어려운 일이었다. 그만큼 이 시기에 이르러 상인이 부를 축적하여 중산층으로서의 지위를 얻기 시작하였으며, 예술품의 주문자나 수집가가 되어 가고 있었음을 반증하는 것이다. 중산층의 미술에 대한 관심은 결국 화가로 하여금 그들의 공감을 얻기 위해서 그림 안에 중산층의 일상 생활을 담아내게 하였다.[89]

조토는 환상 속에 현실을 그려 넣는 시도를 하였다. 최후의 심판이라는 주제는 종말론적인 주제이다. 그렇다 보니 환상적이고 신비적이다. 성서에 근거한다고 하지만, 실제로 누구도 보지 못한 현장이기에 작가의 상상에 의존할 수밖에 없다. 그래서 그것은 황홀하고 웅장하다. 그런데, 종말은 먼 미래의 것이 아니라 바로 오늘 나의 현실에 맞닿아있다. 최후의 심판에 내가 어떤 심판을 받게 될 것인가는 매우 실존적인 주제이다. 조토는 엔리코의 제작 의뢰를 받아들이며 그의 실존적인 문제 곧 신앙의 소망을 그림에 담았다. 여기에는 회개에 대한 당시 로마 가톨릭교회의 신학이 반영되어 있다.

두초의 〈십자가형〉

피렌체에 조토가 있었다면, 시에나에는 두초(Duccio di Buoninsegna, c. 1255~1319)가 있었다. 두초는 조토와 동시대 인물로서 여러 면에서 서로 견줄만하다. 조토는 주로 피렌체에서 활동하였고, 두초는 시에나에서 활동하였다. 두초의 작품은 조토의 작품보다 약간 우아하고 화려하고 섬세한 감이 있다. 그는 온화하고 화려한 색채, 섬세하고 우아한 필치로 주제를 잘 부각시켰는데, 특히 정교한 인물 묘사를 통하여 내면의 생각과 감정을 표현하고자 하였다. 따라서 조토보다 조금 더 자연스럽고 자유롭다. 두초에 비하면 조토는 보다 정형적이고 조형적인 표현으로 중세의 이미지를 조금 더 간직하고 있다. 조토가 피렌체 화파의 대표자라고 한다면, 두초는 시에나 화파의 창시자라고 할 수 있다.

두초 또한 조토처럼 예수의 생애를 연작으로 제작하였다. 두초의 대표작 〈마에스타〉(Maestà, 1308~1311)의 뒷면에는 두초가 그린 예수의 생애 시리즈가 실려 있다. 마에스타란 이탈리아어로 '위엄', '폐하'라는 뜻인데, 서양 미술에서는 하나님 또는 예수 그리스도와 성모 마리아가 옥좌에 앉아 있는 그림을 말한다. 마에스타는 대개 옥좌에 앉아 있는 신적 존재를 정면으로 그렸으며, 주위의 천사와 성인들로부터 존귀와 찬송과 영광을 받고 있는 모습을 형상화하였다. 이 작품은 1308년 두초가 시에나 성당의 의뢰를 받아 약 3년간에 걸쳐서 제작한 제단화이다. 제단화(祭壇畵, Altarpiece)란 성당이나 수도원의 제단 위나 뒤에 설치하는 그림이나 조각 또는 장식을 말한다.

　기독교 초기에 예배드리는 제단은 거룩한 곳으로서 어떤 장식을 하지 않았다. 그러다 대략 10세기 무렵부터 제단에 성인의 그림이 그려지기 시작하였고, 점차 성경의 인물들과 사건들, 성인들의 생애와 사건들이 그려졌다. 그리고 이를 위해서 제단 뒤에 장식 칸막이들이 제작되기 시작하였다. 제단 칸막이에는 주로 회화로 작업하였으나 조각으로 장식을 하기도 하였다. 제단화는 형태에 따라 종류가 다양한데, 대개 세 폭으로 된 세폭 제단화(Triptych)가 주를 이루었다. 두폭으로 된 두폭 제단화(Diptych), 여러 폭으로 된 다폭 제단화(Polyptich, 多幅祭壇畵)도 있었다. 집회가 없을 때에는 대개 양쪽 날개를 닫아 그림을 닫아두었다. 조각만으로 장식된 것은 리아도스(Reredos), 제단조각이라고 하였다. 두초의 마에스타는 그 규모나 내용이나 표현으로 보아 초대형 작품이다.

Duccio, Maestà(front)　　　　Duccio, Maestà(back)

　십자가형 그림은 두초가 마에스타 뒷면에 그린 〈예수의 생애〉 시리즈의 20번째 그림이다. 그림의 크기가 다른 그림들에 비해서 두 배로 크고, 위치는 전체 그림의 정 중앙에 위치하고 있다. 예수의 생애에서 그만큼 중요하다는 뜻일 것이다. 예수의 십자가 사건은 기독교의 출발이자 핵심이 되는 하나님의 구원 사건이다. 십자가 사건은 예수의 사역의 절정이다.

조토의 그림과 두초의 그림은 전반적인 구도와 배치에서 비슷하다. 당연히 같은 사건을 비슷한 시기에, 그것도 같은 나라 사람이 그린 것이니 그럴 것이다. 그럼에도 불구하고 둘 사이에는 약간의 차이가 있다. 두초의 그림은 전반적으로 노란색을 배경으로 하고 있고, 선과 색상에서 온화하고, 구도에서도 보다 넓은 여백의 공간미를 가지고 있다. 시야도 조토보다 훨씬 멀리서 넓게 십자가 처형 장면을 조망하고 있다. 그리고 인물들을 보다 섬세하게 묘사하여 그들의 내면을 표현하고자 하였다. 이것이 시에나 화파의 특징이다.

Duccio, Crucifixion(scene 20), 1308~1311, Tempera on wood, 100×76cm, Museo dell'Opera del Duomo, Siena

왼쪽에 성모 마리아와 제자 요한과 여인들이 위치하고 있고, 오른쪽에는 예수를 십자가에 처형한 무리들이 위치하고 있다. 예수는 십자가에 아름답게 달려 있다. 예수는 미적으로 Y자 모양의 상반신에 C자 모양의 하반신으로 아름다운 곡선의 자태를 드러내고 있지만,

그의 몸은 부자연스러워 보인다. 예수의 고개는 오른쪽 아래로 떨구어져 있다. 따라서 그의 얼굴은 자연스럽게 우편의 강도와 그 아래에 있는 사람들을 향하고 있다. 이러한 구도는 전통적인 배치이다. 조토가 예수의 양발을 따로 십자가에 못 박힌 것으로 묘사한데 비해, 두초는(좌우 강도와 달리) 예수의 양발을 포개어서 못 박은 것으로 묘사하였다. 훨씬 아름답고 고통스럽다. 참고로, 조토의 그림엔 네 개의 못이고 두초의 그림엔 세 개의 못이다. 예수의 못 박힌 양손과 포개어진 발과 창에 찔린 허리에서는 붉은 피가 흘러내리고 있는데, 십자가 기둥 아래에는 다량의 붉은 피가 흥건하게 고여서 골고다를 의미하는 바위 사이로 스며들고 있다. 이것은 예수 그리스도의 십자가의 보혈의 사죄와 구속의 은혜를 상징한다.

조토의 그림과 마찬가지로 십자가 위에 천사들이 예수의 십자가의 죽음으로 애도하며 날고 있다. 어떤 천사들은 예수의 못 박힌 양손이 있는 십자가에 입을 맞추고, 어떤 천사들은 눈을 가리고, 어떤 천사들은 눈물을 닦고 있다. 그런데, 천사들이 조토의 그림과 달리 13명이다. 천사의 수가 10도 아니고 12도 아니고, 13인 것은 어딘가 모르게 불길한 분위기 속에 불안과 슬픔을 더해 준다.

15세기 초 이탈리아 르네상스의 문을 열 때 예수의 생애를 시리즈로 그린 조토와 두초가 있었다면, 지난 세기 우리나라에도 예수의 생애를 그린 견줄만한 두 화가가 있으니 바로 운보 김기창(1913~2001)과 혜촌 김학수(1919~2009)이다. 이들은 한국의 자연 풍경 속에 한국적인 문화 특히 조선시대를 배경으로 예수의 생애를 그렸다. 운보(雲甫)는 〈예수의 생애〉에서 예수와 등장하는 모든 인물들을 갓을 쓰고 도포를 입은 것으로 묘사하였다. 혜촌(惠村)도 〈예수의 생애〉에서 등장하는 인물들을 한국의 전통 의복으로 묘사하였으나, 다만 예수는 유대인의 복장으로 표현하였다. 연세대학교 학부시절 수요일이면 루스 채플에 전시되었던 혜촌의 예수의 생애를 감상하던 기억이 새롭다. 이것은 일종의 기독교의 문화적 토착화 작업의 예이다. 복음은 문화의 옷을 입기 마련이지만, 문화는 시대마다 변하는 것이다. 운보와 혜촌의 한국 문화라는 것이 2024년의 AI 디지털 시대에는 한국인인 내게도 왠지 약간 낯설어 보인다. 이들은 모두 독실한 기독교 신자들이었다. 조토도 두초도 기독교인이었고, 운보와 혜촌도 기독교인이었다. 일련의 예수의 생애는 매우 방대한 작업이다. 거기에는 그만한 신앙과 열정과 실력을 필요로 한다.

십자가 신학: 진정한 회개

스크로베니 예배당 건축과 벽화 제작의 의도를 볼 때, 당시 중세 로마 가톨릭교회의 구원론, 특히 회개와 사죄에 관한 신학을 엿볼 수 있다. 중세 신학이라고 해서 역사를 건너뛰어 어느 날 갑자기 하늘에서 뚝 떨어진 것이 아니다. 그것은 성서에 기초해서 초대교회로부터 형성된 교리의 강줄기로부터 흘러내려온 것이다. 인간은 하나님의 선행하는 대속의 은혜에 진정한 회개로 반응하여야 한다. 교리는 시대마다 공동체마다 현실적인 해석과 적용을 필요로 하는데, 중세 교회에서 회개와 사죄의 방식은 크게 세 단계로 진행되었다. 먼저 죄인이 사제에게 죄를 고백하고 회개하면, 사제가 사죄를 선언하고, 그와 함께 사죄에 합당한 보속을 수행하도록 하였다. 중세 초기에 그것은 죄에 대한 철저한 회개와 함께 보속으로 근신, 고행, 봉사, 노동 등이 수반되었다. 이것은 성서적이다. 진정한 회개란 성령의 감동에 따라 마음으로부터 시작되어 삶의 자리에서 구체적이고 실제적인 변화로 나타나야 한다.

중세 중기를 지나면서 보속의 방법이 일부 헌물로 대체되기 시작하였는데, 특히 십자군 전쟁에 직접 참여하지 못하는 이들의 봉헌은 이를 부추기는 계기가 되었다. 이것은 특히 잉여공로설과 결탁되면서 면죄부 판매와 같은 일이 벌어지게 되었다. 잉여공로설이란 교황 클레멘스 6세(Clemens VI, 재위 1342~1352)의 칙서에 근거하여 예수 그리스도의 공로, 그리고 성모 마리아와 여러 성자들의 공로는 자기 자신을 구원하고도 남기 때문에 다른 사람의 형벌도 충분히 속량할 수 있다는 주장이다. 잉여의 공로는 다른 사람에게 전가될 수 있는 것이며, 그 전가의 한 방식으로 금전의 거래가 허용되기 시작하였다. 그리하여 누가 누구를 대신하여 노동이나 봉사나 심지어 돈으로도 죄를 사하여 천국으로 갈 수 있다는 신앙이 형성되었다.

여기에는 자칫 속마음의 진심어린 회개 없이 겉으로 보이는 보속의 행위로만 치우칠 위험성이 도사리고 있다. 또한 회개의 과정과 결과의 행위를 일률적으로 규격화하고 획일화하는 것은 매우 위험하다. 1215년, 로마에서 열린 제4차 라테라노 공의회(Lateran Council)에서는 모든 기독교 신자들은 1년에 한 번씩 신부에게 고해성사를 통해 죄를 고백하고 죄를 씻어야 한다는 교리를 발표하였다.[90] 이후로 고해성사는 일곱 가지 성사에 포함되었다. 아니나 다를까, 이러한 위험성은 중세 중기를 지나면서 너무나도 익숙한 현실이 되었다. 가장 순전해야할 회개가 타락하면 더 없이 추하기 마련이다.

성서에 따르면, 사죄와 천국은 오직 십자가에 죽으시고 부활하신 예수 그리스도를 통해서만 가능하다. 인간의 출신이나 인격이나 실력이나 공적은 구원을 이루는데 아무런 조건이나 자격이 되지 않는다. 사람이 아무리 의롭고, 아무리 능력이 많고, 아무리 선행을 많이 한다고 하더라도 그의 인간적인 어떤 것으로는 어떤 사죄도 구원도 얻을 수 없다. 당연히 그런 것으로는 천국에 들어갈 수 없다. 오직 하나님의 은혜로, 오직 예수 그리스도를 믿음으로만 죄 사함을 받고 구원을 얻는 것이다.

• 사람이 의롭게 되는 것은 율법의 행위로 말미암음이 아니요 오직 예수 그리스도를 믿음으로 말미암는 줄 알므로 우리도 그리스도 예수를 믿나니 이는 우리가 율법의 행위로써가 아니고 그리스도를 믿음으로써 의롭다 함을 얻으려 함이라 율법의 행위로써는 의롭다함을 얻을 육체가 없느니라(갈 2:16)
• 그가 우리를 흑암의 권세에서 건져 내사 그의 사랑의 아들의 나라로 옮기셨으니 그 아들 안에서 우리가 속량 곧 죄 사함을 얻었도다(골 1:13-14)

중세 로마 가톨릭 교회의 회개론이 현실적으로 여러 문제를 야기시켰고, 그래서 루터의 종교개혁의 한 원인이 되기도 하였지만, 보속의 근본 취지를 이해하지 못할 바는 아니다. 진정한 회개는 반드시 마음으로부터 우러나오는 것이어야 하고, 또한 삶에서 실천적인 변화로 이어져야 한다. 그런 점에서 보속은 회개의 근본 근거는 아니지만, 목회적·실천적 적용의 예로서 가치가 있다. 물론 개인적으로 획일적이거나 형식적인 적용은 자칫 또 다른 문제를 일으킬 수 있지만, 삶의 변화를 회개의 범위 안에, 사죄의 은혜의 영향 아래에 포함하는 것은 의미가 있다.

중세 로마 가톨릭 교회의 회개론의 문제는 근본적으로 예수 그리스도의 사죄의 은혜에 우선하기보다 현실적으로 형식적인 사제의 사죄 선언과 형식적인 성도의 보속의 행위에 치우쳤다는 데에 있다. 성서는 오직 예수 그리스도의 은혜에 의한 사죄를 말한다. 율법으로는 죄 사함을 받고 의롭다 여김을 받을 수 없다. 인간의 어떤 선행이나 공적으로도 죄 사함을 받을 수 없다. 오직 예수 그리스도를 믿음으로만이 죄 사함을 받고 구원을 얻을 수 있다. 죄 없으신 예수 그리스도가 십자가에 달려 죽으심으로써 우리의 모든 죄를 담당하셨는데, 이것은 우리로 하여금 죄에 대하여 죽고 의에 대하여 살게 하신 것이다(벧전 2:24).

찬송가 269장 〈그 참혹한 십자가에 주 달려 흘린 피〉는 윌리엄 쿠퍼(William Cowper, 1731~1800)가 작사한 곡이다. 쿠퍼는 허약한 체질에 여러 정신적 연약함을 가지고 있었다. 이 찬송시는 쿠퍼가 첫 간질을 일으킨 후에 작사한 것이다.[91] 밤마다 찾아오는 간질의 고통에 수면제, 아편, 자살 등 온갖 방법들을 다 동원해 보았지만, 아무 소용이 없었다. 쿠퍼는 성서를 읽던 중 구원의 은혜를 깨닫게 되었고, 몰리 언윈(Morley Unwin, 1703~1767) 목사와 메리(Mary) 사모의 돌봄과 이어진 존 뉴턴(John Newton, 1725~1807) 목사의 지원 가운데 십자가의 은혜를 찬양하는 사람이 되었다. 그는 십자가의 보혈의 공로를 찬양한다.[92] 1절의 가사가 다음과 같다.

♬ 그 참혹한 십자가에 주 달려 흘린 피 샘물같이 늘 흘러서 죄 씻어 주시네
값 없어도 다 나와서 내 죄를 고하면 흰 눈보다 더 희도록 참 성결 얻으리
나 믿노라 나 믿노라 그 보혈 공로를 흠 없어도 피 흘리사 날 구원하셨네 ♬

우리의 죄 사함과 구원은 오직 예수 그리스도의 십자가에 있다. 그의 십자가의 보혈이 우리를 깨끗하게 하신다. 인간적인 수고와 헌신에 방법이 있는 것이 아니다. 내게 지불할 돈이 하나 없어도 믿고 나와서 죄를 고하면, 흰 눈보다 더 희게 깨끗하게 씻어 주시고 구원을 베풀어 주신다. 리날도나 엔리코처럼 부자가 아니어도 된다. 훌륭한 교회를 건축하거나 대단한 헌물을 하지 않아도 된다. 오직 믿음으로 십자가에 달린 그리스도 앞에 나오기만 하면 된다. 그래서 그의 십자가의 죄 사함과 구원을 경험한 사람은 언제나 그의 십자가를 찬양하게 된다. 그의 십자가의 보혈이 우리의 모든 죄악을 깨끗이 씻어 주신다. 십자가 신학의 기본은 예수 그리스도의 십자가로 말미암은 사죄 곧 죄 사함에 있다. 신학이 예수 그리스도의 십자가를 떠나면, 그것은 도덕이나 이념이 되기 십상이다. 오늘도 십자가에 달린 주님 앞에 나아가 꿇어 엎드린다. 주여, 이 죄인을 받으소서. 진심으로 회개하오니 이 불쌍한 죄인을 긍휼히 여기사 은혜를 베푸소서. 긍휼을 베푸소서. 자비를 베푸소서.

Jan van Eyck, Crucifixion, 1420~1425, Oil on wood
transferred to canvas, 56,5 × 19,5cm, Metropolitan
Museum of Art, New York

8
얀 반 에이크의 <십자가형>

플랑드르 미술의 선구자 에이크 형제

이 그림은 작가와 관련하여 논란의 여지가 있긴 하지만, 학계에선 대개 얀 반 에이크(Jan van Eyck, c. 1395~1441)의 것으로 인정하고 있다. 제작 시기도 학자에 따라 다소 차이가 있는데, 1420~1425년경에서부터 조금 더 늦게 1430~1440년경의 것으로 보기도 한다. 이 그림은 이전의 그림들에 비해 많은 사람들이 등장하여 화면을 가득 채우고 있다. 구도와 색상에서도 탁월하고, 표현에 있어서도 매우 정교하고 세밀하다. 무엇보다 수많은 사람들이 등장하는데, 이 그림의 실제 크기가 길이 56.5cm에 너비 19.5cm라고 하는 사실을 안다면, 더욱 놀라지 않을 수 없다. 어떻게 이리도 다채로운 색상으로 저리도 정교하게 그릴 수 있었을까?

얀 반 에이크는 그의 형 후베르트 반 에이크(Hubert van Eyck, c. 1370~1426)와 더불어 플랑드르 미술의 선구자로 알려져 있다. 플랑드르(Flandre)는 어원적으로 본래 '저지대' 또는 '물이 범람하는 땅'이라는 뜻인데, 지금의 벨기에 서쪽을 중심으로 네덜란드 서쪽에서부터 프랑스 북쪽까지를 포함한 지역을 일컫는다. 이 지역은 11세기경 직물업으로 번성하기 시작해서 상업의 발전과 함께 15~16세기에 들어 미술 활동이 크게 융성하였다. 이 시기 이 지역의 미술을 가리켜 이탈리아 르네상스에 견주어 '플랑드르 르네상스' 또는 '북유럽 르네상스'라고 부르기도 한다. 그리고 그 선두 주자가 바로 반 에이크 형제이다.

두 형제는 특히 유화를 처음 사용한 인물들로 알려져 있다. 이전에는 주로 템페라나 프레스코 기법으로 계란을 안료의 용매제로 사용하였는데, 금방 굳고 색이 쉬 바래져서 선명한 색상을 사용하지 못하는 한계가 있었다. 에이크 형제는 기름을 용매로 사용함으로써 보다 선명하고 다채롭고 정교한 색상을 구사하게 되었다. 일예로, 이 그림에선 실선 같은 묘사와 연두색의 채색이 두드러진다. 무엇보다 붓질이 보다 용이해져서 섬세하고 세밀한 묘사가 가능해졌다. 이 그림이 그 차이를 확연히 드러내고 있다.

플랑드르 르네상스 미술 역시 이탈리아 르네상스처럼 사물과 자연에 대한 관찰과 인간과 인생에 대한 경험으로 섬세하면서도 자연스런 표현을 추구하였다. 이탈리아 미술이 선원근법(Liner perspective, 線遠近法)을 개발하여 주로 사용하였다면, 플랑드르 미술은 대기원근법(Aerial perspective, 大氣遠近法)을 많이 사용하였다. 선원근법은 소실점을 사용하여 3차원의 공간 및 대상을 평면 위에 표현하는 방법이고, 대기원근법은 색채를 조절하여 공기에 변화를 줌으로써 거리감과 공간감을 확보하는 방법이다. 대기원근법은 자연이나 도시의 전경을 표현하는데 유용하였다. 이 그림에도 대기원근법이 확실히 표현되어 있다. 얀 반 에이크는 특히 인물 연구와 인물 묘사에 탁월하였다.

얀 반 에이크의 〈십자가형〉 분석

앞서 소개한 대로 얀 반 에이크의 유화기법, 대기원근법, 섬세한 인물묘사 등이 그림에 잘 드러나 있다. 그림은 이탈리아 르네상스의 작품에 비해 확실히 기술적으로 훨씬 선명하고 자연스럽고 정교하다. 색상도 다양하고, 인물이나 사물이나 자연에 대한 세부적인 묘사도 매우 섬세하다.

그럼, 내용면에서 이 그림은 어떤 특이점을 가지고 있을까? 글쎄? 먼저 그림의 구도를 보자. 일단 가장 먼저 눈에 들어오는 것은 그림이 세로로 매우 길다는 사실이다. 그림을 그린 관점이 위에서 아래를 내려다보는 구도이다. 마치 조감도(鳥瞰圖)와 같이 멀리서 조망하는 구도이다. 그림이 세로로 길어서 그림을 3등분해 보면 좋을 것 같다. 어쩌면, 얀 반 에이크 본인도 이러한 삼분의 구조를 가지고 그림을 그렸을 수도 있다.

그림 제일 위 상단부에 십자가에 달린 예수와 두 강도가 위치하고 있다. 십자가에 달린 예수의 모습을 보자. 예수의 십자가와 좌우 두 강도의 십자가 모두 T자형 십자가에 달려 있다. †자형이 아니라 T자형이다. 그림을 보면 좌우편에 있는 강도들에 비해 확실히 가운데 있는 예수가 부각되어 있다. 예수의 위치도 두 강도에 비해 높이 있거니와 예수는 전면으

로, 좌우 강도는 측면으로 묘사되었다. 그러고 보니, 라불라 복음서 삽화에서는 두 강도도 전면으로 묘사되었다.

예수의 십자가 위에는 죄패가 붙어 있다. 예수의 머리는 가시관에 찔리고, 양손과 발목은 못에 박히고, 옆구리는 창에 찔려 피가 흘러 내리고 있다. 거기다 예수의 몸은 거의 나체이다. 좌우의 강도가 속 옷을 입고 있음에 비한다면, 예수는 발가벗겨져서 훨씬 심한 모욕과 수치를 당하고 있다. 중간에 예수를 기준으로 하여 볼 때, 좌우의 강 도는 그 머리가 예수의 십자가에 박힌 팔 아래로 처져있다. 얀 반 에 이크는 그림에서 짙푸른 하늘을 배경으로 십자가에 달리신 예수를 성서의 증언대로 하나님의 아들 구세주로 부각시키고 있다. 배경이 되는 하늘과 구름, 그리고 자연 풍경과 마을 전경을 정말 세밀하고 정교하게 묘사하였다.

그 아래로 중간에는 수많은 군중들이 십자가 주위에 몰려 있다. 그 들은 대개 예수를 십자가에 처형하는데 가담하거나 구경하러 나온 사람들이다. 여기서 얀 반 에이크의 섬세한 인물 묘사를 찾아볼 수

있다. 인물 묘사는 크게 얼굴의 표정, 걸치고 있는 의상이나 신 발이나 거기에 치장된 장식, 그 리고 취하고 있는 몸짓으로 이루 어진다. 플랑드르 미술에서 인물 묘사는 단순히 사실적인 표현을 넘어 그 안에 인물의 캐릭터, 곧 생각이나 감정을 담고 있다. 작

가는 등장인물의 마음을 헤아려서 그 마음을 인물 표현에 담아냄으로써 그림을 보는 관객에게 그 마음을 전달하고자 한다. 이러한 화가는 단순히 그림을 그리는 기술자가 아니라 신학자를 넘어 설교자라고 할만하다.

십자가 주위의 인물 묘사는 다양하다. 정말 각양각색이다. 비웃고 조롱하는 사람들이 있는가 하면 무표정의 무덤덤한 사람들도 있고, 잔인하게 예수를 찌르고 바라보는 군인들이 있는가 하면 그 의미를 헤아리기 어려운 묘한 표정의 인물들도 있다. 어떤 이는 말을 타고 있고, 어떤 이는 서 있다. 어떤 이는 귀족의 옷을 입고 있는가 하면, 어떤 이는 서민의 옷을 입고 있다. 예수의 십자가 처형 당시는 물론, 어쩌면 15세기 에이크가 살던 시대 당시에 예수의 십자가를 바라보는 사람들의 다양한 마음을 담은 것은 아닐까? 오늘 21세기에도 예수의 십자가에 대한 사람들의 입장은 매우 다양하다.

그림의 제일 아래 하단부에는 짙푸른색 의상의 성모 마리아, 검은색 의상의 제자 요한, 그리고 그 주위에 경건한 여인들이 예수의 죽음을 슬퍼하고 있다. 성모 마리아는 슬픔에 몸을 가누지 못하고, 그런 그녀를 요한이 부축하고 있다. 이들의 얼굴이 앞을 향하고 있음은 십자가 앞에서 예수를 십자가에 못 박는데 가담하는 사람들이 뒷모습과 대조를 이룬다. 중간의 군중들은 십자가에 달린 예수를 구경거리로 보고 있으나, 이들은 차마 그 비참한 현장을 바라보지 못한다. 요한 옆의 청록색 의상을 한 여인은 십자가에 달린 예수를 향하여 경배의 모습을 취하고 있는데, 자태와 머릿결을 볼 때 그녀는 막달라 마리아이다. 그녀는 예수의 고난에 공감하고 있다. 예수의 십자가의

높이는 그의 허리를 찌르고 있는 긴 창의 길이보다 훨씬 높아 보인다. 십자가가 높이 세워져 있다는 것은 이미 그 안에 얀 반 에이크가 그리스도를 찬양하고 경배하고자 하는 의도가 담겨 있다고 할 수 있다. 얀 반 에이크는 경건한 인물로서 그리스도에게 존귀와 영광과 경배와 찬양을 돌리기를 추구했던 인물이다.

이 그림은 제단화의 한 쪽 날개로 알려져 있다. 어떤 학자들은 이 그림이 중앙의 메인 그림을 소실한 세폭 제단화의 한 쪽 날개라고 주장한다. 그런가하면 어떤 학자들은 그림의 크기를 고려할 때, 처음부터 개인 예배를 위해 두 폭으로 제작한 두폭 제단화의 한 쪽 날개라고 주장한다.[93] 그렇게 보면, 이 제단화는 교회나 수도원의 공적 예배를 위해 장식한 제단화가 아니라 개인적으로 경건생활을 위해 제작한 제단화일 수 있다는 것이다.

Jan van Eyck, Diptych, 1420~1425, Oil on wood transferred to canvas, 56,5×19,5cm(each), Metropolitan Museum of Art, New York

그럼, 이 그림과 쌍을 이루는 다른 쪽 날개는 어떤 그림일까? 그것은 〈최후의 심판〉(Last Judgment)이다. 이 그림이 본래 세폭 제단화에 속한 것이라고 한다면, 가운데 중앙의 메인 그림이 무엇이었을까? 궁금하다. 그런데 만약 이 그림이 처음부터 두폭 제단화라고 한다면? 그렇다고 해도 사실 이 두 그림만으로 기독교의 중요 교리를 충분히 설명해 주고 있다고 말할 수 있다. 그것은 곧 예수는 우리를 구원하시기 위해 십자가에 못 박혀 죽으신 하나님의 아들 그리스도시라는 것과 누구든지 그 예수 그리스도를 믿을 때 천국에 이르게 되고, 믿지 않을 때 지옥에 들어가게 된다는 것이다.

얀 반 에이크가 그린 이 제단화의 또 하나의 날개 〈최후의 심판〉을 보면, 예수 그리스도는 T자형 십자가를 배경으로 보좌에 심판자로서 앉아 계신다. 심판자 그리스도 좌우에 데이시스(Deisis) 형태로 마리아와 요한이 위치하고 있다. 그 아래로 24장로와 성인들이 좌우 균형을 맞추어 질서있게 정렬해있다. 상담부와 하단부는 색상이나 내용에서 확연히 대조가 된다. 그림의 상단부는 천국의 찬양과 영광의 장면이 주를 이루고 있는데 반해, 하단부는 지옥의 처참한 상황이 묘사되어 있다.[94] 지옥은 죽음을 상징하는 해골의 지배 아래에 있다. 앞서 살펴본 조토의 스크로베니 성당의 〈최후의 심판〉과 비교해 본

Jan van Eyck, Last Judgment, 1420~1425, Oil on wood transferred to canvas, 56,5×19,5cm, Metropolitan Museum of Art, New York

다면, 이 그림에선 천국과 지옥이 좌우가 아니라 상하로 배치되어 있다. 앞서 살펴본 대로 이 그림 역시 상중하 삼단으로 구분해 볼 수 있다. 천국과 지옥 사이에 중간에 지상 세계가 위치하고 있다.

겐트 제단화

얀 반 에이크의 대표작은 뭐니 뭐니 해도 〈겐트 제단화〉(The Ghent Altarpiece, 1432)이다.[95] 겐트 제단화는 얀 반 에이크의 십자가형을 이해하는데 좋은 자료가 될 수 있다. 왜냐하면 겐트 제단화의 주제 역시 예수 그리스도의 십자가를 다루고 있으며, 그에 대한 경배를 목적으로 하고 있기 때문이다. 그럼, 여기서 제단화의 전체 모습을 보자.

Jan van Eyck, The Ghent Altarpiece(wings open), 1432, Oil on wood, 350×461cm, Cathedral of St. Bavo, Ghent

그림은 2층 곧 상단부와 하단부로 구성되어 있다. 상단부 중앙에 예수 그리스도가 있고 그 좌우에 성모 마리아와 세례 요한이 있다. 세 분의 이러한 조합을 흔히 '데이시스(Deisis)'라고 한다. 데이시스란 본래 헬라어로 '청원', '간구'라는 뜻인데, 주로 제단화 상단부에 위치하여 왕과 심판자로서의 예수 그리스도를 높이고, 그를 향하여 사죄와 구원을 구하는 마음을 담고 있다. 예수 그리스도는 좌우의 두 인물보다 위치를 높여 최고의 지위를 표현한다. 그는 왕으로서 머리에 왕관을 쓰고, 왼손에 왕의 지팡이인 규(圭)를 잡고, 오른손으로 강복을 하고 있다. 그의 머리 위 반원의 큰 후광에는 라틴어로 전능하신 왕에 대한 찬양이 적혀 있다.[97] 마리아와 세례 요한은 둘 다 책을 읽고 있다. 이 책은 예수 그리스도에 대한 내용을 담고 있다. 세례 요한은 왼손으로 책을 펴들고, 오른손으로 예수 그리스도를 가리키고 있다. 요한복음에서 세례 요한이 예수를 보고 "보라 하나님의 어린 양이로다"(요 1:36)라고 말한 것을 시각화한 것이다.

데이시스 좌우로 제일 바깥에는 아담과 하와가 있다. 그리고 그 안쪽으로 찬양하는 천사들과 악기를 연주하는 천사들이 있다. 벌거벗은 채 부끄러워서 몸을 가린 아담과 하와는 창세기 3장에 근거해서 하나님의 말씀을 어겨 타락한 인류를 상징한다. 이 제단화의 주제가 인간의 원죄와 예수 그리스도의 구원인데, 이 부분은 인간의 원죄를 표현하고 있는 것이다. 아담의 머리 위에는 가인과 아벨이 번제를 드리는 그림이 있고, 하와의 머리 위에는 가인이 아벨을 살해하는 그림이 있다. 천사들은 예수 그리스도가 어린 양의 희생으로 인류를 죄로부터의 구원한 것을 찬양하고 있다. 제단화 하단에 메인 그림 〈어린 양의 경배〉의 왼쪽 판넬에는 그리스도의 천군과 구약의 사사들이 있고, 오른쪽 판넬에는 은둔자와 순례자들이 배치되어 있다.

겐트 제단화는 구도에 있어서 자연스럽게 중앙 하단부의 어린 양을 주목하게 한다. 아마도 이 그림이 다폭 제단화의 메인 그림인 듯하다. 그래서 이 중앙 하단의 그림만 따로 떼어 〈어린 양의 경배〉(Adoration of the Lamb)라고 부르기도 한다. 이 그림을 조금 더 깊이 살펴보는 것이 그의 〈십자가형〉을 이해하는 데 도움이 될 것 같다.

Jan van Eyck, The Ghent Altarpiece: Adoration of the Lamb(detail), 1432, Oil on wood, 133×236cm, Cathedral of St. Bavo, Ghent

이 그림은 상하로 좌우가 대칭을 이루어 많은 사람들이 사방에서 중앙으로 나아오는 중앙 집중 구조로 되어 있다. 위로부터 아래로는 일렬로 반원과 어린 양과 우물로 이어지는 상하 일직선 구조인데, 그 가운데 제단 위 어린 양이 위치하고 있다. 역으로 어린 양을 중심으로 보면, 마치 연못의 물결이 퍼져 나가듯 점점 확대되어 나가는 동심원 구조를 하고 있다. 제단을 둘러싼 천사의 서클이 이 구도를 위해 확실하고 분명한 기능을 담당하고 있다. 그림의 중앙에 제단 위어린 양이 있다.

그럼, 그림 중앙의 어린 양은 무엇을 의미하는 것일까? 당연히 예수 그리스도이다. 어린 양 옆에 십자가를 나란히 배치한 것을 보면, 예수 그리스도는 십자가에 죽은 어린 양을 의미한다. 천사들이 십자가를 들고 있다. 이것은 요한복음에 세례 요한이 예수를 가리켜 세상 죄를 지고 가는 어린 양이라고 한 말씀에 근거한다.

• 이튿날 요한이 예수께서 자기에게 나아오심을 보고 이르되 보라 세상 죄를 지고 가는 하나님의 어린 양이로다(요 1:29)

어린 양이 죄를 대신 진다는 것은 고대 이스라엘 전통, 특히 레위기의 제사 전통에서 출발한다. 모세의 율법에 따르면, 하나님은 인간이 죄로 말미암아 마땅히 죽어야 하지만, 인간이 자신의 죄를 소나 양이나 비둘기와 같은 동물에게 전가하고 그 동물을 제물로 삼아 대신 죽여 제사를 드리게 함으로써 인간의 죄를 사하여 주셨다. 히브리서는 구약의 제사와 비교하여 예수 그리스도를 영원한 대제사장이며, 또한 자신을 단번에 드려 모든 죄를 대신한 영원한 대속물로 소개하고 있다. 구약의 희생양이 일회적이며 부분적이고 불완전한 것이라고 한다면, 신약의 어린 양 예수 그리스도의 희생은 영원하며 총체적이고 완전한 것이다(히 7:27, 9:12, 26, 28, 10:10). 그러므로 그림 중앙의 어린 양은 우리의 죄를 사하시며 우리를 죄에서 건지시는 구원자 예수 그리스도를 표상한 것이다.

• 그리스도께서는 장래 좋은 일의 대제사장으로 오사 손으로 짓지 아니한 것 곧 이 창조에 속하지 아니한 더 크고 온전한 장막으로 말미암아 염소와 송아지의 피로 하지 아니하고 오직 자기의 피로 영원한 속죄를 이루사 단번에 성소에 들어가셨느니라(히 9:11-12)

예수 그리스도는 찬양과 영광과 경배를 받으시기에 합당하신 분이시다. 그림 속에 등장하는 사람들은 모두 다 어린 양 예수 그리스도를 경배하러 나아오는 사람들이다. 그럼, 그들은 구체적으로 누구일까? 얀 반 에이크가 그래도 제법 대표할만한 사람을 그려 넣지 않았을까?

왼쪽 하단에 제단을 향해 무릎 꿇고 책을 펼치고 있는 인물들은 구약의 선지자들이다. 그 뒤에 서 있는 사람들은 유대의 족장들과 이교도의 시인들과 철학자들이다. 흰 옷의 월계수를 든 사람은 고대 로마의 시인 베르길리우스(BC 70~19)이다. 그는 중세에 신앙과 경건과 문학의 대표자로서 단테의 신곡에서도 안내자로 등장하며, 후에 영국의 계관시인(Poet laureate)의 유래가 되기도 한다. 오른쪽 하단에 제단을 향해 무릎 꿇고 손을 모으고 있는 노란 의상의 인물들은 예수의 열두 제자, 곧 사도들이다. 그 뒤에 서 있는 사람들은 서방교회의 인물들인데 직제를 따라 정렬해 있다. 맨 앞줄의 삼중 금관을 쓴 교황들, 그 뒤에 주교들, 그 뒤에 부제들과 사제들이 서 있다. 이들은 모두 붉은색의 옷을 입고 있다. 여기에 몇 사람은 자신들이 순교당한 성물(Attribute)을 가지고 있어서 누구인지 유추할 수 있다. 돌에 맞아 순교당한 성 스테파누스는 돌을 손에 받쳐 들고 있다. 세 교황은 앞에서부터 마르티누스 5세, 가운데 알렉산드로 5세, 그리고 안쪽의 책

읽는 인물은 그레고리 12세인데, 각각 측면의 얼굴, 정면 얼굴, 그리고 3/4의 얼굴로 표현되었다.

　왼쪽 상단에 제단으로 나오는 인물들은 신앙고백을 한 사람들이다. 이들은 푸른 의복을 입고, 손에는 종려나무 가지를 들고 있다. 보라색 의상이 고귀한 신분이나 신성을 상징한다면, 푸른색 의상은 고결한 신앙이나 인격을 상징한다. 오른쪽 상단에 제단으로 나오는 인물들은 처녀로 순교한 성녀들이다. 이들은 모두 머리에 화관을 쓰고 있는데, 앞줄의 네 여인은 그녀들이 가지고 있는 성물을 통해서 누구인지 유추할 수 있다. 안쪽에 어린 양을 치마폭에 안은 여인은 3세기 말에서 4세기 초 무렵에 순교한 것으로 알려진 성녀 아그네스(Agnes), 작은 탑을 받쳐 든 여인은 이교도 아버지에 의해 탑에 갇혔다가 순교한 성녀 바르바라(Barbara), 담비털로 된 공주 의상을 입은 여인은 키프로스 왕의 딸로 로마 황제 막센티우스의 박해 때 순교한 성녀 카타리나(Catharina), 그리고 꽃바구니를 든 여인은 황제 디오클레티아누스 박해 때 순교한 성녀 도로테아(Dorothea)이다. 전설에 따르면, 도로테아가 자신의 변론을 맡았던 테오필루스에게 순교 다음날 천국의 장미꽃과 과일 바구니를 보내어서 테오필루스가 개종했다는 일화가 전해지고 있다.

　그림은 아는 만큼 보인다는 말이 있는데, 그림 속 인물들을 알고서 다시 보면 그림이 보다 감동적으로 다가온다. 생각해 보면, 그림은 아는 만큼 보이기도 하지만, 또한 그 역으로 보는 만큼 알게 되기도 한다. 들여다볼수록 궁금한 것도 생겨나고, 작가의 의도를 가늠해 보게도 되고, 당시의 역사적·사회적 배경도 알게 된다. 무엇인가 알아갈수록 감동도 커져가는 법! 신앙적 감동도 미적 감동도 커져가고, 아울러 믿음의 본을 따라 살고자 하는 열망도 커져간다.

그림의 배경은 또 어떠한가? 그림엔 온갖 식물들로 가득 차 있다. 혹시 에덴동산? 등장하는 식물들은 대개 기독교적이다. 무화과나무는 원죄를 상징하고, 붉은 꽃의 석류나 포도나무는 예수 그리스도의 보혈을 상징한다. 그 외에도 종려나무, 오렌지, 소나무, 단풍나무, 벚나무, 참나무 등 다양한 나무들이 있다. 흰 백합꽃은 마리아의 순결을 상징하고, 보라색 난초는 마리아의 슬픔을 상징한다. 그 외에도 장미, 민들레, 오랑캐꽃, 토끼풀, 은방울 등 다양한 꽃들이 있다. 그런데 흥미로운 것은 이 식물들의 대부분이 지중해성 식물들로서 북유럽인 플랑드르 지방에서는 자라지 않는다는 사실이다. 프랑스 미술사가 샤를 스터링(Charles Sterling)은 이것은 얀 반 에이크가 1428~1429년에 궁정화가로서 필리프 르 봉 공작의 사신으로 공작이 결혼할 포르투갈의 공주의 초상화를 그리기 위해 지중해를 여행할 때 보았던 식물들을 스케치해 두었다가 이 제단화에 그려 넣은 것이라고 주장하였다.[98] 어떻든, 화가 얀 반 에이크가 이 제단화를 통해서 이야기하고 싶었던 것은 지구상의 인류만 아니라 모든 피조물이 시간과 공간을 넘어 어린 양을 경배하기 위해 한자리에 모였다는 것이다(계 5:13). 동산 저 너머로는 15세기 플랑드르 양식의 건축물들이 보이는데, 도시 한 가운데에 솟아 있는 팔각형의 중앙 집중식 건물은 예루살렘을 상징한다. 저 도시는 아우구스티누스가 말한 신의 도성, 나아가 하나님 나라를 떠올리게 한다. 그러고 보니, 에이크가 새 하늘과 새 땅의 하나님 나라를 그린 것이 아닐까라는 생각이 들기도 한다.

십자가 신학: 어린 양께 찬양과 경배

얀 반 에이크의 십자가형을 보면, 예수 그리스도를 매우 높이고 있음을 알 수 있다. 그리고 그것은 겐트 제단화에서 보다 분명하게 드러난다. 예수는 하나님의 유일하신 아들로서 이 세상에 오셔서 인류를 위하여 세상의 모든 죄를 대신 지시고 십자가에 달리신 어린 양 그리스도이시다. 그의 십자가의 죽음은 실패가 아니라 승리이며, 저주가 아니라 사랑이고, 수치가 아니라 영광이다. 그는 인류는 물론 만유로부터 영원히 찬송과 영광과 존귀와 감사를 받으시기에 합당하신 분이시다. 그의 부활이 그의 승리와 영광을 드러내고 있으며, 우리에게도 소망과 승리를 약속한다.

또한 그분은 심판주로서 이 세상에 다시 오신다. 사도행전은 예수가 승천하신 것처럼 재림할 것을 기록하였다. 요한계시록은 십자가에 달리신 어린 양 그리스도께서 하나님과 함께 영광의 보좌에 앉아서 심판하시는 분이심을 노래하고 있다(계 5:11-14, 7:9-12).

• 이 일 후에 내가 보니 각 나라와 족속과 백성과 방언에서 아무도 능히 셀 수 없는 큰 무리가 나와 흰 옷을 입고 손에 종려 가지를 들고 보좌 앞과 어린 양 앞에 서서 큰 소리로 외쳐 이르되 구원하심이 보좌에 앉으신 우리 하나님과 어린 양에게 있도다 하니 모든 천사가 보좌와 장로들과 네 생물의 주위에 서 있다가 보좌 앞에 엎드려 얼굴을 대고 하나님께 경배하여 이르되 아멘 찬송과 영광과 지혜와 감사와 존귀와 권능과 힘이 우리 하나님께 세세토록 있을지어다 아멘 하더라(계 7:9-12)

찬송가 298장 〈속죄하신 구세주를〉은 필립 블리스(Philip P. Bliss,

1838~1876)가 작사한 곡이다. 그는 십자가에 달려 고난당하심으로 우리 죄를 속죄하신 구세주 예수 그리스도를 찬양하였다. 그는 이 찬송시를 써서 가방에 넣고 가지고 다니다가 1876년 12월 26일 전도여행 중 열차 추락사고로 그만 36세의 젊은 나이에 세상을 떠났다. 그래서 그의 친구 제임스 맥그라나한(James McGranahan, 1840~1907)이 그 가사에 곡을 붙였다. 1절의 가사는 다음과 같다.

> ♬ 속죄하신 구세주를 내가 찬송하리라 내게 자유 주시려고 주가 고난당했네.(후렴) 크신 사랑 찬양하리 나의 죄 사하려고 십자가에 죽임당한 나의 주 찬양하리 ♬

십자가에 달리신 예수 그리스도는 진정으로 찬양 받기에 합당하신 분이다. 십자가에서 이루신 그분의 사역은 영원히 찬양받을 일이다. 특히 그의 은혜의 구원을 맛본 사람이라면, 누구나 그의 십자가를 찬양하게 된다. 십자가는 분명히 고난과 수치이다. 그러나 그 부끄러운 십자가가 나를 죄와 마귀와 사망에서 건지셨음을 경험한다면, 영광의 십자가로 찬양할 수밖에 없다. 고난과 저주와 수치의 십자가에 영원한 사랑과 구원과 영광이 담겨 있다. 오늘도 우리를 위하여 십자가에서 죽임당한 어린 양 예수 그리스도에게 찬양과 영광을!

Masaccio, Trinity, 1425~1428, Fresco, 640×317cm, Santa Maria Novella,
Florence

9
마사초의 <삼위일체>

마사초의 원근법

이 그림은 마사초가 프레스코로 그린 〈삼위일체〉(Trinity, 1425~1428)라는 작품이다. 이 그림은 미술사뿐 아니라 인류의 문명사에서 획을 그은 유명한 작품이다. 이 그림은 르네상스 시대의 문을 본격적으로 연 작품으로 평가받고 있는데, 그 이유는 바로 원근법(遠近法) 때문이다. 최초로 원근법이 그림에 확실하게 반영되었다. 그림에 사용된 이 기법 때문에 오히려 그림에 담겨진 내용이 묻혔을 정도이다. 그럼, 이 그림은 무엇을 말하고자 하는가? 그림의 제목인 삼위일체란 무엇이며, 그것은 그림 속에서 어떻게 표현되었는가? 또 아래에 있는 사람들은 누구인가?

마사초(Tommaso di Giovanni di Simone Guidi, 1401~1428)는 흔히 15세기 르네상스 회화의 창시자로 불리기도 한다. 그는 형상을 사실적으로 보이게 하기 위해서 입체적으로 표현하고자 하였다. 그는 빛과 색조의 효과를 이용한 최초의 화가이며, 원근법을 프레스코에 사용한 최초의 화가이다. 마사초(Masaccio)라는 이름의 뜻은 '어줍은 톰'이라는 뜻이다. 이 이름은 그가 피렌체 장인 조합에 가입했을 때, 마치 어린 아이같이 세상 물정에 너무 어두워서 사람들이 그에게 붙여준 별명이었다. 순진하게 오직 그림에만 전념하였던 사람 마사초! 사실 어느 시대나 어떤 분야나 이런 사람이 필요하다.

이 그림에 사용된 원근법은 흔히 '선원근법(線遠近法)' 또는 '투시원근법(透視遠近法)'이라고 불리는 것이다. 그림이나 설계도에서 대상물을 입체적으로 표현하기 위하여 물체를 투시하여 그은 선들이 만나는 점을 소실점(消失點, Vanishing point)이라고 한다. 투시원근법과 소실점을 발견한 사람은 1410년경 피렌체의 건축가 필리포 브루넬레스키(Filippo Brunelleschi, 1377~1446)였다. 이후로 15~16세기의 르네상스 화가나 건축가들은 이 투시원근법을 중요하게 사용하였다.

이 그림은 관람자가 그림 앞에 서서 바라보았을 때, 전체 작품이 입체적으로 보이도록 구성하였다. 이 그림은 분명히 2차원의 평면에 작업한 것인데, 마치 3차원의 입체적인 작품으로 보인다. 소실점으로부터 사물들의 각기 다른 길이가 보는 이로 하여금 사물들 사이의 공간감과 입체감을 느끼게 하기 때문이다.

그림 상단 중앙에는 십자가에 달린 예수 그리스도가 위치하고 있다. 십자가의 형태와 십자가에 달린 예수의 몸은 거의 일체감을 이룬다. 예수의 몸의 형태만으로도 이미 십자가 형상이다. 14세기의 작품들에서 예수의 양팔이 Y자 모양으로 축 늘어져서 십자가에서 힘겹게 몸을 지탱하고 있는 예수의 고통을 표현하였다면, 이 작품에서 예수의 양 팔은 십자가의 횡대와 일직선으로 거의 팽팽하게 있어 예수의 신성을 담고 있다. 이 그림에서 예수는 수동적이고 소극적이라기보다 오히려 능동적이고 적극적이다. 그리고 십자가에 달린 예수의 머리에는 후광이 드리워져 있다.

마사초의 십자가형

마사초는 1426년경 예수 그리스도의 십자가형(Crucifixion)을 그렸다. 십자가형 그림은 본래 피사의 산타 마리아 카르미네(Carmine) 성당을 위한 다폭 제단화(Polyptych)의 꼭대기 장식이었다. 따라서 크기가 작다. 거대한 크기의 〈삼위일체〉와 비교해 보면 매우 작다. 그러나 구조와 형식과 표현에서는 거의 같다. 그도 그럴 것이 두 작품은 1425~1428년경 거의 같은 시기에 제작되었다. 어쩌면 마사초는 이 두 작품을 동시에 작업하였을 수도 있다. 여기서 잠깐 마사초의 〈십자가형〉 그림을 살펴보자.

Masaccio, Crucifixion, c. 1426, Panel, 83×63cm, Museo Nazionale di Capodimonte, Naples

그림은 고딕 전통을 따라 노란색을 배경으로 하고 있다. 그림의 한가운데에 성자 예수 그리스도가 십자가에 달려 있다. 예수의 형상과 포즈 그리고 걸치고 있는 하의도 〈삼위일체〉와 거의 같다. 다만, 〈삼위일체〉에 비해 십자가에 달린 예수의 양 팔이 약간 쳐져 있다. 〈삼위일체〉에서의 예수에 비해 고난의 느낌이다. 예수의 얼굴은 정면을 향하고 있는데, 약간 고개를 떨군 것이 발아래 여인을 내려다보는 듯하다. 십자가 위 예수의 얼굴은 거룩하고 인자한 표정으로 지상의 불쌍한 영혼들을 향하고 있다.

십자가 아래 양 옆에는 성모 마리아와 사도 요한이 위치하여 애도와 경건의 포즈를 취하고 있다. 왼쪽에 사도 요한은 짙푸른 옷을 입고 있고, 오른쪽에 성모 마리아가 붉은 옷을 입고 있다. 기독교 미술에서 푸른색과 붉은색은 전통적으로 성인의 색이다. 이 색상은 예수 그리스도를 비롯하여 성모 마리아, 사도 요한, 그리고 여러 성인들을 표현할 때 주로 그들이 입고 있는 의상에 사용하였던 것이다. 십자가 아래 예수의 발아래에는 한 여인이 있다. 그녀는 누구일까? 앞서 이미 여러 번 보았듯이 그녀는 막달라 마리아다. 그녀는 주황색 옷을 입고 있으며, 무엇보다 머리털을 강조하여 노란색 머리털이 길고 화려하게 펼쳐져 있다. 그녀는 십자가에 달리신 성자 그리스도를 향하여 두 손을 들고 있는데, 이것은 은총에 대한 간구, 구원에 대한 찬송, 주님에 대한 헌신의 의미를 담고 있다. 이것은 십자가 아래에 엎드린 모든 영혼들의 자세이다. 십자가에 달린 예수 그리스도를 포함하여 그림에 등장하는 인물 4명 모두 머리에 노란 후광이 드리워져 있다.

다시 삼위일체 그림으로 돌아가자. 십자가에 달린 예수의 머리 위에 하얀 비둘기가 있다. 성서와 기독교 전통에서 비둘기는 성령을 가리킨다. 복음서에 따르면, 예수가 공생애를 시작할 때 요단강에서 세례 요한으로부터 세례를 받았는데, 예수가 요단강 물에 들어갔다가 올라올 때 하늘이 갈라져 성령이 비둘기 같이 내려오고 하늘로부터는 이는 내 사랑하는 아들이라는 하나님의 음성이 들렸다(마 3:13-17,

막 1:9-11, 눅 3:21-22, 요 1:32). 예수의 전 생애에 걸쳐 성령이 항상 함께하였는데, 성서에서 예수의 세례 장면보다 더 분명하게 성부와 성자와 성령의 세 위격이 구체적으로 표현된 곳이 없다. 이 세례 사건은 성서에서 삼위일체 세 위격이 함께 등장하여 회화적 표현이 비교적 가능한 역사적 사건이다.

• 예수께서 세례를 받으시고 곧 물에서 올라오실 새 하늘이 열리고 하나님의 성령이 비둘기 같이 내려 자기 위에 임하심을 보시더니 하늘로부터 소리가 있어 말씀하시되 이는 내 사랑하는 아들이요 내 기뻐하는 자라 하시니라(마 3:16-17)

그림에서 십자가에 달린 예수 그리스도와 비둘기 위로 성부 하나님이 보인다. 성부 하나님의 양손은 예수가 못 박힌 십자가와 함께 예수의 양팔을 들어 올려주고 있다. 이것은 성부 하나님이 성자 예수 그리스도의 십자가의 사건에 관여하고 있음을 의미한다. 성부 하나님은 성자 예수의 십자가의 죽음을 모르시는 분이 아니고, 십자가의 사건에 개입하지 않는 분도 아니다. 오히려 그 반대이다. 성부 하나님은 성자 예수의 십자가의 사건을 양손으로 지켜주고 계셨던 것이다. 마치 출애굽 후 이스라엘이 아말렉과 싸울 때 아론과 훌이 모세의 양팔을 들어 올려 승리의 역사를 이루었던 것처럼, 성부 하나님이 구속의 역사를 이루도록 성자 예수의 양팔을 받들어 주고 있다(출 17:8-16). 성부 하나님은 지극한 사랑의 표정으로 십자가에 달린 성자 예수 그리스도를 내려다보고 있는데, 이 시선은 또한 십자가 아래의 인물들과 이 그림을 관람하는 모든 이들을 내려다보는 것이기도 하다. 이 그림에서 성모 마리아와 사도 요한의 머리에도 후광이 드리워져 있다.

그림의 조금 더 아래, 아치형 개선문 밖 좌우에 또 다시 한 쌍이 남녀가 있다. 두 사람은 위에 있는 성모 마리아와 사도 요한의 의상 색과 보색의 대비를 이루어 그림 왼쪽 하단의 남자가 붉은색 옷을, 오른쪽 하단의 여자가 푸른색 옷을 입고 있다. 두 사람은 무릎을 꿇고 손을 모으고 경건하게 기도하는 자세를 취하고 있다. 이 사람들은 누구일까? 이 두 사람이 바로 이 그림을 봉헌한 부부이다. 흥미로운 점은 마사초가 이 두 봉헌자를 상단부에서 삼위일체의 천상 세계와 철저히 구별하여 바깥에 배치하고 있다는 사실이다. 마사초는 성서 속의 신성한 인물들과 현실의 경건한 인물들 대비시켰다.[99]

여기서 우리의 시야를 그림의 하단으로 조금 더 확장해서 볼 필요가 있다. 이 프레스코는 높이가 약 6.7m에 이르는데, 삼위일체 그림 아래에는 글과 함께 인간의 해골이 뉘여 있는 그림이 더 있다. 이 해골이 누구의 것인지는 확실치 않지만, 전통적으로는 성서에서 최초의 인간인 아담의 것이라고 일컬어져 왔다. 왜냐하면 아담은 최초의 인간일 뿐 아니라 모든 인간의 원형이며 대표이기 때문이다. 역사적으로 아담을 통하여 이 세상에 죽음이 들어왔다. 죽음을 의미하는 해골과 해골 위의 문구는 지상에 존재하는 모든 인간의 운명이다. 인간은 피조물이지 결코 창조주가 아니다. 인간은 피조물이기에 모든 면에서 유한한 존재이다. 시간을 거스를 수도 없을 뿐만 아니라 누구나 다 죽음을 향하여 치닫고 있다.

　만약 성당에 들어와 이 그림을 본다면, 보는 이의 눈높이는 아마
도 상단부와 하단부의 경계선쯤에 머무를 것이다. 그림 하단의 석관
은 유한한 실존으로서의 인간에게 보다 현실적인 메시지를 전해 준
다. 그것은 메멘토 모리(Memento mori), 곧 죽음을 기억하라는 것이다.
그림 하단 석관에는 해골 모양의 사람의 시신이 뉘어져 있고 그 위
에 이탈리아어로 다음과 같은 글이 적혀 있다. IO FU' GIA QUEL
CHE VOI SETE, E QUEL CH'I' SON VOI ANCO SARETE. 보
다 알아보기 쉽게 정서하면 IO FUI GIA QUEL CHE VOI SIETE E
QUEL CH'IO SONO VOI ANCOR SARETE 이다. 글의 내용은
"나도 한 때는 지금의 당신과 같았고, 당신도 언젠가 지금의 나와 같
게 될 것이다(What you are, I once was and what I am, You will become)."라는
것이다. 이것은 인간의 운명과 한계를 분명히 알려주고 있다. 인간은
한낱 피조물로서 유한한 존재이다. 언젠가는 반드시 죽을 수밖에 없
는 존재이다(Being mortal). 이 석관의 글과 해골 그림은 인간이 항상 죽
음을 의식하며 살아야 할 것을 시사하고 있다(Memento mori). 이것을
위의 삼위일체 그림과 관련지어 생각해 보면, 이 그림은 보는 이들에
게 상단의 거룩한 삼위일체 하나님에게 감사와 영광을 돌리고, 하단

의 죽을 운명의 인간을 바라보며 곧 자기 자신을 생각하여 겸손과 순종을 되새기게 한다. 그래서 박성국은 이 그림이 제단화가 아니라 오히려 묘비일 것이라고 추정하였다.[100]

삼위일체에 대하여

이 그림의 제목은 삼위일체(Trinity)이다. 그럼, 삼위일체란 무엇인가?[101] 삼위일체란 기독교의 하나님을 지칭하는 말이다. 종종 기독교를 일신교로 오해하는 사람들이 있다. 칼 라너(Karl Rahner)가 지적대로 기독교인조차 일신론적으로 신앙생활을 하고 있다.[102] 그러나 기독교는 유대교나 이슬람교와 달리 일신론을 믿는 것이 아니라 삼위일체 하나님을 믿는다. 기독교의 고유한 신론은 삼위일체론이다. 달리말해 기독교의 정체성이 바로 삼위일체 신앙에 있다고 할 것이다. 성서에 삼위일체라는 단어가 기록되어 있는 것은 아니지만, 성서 전체가 삼위일체 하나님을 증언하고 있다. 기독교 신학이란 이 삼위일체 하나님의 존재와 사역과 비전에 대한 증언과 송축과 실천적 진술이라 할 것이다.

기독교는 역사적으로 나사렛에 실존하였던 예수가 우리를 위하여 이 땅에 오셔서 우리의 죄를 대신하여 십자가에 달려 죽으시고 사흘만에 부활하신 구세주 그리스도라고 믿고 따르는 종교이다. 기독교 초기부터 가장 기본적이면서도 중요한 질문이 제기되었다. 예수가 그리스도라면, 예수는 구약에서 만물을 창조하시고 역사를 주관하시는 하나님과 어떤 관계인가? 이 질문은 단순히 신학적 호기심에서 제기된 것이 아니라 바로 거기에 기독교의 구원, 나아가 기독교의 정체성이 걸려 있기 때문에 필연적으로 제기될 수밖에 없었던 것이다. 만약 예수가 인간이라고 한다면, 설령 의인이었다고 하더라도 그의 죽음이 온 인류의 죄를 사하고 인류를 구원할 수는 없을 것이다. 만약 예수가 구약의 하나님과 동일한 존재라고 한다면, 예수가 아버지라고 부르고 기도하였던 하나님은 결국 자기 자신이 되고 말 것이다.

알렉산드리아의 아리우스(Arius, 250~336)는 하나님의 유일성을 강조하여서 그리스도를 피조물 중 최초의 가장 완전한 피조물이라고 주장하였다(종속론). 로마의 사벨리우스(Sabellius, ? ~ c. 260)는 하나님의 유일성을 강조하여서 한 분 하나님이 세 가지 양태로 자신을 세 번 달리 계시하신 것이라고 주장하였다(양태론). 이에 교회는 325년 니케아에서 제1차 공의회로 모여서 이 문제를 논의하게 되었는데, 이때에 아타나시우스(Athanasius, 295~373)가 나타나서 성부 하나님과 성자 예수 그리스도의 동일본질(Homoousios, One substance)을 주장하였다. 곧 성부 하나님과 성자 그리스도가 본질상 동일하다는 것이다. 따라서 종속론이나 양태론은 모두 이단으로 규정되었다.

• 나와 아버지는 하나이니라 하신대(요 10:30)
• 그는 근본 하나님의 본체시나 하나님과 동등됨을 취할 것으로 여기지 아니하시고 오히려 자기를 비워 종의 형체를 가지사 사람들과 같이 되셨고 사람의 모양으로 나타나사 자기를 낮추시고 죽기까지 복종하셨으니 곧 십자가에 죽으심이라(빌 2:6-8)

성부와 성자의 동일본질에 관해서는 제1차 니케아 공의회에서 결정하였으나, 또 다른 신학적 문제가 남아있었다. 성도의 신앙과 교회의 선교 현장에서 실제로 일어나고 있는 성령의 역사에 대해서 성령은 또 누구이며, 성령은 성부와 성자와 어떤 관계에 있는지 질문할 수밖에 없었다. 이 역시 신학적 호기심이 아니라 기독교의 구원과 신앙과 선교에 직접적으로 연결되어있는 문제였다. 아타나시우스는 성령도 일찍이 동일본질이라고 주장하였는데, 이 문제에 관하여서는 카파도키아의 세 교부들(카파도키아의 바실리우스, 나지안주스의 그레고리우스, 니사의 그레고리우스)이 주도적으로 성부와 성자와 성령의 동일본질을 주장하였다.[103] 381년, 콘스탄티노플에서 제2차 공의회가 열렸는데, 여기서 교회는 성부와 성자와 성령이 하나임을 재확인하고 삼위일체 신앙을 고백하였다.

이후로 정통 기독교는 지금까지 삼위일체 하나님을 믿고 고백하고 있다. 아우구스티누스는 435년에 『삼위일체론』(De Trinitate)을 저술하였는데,[104] 그는 여기서 성서로부터 삼위일체에 대한 이해를 서술하기 시작하여 인간 안에 있는 삼위일체의 흔적을 서술하였다. 서방교회는 성령의 출원(Processions)에 관하여서 성부로부터 출원한다는 구절에 '그리고 아들로부터(filioque)'라는 문구를 삽입하여 '아버지와 그리고 아들로부터(ex patre filioque)'라고 고백하였는데, 이것은 1054년 동방교회와 서방교회가 분리될 때 하나의 신학적 논쟁점이 되기도 하였다.

삼위일체는 기독교의 정통적인 신론이며 신앙고백이다. 삼위일체론은 내용의 난해함과 실천적 어려움으로 인해 오랫동안 사변적 교리에 머물러 있었으나, 초대교회 때부터 삼위일체는 예배와 세례와 찬송과 신앙고백의 기본 내용이었다. 이 난해하고 추상적인 교리를 그림으로 그려내는 것은 더더욱 어렵고 곤란한 일이었다. 예수는 역사적 실존 인물이어서 그림으로 표현하는데 상대적으로 유리할 수 있었다. 예수의 십자가형 그림 또한 우상금지와 신성모독이라는 우려 속에 시각화하는 데 오랜 세월이 걸렸는데, 보이지 않는 성부 하나님과 성령을 그림으로 표현하는 것은 심히 난해하고 난처한 일이었다. 그런데, 마사초가 삼위일체를 그렸다. 신앙이란 것이 본디 보이지 않는 하나님을 믿고 따르는 것인데, 보이지 않는 것을 어떻게라도 보이게 하고자 하는 것이 신학 작업이라 할 것이다.

지난 세기 말 오랫동안 사변적인 교리로 취급되던 삼위일체론에 갑자기 폭발적인 관심이 일어났다. 소위 '삼위일체 르네상스 (Trinitarian Renaissance)'라 불릴만하다.[105] 신학자마다 삼위일체를 기본으로 다루게 되었다. 삼위일체는 기독교의 고유한 신론이며, 기독교의 구원의 총화이다. 삼위일체는 하나의 교리를 넘어서 기독교의 존재론이 되었고, 신학의 방법론이 되었고, 모든 신학적 주제를 다루는 틀이 되었고, 또한 교회와 사회의 현실적 모델이 되었다.[106]

마사초는 성부와 성자와 성령을 함께 그렸는데, 눈에 확연히 드러나는 사실 하나는 위에서부터 성부와 성령과 성자가 위치하고 있다는 것이다. 보는 이들에게 눈에 들어오는 것은 사람의 모양으로 표현된 성부 하나님과 성자 예수 그리스도이다. 그리고 성령은 비둘기로 표현되어 상대적으로 약하게 표현되었다. 서방교회 전통은 성령을 성부의 영이며 동시에 성자의 영으로서 둘 사이를 연결하는 본드 (Bond) 또는 밴드(Band)로서 역사하고 있음을 강조한다. 그래서 필리오케 논쟁이 보여주듯이 서방교회에서 성령은 성부와 그리고 또한 성자로부터 출원한다.

루블료프의 〈성 삼위일체〉

이에 비해 동방교회 전통에서 성령은 훨씬 더 주체적이다. 동방교회는 필리오케 논쟁에 있어서 동서방교회의 분열 이전의 입장을 고수하였다. 동방교회에서 그린 대표적인 삼위일체 이콘(Icon)이 있다. 그것은 안드레이 루블료프(Andrey Rublyov, c. 1360~1430)가 1411년경에 그린 〈성 삼위일체〉(Holy Trinity)이다. 이것은 마사초가 1425~1428년경에 그린 〈삼위일체〉와 거의 동시대의 것으로 미술사학적으로나 신학적으로 비교할만하다.

지난 세기 최고의 삼위일체 신학자 몰트만(Jürgen Moltmann)은 1980

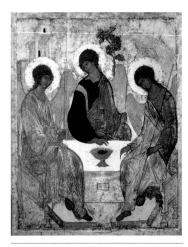

Rublyov, Holy Trinity, c. 1411, Egg tempera on wood, 142×114cm, State Tretyakov Gallery, Moscow

년에 그의 명저 『삼위일체와 하나님 나라』(Trinität und Reich Gottes)를 저술할 때, 루블료프의 삼위일체 그림을 묵상하며 글을 썼다고 고백한 바 있다.[107] 그림은 종종 영감을 준다. 이 책의 제목처럼 그림에는 신학이 묻어 있다. 옛날 기독교 미술 작가들은 성서와 교리와 기독교 문화를 나름대로 해석하여 작품을 제작하였다. 성서화가는 개인적으로나 공동체적으로 성서를 해석하여 그림을 그렸다. 그러므로 조금 심하게 말하면, 기독교 미술 작가는 이미 신학자라 할 수 있다.

루블료프의 그림에서 성부와 성자와 성령은 모두 다 인간의 형상으로 표현되었다. 서방전통에서 성령이 비둘기로 표현된 것에 비해, 동방교회에서는 성부와 성자와 동등하게 인격체로 표현되었다. 세 위격의 주체성과 인격성이 강조된 느낌이다. 세 인물의 머리에는 후광이 드리워져 있다. 그리고 동방교회의 비잔틴 전통에 따라 노란 황금색이 기본 바탕으로 되어 있다. 식탁 위에 놓인 잔은 예수 그리스도께서 십자가에 달려 흘리신 대속의 보혈을 상징한다. 식탁에 놓인 것이 보기에 따라 잔이 아니라 그릇이라고도 볼 수 있다. 만약 그렇다면, 그 안에는 아마도 십자가에 달린 예수 그리스도를 상징하는 양고기가 담겼을 것이다.

그럼, 누가 성부이고 누가 성자일까? 식탁 가운데 앉아 계신 분이 성자 예수 그리스도이다. 그의 손은 식탁에 놓인 잔을 향하고 있는데, 두 손가락을 펼치고 있다. 성자의 신성과 인성을 상징한다. 그러고 보니 걸친 의상도 붉은 갈색과 푸른색이다. 성자의 얼굴이 왼쪽을 향하고 있다. 성자와 대화를 나누는 왼쪽에 계신 분이 성부 하나님이다. 그는 붉은 옷을 입고 있으며, 손을 들어 성자를 격려하며 축복하고 있다. 성부의 맞은 편, 곧 그림의 오른쪽에는 녹색 옷을 입은 성령이 있다. 성령의 손은 식탁 전면에 중앙에 작은 사각형 통로를 가리키는데, 이것은 천국으로 가는 좁은 길을 의미한다고 한다.[108]

그림에서 무엇보다 중요한 것은 세 신적 인물이 식탁에 둘러앉아서 서로 대화를 나누는 장면을 연출하고 있다는 것이다. 식탁의 교제, 사랑의 친교의 장면이다. 세 인물은 모두 한 손에 신적 권위를 상징하는 지팡이를 쥐고 있다. 성부와 성자와 성령은 차등이나 차별이 없다. 세 분은 모두 동등하며, 서로 사랑 가운데 존재하고, 서로 사랑 가운데 행하신다. 마사초의 그림이 성자 예수 그리스도의 경륜적 십자가 사건을 중심으로 삼위일체를 표현하였다고 한다면, 루블료프의 그림은 성부와 성자와 성령의 내재적 사랑의 관계를 중심으로 삼위일체를 표현한 것 같다.[109]

다시 마사초의 삼위일체 그림으로 돌아가 보자. 이 그림에서 삼위일체를 2차원의 평면으로 말하면 성자 예수 위에 성령, 성령 위에 성부 하나님이 위치한다. 그러나 원근법으로 인해 3차원적으로 말하면, 평면적으로 위(上位)는 물론 입체적으로 뒤(背後)에 위치하는 것으로도 볼 수 있다. 성자 예수 뒤에 성령, 성령 뒤에 성부 하나님이 위치한다. 이것을 서방교회 전통이라고 해서 성부와 성자와 성령의 고정된 순서만을 보아서는 곤란하다. 원근법에 따라서 본다면 성부와 성자와 성령이 현실에서 드러나는 입체적인 층이 다름을 고려하여야 할 것이다.

마사초의 삼위일체를 보면서, 삼위일체에 관한 수많은 논쟁이 어쩌면 3차원, 아니 그 이상의 다차원적인 하나님을 계속해서 2차원적인 인간의 사고와 표현의 지평에서 해명하고 표현하려다 보니 불가피하게 생겨난 현상이나 과정이라고 할 수 있다. 교회 현장에서 성도들은 어떻게 하나가 셋이고, 셋이 하나일 수 있냐고 계속하여 질문한다. 그러나 기독교의 정통 교회와 신학은 단 한 번도 세 위격을 표현하는 단위와 한 본질을 표현하는 단위를 동일하게 사용한 적이 없음을 주목해야 한다. 성부와 성자와 성령은 하나이시다. 그리고 삼위일체에 관한 이해는 개념이나 이론이 아니라 언제나 예수 그리스도의 십자가 사건으로부터 출발하여야 한다. 왜냐하면 삼위일체 하나님은 십자가에서 자기 자신을 계시하셨고, 구원의 역사를 이루셨기 때문이다. 삼위일체 하나님은 십자가에서 그의 존재와 사랑과 능력을 확증하셨다.

삼위일체 도상학

초기 기독교에서는 유대 전통을 따라 하나님에 관한 모든 형상화를 반대하였다. 하나님을 형상화하는 일은 신앙적으로 용납하기 어려운 일인 동시에 기술적으로도 표현하기 어려운 일이었다. 앞서 소개한 대로 예수 그리스도의 십자가형을 형상화하는 데에도 오랜 세월이 걸려야 했다. 실제로 일어난 역사적 사건이었던 십자가형도 그림으로 표현하기에 어려웠는데, 보이지 않는 신비한 개념인 삼위일체를 시각화하는 것은 정말로 어려운 일이었다. 신앙이라는 것이 본디 보이지 않는 것인데, 그것을 형상화하는 것은 결코 쉽지 않은 일이다. 그리고 설령 그렇게 시각화 내지 형상화하였다 할지라도 그것은 매우 부분적이고 제한적인 것일 수밖에 없다.

삼위일체(Trinitas)라는 용어를 처음 사용한 사람은 터툴리아누스(Tertullianus, 160~220)였다. 그는 성부와 성자와 성령의 세 위격(Tres Personae)은 하나의 본질(Una Substantia)이라는 의미로 이 단어를 사용하였다. 아타나시우스(Athanasius, 295-373)는 니케아 제1차 공의회에서 삼위일체를 주장하였다. 그는 아리우스주의에 대항하여 성부 하나님과 성자 그리스도를 동일본질(Homoousios, One substance)이라고 주장하였고, 나아가 성령 또한 성부 하나님과 동질이라고 주장하여 삼위일체론을 정립하였다. 이렇게 하여 기독교의 고유한 신관인 삼위일체론이 정립되었으나 이를 논리적으로 이해하거나 설명하기란 쉽지 않다.

이 어려운 개념을 이해하는 것도 어려운 일인데, 이 개념을 그림으로 시각화하거나 모형으로 형상화하는 일은 더더욱 어려운 일이었다. 그것은 지금도 마찬가지이다. 개념의 시각화는 개념의 극소의 일부분만 표현할 뿐, 그 외의 다량의 다양한 부분은 날려버린다. 표현된 일부분 또한 시각적으로 제한함으로써 그 이상의 생각을 막아버린다.

여기서 삼위일체 그림의 역사를 잠시 살펴보고자 한다. 도상학(圖像學, Iconography)이 기독교 미술에 등장하는 도상들을 체계적으로 분류하는 작업이라면, 도상해석학(圖像解釋學, Iconology)은 그 표현에 대한 해석과 함께 담겨져 있는 의미를 추적하는 작업이다. 같은 주제의 여러 그림을 역사적으로나 단면적으로나 함께 비교하는 일은 매우 흥미로운 작업이다. 이러한 비교도상해석학으로 예술적 표현이나 시대적 배경 뿐 아니라 신학적 변화나 신학적 강조를 찾아볼 수 있다. 역사적으로 담겨 있는 신학이 다를 수 있고, 학자나 학파마다 신학의 강조점이 다를 수 있다.

삼위일체와 관련하여 유의미한 첫 번째 작품은 안토니오 다 아트리(Antonio da Atri, c. 1350~1433)가 1400년경에 그린 〈세 얼굴을 가진 삼위일체〉(Trinity with Three Faces)이다. 안토니오 다 아트리는 1397년 라퀼라에서 그의 고향 아트리로 돌아왔다. 그는 아트리에서 대성당의 여러 프레스코를 그렸는데, 이 작품은 그 중의 하나이다. 그림은 세 개의 얼굴을 가진 한 몸의 신적 존재를 표현하고 있다. 하나의 얼굴은 정면을 바라보고 있고 좌우의 얼굴들은 옆을 바라보고 있는데, 세 얼굴에 모두 다 후광이 드리워져 있어서 세 존재가 모두 신적 존재임을 암시하고 있다. 그런데 몸은 하나이다. 그는 왼손에 성서를 들고, 오른손을 들어 강복을 하고 있다.

Antonio da Atri, Trinity with Three Faces, c.1400, Fresco, Duomo, Atri

이 그림은 매우 단순하고 다소 유치하기도 하다. 얼굴은 셋인데, 손은 둘이고 몸은 하나이다. 따라서 이 그림만으로 삼위일체를 이해하고자 한다면, 오해할 소지가 다분하다. 터툴리아누스는 삼위일체 하나님을 '세 위격－하나의 본질(Tres Personae-Una Substantia)'로 소개하였다. 페르소나(Persona)란 오늘날 개인 또는 인격을 의미하는 영어 person의 어원으로서, 본래 옛날 로마에서 연극에 등장하는 배우가 사용하던 가면을 가리켰던 단어이다. 세 개의 가면은 자칫 안의 본질을 숨긴 채 겉으로 드러난 거짓의 표현들로 오해될 수 있다. 그러나 삼위일체의 세 위격은 참되고 고유한 인격체이다. 이 삼위일체 그림은 오해의 소지가 있지만, 그럼에도 불구하고 삼위일체를 어떻게든 시각화하려고 하였던 시도라는 데에 그 의의가 있다. 삼위일체가 인간의 지식으로 이해하는데 한계가 있고, 인간의 언어로 표현하는데 제약이 있는데, 미술 작업에서는 더더욱 많은 한계와 제약을 경험하게 된다.

그 다음, 삼위일체 도상학에서 역사적으로, 신학적으로 중요한 두 작품이 바로 앞서 살펴본 루블료프의 〈성 삼위일체〉(c. 1411)와 마사초의 〈삼위일체〉(1425~1428)이다.

다음 그림은 안드레아 델 카스타뇨(Andrea del Castagno, 1423~1457)가 1453년경에 그린 〈성 삼위일체, 성 제롬과 두 성인들〉(The Holy Trinity, St. Jerome and Two Saints)이다. 그는 산티시마 아눈치아타(Santissima Annunziata)에 있는 코르볼리 예배당(Corboli chapel) 벽에 성 제롬을 르네상스 양식의 금욕적인 수도사로 표현하였다. 그 성인은 인간적이면서도 신비적이다. 상단부 삼위일체에 상응하여 하단부에 세 인물을 그렸는데, 삼위일체가 상하 수직으로 위치한데 비해 세 성인은 좌우 수평으로 늘어서 삼위일체를 경배하고 있다. 가운데 인물이 성 제롬이다. 고행으로 헤어진 옷과 오른손에 든 돌과 뒤에 둘러 선 사자는 성 제

Andrea del Castagno, The Holy Trinity, St. Jerome and Two Saints, c. 1453, Fresco, Santissima Annunziata, Florence

롬의 성물(聖物)이다.

　이렇게 성 제롬을 부각시키다보니 정작 삼위일체에 대한 표현은 중앙 상단부에 상당히 단축시키게 되었다(Foreshortening). 삼위일체 하나님은 예수 그리스도의 십자가형 사건을 중심으로 압축 표현되었다. 제일 위에 성부 하나님, 중간에 비둘기로 상징된 성령, 그리고 그 아래에 십자가에 달리신 예수 그리스도가 아래를 굽어보는 형태이다. 그리고 삼위일체 하나님을 바라보는 화가의 시각도 위에서 굽어보는 형태이다. 여기서 눈여겨 볼 것은 삼위일체의 위치가 위로부터 성부-성령-성자의 순서라고 하는 것과 성부 하나님의 손이 십자가에 달린 예수의 손을 받치고 있고, 비둘기 성령이 십자가에 달린 예수의 머리 위에 있다는 것이다. 이것은 십자가를 중심으로 성삼위일체를 표현하는 서양 기독교미술의 도상학적 전형을 따른 것이다.

　성 삼위일체를 주제로 한 그림이 역사적으로 많지는 않지만, 그렇다고 해서 십자가형을 주제로 한 그림을 살펴보는 이 책에서 그 모든 것을 다 다루기는 쉽지 않을 듯하다. 그래서 미술사신학의 관점에서 중요한 몇 작품만 조금 더 짚어보고자 한다.

　베카푸미(Domenico Beccafumi, c. 1486~1551)가 1513년에 그린 〈삼위일체〉가 있다. 이것은 한 세기 전에 마사초가 그린 삼위일체의 구조를 거의 그대로 따르고 있는데, 세부적으로 보다 섬세하게 묘사되었고 세련되게 채색되었다. 마사초가 단순하게 처리하였던 것을 베카푸미는 보다 풍성하게 표현하였다. 성부 하나님의 뒤에는 단순한 후광 너머 하늘을 배경으로 웅장한 영광을 드러내고 있다. 삼위일체

주위로 천사들의 찬양과 경배가
표현되어 있다.

이 그림에서 단연 압권인 것은
성부 하나님의 손에 대한 묘사이
다. 마사초의 그림보다 이 그림
은 훨씬 더 적나라하고 직접적이
다. 이후의 다른 그림보다도 선
구적으로 앞서 있다. 다른 그림
에선 대개 성부 하나님이 성자

Beccafumi, Trinity(detail), 1513, Oil on wood,
Pinacoteca Nazionale, Siena

예수 그리스도의 십자가를 붙들거나 받쳐주는 손동작인데 비해, 이
그림에선 마치 성자의 손에 성부의 손이 함께 박혀있다시피 할 정도
로 겹쳐있다. 분명 성부의 손은 성자가 못 박힌 손을 감싸지듯 십자
가 뒤에서 붙들어 주고 있다. 그런데, 그 위치와 모양이 흡사 예수의
손과 함께 십자가에 못 박힌 듯하다. 십자가의 고난은 성자 예수만의
것이 아니다. 물리적으로는 예수가 손에 못이 박혔지만, 영적으로는
성부와 성령이 함께 그 고난과 구원의 사역에 동참하고 있는 것이다.
바울 자신이 그리스도와 함께 십자가에 못 박혔다고 고백하였는데,
그 고백은 또한 우리의 고백이 되어야 한다(갈 2:20). 우리가 예수 그리
스도를 믿는다면, 그 삶은 또한 예수 그리스도의 십자가에 우리 자신
을 함께 못 박으며 살아가는 삶이다(갈 5:24, 6:14).

다음으로 중요한 삼위일체 그림은 뒤러(Albrecht Dürer, 1471~1528)가
그린 〈성 삼위일체의 경배〉(The Adoration of the Holy Trinity, 1511)이다. 이 작
품은 부유한 상인 마태우스 란다우어(Matthäus Landauer)가 12명의 가난

한 기능공들 위하여 기부한 〈열 두 형제의 집〉(The Twelve-Brothers House)
의 예배당을 위해 제작 의뢰한 것이었다. 그래서 일명 '란다우어 제
단화(Landauer altarpiece)'라고도 불린다. 이 작품도 성자 예수 그리스도
의 십자가 사건을 기본 모티브로
삼고 있다. 성부 하나님이 십자
가에 달린 성자 예수 그리스도를
붙들어 주고 있다. 다만 마사초
의 〈삼위일체〉와 달리 성부 위에
성령이 비둘기의 형체로 위치하
고 있다. 위로부터 보면 성령-성
부-성자의 순서이다.

Dürer, The Adoration of the Trinity, 1511, Oil on
lindenwood, 135×123.4cm, Kunsthistorisches
Museum, Vienna

그리고 그림의 제목답게 수많
은 경배의 무리들이 등장하고 있다. 삼위일체의 기본 출발과 성격은
이해나 표현이 아니라 하나님께 대한 경배와 찬송이다. 천상에선 천
사들이 삼위일체께 경배하고 있다, 오른쪽에는 세례 요한이 이끄는
구약의 인물들이 삼위일체께 경배하고, 왼쪽에는 마리아가 이끄는
순교자 무리들이 종려나무 가지를 들고 경배하고 있다. 그림 아래에
는 생존하는 많은 무리들이 나아와 삼위일체 하나님께 경배를 돌리
고 있는데, 이들을 푸른 티아라를 쓴 교황과 금색 왕관을 쓴 황제가
이끌고 있다. 그림 왼쪽에 추기경의 손이 닿은 회색 머리털을 가진
인물이 바로 마태우스 란다우어이다. 삼위일체 하나님은 우리의 이
해에 앞서 마땅히 경배 받으셔야 할 창조자, 구원자, 심판자이시다.

다음은 대(大) 루카스 크라나흐(Lucas Cranach the Elder)가 그린 〈삼위
일체〉(Trinity, 1515~1518)이다. 크라나흐 역시 영광중에 있는 삼위일체

Cranach the Elder, Trinity, 1515~1518,
Panel, Kunsthalle, Bremen

께 영광을 돌리는 것을 표현하였다. 삼위일체는 그림 가운데 천사들로 둘러싸인 밝은 색의 큰 원 안에 들어있다. 이것은 전통적으로 신적 존재의 상징이자 영광을 의미하는 후광(後光)의 최대 확장으로 보인다. 삼위일체 그림이 작품의 거의 전면을 덮고 있다. 다만, 하단의 약 1/5 정도가 지상의 아름다운 세계를 묘사하고 있다. 삼위일체 하나님은 영원히 거룩한 존재로서 이 세계를 창조하시고 운영하신다.

크라나흐는 삼위일체를 어떻게 표현하였는가? 가장 뒤에, 그리고 가장 높이 성부 하나님이 계신다. 성부 하나님은 큰 왕관을 쓰시고, 왕의 의복을 입으시고, 인자하고 근엄한 표정을 하고 있다. 그리고 다른 그림과 달리 여기서 성자 예수와 성령 비둘기는 좌우로 나란히 위치한다. 왼쪽에 위치한 예수는 십자가에 달리신 인간 예수의 모습이다. 오른쪽에 위치한 비둘기는 성령을 상징한다. 성부 하나님의 오른손이 성자 예수의 십자가를 잡고 있고, 왼손으로는 세계를 상징하는 지구를 들고 있는데, 그 위에 성령 비둘기가 앉아 있다. 여기서 성자와 성령은 위아래, 상하의 관계가 아니다. 성부-성자-성령이나 성부-성령-성자의 순서라기보다 성부-성자=성부-성령 곧 성자=성령에 가깝다.

그리고, 다음 그림은 로렌조 로또(Lorenzo Lotto, c. 1480~1556)가 1523

년에 그린 삼위일체이다. 이 그림에선 몇 가지 새로운 변화들이 보인다. 첫째는 그림에서 예수의 십자가형이 사라졌다는 것이다. 그동안 서방교회, 곧 로마 가톨릭교회에서 그린 삼위일체 그림은 기본적으로 십자가에 달린 예수 그리스도를 기본 모티브로 하였다. 그도 그럴 것이 기독교의 근본이자 절정의 사건이 바로 예수의 십자가형 사건이기 때문이다. 그런데, 로토는 과감하게 십자가를 생략하였다. 예수는 전통적인 표현대로 푸른색 하의에 붉은색 겉옷을 걸치고 있다. 이것은 삼위일체를 고난이 아니라 영광으로 표현하고자 하였기 때문이다. 그래서 영광을 상징하는 쌍무지개가 구름 사이로 떠 있다. 일반 무지개도 아니고 쌍무지개다. 그림은 전반적으로 구름 위 성삼위일체를 표현하고 있다. 그림의 제일 하단 약 1/5은 지상 세계를 아름답게 표현하였다.

Lotto, The Trinity, 1523, Oil on canvas, 170×115cm, Sant'Alessandro della Croce, Bergamo

그리고 그림에서는 또한 표현하기 참으로 어려운 성부 하나님을 은색의 반영(半影, Penumbra)으로 표현하였다. 이전의 그림에서는 성부 하나님을 주로 근엄하고 고상하고 연륜 있는 노인의 모습으로 표현하였다. 그런데, 이 그림에서는 얼굴이나 외모를 확인할 수 없다. 존재는 확실하지만 구체적으로 묘사하지 않고, 반영 곧 반그림자로 윤곽만 표현하여 형상을 단정 지을 수 없게 하였다. 성령을 예수 위에 위치시켰고, 성부를 성자와 성령 뒤에 위치시켰다. 성부 하나님에 대한 표현에 대하여 신학적으로 나름 고민한 흔적이 역력하다.

다음 그림은 티치아노(Vecellio Tiziano, 1490~1576)가 그린 〈영광의 삼위일체〉(The Trinity in Glory, c. 1552~1554)이다. 그림의 제목이 말해주듯이 이 그림의 주제는 영광중에 있는 성삼위일체이다. 영광의 광선은 천상에서부터 중간의 구름을 뚫고 이 세상을 향하여 비치고 있다. 삼위일체의 자리는 영광의 자리이다. 그림에서 어느새 고난과 잔혹의 상징인 예수의 십자가형은 사라졌다. 오히려 성자 그리스도는 성부 하나님과 똑같이 푸른색 옷을 입고 보좌에 나란히 앉아 계신다. 얼굴 표현 외에 둘의 차이를 거의 발견할 수 없다. 두 분 다 오른손에 왕위를 상징하는 규(圭)을 들고 있고, 왼손에 세상을 상징하는 구(球)를 들고 있다. 구 위에는 십자가가 세워져 있다. 그리고 성부와 성자 둘 사이에 성령을 상징하는 비둘기가 위치하고 있다. 비둘기는 마치 전령(傳令)같이 성부와 성자 사이를 오가며 연결해 주는 본드(Bond) 같기도

하다. 여기서는 성부-성령-성자의 순서가 아니라 성부=성령=성자가 동등하게 위치하고 있다. 왼쪽 조금 아래에 역시 푸른 외투로 온 몸을 두른 한 인물이 등장하는데, 이는 성모 마리아이다. 옷의 색이나 서 있는 위치로 보아 신분에 관한 신학적 논란이 예상된다. 그럼에도 불구하고 여전히 삼위일체 하나님께 경배하는 성인들 중의 하나로 보아야 할 것이다

이 그림은 티치아노가 황제 카를 5세(Karl V, 1500~1558)[110]의 유언에 따라 제작한 것이다. 그림은 카를 5세와 그의 가족들이 천사들과 성서의 인물들과 함께 성 삼위일체께 경배하는 모습을 담고 있다. 오른쪽 끄트머리에 흰 옷을 입은 인물들이 있는데, 이들이 바로 카를 5세와 그의 아내 포르투갈의 이사벨라(Isabel de Portugal, 1503~1539)와 아들 펠리페 2세(Felipe II, 재위 1556~1598)이다. 삼위일체 하나님을 생각할 때, 성도는 그에게 찬양과 경배와 영광을 돌리게 된다. 성 삼위일체께 영광을!

마지막으로 소개하는 그림은 엘 그레코(El Greco, 1541~1614)의 〈삼위일체〉(The Trinity, 1577)이다. 이 작품에는 엘 그레코 특유의 선 묘사, 채색, 붓 터치 등의 화법이 잘 드러나 있다. 길쭉길쭉 희끗희끗 알록달록. 이 그림은 엘 그레코가 톨레도에 정착하고 처음 의뢰받은 작품으로 산토 도밍고 엘 안티구오 (Santo Domingo El Antiguo)의 주 제단화(High altarpiece)의 꼭대기장식(attic)을 위해 그린 것이다.

이 그림도 예수의 십자가형을 생략하였다. 그러나 그에 못지않게 슬픔과 신비로움이 느껴진다. 성자는 십자가에 못 박혔던 바로 그 예수이다. 뒤틀린 손에 못 자국이 선명하고 뒤틀린 옆구리에 창자국도 분명하다. 성자는 여전히 고통을 머금고 있다. 그런 아들을 성부 하나님이 품에 안고 측은히

El Greco, The Trinity, 1577, Oil on canvas, 300×179cm, Museo del Prado, Madrid

내려다보고 있다. 미켈란젤로(Michelangelo Buonarroti, 1475~1564)의 〈피에타〉(Pietà)가 떠오른다. 미켈란젤로의 피에타가 아들의 죽음을 맞이한 성모 마리아의 비애를 표현했다면, 이 그림은 '성부 하나님의 피에타'라 할 수 있다. 아들을 십자가의 죽음에 내어준 아버지의 마음은 어떠했을까? 몰트만은 십자가에서 아들을 내어주고 가슴 아파하는 성부 하나님에 대하여 진술한 바 있다. "아들을 버리고 내어주시는 하나님 자신께서는 사랑의 무한한 아픔 속에서 아들의 죽음을 고통당하신다."[111]

Michelangelo, Pietà, 1499, Marble, height 174cm, width at the base 195cm, Basilica di San Pietro, Vatican

그런데, 엘 그레코의 그림에서는 위로부터 노란색의 광채와 함께 비둘기 모양의 성령이 임재하고 있다. 성부와 성자와 성령이 구름 위 천상에 계시며 영광의 광채 가운데 계신다. 영광중에 계신 삼위일체 하나님이 구원과 승리를 이루신 십자가 사건을 드러내 보여주고 있다. 오, 거룩하신 삼위일체 하나님께 영광을!

이 책의 제목은 '그림에서 묻어나는 십자가 신학'이다. 여러 십자가형 그림들을 해석 내지 감상하면서 그 안에서 묻어나는 십자가 신학을 찾아보고자 한 작업이다. 이번 장에서 잠시 삼위일체 그림들을 역사적으로 개관하며 살펴보았는데, 그 결과 마찬가지로 '그림에서 묻어난 삼위일체 신학'이라고 이름할 수 있을 것 같다. 삼위일체 그림에도 화가나 화가가 속한 공동체나 그의 시대의 신학이 담겨있거나 배어있다.

십자가 신학: 성 삼위일체 하나님께 영광

예수의 십자가 사건은 옛날 로마시대의 어느 한 범죄자의 단순한 처형 사건이 아니다. 예수의 십자가 사건은 온 세상을 구원하시고자 하는 하나님의 구속 사건이다. 중요한 사실은 그 사건이 단지 한 인간 예수의 개인적인 사건이 아니라는 사실이다. 나아가 성자 그리스도의 단독 사건도 아니다. 기독교의 역사적 출발이자 핵심이 되는 예수의 십자가 사건은 성 삼위일체 하나님의 구원의 사건이다. 그러므로 십자가형 그림에 성부와 성자와 성령이 등장한다는 것은 이미 그 자체로 삼위일체 신학적 사고가 담겨 있다고 할 것이다.

삼위일체라는 개념은 분명히 신학적 작업의 산물이다. 그럼에도 불구하고 그것은 인간이 표현할 수 있는 최고의 신학적 개념이다. 유한자인 사람이 무한자인 하나님을 완전히 이해할 수 없다. 피조물인 사람이 창조주인 하나님을 완전히 파악할 수 없다. 죄인인 사람이 죄 없으신 하나님을 완전히 평가할 수 없다. 성서의 기록과 신앙적 경험에 근거해서 우리가 표현할 수 있는 최고의 개념이 삼위일체이다. 그리고 그것은 본디 하나님을 완전히 이해하거나 파악하거나 표현하려고 출발한 것이 아니다. 그것은 구원의 하나님, 사랑의 하나님, 전능의 하나님, 승리의 하나님, 영광의 하나님께 경배와 찬양을 드리고자 함이다.

삼위일체는 인간이 얻은 구원과 경험한 신앙에 대해서 찬양하고 찬미하기 위해서 시작된 것이다. 그러므로 삼위일체에 대한 강의와 논의의 처음과 끝은 이론적 이해나 파악이 아니라 영원한 신비로서 송영과 경배이다. 삼위일체는 내가 이해하고 파악하는 것이 아니라 하나님께 찬양과 영광을 올려드리는 것이다. 이러한 삼위일체 경배는 기독교의 초기 역사, 곧 1세기의 세례 교육과 2세기의 찬양에서 그 흔적을 찾아볼 수 있다.

현재 우리나라 찬송가 3장 〈성부 성자와 성령〉, 4장 〈성부 성자와 성령〉은 2세기부터 내려오는 송영이다. 찬송가 10장 〈전능왕 오셔서〉는 삼위일체 찬양의 대표곡이다. 이 찬송의 작곡가는 이탈리아 출신으로 주로 영국에서 활동했던 바이올리니스트 겸 작곡자이자 지휘자 지아르디니(Felice de Giardini, 1716~1796)로 전해지는데, 작사가에 대해서는 알려진 바가 없다. 이 찬송은 전형적으로 삼위일체 하나님께 찬양과 영광을 돌린다. 1절 성부, 2절 성자, 3절 성령의 은혜와 사역을 찬송하며 영광을 돌린다. 그리고 마지막 4절의 가사는 다음과 같다.

> ♬ 성 삼위일체께 한없는 찬송을 드립니다 존귀한 주님을 영광중 뵈옵고 영원히 모시게 하옵소서 ♬

찬송가 294장 〈하나님은 외아들을〉은 일본인 미다니 다네끼지(三谷種吉, T. Mitani, 1868~1945)가 작사하였다. 그는 사람들의 핍박에도 아코디언을 치며 노방전도를 하였는데, 어린 아이를 비롯하여 누구나 쉽게 복음을 받아들이도록 창가(唱歌)를 만들어 보급하였다. 그는 이 찬송에서 십자가 사건을 성부 하나님과 성자 예수의 우리를 향하신 사랑의 사건으로 노래하였다. 1절과 3절의 가사를 옮기면 다음과 같다.

♬ 1 하나님은 외아들을 주시는 데까지 세상사람 사랑하니 참 사랑이로다
3 세상 죄를 사하시려 우리 죽을 대신 성자 예수 십자가에 고난 받으셨네 (후렴) 하나님은 사랑이라 죄악에 빠졌던 우리까지 사랑하니 참 사랑 아닌가 ♬

삼위일체 하나님은 인간에게는 언제나 거룩한 신비이고 찬양이고 경배이다.[112] 삼위일체의 고백은 구원받은 성도로서의 마땅하고도 당연한 신앙고백이며, 영원한 찬양이 된다. 인간이 한낱 흙으로 사라져갈 존재임을 먼저 생각한다면, 하나님에 대한 이론적이고 지식적인 파악이 아니라 하나님에 대한 인격적이고 실제적인 감사와 찬양과 경배가 순서일 듯하다.

나는 영원한 사랑 가운데서 서로 안에 존재하며 서로 없이 결코 존재하지 않는 성부와 성자와 성령의 성 삼위일체 하나님을 찬양한다. 창조하시고 운영하시고 구원하시고 심판하시는 등 모든 사역에서 함께 일하시며, 서로 없이 결코 일하시지 않는 성부와 성자와 성령의 성 삼위일체 하나님을 경배한다. 인간의 이성으로 다 이해하지 못하고 파악하지 못해도 우리를 구원하시고, 우리와 영원히 함께하시며, 우리를 하나님 나라로 초대하시는 성부와 성자와 성령의 성 삼위일체 하나님께 감사드린다. 모든 영광과 존귀와 감사와 찬양을 오직 거룩하신 성 삼위일체 하나님께!

Raffaello, Crucifixion(Città di Castello Altarpiece), 1502~1503, Oil on wood, 281×165cm, National Gallery, London

10
라파엘로의 <십자가형>

이탈리아 르네상스 회화의 절정 라파엘로

이 그림은 라파엘로(Raffaello Sanzio, 1483~1520)가 그린 그리스도의 십자가형으로서 흔히 '몽드 십자가형(Mond Crucifixion)' 또는 '가바리 제단화(Gavari Altarpiece)'라고 불린다. 그런데, 몽드는 뭐고, 또 가바리는 뭔가? 몽드와 가바리는 둘 다 사람의 이름이다. 가바리(Domenico Gavari)는 라파엘로에게 이 그림의 제작을 주문하였던 사람이고, 몽드(Ludwig Mond)는 이 그림을 소유하였던 독일계 유대인으로서 이후에 영국으로 건너가 정착하면서 이 그림을 런던 박물관에 기증하였던 사람이다.

라파엘로는 르네상스 미술의 대표적인 인물 중의 한 사람이다. 이탈리아 르네상스 미술의 두 거장을 꼽으라고 한다면, 주저 없이 레오나르도 다 빈치(Leonardo da Vinci, 1452~1519)와 미켈란젤로 부오나로티(Michelangelo Buonarroti, 1475~1564)를 꼽을 것이다. 만약 세 거장을 꼽으라고 한다면, 여기에 라파엘로를 추가할 것이다.[113] 그는 다 빈치나 미켈란젤로에 비해 나이 어린 후발 주자였다. 그러나 달리 생각하면, 그러기에 두 거장의 작품을 습득하여 르네상스 미술을 완성하였다고도 할 수 있다. 성품에서 앞 선 두 거장이 다소 괴팍한 천재였던 것에 비해 라파엘로는 매우 친절하고 예의바른 천재였으며, 작품에서 앞 선 두 거장이 미술을 넘나들며 전 방위로 활동하였던 것에 비해 라파엘로는 주로 회화 분야에 집중하였다.

이탈리아 르네상스 회화의 최고봉은 라파엘로였다. 미술사가 바사리(Giorgio Vasari, 1511~1574)는 이탈리아 르네상스 미술사에서 전성기 르네상스를 라파엘로와 미켈란젤로가 이루어 놓은 것으로 보았다.[114] 그래서 이후로 16~17세기의 매너리즘에서도 최고의 이상을 라파엘로로 삼았고, 19세기 영국의 라파엘전파(Pre-Raphaelite, 라파엘前派)도 르네상스의 절정을 라파엘로로 삼고 그 이전으로 돌아가고자 하였다. 라파엘로가 르네상스의 절정이자 기준이 되었다.

이 작품은 라파엘로가 1502년~1503년에 걸쳐 제작한 것이다. 그의 생애의 비교적 초기 작품이다. 그런데 위대한 천재 화가 라파엘로는 너무 짧게 살았다. 그는 1483년 4월 6일 생으로 정확히 만 37년을 살고 1520년 4월 6일에 죽었다. 매우 안타깝다. 흔히 이탈리아 르네상스의 시기를 백년 단위로 나누어서 1300년대를 트레첸토(Trecento), 1400년대를 콰트로첸토(Quattrocento), 1500년대를 친퀘첸토(Cinquecento)라고 부르곤 한다. 르네상스 미술의 최절정기를 16세기 초반으로 보는데, 이 작품은 바로 그 최절정의 시점에 제작되었다. 다 빈치나 미켈란젤로의 제대로 제작된 십자가형 그림이 없어서 아쉬운 마음이었는데,[115] 라파엘로의 십자가형 그림이 있어서 너무나 기쁘고 감사하기까지 하다. 게다가 이탈리아 르네상스 미술의 최절정기 작품이라니!

그래서인지, 이 그림은 르네상스 최절정기 작품답게 매우 수려하다. 안정적인 구도, 화려한 색상, 균형 잡힌 인체, 원근법과 비례에 충실한 표현, 짜임새 있는 공간 구성, 정교하고 세련된 묘사가 일품이다. 그러면서도 그림은 전통적인 예수의 십자가형 도상의 구도와 배치와 표현을 충실하게 따르고 있다. 그림 중앙에 예수가 십자가에 달려 있고, 그를 중심으로 하여 천사와 인물들이 대각선 구도에 맞추어 좌우로 정확히 대칭을 이루고 있다. 예수는 정형화된 †십자가 형틀에 정갈한 Y자 모양으로 달려 있다. 십자가에 달린 예수의 몸은 상처투성이도 아니고, 그렇다고 해서 반대로 지나치게 근육질도 아니다. 처참하지도 강인하지도 않고, 오히려 너무나 아름다운 것이 거룩하고 순결하고 장엄하다.

예수의 모습에서 눈에 확 띄는 새로운 것이 있다면, 그것은 아마도 예수의 하체를 가리고 있는 천이 붉은색이라는 것과 그 끝이 곡선을 그리며 길게 늘어져 있다는 것이다. 붉은색은 분명 그리스도의 피를 상징하는 것일 터이고, 길게 늘어진 옷자락은 아마도 미적 감각을 드러낸 표현일 것이다. 그리고 보면, 십자가 양 옆에서 예수의 손과 허리에서 흘러내리는 피를 받고자 그릇 곧 성배를 들고 있는 두 천사들도 흘러내리듯 나풀거리는 아름다운 가운을 입고 있고, 둘둘 말리다시피 곡선으로 길게 늘어진 리본들을 달고 있다. 예수 그리스도는 인류를 위해 십자가의 고통을 당하면서도 담담하게 구원의 역사를 이루고 있다. 예수의 얼굴 표정은 고통을 담고 있으나, 고통에 일그러지지 않고 오히려 평온하다. 천사들의 표정과 태도도 고통과 비애의 이미지와는 거리가 있다. 아마도 이것이 단적으로 보여주는 이탈리아 르네상스 시대의 예수 그리스도에 대한 이해일 것이다. 십자가의 고난을 이기고 우리를 구원하신 승리자 그리스도!

    그럼, 그림에 등장하는 인물들은 누구일까? 이미 여러 편의 십자가형 그림을 살펴본지라, 우리는 그들이 누구인지 쉽게 가늠해 볼 수 있다. 십자가 바로 아래로 좌우편에 서로 대칭적으로 서 있는 두 사람은 누굴까? 두 사람은 동일하게 양손을 앞으로 모아 경건한 포즈를 취하고 있다. 왼쪽 아래에 서 있는 검은색 외투를 걸친 여인은 두 손을 깍지 끼어 안으로 받쳐 들고 있다. 그녀는 성모 마리아이다. 그녀의 겉옷은 아들의 죽음을 애도하듯 검은색이다. 그림의 오른쪽

에 서 있는 붉은색 외투를 살짝 걸친 인물은 두 손을 깍지 끼어 아래로 내려놓고 있다. 그는 예수의 제자이자 요한복음의 저자 요한이다. 그의 붉은 겉옷은 십자가의 보혈을 연상케 한다.

    그림 오른쪽에 제자 요한이 서 있고, 그의 앞에는 한 여인이 경건하게 반 무릎을 꿇고 두 손을 모아 기도하고 있다. 이 여인은 누구일까? 이렇게 성화에 등장할 성서 속 여인이 성모 마리아 외에 또 누가 있을까? 이미 눈치 챘을 것이다. 이 여인은 십자가형에 어느새 단골로 등장하게 된 막달라 마리아이다. 그러면, 이번에는 반대편에 성모 마리아 앞에 반 무릎을 꿇은 채 오른손을 늘어뜨리고 왼손을 내밀어 호소하는 이 남자는 누구일까? 그는 수도사의 옷을 입고 있고, 선 무

룹을 꿇은 채 왼손을 펴서 뭔가 호소하고 있다. 성서에 그런 인물이 있을까? 세례 요한? 롱기누스? 니고데모? 아리마대 요셉? 생각해보면, 지금껏 보아온 십자가형 그림에서 대답할만한 마땅한 인물이 없어 보인다. 도대체 이 사람은 누구일까?

가바리 제단화

이 제단화는 본래 4편의 그림으로 구성되어 있었다고 한다. 우리가 보고 있는 〈십자가형〉이 제단화의 중앙 메인 그림이다. 그 외에 세 개의 프레델라(predella)가 더 있었다고 하는데, 그 중 하나는 분실하였고, 현재 두 개의 그림이 흩어져 남아있다. 혹시 거기에 이 인물에 대한 어떤 단서가 남아 있지 않을까?

남아있는 그림 중 하나는 〈성 제롬의 망토를 걸치고 죽은 사람들 가운데에서 세 사람을 일으키는 크레모나의 유세비우스〉(Eusebius of Cremona Raising Three Men from the Dead with St. Jerome's Cloak)이고, 다른 하나는 〈실바누스를 구원하고 이단 사비니아누스를 처벌하는 성 제롬〉(St. Jerome Saving Sylvanus and Punishing the Heretic Sabinianus)이다. 첫 번째 그림은 성 제롬의 영성과 능력이 탁월하였음을 알려준다. 그래서 유세비우스가 성 제롬의 망토를 걸치고 죽은 세 사람을 다시 살려내었던 전설을 그림으로 표현한 것이다. 두 번째 그림은 성 제롬의 지혜와 권위가 탁월하였음을 알려준다. 그러기에 실바누스는 구원하고, 이단자인 사비아누스를 처벌할 수 있었다. 두 그림의 제목과 내용에서 드러나듯이 두 그림의 공통 인물이자 주인공은 성 제롬(St. Jerome)

이다. 그렇다면 십자가형 그림에서 무릎을 꿇고 그리스도를 바라보는 이 사람이 혹시 성 제롬은 아닐까? 맞다. 그는 성 제롬이다.

Raffaello, Eusebius of Cremona Raising Three Men from the Dead with St. Jerome's Cloak, 1502~1503, Oil on panel, 25.7×41.9cm, National Museum of Ancient Art, Lisbon

Raffaello, St. Jerome Saving Sylvanus and Punishing the Heretic Sabinianus, 1502~1503, Oil on panel, 25.7×41.9cm, North Carolina Museum of Art, North Carolina

이 작품은 양모(羊毛) 상인이었던 도메니코 가바리(Domenico Gavari)가 움브리아(Umbria)의 치타 디 카스텔로(Citta di Castello)에 있는 성 도메니코(San Domenico) 성당의 제단화로 사용하기 위해 라파엘로에게 주문 의뢰한 것이었다. 이 성당은 성 제롬을 기념한 성당이었다. 성 제롬의 라틴어 명은 히에로니무스(Eusebius Hieronymus, c. 347~420)이다. 히에로니무스는 암브로시우스(Ambrosius, 340~397), 그레고리우스(Gregorius Magnus, c. 540~604), 아우구스티누스(Augustinus, 354~430)와 더불어 라틴교회 4대 교부로 추앙받고 있다. 이들은 로마 가톨릭교회의 기틀을 놓았던 인물들이다.

가바리 제단화의 십자가형에서 이 사람은 십자가 앞에 무릎을 꿇고 있다. 그는 왼손바닥을 펴서 위로 향하고 있고, 오른손으로는 무언가를 쥐고 있다. 그것은 돌이다. 그는 돌을 쥐고 있다. 이것은 전설에 히에로니무스가 수많은 유혹과 시험에 손으로 돌을 들어 가슴을 치며 회개하였던 일화에서 유래한 것으로 히에로니무스를 그린 그림에는 자주 등장하는 장면이다.[116]

히에로니무스는 많은 업적들 중에 무엇보다 라틴어 성서 불가타를 번역한 사람으로 유명하다. 382년, 그는 교황 다마스쿠스 1세(Damascus I, 재위 366~384)의 명에 따라 성서를 라틴어로 번역하기 시작하였다. 당시에 여러 역본들이 단편적으로 어지럽게 떠돌고 있었다. 그는 히브리어 성서 원문을 그리스어 역본 70인역(LXX)과 대조하며 직접 라틴어로 번역하였다. 이 성서가 로마 가톨릭교회의 라틴어 공인성서 불가타(editio vulgata)이다. 성서를 사람들이 읽을 수 있도록 번역하는 일은 참으로 귀한 일이다. 왜냐하면 사람은 말씀을 통하여 구원에 이르게 되기 때문이다(롬 10:17, 딤후 3:15). 루터의 위대한 업적이 많이 있지만, 그중에 기본이 되는 것은 독일어 성서 번역이었다. 하나님의 말씀을 알기 쉽게 전해 주는 것처럼 귀한 일이 없다. 그것이 선교이고, 목회이고, 신학이다.

그런 히에로니무스를 기념하여 헌정한 성당이 바로 성 도메니코 성당이었다. 그런데 당시 그 성당에는 가바리 집안의 장례 예배당이 있었다. 그것은 그의 첫째 아들 기롤라모(Girolamo)가 어려서 죽었기 때문에 그를 추모하기 위한 것이었다. 흥미롭게도 이탈리아어로 기롤라모라는 이름은 히에로니무스에서 왔다. 라틴어 히에로니무스의 영어명이 제롬(Jerome)이고, 이탈리아명이 기롤라모이다. 우리나라에서는 한자에 기반하여 히에로니무스를 예로니모라고 부르기도 한다. 그러므로 이 그림은 보다 정확히 말해, 가바리가 성 도메니코 성당에서도 특히 가정의 장례 예배당을 장식하기 위해 제단화로 주문 제작한 것이었다.

라파엘로와 페루지노의 비교

다시 그림으로 돌아가 보자. 이 그림은 르네상스 미술답게 대칭적이고 비례적 표현이 두드러진다. 십자가 위로 두 개의 원이 구름을 배경으로 나란히 떠 있는데, 하나는 금색이고, 다른 하나는 은색이다. 앞서 라불라 복음서의 삽화에서 보았듯이 이 금색과 은색은 해와 달을 의미한다. 예수 그리스도는 해와 달 곧 만유의 주인이시며, 낮과 밤 곧 모든 시간에 걸쳐서 영원하신 구원자이다. 십자가형 그림에서 해와 달은 십자가에서 구원을 이루신 예수 그리스도가 영원히 찬양과 영광을 받으실 분임을 의미한다. 십자가 뒤의 배경은 움브리아 지역의 평화로운 자연 경관이다. 높고 푸른 하늘과 탁 트인 경관이 공간의 시원함과 아름다움을 만들어낸다. 예수 그리스도가 그의 얼굴에 십자가의 고난을 넘어 평온을 담고 있듯이 자연은 그가 이룬 평화를 아름답게 표현하고 있다.

이 그림을 보노라면, 마음 한편에 살짝 아쉬움이 남아 있다. 이 작품 자체에 어떤 미흡함 때문이 아니라 이 작품이 라파엘로의 초기 작품이라는 사실 때문이다. 만약 그가 피렌체로 건너가 다 빈치와 미켈란젤로를 배우고 로마에서 활발히 활약하던 전성기라 할 수 있는 1510년대 중후반쯤 십자가형을 그렸다면 어땠을까 하는 아쉬움이 남는다. 물론 그가 너무 젊은 나이에 세상을 떠난 것도 못내 아쉽다. 만약 그렇지 않았다면, 좀 더 완숙한 라파엘로의 십자가형을 만나볼 수 있지 않았을까?

그런 아쉬움을 토로하는 것은 이 작품이 종종 그의 스승 페루지노(Pietro Perugino, 1450~1523)의 것으로 간주되거나 또는 그의 영향에서 벗어나지 못했다는 평을 받고 있기 때문이다. 페루지노는 당대의 유명한 화가로서 십자가형을 이미 여러 번 그렸다. 현재 남아 있는 것 가운데 1481~1485년에 제작한 〈갈리친 세폭 제단화〉(The Galitzin Triptych)의 메인 그림 〈십자가 위의 그리스도〉(Christ on the Cross)와 1494~1496년에 산타 마리아 막달레나 델 파치(Santa Maria Maddalena dei Pazzi, Florence) 성당에 그린 〈파치 십자가형〉(The Pazzi Crucifixion)이 유명하다. 그런데 논란이 되는 것은 라파엘로의 작품과 비슷한 시기에 제작한 그림들 곧 1502년에 제작한 〈몬테리피도 제단화〉(Monteripido Altarpiece)와 1503~1506년에 그린 산타고스티노

(Sant'Agostino)의 〈십자가형〉이다.

Perugino, Monteripido Altarpiece, 1502, Oil
on panel, 240×180cm, Galleria Nazionale
dell'Umbria, Perugia

Perugino, Crucifixion, 1503~1506, Oil on wood,
400×289cm, Sant'Agostino, Siena

몬테리피도 제단화는 십자가에 달린 예수를 중심하여 좌우 대칭
적으로 구성되어 있다. 이런 대칭적인 구도는 산타고스티노의 십자
가형도 마찬가지다. 해와 달은 물론 천사와 성인들까지 왼쪽과 오른
쪽이 서로 상응하여 배열되어 있다. 예수는 십자가에 정면으로 달려
있고, 고개는 왼쪽으로 기울었다. 몬테리피도 제단화에서는 예수의
손과 발과 옆구리에서 흘러나오는 피가 인상적이다.

라파엘로의 십자가형 그림은 구도, 구성, 배치, 색상에서 페루지노
의 십자가형 그림, 특히 〈몬테리피도 제단화〉와 너무나도 흡사하다.
그래서 이 그림이 정말 라파엘로의 것인지, 아니면 혹시 페루지노의

것은 아닌지 하는 의혹이 제기되기도 하였다. 그러나 다행히도 이 그림에는 라파엘로 자신의 사인이 들어있다. 이 그림에는 예수의 발아래에 은색으로 RAPHAEL / VRBIN / AS / P.(Raphael of Urbino painted this)라고 적혀 있다. 그 문자는 곧 "우르비노의 라파엘로가 이 그림을 그렸다."는 뜻이다. 우르비노는 움브리아 지역에 있는 라파엘로의 고향이다. 그래서 그의 십자가형 그림은 우르비노의 아름다운 자연환경을 배경으로 하고 있다.

십자가형 그림 위에 예수의 죄패에 글자가 INRI라고 분명하게 적혀 있다. 물론 이전 십자가형에도 예수의 죄패가 붙어 있었다. 그럼, INRI란 무슨 뜻일까? INRI란 라틴어로 Jesus Nazarenus Rex Judaeorum(유대인의 왕 나사렛 예수)의 약자이다. 그런데 Jesus와 Judaeorum의 첫 스펠링을 J가 아니라 I로 표기하였다. 왜 그럴까? 라틴어는 이탈리아 반도 서북부의 라티움(Latium) 지방에서 살던 사람들의 언어로 본래 그리스 문자와 페니키아 문자에서 파생된 것이다. BC 1세기경 고전 라틴어의 알파벳은 23개였다. 그러던 것이 AD 2세기 무렵에 반모음 V와 구별되는 모음을 위해서 U를 도입하였고, 중세에 이르러 I의 반모음을 나타내기 위해 J를 도입하였다. 고전 라틴어에선 J이전의 I가 사용되었다. 그래서 대부분의 십자가형 그림에서 예수의 죄패엔 INRI라고 적혀 있다. 라파엘로는 죄패의 글자까지도 매우 선명하고 분명하고 아름답게 그렸다.

라파엘로 십자가형의 특징과 신학

그림의 유사성에도 불구하고 라파엘로의 것은 페루지노의 것보다 훨씬 정교하고 분명하다. 그것이 라파엘로의 천재성이자 위대함일 것이다. 그의 천재성은 주어진 틀을 무시하여 그 틀에서 아예 벗어난 생뚱함이라기보다는 주어진 틀을 존중하면서도 그 틀의 한계를 넘어서는 탁월함이다. 이 작품도 예외가 아니다. 페루지노의 그림과 달리 라파엘로의 그림에는 어떤 일관된 표현과 그 표현에 나름 신학이 담겨 있다. 분명히 같은 성서 이야기를 같은 구도와 배치로 그렸는데, 표현과 내용에서는 차이가 드러난다. 그것은 표현 기법으로는 정교함과 세련됨의 차이겠지만, 내용 면에서는 생각과 신학의 차이이다. 라파엘로의 이 그림을 페루지노의 십자가형과 비교해보면, 붉은색의 사용과 인물들의 시선처리에서 기법의 차이를 넘어 신학의 차이를 엿볼 수 있다.

첫째, 가장 먼저 눈에 띄는 것은 그림 속 인물들에게 사용된 붉은

색이다. 이 그림에서 라파엘로는 일관되게 붉은색을 사용하고 있다. 그림에 등장하는 모든 인물들의 의상에는 다 어디엔가 붉은색이 들어 있다. 페루지노도 그의 십자가형 그림에 붉은색을 사용하고 있지만, 이렇게 일관되지는 않다. 두 천사들의 양팔과 성배가 붉은색이고, 한 천사는 아예 몸

에 입은 옷 자체가 붉은색이다. 성모는 안에 붉은색 옷을 받쳐 입고 있고, 제자 요한은 붉은색 외투를 입고 있다. 막달라 마리아도 붉은색 외투를 걸치고 있고, 성 제롬은 붉은색 허리띠를 하고 있다. 무엇보다 십자가에 달린 예수의 하체를 가린 천이 붉은색이다. 이것은 이 그림의 표현 중 단연 압권이다. 붉은색은 당연히 그리스도의 피를 상징한다. 그리스도가 십자가에서 흘린 피는 우리를 죄에서 구원하는 대속의 피다. 이 그림에는 예수 그리스도의 십자가의 보혈이라는 구원의 신학이 담겨 있다.[117]

• 이것은 죄 사함을 얻게 하려고 많은 사람을 위하여 흘리는바 나의 피 곧 언약의 피니라(마 26:28)
• 그가 빛 가운데 계신 것 같이 우리도 빛 가운데 행하면 우리가 서로 사귐이 있고 그 아들 예수의 피가 우리를 모든 죄에서 깨끗하게 하실 것이요(요일 1:7)

둘째, 이 그림에서 등장인물들의 시선이 또 하나의 중요한 모티브이다. 라파엘로는 등장인물들이 바라보는 시선에다 그의 관심을 담아내고 있다. 앞서 살펴 본 피의 신학과 함께 이 그림에는 또 하나, 곧 그리스도와 하나 되는 성찬의 신학이 묻어 있다. 그럼, 등장인물들의 시선을 따라가 보자. 도대체 그들은 무엇을 보고 있는 것일까? 붉은색과 관련하여 페루지노의 그림과 비교하듯 인물의 시선과 관련하여서도 페루지노의 그림과 비교해 보면, 그 미묘한 차이를 발견할 수 있다. 먼저, 십자가 위에서 예수 그리스도는 평온한 표정으로 눈을 감고 있다. 그는 십자가에서 자기에게 주어진 구원의 사역을 다 이루셨다(눅 23:46, 요 19:30). 그의 얼굴은 지상의 온 인류를 향하고 있다.

십자가 왼쪽 아래 진한 청록색 옷의 천사는 예수의 손에서 떨어지는 피를 바라보고 있고, 십자가 오른쪽 아래 붉은색 옷의 천사는 페루지노와 달리 바로 아래에 위치한 제자 요한을 바라보고 있다. 제일 아래에 있는 막달라 마리아와 성 제롬은 무릎을 꿇은 채 십자가에 달린 예수를 올려다보고 있다. 중단에 양립하고 있는 성모 마리아와 제자 요한은 앞을 향하여 정면을 바라보고 있다. 이들은 왜 앞을 보고 있는 것일까? 고대나 중세의 작품이라면 혹 그럴 수 있다. 옛날에는 인물의 캐릭터를 강조하고자 주로 정면으로 그렸고, 또 표현기법도 투박하여서 옆면이나 뒷면보다는 정면을 주로 그렸다. 그러나 르네상스 시대는 인체에 대한 연구와 함께 다양한 기법으로 섬세하게 자연스러움을 추구하였다. 이 두 사람을 정면으로 그린 것은 작가가 표현할 수 없어서가 아니라 오히려 어떤 의도가 있어서 그렇게 표현한 것이다. 르네상스 양식이라면 이들의 시선은 오히려 그림 안쪽을 향하는 것이 자연스러울 것 같다. 그런데, 이들의 시선은 그림을 벗어나서 마치 그림을 보고 있는 그림 밖 관람자들을 응시하며, 그들에게 무슨 말을 하는 것 같다. 무릎을 꿇고 있는 막달라 마리아와 성 제롬은 경건한 자세로 십자가에 달린 예수 그리스도를 바라보고 있다.

성례전 신학의 관점에서 보면, 십자가에 달린 그리스도는 성체 그 자체이다. 한 천사가 바라보는 제자 요한은 요한복음의 저자임을 고려할 때, 성체인 말씀을 상징한다고 할 수 있다. 다른 한 천사가 바라보는 예수의 피는 당연히 보이는 그대로 성체인 보혈이다. 막달라 마리아와 성 제롬의 시선은 십자가에 달린 예수를 바라보며 그리스도와의 거룩한 합일을 갈망한다. 성모 마리아와 제자 요한의 시선은 이 그림을 보는 관객들을 향해 십자가에 달린 구주 예수 그리스도를 보

고 믿으라고, 그리고 더 나아가 예수 그리스도와 하나 되는 성찬의
자리로 나아오라고 초대하는 것 같다.

십자가 신학: 거룩한 성찬

라파엘로의 〈십자가형〉은 미술사적 평가에서 이탈리아 르네상스
의 정수에 해당한다. 구도며 색상이며 표현이며 구조에서 탁월하다.
특히 그의 스승의 페루지노의 작품과 비교할 때 작품의 미적 완성도
에서 차별화되는데, 차별화되는 것은 미술적 표현만이 아니라 그 안
에서 묻어나는 신학에서도 마찬가지이다. 라파엘로의 십자가형은
성찬의 신학을 담고 있다. 이것은 아마 그 당시에 로마 가톨릭교회에
만연한 신학일 것이다. 그러한 신학적 기류에서 페루지노라고 예외
는 아니었을 것이다. 그럼에도 페루지노에 비해 라파엘로는 성찬의
신학, 특히 보혈의 신학을 탁월하게 잘 표현하였다.

기독교에서 구원을 받는 은혜의 수단은 말씀과 성례이다. 말씀
은 성서와 성서에 기초한 설교이다. 성례(Sacrament)란 교회의 거룩
한 예식으로서 성사(聖事)라고 부르기도 한다. 로마 가톨릭에서는 13
세기 교황 클레멘스 4세(Clemens Ⅳ, 재위 1265~1268)에 의해 일곱 가지
성사가 교리로 정립되었다. 그 일곱 가지 성사는 세례(洗禮), 견진(堅
振), 성체(聖體), 고해(告解), 혼인(婚姻), 병자(病者), 성품(聖品) 성사이다. 이
일곱 가지 성사는 종교개혁에 이후에 열린 트리엔트 공의회(Council
of Trient, 1445~1563)에서도 그리스도께서 세우신 성사로 재확인되었
다.[118] 이에 반해, 개신교에서는 은혜의 수단으로서 말씀에 대한 강

조와 함께 로마 가톨릭의 일곱 성례 중 두 가지, 곧 세례와 성찬만 인정하고 있다.[119)]

성례들 중 교회 공동체에서 가장 거룩하고 신비하면서도 일상적이고 대중적인 것은 성찬이다. 세례, 견진, 혼인, 병자, 성품 성사는 거의 일회적이거나 특별한 경우이다. 고해성사는 일상적일 수 있으나, 황홀하고 신비하다고 말하기에는 지극히 현실적이다. 세례가 거룩하고 신비하다고 하나, 일생에 한 번 행하는 것이다. 그러고 보면 로마 가톨릭과 개신교가 공히 인정하는 반복적인 성사는 오직 성찬뿐이다. 성도라고 한다면, 주기적이면서 일상적으로 교회의 성찬에 참여한다. 그리고 그 참여는 그리스도의 몸과 피에 참여함으로써 그리스도와 거룩한 합일을 이루는 신비 중의 하나이다. 이 그림엔 그리스도의 피에 대한 강조와 함께 성찬의 신학이 담겨 있다.

• 그들이 먹을 때에 예수께서 떡을 가지사 축복하시고 떼어 제자들에게 주시며 이르시되 받아서 먹으라 이것은 내 몸이니라 하시고 또 잔을 가지사 감사기도 하시고 그들에게 주시며 이르시되 너희가 다 이것을 마시라 이것은 죄 사함을 얻게 하려고 많은 사람을 위하여 흘리는 바 나의 피 곧 언약의 피니라(마 26:26-28)

• 내가 너희에게 전한 것은 주께 받은 것이니 곧 주 예수께서 잡히시던 밤에 떡을 가지사 축사하시고 떼어 이르시되 이것은 너희를 위하는 내 몸이니 이것을 행하여 나를 기념하라 하시고 식후에 또한 그와 같이 잔을 가지시고 이르시되 이 잔은 내 피로 세운 새 언약이니 이것을 행하여 마실 때마다 나를 기념하라 하셨으니 너희가 이 떡을 먹으며 이 잔을 마실 때마다 주의 죽으심을 그가 오실 때까지 전하는 것이니라(고전 11:23-26)

우리나라에 〈생명의 양식〉으로 알려진 유명한 찬양이 있다. 이 노래의 원 제목은 〈파니스 안젤리쿠스〉(Panis angelicus), 직역하면 '천사의 빵'이다. 이 노래를 '천사의 빵'이라고 하지 않고 '생명의 양식'이라고 한 것은 대단한 오역일 수도 있겠지만, 이 곡이 바로 예수 그리스도의 성찬을 노래하고 있기 때문이다. 십자가에서 찢기신 예수의 몸이 우리를 구원하는 빵이 되고, 십자가에서 흘리신 예수의 피가 우리를 구원하는 잔이 된다. 그것이 우리의 영혼의 양식이며 천상의 양식이다. 그 양식으로 말미암아 우리의 영혼이 살고, 우리의 인생이 살게 된다.

찬송가 230장 〈우리의 참되신 구주시니〉는 본래 토마스 아퀴나스(Thomas Aquinas 1225~1274)의 "Adoro Te devote, latens Deitas"라는 글에서 유래하였다. 라틴어 "아도로 테 아보테"는 "주를 찬양하나이다."라는 뜻이다. 1850년 우드포드(James R. Woodford) 주교가 라틴어에서 영어로 번역하여 처음 찬송가로 싣게 되었는데, 곡조는 13세기 베네딕트 수도회에서 목소리로 부르던 찬트 형식의 선율이다 (Benedictine plainsong). 2절의 가사가 다음과 같다.

♪ 주님의 살과 피 기념하여 생명의 떡과 잔 받아 먹네 내 영혼 영생 주신 주님께 온 정성 다하여 찬송합니다 ♪

찬송가 229장 〈아무 흠도 없고〉는 일본인 사사오 데쓰사부로(笹尾鐵三郎, T. Sasao, 1868~1914)가 작사하였다. 곡조는 앰지 채핀(Amzi Chapin, 1768~1835)이 작곡한 〈금빛 언덕〉(Golden Hill)에서 가져왔는데, 5음계 3박자로 연세 드신 분들이 애창하는 곡조로서 우리 찬송가 373장 〈

고요한 바다로〉와 536장 〈이 곤한 인생이〉에도 사용되었다.[120] 1~3
절 가사는 십자가에서 예수의 찢긴 살과 흘린 피가 우리를 위한 것
임을 다음과 같이 노래하고 있다. 그래서 성찬식에서 예수 그리스도
의 십자가의 은혜를 묵상할 때 주로 불리고 있다.

> ♫ 1 아무 흠도 없고 거룩 거룩하신 주 하나님 어린 양이 죽임을 당했네 2 이
> 는 날 위하여 십자가 위에서 못 박히사 깨뜨리신 주님의 몸일세 3 이는
> 날 위하여 형벌을 받으사 주가 친히 대신 흘린 주의 보혈일세 ♫

성도는 항상 예수 그리스도의 십자가의 은혜 안에 살아야 한다. 예
수의 십자가의 은혜를 경험하는 것은 오직 성령의 역사 안에서 가능
하다. 바울은 자신이 그리스도와 함께 십자가에 못 박혔으며, 그리하
여 세상에 대하여 죽었고, 또 매일 죽는다고 고백하였다(갈 2:20, 6:14,
고전 15:31). 교회 공동체는 성찬을 통하여 십자가의 구원의 은혜를 기
념하고 경험한다. 성찬은 성령의 역사로 예수의 마지막 만찬이 현재
화되고, 천국의 영원한 만찬이 현재화된다. 기독교 공동체의 성찬에
의 초대는 하나님이 인류를 향하여 베푸시는 은혜의 잔치에로의 초
대이며, 영원한 하나님 나라에로의 초대이다. 나를 위하여 자신을 십
자가에 내어 주신 주님의 살과 피를 오늘도 나의 영혼과 육체 그리고
나의 삶과 소망 안에 채우며 살아간다.

Part III

종교개혁과 반종교개혁

Grünewald, The Crucifixion, c. 1515, Oil on wood, 269×307cm, Musee d'Unterlinden, Colmar

11
그뤼네발트의 <이젠하임 제단화>

종교개혁 이전의 종교개혁 화가 그뤼네발트

이 그림은 그뤼네발트(Mathias Grünewald, 1470/1480~1528)의 〈이젠하임 제단화〉(Isenheim Altarpiece)로 알려진 예수의 십자가형(Crucifixion) 그림이다.[121] 그림은 전반적으로 어두운 바탕에 십자가에 달린 예수가 전면 중앙을 차지하고 있어서 그림을 보는 순간, 곧장 십자가에 달린 예수를 주목하게 된다. 그런데 십자가에 달린 예수의 모습이 이전의 십자가형 그림들과는 어딘가 다르다. 아니, 어딘가 다른 정도가 아니다. 이전의 어떤 십자가형에서도 이런 끔찍한 표현을 본적이 없다. 고통의 표현이 너무나도 끔찍하고 잔인하여 가히 충격적이다. 아, 이게 뭔가? 그뤼네발트라는 사람은 도대체 누구이기에 예수의 몸을 이리도 끔찍하게 표현하였을까?

마티아스 그뤼네발트, 그는 누구인가? 사실 그가 누구인지 잘 몰랐다. 지금도 여전히 그가 언제 태어났는지 정확하게 알지 못한다. 아마 1470년에서 1480년 어간에 태어났을 것이라고 추정할 뿐이다. 구체적인 생애도 잘 모른다. 그의 본명은 마티스 니트하르트(Mathis Niethardt)라고 하는데, 그는 오랫동안 역사의 뒤안길로 사라져 거의 잊혀 진 존재였다. 그를 아는 이도, 기억하는 이도 별로 없었다. 그러다가 1800년대 후반에 이젠하임 제단화가 세상에 알려지면서 그의 존재가 역사의 주목을 받게 되었다. 여기에는 위스망스(Joris Karl Huysmans, 1848~1907)의 공이 크다. 위스망스는 그뤼네발트라는 인물의 존재를 〈십자가 수난도〉와 〈이젠하임 제단화〉를 통해 세상에 알렸다.[122] 그뤼네발트라는 이름도 17세기 독일의 화가이자 미술사가 요아힘 폰 잔드라르트(Joachim von Sandrart, 1606~1688)가 붙여준 별명이다. 그뤼네발트(Grünewald)라? 독일어를 굳이 풀어보자면, 초록색(grüne)의 숲(Wald)이라는 뜻인데, 잔드라르트는 왜 이런 별명을 붙였을까?

이 그림에서 가장 낯설고 충격적인 것은 십자가에 달려 매우 고통스러워하는 예수의 모습이다. 지금껏 여러 십자가형 그림을 살펴보았지만 이렇게까지 끔찍하지 않았다. 예수가 십자가에 못 박혀 죽었으므로 그의 십자가형 그림에 고통이나 죽음의 기운이 없을 수는 없다. 그러나 교회가 부흥하고 미술이 발전함에 따라 십자가형 그림은 아름답게 미화되어 왔다. 그림에서 십자가나 십자가에 달린 예수의 존재를 없앨 수는 없다. 그러나 그의 표정은 고통과 수치에 일그러지기보다 구원을 완성한 구원자의 평안과 승리로 표현되었고, 그의 몸은 피와 상처로 얼룩지기보다 영광의 거룩하고 아름다운 몸으로 표현되었다. 그 표현의 절정이 아마도 바로 앞서 10장에서 본 라파엘로(Raffaello Sanzio, 1483~1520)의 십자가형 그림일 것이다. 아, 그 얼마나 아름답던가? 그 당시 이탈리아 화단의 전반적인 화풍이 그러하였다. 그런데, 도대체 이 그림은 뭔가?

그뤼네발트의 〈십자가형〉 분석

그림을 보면, 십자가의 횡대가 다른 그림들에 비해 유난히도 길다. 길게 걸쳐진 십자가 횡대에 양팔을 잔뜩 벌려 못을 박아놓아서 관객들이 보는 것조차 고통스럽게 온 몸이 축 늘어져 있다. 이전의 그림에선 예수의 몸을 가급적 십자가에 일치되도록 붙여 능동적이고 아름답게 그렸다. 양성론(兩性論, Dyophysitism)의 관점에서 보면, 예수 그리스도의 인성(人性)보다 신성(神性)을 강조한 것이다. 그런데, 이 그림에선 전혀 그렇지 않다. 예수는 지칠 대로 지쳐서 더 이상 아무 것도 할 수 없이 무기력하다. 예수는 지나치다할 정도로 너무나 인간적이다. 아니, 오히려 비현실적으로 인간적이다. 예수의 양손을 십자가 횡대의 위로 올려선 뒤집어 그 손바닥에 못을 박았다. 못 박힌 손은 십자가에 달린 예수의 고통을 단적으로 표현하고 있다. 마치 손가락 하나하나가 절규하듯 고통을 호소하고 있다. 김향숙은 못에 박힌 두 손이야말로 그뤼네발트가 독자적인 방식으로 십자가형을 그려낸 이 그림의 핵심이라고 설명하였다. 마치 살아 있는 것 같은 손은 무엇인가 확실한 진리를 움켜잡음과 함께 그 진리에 대한 증명이라 할 수 있다.[123)]

예수의 얼굴은 보기조차 어렵게 처참하게 일그러져 있다. 이 보다

더 처참할 수 있을까? 이전의 어떤 십자가형 그림에서 찾아볼 수 없는, 힘겹고 괴로운 표정이다. 머리에는 굵고 억센 가시로 엮은 가시관이 깊숙이 눌려 씌어져 있다. 가시에 찔려 다량의 피가 얼굴을 타고 흘러내리고 있다. 고개는 보기에도 힘든 형태로 목을 길게 빼어 늘어져 떨어지기 일보직전이다. 입은 무기력하게 헤벌어져 있다. 말은커녕 숨조차 쉬지 않는 것 같다. 아니, 이쯤이면 이미 숨을 거두었을지도 모른

다. 눈은 고통 속에 감겨져 있고, 이마와 미간에는 죽음의 주름살이 깊게 패여 있다. 누가 이것을 예술적 표현이라고 말할 수 있을까? 예술이라는 말 자체가 오히려 모독처럼 느껴질 정도이다.

십자가에 박힌 예수의 발목도 처참하기는 매한가지이다. 이것은 상상하기조차 싫은 비현실적 표현이다. 어찌 이리도 고통스럽게 표

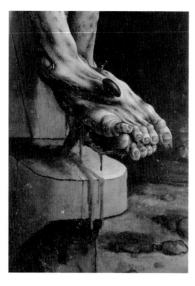

현할 수 있을까? 발의 형태도 기이한데, 발 위에 발을 포개어 그 위에다 못을 박았다. 못 박힌 양발은 오히려 발판 위에 덩그러니 떠있고, 굵고 억센 못만이 아래로 삐져나와 그 아래에 있는 발판에 박혀 있다. 보기에도 매우 잔인하고 흉물스럽다. 이 비현실적인 표현은 고통 위에 고통을 더하여, 오히려 보기에도 끔찍하

여 차마 눈뜨고 보지 못할 정도로 처참하다. 고대의 십자가형틀을 보면, 간혹 간이 의자나 발판이 있어서 죄수의 늘어지는 몸을 받쳐주는 역할을 하곤 하는데, 여기서는 전혀 그렇지 않다. 오히려 고통을 더욱 증폭시킬 뿐이다. 뚝뚝 떨어진 피가 아래로 흘러내리고 있다. 아마 십자가형 그림 중에서 고난과 죽음에 관하여서는 이 그림이 최고의 표현일 것이다.[124]

나는 이 그림을 가리켜 "이탈리아 르네상스 미술가들의 놀이터에 던져진 폭탄"이라고 말하고 싶다. 이 그림은 중세의 로마 가톨릭적이라기보다는 확실히 새 시대의 종교개혁적이다. 시간적으로는 아직 종교개혁이 일어나지 않았지만, 그림의 내용만 놓고 본다면 종교개혁 이전의 종교개혁적 작품이라고 할 만하다. 확실히 다르다. 이탈리아 르네상스 화풍과는 완전히 다르다. 이전의 아름다움을 추구하던 이탈리아 르네상스의 작품과는 거리가 멀어도 너무 멀다.

다음으로 예수의 몸은 어떠한가? 성한 곳이 하나도 없는 것이 고통에 절어있다. 그런데, 이 그림에서 가장 특이한 것은 예수의 앙상하게 마른 온 몸에 가시가 박힌 것처럼 돋은 상처들이다. 이 징후, 이 상흔은 무엇일까? 이 이상한 상처는 예수의 몸의 일부만 아니라 온 몸에 고루 퍼져있다. 머리부터 발끝까지 다 있다. 게다가 예수의 상처 입은 몸엔 어딘지 모르게 녹색의 빛이

감돌고 있다. 이 온 몸의 돋은 녹색의 상처들은 도대체 뭐란 말인가? 왜 이 녹색의 가시 상처들이 십자가에 달린 예수의 몸에 있어야 하는 것일까? 이전은 물론 이후의 다른 어떤 십자가형 그림에서도 찾아볼 수 없는 표현이다. 그래서 그뤼네발트(Grünewald)인가?

이 질문에 대한 대답은 어쩌면 이 그림이 걸려 있던 장소에서 그 단서를 찾을 수 있을 것 같다. 앞서 살펴 본 몇 개의 십자가형 그림에서도 그렇듯이 그림을 의뢰하고 제작하는 데에는 의뢰자나 의뢰기관의 의도나 목적이 담겨 있다. 그리고 그런 의도와 목적은 화가나 화단의 화풍과 실력을 통하여 묘사되고 표현된다. 물론 거기엔 신학이 담겨 있다. 이 그림은 이젠하임(Isenheim) 지역에 있던 성 안토니우스(St. Antonius) 수도원이 운영하던 병원에 걸려 있던 제단화이다. 성 안토니우스라? 그리고 병원이라?

이 병원에는 무슨 사연이 있었을까? 당시 이 병원에는 맥각중독(麥角中毒) 병자들이 입원해 있었다. 그 이름도 생소한 맥각중독(Ergotism, Ergot poisoning)은 귀리나 호밀과 같은 곡물들을 검게 타들어가게 하는 맥각균에 감염되어서 발생하는 질병이다. 당시에 많은 사람들이 맥각균에 감염된 곡물로 만든 빵을 먹고, 이 병에 걸렸다. 이 병에 걸리면 발작, 구토, 두통, 경련, 조증, 환각 등의 증세가 나타나고, 심하면 사망에 이르게 된다.[125] 맥각균에 중독되면 특이한 증세로 혈액 순환이 안 되어서 몸에 피부 괴저가 나타나는데, 이 그림에서 예수의 온 몸에 돋은 상처들은 맥각중독에 의한 피부 괴저로 보인다.

이 병에 걸리면 나타나는 증세 중의 하나가 불에 타는 것 같은 심한 고통이다. 그래서 이 병을 종종 '화염(火焰)', '악마의 저주', 또는 '성 안토니우스의 불(St. Anthony's Fire)'이라고 부르곤 하였다. '성 안토니우스의 불'이라고? 이 제단화가 걸린 곳이 바로 성 안토니우스 수도원의 병원이었다는 사실을 생각하면, '성 안토니우스의 불'이라는 표현은 확실히 뭔가 연관이 있어 보인다.

그럼, 성 안토니우스는 누구인가? 성 안토니우스(c. 251~c. 356)는 '사막의 수도자'로 널리 알려진 인물이다. 그는 '이집트의 안토니우스' 또는 '사막의 안토니우스'라고도 불리며, 기독교 수도주의의 창시자로 알려져 있다. 그는 주님의 부르심(마 19:21, 6:34)에 고민하다가 재산을 정리하여 가난한 자들에게 나누어주고 수도자가 되었다. 그는 여러 번 사탄의 유혹에 맞서 싸운 것으로 유명하다. 한 번은 안토니우스가 주님께 자신이 고통당할 때, 주님은 어디에 계셨는지 물었다. 주님은 그때 "나는 너와 함께 있었다."라고 대답하였다. 이 체험을 하고 난 후, 안토니우스는 이집트의 사막으로 들어가 일평생 고독과 침묵 속에 수도하는 은수(隱修) 생활을 하였다. 잠시 세상에 나와서 사람들 앞에 나선 적도 있지만, 다시 사막의 동굴로 들어가 105세로 그의 수명을 다할 때까지 참으로 긴 세월 동안 철저하게 수도 생활을 하였다.

AD 360년경 성 아타나시우스(St. Atanasius, 295~373)는 안토니우스의 생애와 행적을 책으로 저술하였다. 그것이 『안토니우스의 생애』(Vita Antoni)이다.[126] 이것은 기독교 역사상 최초의 수도사의 삶에 대한 기록인 동시에 기독교 문학이다. 이로 인해 그의 삶은 일약 세상에 널리 알려지게 되었고, 이후로 그는 수도원의 창시자요 수도자들의 아버지로 추앙되었다. 그렇다보니, 성 안토니우스는 중세부터 이미 미술의 주제로 등장하곤 하였다. 그는 가난한 자, 병자, 특히 그 중에서도 역병인 페스트 환자의 수호성자로 추앙되었다. 그러고 보면, 이 그림에서 성 안토니우스는 맥각병자들의 수호성자로 표현된 것이다. 그뤼네발트는 당시 이 병원에서 있던 맥각병자들을 특별히 생각하여 이 그림을 제작한 것이다.

그림을 보면, 예수의 십자가 주변에 4명의 인물이 등장한다. 먼저 그림의 왼쪽에 세 명의 인물이 있다. 이 사람들은 지금까지 본 십자 가형 그림에서도 자주 등장하던 인물들이다. 한번 알아맞혀 보도록 하자. 가장 먼저 눈에 들어오는 흰 옷을 입은 여인이 있다. 정신을 잃고 쓰러지는 것 같다. 그녀는 누구일까? 그렇다. 그녀는 예수의 어머니 성모 마리아이다. 그녀는 십자가에서 죽어가는 아들 예수를 보며 매우 비통하고 애통하여 거의 정신을 잃은 것 같다. 그래서 그 옆에 붉은 옷을 입은 한 남자가 그녀를 넘어지지 않게 부축하고 있다. 그럼, 이 남자는 누구일까? 그렇다. 제자 요한이다. 그는 사도 요한이라

고도 불리는데, 요한복음을 쓴 저자이기도 하다. 예수는 십자가상에서 어머니 마리아에게 요한을 가리켜 아들이라고 소개하였고, 요한에게는 마리아를 너의 어머니라고 소개하며 부탁하였다(요 19:26-27). 그래서 전통적으로 십자가형 성화에서 제자 요한은 성모 마리아를 부축하고 보좌하는 인물로 묘사되는데, 여기서도 마찬가지이다.

그리고 십자가 아래에서 무릎을 꿇고 두 손을 모아 기도하듯 십자가를 바라보는 여인이 있다. 그녀는 다채로운 옷을 입고 있고 긴 머리털을 가지고 있다. 누구일까? 그렇다. 그녀는 막달라 마리아이다. 막달라 마리아는 주님의 은혜를 입은 여인, 주님의 은혜를 사모하는 여인, 주님께 순종하며 헌신하는 여인으로 표현된다. 이 그림에서 막달라 마리아의 손가락을 보라. 마리아의 깍지 끼어 들어 올린 손가락은 예수의 십자가에 못 박힌 손의 손가락들에 상응한다. 예수의 손가락이 구원 사역을 위한 고통의 절규라면, 막달라 마리아의 손가락은 구원의 은혜를 구하는 간절한 호소이다. 막달라 마리아는 무릎을 꿇고 십자가에 달린 예수 그리스도의 고난을 가슴 아파하는 동시에 또한 무릎 꿇고 두 손 모아 긍휼과 대속의 은혜를 간구하고 있다.

이러한 막달라 마리아의 모습은 어제나 오늘이나 모든 신앙인의 실존의 모습이다. 성도는 이미 은혜로 예수 그리스도를 믿게 되었지만, 또한 언제나 주님의 은혜를 구할 수밖에 없는 연약한 존재이다. 오늘도 우리는 십자가를 바라보며 예수 그리스도의 긍휼과 사랑과 능력을 구한다. 그림 속 막달라 마리아의 모습은 모든 신앙인의 실존인 동시에 이 그림에서는 보다 직접적으로 이젠하임 병원에 있던 맥각병자들의 실존이다. "오! 주님, 주님의 긍휼을 구하나이다. 우리를 불쌍히 여겨 주시옵소서. 오직 주님만이 우리의 아픔을 이해하시고, 공감하시고, 위로하시고, 치유하시고, 구원하실 수 있나이다."

• 우리에게 있는 대제사장은 우리 연약함을 체휼하지 아니하는 자가 아니요 모든 일에 우리와 한결같이 시험을 받은 자로되 죄는 없으시니라 그러므로 우리가 긍휼하심을 받고 때를 따라 돕는 은혜를 얻기 위하여 은혜의 보좌 앞에 담대히 나아갈 것이니라(히 4:15-16)

그럼, 이번에는 그림의 오른쪽 인물을 살펴보자. 이 사람은 누구일까? 롱기누스? 아리마대 요셉? 니고데모? 구레네 시몬? 복음서에 십자가 형장에 있었을 법한 사람들을 떠 올려보는데, 모두 마땅찮다. 누구일까? 답이 금방 떠오르지 않는다. 그는 세례 요한이다. 그동안 이 책에서 별로 살펴보지 않아서 그렇지, 사실 십자가형 그림에 세례 요한은 가끔 등장하는 도상학적 인물이다.

이 사람이 세례 요한이라는 증거가 이 그림의 도처에 있다. 그는 붉은 옷을 입고 있는데, 성화에서 붉은색 의상은 전통적으로 푸른색 의상과 더불어 성인을 표현하는데 사용되었다. 그는 왼손에 성서를 들고 있고, 오른손으로는 십자가에 달린 예수 그리스도를 가리키고 있다. 성서에서 증언하고 있는 이가 바로 예수 그리스도라고 친절하게 가르쳐 주고 있는 듯하다. 그의 발아래에는 어린 양 한 마리가 있는데, 그 어린 양은 특이하게도 십자가를 어깨에 걸머지고 있다. 말 그대로 십자가를 지고 가는 하나님의 어린 양을 시각화한 것이다(요 1:29). 그림 속 세례 요한 뒤에는 라틴어가 적혀 있다. Illum oportet crescere me autem minui. 번역하면 "그는 흥하여야 하겠고 나는 쇠하여야 하리라"(요 3:30)는 뜻이다. 이것은 세례 요한이 예수를 가리켜 한 말이다. 어린 양 곁에는 잔이 하나 놓여 있다. 이 잔은 예수 그리스도가 십자가에서 흘린 대속의 피를 상징한다. 어린 양이 흘리는 피가 아래에 있는 잔 곧 성배에 담기고 있다.

- 이튿날 요한이 예수께서 자기에게 나아오심을 보고 이르되 보라 세상 죄를 지고 가는 하나님의 어린 양이로다(요 1:29)
- 그리스도께서 너희를 사랑하신 것 같이 너희도 사랑 가운데서 행하라 그는 우리를 위하여 자신을 버리사 향기로운 제물과 희생제물로 하나님께 드리셨느니라(엡 5:2)

어린 양 기독론은 구약의 희생제사와 깊이 연관되어 있다. 구약의 제사법에 따르면, 사람은 자신의 죄를 짐승에게 전가하여서 그 짐승이 자신을 대신하여 죄를 짊어지고 죽임을 당하게 하였다. 양은 구약의 제사에서 대표적인 희생제물이다. 예수 그리스도는 십자가에서 온 인류를 위한 희생의 대속물이 되셨다. 구약의 희생제물이 유한하고 일회적이어서 늘 부족한 것이었던 반면, 예수 그리스도의 희생은 무한하고 영원한 것이어서 그것으로 완전한 것이다. 그가 십자가에 못 박혀 죽으심으로 온 인류의 죄를 대속하였다. 이제는 더 이상의 어떤 희생 제물도 필요하지 않다.

• 그는 저 대제사장들이 먼저 자기 죄를 위하고 다음에 백성의 죄를 위하여 날마다 제사 드리는 것과 같이 할 필요가 없으니 이는 그가 단번에 자기를 드려 이루셨음이라(히 7:27)

• 그리하면 그가 세상을 창조한 때부터 자주 고난을 받았어야 할 것이로되 이제 자기를 단번에 제물로 드려 죄를 없이 하시려고 세상 끝에 나타나셨느니라(히 9:26)

예수 그리스도는 세상 죄를 지고 가는 하나님의 어린 양이다. 그가 십자가에 달리심으로써 인류의 모든 죄를 다 짊어지셨다. 그가 십자가에 죽으심으로 모든 사람의 죄를 다 감당하셨다. 죄는 물론 질병과 고난과 저주와 죽음까지 다 담당하셨다. 그래서 우리가 예수 그리스도 앞에 나아갈 때 개인의 죄만 아니라 육체적 질병과 장애, 불편하고 뒤틀린 인간관계, 사회의 불의한 구조, 세계의 온갖 고난과 생태계의 파괴 등 모든 문제를 가지고 나아갈 수 있다. 왜냐하면 예수는 우리의 모든 문제를 다 짊어지시고 감당하신 메시야이기 때문이다.

이젠하임 제단화

이 그림은 그뤼네발트가 제작한 첫 번째 이젠하임 제단화의 중앙에 있는 메인 판넬이다. 그럼, 이 첫 번째 제단화의 전체 그림은 어떤 모습일까? 이젠하임 제단화는 총 9장의 판넬로 구성되어 있다.[127] 펼쳤을 때의 전면 그림은 다음과 같다.

앞서 소개하였듯이, 이젠하임의 제단화는 성 안토니우스 수도원

Grünewald, Isenheim Altarpiece(first view), c. 1515, Oil on wood, Musee d'Unterlinden, Colmar

에서 운영하던 병원을 위해 주문 제작한 제단화이다. 그래서 제단화
의 우측 날개에는 성 안토니우스가 그려져 있다. 그는 외투모자가 달
린 수도사 옷을 입고 지팡이를 들고 있다. 좌측 날개에는 성 세바스
티아누스(St. Sebastianus, c. 255~c. 287)가 있다.[128] 세바스티아누스는 3세
기경의 그리스도인으로 말뚝에 매인 채 화살을 맞았는데도 기적적
으로 소생하였다. 물론 이후에 또 다시 복음을 전하다 잡혀 몽둥이에
맞아 결국 순교하였다, 중세 후기 사람들은 질병이 신의 손에서 놓아
진 화살에 의해서 발병한다고 생각하였다. 그래서 화살에 맞았다가
살아난 세바티우스는 질병, 특히 페스트의 수호성자로 추앙되었
다. 성 안토니우스와 성 세바스티아누스는 둘 다 당시에 역병의 수호
성자들로 추앙받던 인물들이다.

　제단화의 제일 하단 판넬인 프레델라(Predella)에는 예수 그리스도
를 장례하는 장면이 그려져 있다. 예수 그리스도의 '매장'은 전통적
으로 기독교 회화의 중요한 테마 중의 하나였다. 이젠하임 제단화에
서 예수의 매장은 중앙에 있는 메인 판넬의 십자가형과 연속선상에
있다. 메인 판넬의 오른쪽에 있던 세 인물이 여기에 동일하게 등장한
다. 장례를 도와 예수의 시신을 눕히는 붉은 의상을 입은 인물은 앞
서 본 제단화 메인 그림에서 성모 마리아를 부축하던 사도 요한이다.
막달라 마리아는 여기서도 손가락 깍지를 끼고 있다. 매장되는 예수
의 시신도 십자가에 달린 예수의 몸과 동일하게 온 몸에 맥각중독 증
상이 고스란히 남아 있다. 그러고 보면, 이 제단화는 철저히 맥각병
자들을 위한 것이라 할 수 있다.

바르트와 그뤼네발트

　지난 20세기 위대한 신학자 칼 바르트(Karl Barth, 1886~1968)는 자신
의 서재에 항상 이 그림을 걸어두고 감상하였다고 한다. 왜? 무엇 때
문이었을까? 그러고 보니 루터의 종교개혁이 1517년에 시작되었는
데, 이 그림은 그보다 앞선 1515년경에 제작되었다. 1517년 10월 31
일 루터는 만성절(11.1, 萬聖節, All Saints' Day) 전날에 비텐베르크 성문에
95개의 조문을 붙였다. 그것은 당시 유행되고 독려되던 로마 가톨릭

교회의 면죄부 판매에 대한 신학적 이의제기였다. 이 일로 인해 교계에는 큰 파란이 일어났다.

1518년 4월 26일, 루터는 하이델베르크 대학에서 열린 어거스틴 수도회의 연찬회에서 자신의 신학을 변론하였다. 그는 여기서 95개조를 다시 다루지 않고, 보다 근원적인 주제인 칭의에 관한 그의 신학적 입장을 발표하였다. 거기에서 그는 '십자가 신학(Theology of Cross)'을 주창하였다. 루터는 참된 신학과 하나님 인식은 오직 예수 그리스도의 십자가와 고난을 통해서만 가능하다고 천명하였다.[129] 그가 보기에 그동안 로마 가톨릭교회의 신학은 세월이 지날수록 점점 더 인간의 지식으로 하나님을 인식할 수 있는 것처럼 영광의 신학을 추구하여 왔다는 것이다. 그에 반해 루터는 오직 십자가만이 유일한 신학이고(Crux sola est nostra theologia), 십자가가 모든 신학을 시험한다(Crux probat omnia)고 주장하였다. 루터는 십자가를 통한 하나님 인식과 십자가를 따르는 성도의 삶을 제시하였다. 루터는 결국 1521년 1월 3일 교황 레오 10세(Leo X, 재위 1513~1521)에 의해 파문을 당하였다. 그리하여 루터의 종교개혁이 본격화되었다.

그리고 보면, 이 그림은 확실히 당시 이탈리아 르네상스 화풍이 추구하던 영광의 신학과는 거리가 멀다. 오히려 정반대 방향의 그림이다. 당시 르네상스 십자가형 그림은 십자가의 처절한 고난보다는 화려한 영광으로 무게 중심이 옮겨가 있었다. 십자가의 고난을 아름답고 고상하고 숭고하게 표현하였다. 그렇게 보면, 이 그림은 분명히 아름답고 화려하여 편히 볼 수 있는 그 시대의 십자가형 그림이 아니다. 오히려 잔혹하고 처절하고 끔찍하여 보기에 매우 껄끄러운 그림으로, 시대를 넘어선 십자가형 그림이다. 정말로 이 그림은 십자가의 신학 또는 고난의 신학을 담고 있는 것 같다.

바르트가 이 그림을 평생 묵상하였던 동기는 예수 그리스도의 십자가 사건에서 일어난 계시 사건을 세례 요한이 증언하고 있다고 보았기 때문이다.[130] 하나님은 자기 자신을 예수 그리스도의 십자가에서 계시하였다. 바르트는 그뤼네발트의 그림에서 세례 요한이 십자가에 달린 예수 그리스도를 가리키는 집게손가락에 주목하였다.[131] 세례 요한이 예수 그리스도를 가리키며 성서의 사건을 증언하고 있는데, 바르트는 이것이 바로 신학이 하는 일이며, 해야 할 일이라고 생각하였다. 바르트는 그의 주저 『교회교의학』에서 그뤼네발트의 이 십자가형을 여러 번 소개하였다.[132]

당시 자유주의 신학자들은 인간의 이성과 학문으로 하나님을 인식하고자 하였다. 그러나 바르트는 오직 성서적 증언인 십자가에 달리신 예수 그리스도를 통한 계시로만 가능하다고 반기를 들었다. 칼 아담(Karl Adam, 1876~1966)은 바르트의 『로마서 강해』(제2판)를 가리켜 "자유주의 신학자들의 놀이터에 던져진 폭탄"이라고 평하였다. 그러고 보면, 바르트는 확실히 루터의 십자가 신학을 계승하고 있다고 할 수 있다. 중세 로마 가톨릭 신학자들의 놀이터에 폭탄을 던진 루터와 근대 자유주의 신학자들의 놀이터에 폭탄을 던진 바르트, 두 사람 다 십자가 신학을 말하고 있다.

십자가 신학: 고난의 체휼

테오 순더마이어(Theo Sundermeier)도 이 그림이 루터의 종교개혁 이전에 이미 루터의 십자가 신학을 담고 있다고 해석하였다.[133] 그런데, 그는 한 걸음 더 나아가 이 그림이 성 안토니우스 병원에 있는 맥각병자들을 위로하기 위해 제작된 것이지만, 그 시대와 장소의 콘텍스트를 넘어서 모든 시간과 공간을 넘어서는 보편적인 예술작품이라고 해석하였다. 이러한 그의 해석은 콘텍스트적 신학의 보편성을 설명하는 하나의 예이다.

그러면, 시간과 공간을 초월하는 신학의 보편성은 무엇인가? 그것은 루터의 십자가 신학이 주장하는 바와 같이 예수 그리스도의 십자가에서 하나님이 자기 자신을 계시하셨다는 것이다. 우리는 예수 그리스도의 십자가에서 하나님을 알 수 있는 것이다. 또한 십자가에 달려 고난당하신 그리스도가 모든 인간의 고난과 인간의 모든 고난을 공감하시고, 동정하시고, 구원하시는 분이라는 것이다.

- 예수 그리스도는 어제나 오늘이나 영원토록 동일하시니라(히 13:8)
- 우리에게 있는 대제사장은 우리 연약함을 체휼하지 아니하는 자가 아니요 모든 일에 우리와 한결같이 시험을 받은 자로되 죄는 없으시니라 그러므로 우리가 긍휼하심을 받고 때를 따라 돕는 은혜를 얻기 위하여 은혜의 보좌 앞에 담대히 나아갈 것이니라(히 4:15-16)

그 분은 예나 지금이나 앞으로도 변함이 없는 동일하신 분이시다. 그 분은 사랑과 긍휼로 우리를 십자가에서 구원하신 분이시다. 그는 우리의 모든 연약함을 친히 체휼하셔서 아시는 분이시며, 우리의 모든 고난에 공감하시는 분이시다. 그리고 그 고난에서 우리를 구원하시고, 해방하시고, 치유하시는 분이시다. 그것은 그의 십자가의 죽음에서 이루어졌으니 그의 십자가를 믿고 받아들이는 사람은 누구든지 그 은혜와 능력을 경험하게 된다.

이 그림은 예수 그리스도의 십자가의 끔찍한 고난을 담고 있다. 또한 당시 이 그림이 걸려있던 병원의 맥각병자들의 고난도 담고 있다. 2천 년 전 골고다 언덕의 십자가에 달리셨던 예수 그리스도의 처절한 고난이 1,500년 후 이젠하임의 맥각병자들에게 큰 위로와 치유와 소망의 능력이 되었다. 그리고 21세기의 오늘, 우리가 가지고 있는 수많은 죄와 질병과 고난과 절망의 문제 앞에서도 예수의 십자가의 고난이 동일한 능력을 가지고 있음을 다시 고백하게 된다. 예수의 십자가의 능력은 우리의 고통을 체휼하시고, 우리를 질고에서 구원하시며 질병에서 치유하신다. 그뤼네발트의 십자가형 그림은 개인과 세상을 신앙과 소망으로 변혁시키는 능력을 가지고 있는 기독교 미술의 상징을 설명하는 좋은 예이다.[134]

• 그가 찔림은 우리의 허물 때문이요 그가 상함은 우리의 죄악 때문이라 그가 징계를 받으므로 우리는 평화를 누리고 그가 채찍에 맞으므로 우리는 나음을 받았도다(사 53:5)

• 이는 선지자 이사야를 통하여 하신 말씀에 우리의 연약한 것을 친히 담당하시고 병을 짊어지셨도다 함을 이루려 하심이더라(마 8:17)

그럼, 그리스도의 십자가의 체휼은 무엇일까? 첫째, 그것은 예수 그리스도께서 세상에서 가장 끔찍한 고난을 당하셨기에 우리의 모든 고난을 체휼하여 충분히 알고 공감하고 계신다는 데에 있다. 이것은 인간적인 동병상련의 동정을 넘어선다. 자신의 고통을 예수의 고통과 동일시하여 심리적으로 위로하거나 환각 중에 고통을 망각하는 것이 아니다. 십자가에 고난당하신 예수 그리스도는 성 안토니우스의 고난에도 함께하셨고, 맥각병자의 고난 가운데도 함께하셨고, 그리고 또 오늘 우리의 고난에도 함께하신다. 둘째, 예수 그리스도의 십자가의 능력은 실제로 우리의 죄를 사하시고, 마귀의 굴레에서 풀어주시고, 개인적인 문제는 물론 사회의 악한 구조로부터도 우리를 해방시킨다. 십자가의 체휼의 능력은 개인의 아픔을 넘어 사회와 세계와 역사의 아픔을 포함한다. 셋째, 그리스도의 십자가의 능력은 고난당하는 이들로 하여금 바로 그곳에서 하나님을 찾고, 하나님을 만나고, 하나님을 인식하게 한다. 그의 고난에서 구원이 이루어지듯 우리는 고난을 통해 하나님을 찾고, 하나님의 은혜로 예수 그리스도의 십자가에서 소망을 발견한다. 그리고 넷째, 예수 그리스도의 고난 체휼의 능력은 온갖 고난 가운데 연약한 자들과 함께하시며 위로하시고, 치유하시고, 하나님의 방식을 깨우쳐 주셔서 고난당한 자들이 이제 하나님의 일을 감당하는 하나님 나라의 일군으로 세워주시는 데에 있다. 그러므로 예수 그리스도의 십자가의 체휼의 능력을 경험한 사람은 다시금 타인과 세계의 고난에 동참하게 된다.

헨리 나우웬(Henri Nouwen, 1932~1996)은 고난을 치유의 주된 원천으로 생각하였다. 그래서 그는 먼저 상처 받고 치유 받은 사람이 타인의 상처를 치유할 수 있다는 '상처 입은 치유자(The wounded healer)'로서의 사명을 설파하였다.[135] 그 출발이자 영원한 본은 예수 그리스도이시다. 예수 그리스도는 영광의 하늘 보좌를 버리고 낮고 추한 이 세상에 오셔서 끝내 십자가에서 모진 고난을 다 당하고 죽으심으로써 우리를 구원하셨을 뿐만 아니라 오늘 우리가 당하는 모든 고난을 체휼하시고 치유하여 주신다. 십자가에 달려서 온갖 모진 고초를 당하신 예수 그리스도를 바라보라.

찬송가 291장 〈외롭게 사는 이 그 누군가〉는 시빌라 마틴 부인(Mrs. Civilla Durfee Martin, 1866~1948)이 작사하였다. 그는 월터 마틴(Walter Stillman Martin, 1862~1935)을 만나 결혼하고, 남편과 함께 많은 찬송을 만들었다. 아내는 작사를 하고 남편은 작곡을 하였다. 이 찬송은 십자가에 죽으신 예수가 외롭게 사는 모든 이들의 구주가 되시고 친구가 되셔서 사랑으로 돌보아주심을 찬양하고 있다. 우리는 늘 연약하다. 시험과 유혹에도 쉽게 넘어지고, 질병과 사고에도 쉽게 넘어진다. 그러나 그런 우리를 안타깝게 바라보시는 분이 계시니, 바로 우리 위해 십자가에 달리신 예수 그리스도이시다. 1절 가사이다.

> ♬ 외롭게 사는 이 그 누군가 맘 아파 헤매는 그대로다 십자가 형틀에 너 위해 상하신 하나님 독생자 왜 잊었나(후렴) 오직 주 예수님 널 돌보신다 오직 주 예수님 널 사랑해 손잡아 네 길 인도하시는 사랑의 주 예수 오 하나님 ♬

바울의 고백처럼 우리는 연약하지만 주님은 강하시다. 우리가 만약 부득불 자랑한다면, 그것은 오직 약함 가운데 역사하시는 주님의 강함이다(고전 1:25, 고후 12:10). 그런데 주님 또한 약함 가운데 강함으로 역사하셨다. 예수 그리스도는 연약한 아기의 몸으로 가장 낮고 추한 곳에 오셨으며, 가장 고통스럽고 부끄러운 십자가에 죽으심으로 구원의 역사를 이루셨다.

십자가의 능력은 약함 가운데 드러나는 강함이다. 예수의 가장 큰 고난이자 가장 큰 약함이 바로 십자가의 죽음이다. 그러나 바로 그 십자가의 죽음에서 구원의 능력, 치유의 능력, 생명의 능력, 소망의 능력이 일어난다. 예수 그리스도는 모든 시대, 모든 사회, 모든 사람들에게 유일하며 영원하고 완전한 메시야이다. 그의 십자가의 죽음은 예나 지금이나, 또 앞으로도 영원히 나와 우리와 세계를 살린다. 우리는 늘 외롭고 연약하다. 특히 죄와 시험에 너무나도 약하다. 그러나 그리스도의 십자기를 바라볼 때 고통과 질망이 사라지고, 그의 사랑을 느낄 수 있으며, 또 앞으로의 삶을 새로이 소망하게 된다. 십자가는 나뿐 아니라 모든 사람들에게, 지난 세월은 물론 이제와 앞으로도, 영원히 구원과 위로와 치유와 소망이 되리라.

Michelangelo, Christ on the Cross, c. 1541, Black and white chalk, 368×268mm, British Museum, London

12
미켈란젤로의 <십자가 위의 그리스도>

미켈란젤로의 십자가형 드로잉

이 그림은 미켈란젤로(Michelangelo Buonarroti, 1475~1564)가 1541년 경에 그린 〈십자가 위의 그리스도〉(Christ on the Cross)라는 작품이다. 이 그림은 예수 그리스도의 십자가형을 드로잉한 것이다. 미켈란젤로 라고 하면, 평소에 장엄한 로마 시스티나 성당 천장의 〈천지창조〉 (1508~1512)나 벽면의 〈최후의 심판〉(The Last Judgement, 1535~1541)만 생 각하다가, 막상 이 그림을 보니 미켈란젤로가 언제 또 이런 십자가형 그림을 그렸던가 하며 새삼 놀라게 된다. 미켈란젤로는 언제 왜 이 드로잉을 한 것일까? 그리고 이 드로잉에는 또 어떤 사연이나 의미 가 담겨 있을까?

드로잉(Drawing)이란 작품의 계획이나 전개, 그림의 훈련이나 연습, 또는 대작을 위한 밑그림으로서 주로 단색의 선으로 간단하게 그리 는 것을 말한다. 우리말로는 흔히 소묘(素描)라고 하는데, 종종 크로키 (Croquis), 스케치(Sketch), 에스키스(Esquisse) 등으로 불리기도 한다.[136] 오늘날엔 드로잉이 그 자체로 회화의 한 영역으로 간주되기도 하지 만, 본래는 회화나 건축이나 조각 작품을 만들기 위한 예비 작업이었 다. 그러다보니, 드로잉이라 하면 어딘가 모르게 약간은 엉성한 미완의 것으로 생각하곤 하는데, 이 드로잉은 어딘가 모르게 대가의 흔적이 느껴진다.

미켈란젤로는 평생에 걸쳐 예수의 생애와 관련하여 여러 개의 드로잉을 남겼는데, 특히 나이 들어 일련의 예수의 십자가형을 드로잉하였다. 그는 평생 거룩한 것, 영적인 것을 추구하며 살았다. 그래서 미켈란젤로를 가리켜 구원의 길, 신앙의 길, 영원의 길을 추구한 예술가라고 평하기도 한다.[137] 그는 노년기에 접어들어 종교에 더욱 관심을 갖고, 독실한 신앙을 추구하였다. 그는 일평생 교회의 지도자들은 물론 여러 인문학자들과도 교류하며 영향을 주고받았는데, 특히 1534년경 비토리아 콜로나(Vittoria Colonna, 1492~1547)를 만나 교제하면서 깊은 영향을 주고받았다. 콜로나는 1538년경 미켈란젤로에게 자신의 갓 나온 시집을 선물하였고, 이에 미켈란젤로는 그녀에게 십자가형 드로잉을 선물하였다고 알려져 있다. 두 사람의 관계는 세상에서 흔히 말하는 남녀 간의 스캔들이라기보다 플라토닉 우정에 가까운 것이었다. 그들은 글과 그림을 통하여 심미적 교제와 함께 신앙적 교제를 나누었다.[138]

이 그림은 드로잉이기에 빛의 조명이나 다양한 색상이 들어있지 않다. 오직 단색의 선으로 그저 단순하게 십자가에 달린 예수 그리스도를 표현하였다. 혹 자연이나 도시의 경치를 간단하게나마 스케치해 넣을 만도 한데, 미켈란젤로는 그런 배경조차 그려 넣지 않은 채 담백하게 오직 십자가 위의 그리스도만 스케치하였다. 십자가 위의 예수 그리스도, 십자가 아래에 해골 하나, 십자가 날개 아래에 두 명의 천사가 전부다. 이것은 노년기에 그린 다른 십자가형 드로잉들에서도 거의 비슷하다. 오직 예수 그리스도의 십자가! 오직 십자가의 예수 그리스도! 드로잉이라는 미술 재료나 기법의 한계이기도 하겠지만, 어쩌면 정말 어쩌면, 이것이 콜로나와 함께 나누고 추구했던 교회 개혁과 독실한 신앙의 한 면모이었을지도 모를 일이다.

미켈란젤로의 십자가형의 특징

그럼, 미켈란젤로의 이 드로잉엔 어떤 새로운 것이 있을까? 이전의 십자가형 그림들과 달리 표현된 것이 무엇이 있을까? 첫째, 가장 먼저 눈에 들어오는 것은 십자가에 달린 예수 그리스도의 우람하고 건장한 몸이다. 이것은 우리가 흔히 르네상스라고 하면, 머릿속에 떠올리게 되는 르네상스다운 인물 표현이다. 근육질의 몸매가 사실을 넘어서 과도할 정도로 웅장하고, 그래서 또한 위엄이 있어 보인다. 이러한 인물 묘사는 꼭 그리스도의 몸에만 국한된 것이 아니었다. 르네상스 절정기의 작품에서 주인공에 대한 인물 표현은 대개 이러하였는데, 미켈란젤로에게서 절정을 이루었다. 트레이시(Lauren Tracy)에 따르면, 오늘날의 현대적 남성미를 구성하는 데에 미켈란젤로가 확실히 기여하였다.[139] 르네상스 작품들은 중세의 작품들과 달리 신이 아니라 인간에게 초점을 맞추었다. 이 시기에 작가는 인간을 작품의 주요 주제와 대상으로 삼았고, 작품 속 주인공에게 주체성과 능력, 존엄성과 권위를 부여하였다. 주인공 인간을 마치 신이라도 된 듯 표현하였는데, 실제로 신이었던 예수 그리스도에 대한 이런 표현은 당연한 것이었고, 지나칠 정도로 과해도 충분히 용납 가능한 것이었다.

그리스도의 건장한 육체에 대한 표현은 이미 미켈란젤로의 조각상

〈부활의 그리스도〉에 잘 나타나 있다. 이 조각상은 1521년 작품으로 부활하신 예수 그리스도가 십자가를 들고 있는 자세를 표현하고 있

다. 그리스도의 몸은 단단한 근육질로 활력이 넘쳐서 역시 강인하고 위엄이 있어 보인다. 십자가를 들고 있음은 부활하신 그리스도가 바로 십자가에 죽임당한 예수와 동일한 분임을 가리키며, 십자가를 지거나 십자가에 달려있지 않고 십자가를 들고 있음은 구세주로서 십자가의 고난을 감당하고 구원 사역을 완수하였음을 의미한다. 그림에서 예수의 모습은 고난보다 영광을 드러낸다. 그리스도의 몸의 육체적 아름다움은 그의 영적인 완전함에 대한 강력한 시각적 메타포이다.[140]

Michelangelo, Risen Christ, 1521, Marble, height 205cm, Santa Maria sopra Minerva, Rome

또한 그리스도의 육체에 대한 이러한 표현은 이 드로잉과 비슷한 시기의 대작 〈최후의 심판〉(1537~1541)에도 잘 드러나 있다. 이 작품은 교황 클레멘스 7세(Clemens VII, 재위 1523~1534)의 제작 의뢰에 이어 파울루스 3세(Paulus III, 재위 1534~1549)의 거듭된 명령으로 미켈란젤로가 60대 노구의 몸을 가지고 여러 해에 걸쳐 공들여 작업한 작품이다. 〈최후의 심판〉의 정면 상단부에 심판자 예수 그리스도가 묘사되어 있는데, 그 풍채가 굉장히 웅장하고 위엄이 있다. 그림은 그리스

도를 중심으로 상하좌우가 대칭 또는 대조적인 구조로 구성되어 있다. 특히 예수 그리스도 아래에는 왼쪽으로 구원받는 사람들, 오른쪽으로 심판받는 사람들이 대치되어 있다.

흥미롭게도 미켈란젤로는 바돌로매가 들고 있는 사람의 가죽에다

Michelangelo, Last Judgment(extra large size image), 1537~1541, Fresco, 1370×1220cm, Cappella Sistina, Vatican

가 자신의 얼굴을 그려 넣었다. 이건 또 무슨 의미일까? 의인과 죄인의 중간에 걸쳐 있는 자신의 미지근한 영적 상태를 은유한 것일까? 아니면, 노구에 조각이 아닌 벽화를 그리고 있는 자신의 처량한 신세를 은유한 것일까? 벽화 왼쪽 상단에는 십자가를 지고 가는 예수 그리스도가 그려져 있고, 벽화 아래에는 이 모든 구원과 심판의 역사의 근거이자 기준이 되는 예수 그리스도의 십자가가 서 있다.

둘째, 이전의 십자가형에서는 대개 예수가 지그시 눈을 감고 고개를 아래로 떨어뜨리고 있는데 반해, 이 드로잉에서 예수는 오히려 고개를 들어 저 멀리 하늘을 응시하고 있다. 예수의 얼굴은 고통 가운데 모든 것을 체념하고 죽음을 수용하는 듯한 표정이라기보다는 오히려 하늘을 향하여 뭔가 호소하고 부탁하는 것 같은 표정이다. 아스카니오 콘디비(Ascanio Condivi, 1526~1574)가 말한 것처럼 "엘리 엘리 라마 사박다니"를 말하는 것일 수도 있고, 조르조 바사리(Giorgio Vassari, 1511~1574)가 말한 것처럼 "아버지여 나의 영혼을 부탁하나이다"일 수도 있다.[141] 이 드로잉도 내용상 분명히 그리스도가 십자가에 달려서 이룬 구원의 역사를 담고 있는데, 그 표현에 있어서는 매우 당당하고 오히려 도발적이라 할만하다. 당당한 승리자 예수 그리스도!

그의 표정과 자세는 세상을 향해서도 마찬가지로 뭔가 할 말이 많은 도전적인 표정이다. 예수 그리스도의 복음은 세상을 위한 것이다. 그리스도는 타인을 위한 존재이고, 세상을 위한 존재이다. 십자가 앞에서 복음을 부끄러워야 할 이유가 하나도 없다. 복음 앞에서 부끄러워야 할 것은 죄인과 악한 세상이지, 예수 그리스도가 세상에서 부끄러움을 당해야할 존재는 아니다. 르네상스 시대 특히 미켈란젤로는 예수 그리스도를 영광스런 존재로 당당하고 늠름하게 표현하였다. 예수 그리스도의 십자가와 그의 복음을 부끄러워하지 말라 (롬 1:16, 딤후 1:8).

- 내가 복음을 부끄러워하지 아니하노니 이 복음은 모든 믿는 자에게 구원을 주시는 하나님의 능력이 됨이라 먼저는 유대인에게요 그리고 헬라인에게로다 (롬 1:16)

- 그러므로 너는 내가 우리 주를 증언함과 또는 주를 위하여 갇힌 자 된 나를 부끄러워하지 말고 오직 하나님의 능력을 따라 복음과 함께 고난을 받으라(딤후 1:8)

셋째, 이 드로잉에서 십자가에 달린 예수의 몸 형태가 이전의 그림들과 다르다. 중세 십자가형에서 예수의 몸은 치마부에(Giovanni Cimabue, c. 1240~c. 1302)와 조토(Giotto di Bondone, 1267-1337)의 작품에 잘 드러나듯이 관람자가 보기에 주로 2자로 모양으로 십자가 기둥의 왼쪽으로 상당히 휘어져 있었다. 특히 하체의 다리 모양을 눈여겨 볼 필요가 있다. 십자가에서 휘어진 예수의 몸은 십자가형의 고통을 구원의 역사와 함께 신비하게 나타내는 미적 표현이었다. 그런데 미켈란젤로의 드로잉에서 예수의 몸은 2자가 아니라 오히려 역으로 S자 형태로 살짝 오른쪽으로 휘어져 있다. 몸은 오른쪽으로 휘어졌는데 발은 이전 그림들처럼 오른발이 그대로 위로 올라가도록 겹쳐 못을 박아서 관객이 보기에 불편하고 어색한 포즈로 연출되어 있다. 그런데 아름답다.

만약 십자가에 달린 예수의 몸이 좌우간 어느 쪽으로든 많이 휘어져 있다면, 이 작품 역시 중세의 그림처럼 예수 그리스도의 거룩한 고통을 신비하게 표현한 것일 것이다. 그러나 미켈란젤로는 심한 고난의 표현을 하려고 한 것 같지 않다. 르네상스의 십자가형 그림에서 예수 그리스도의 몸은 대개 Y자를 유지하고 있다. 미켈란젤로는 십자가 위의 예수 그리스도를 십자가의 고통에 괴로워하는 연약한 인간의 모습이 아니라, 십자가의 고통을 덤덤히 감당하는 그리스도의 모습으로 표현하고 있다. 바사리는 그리스도의 몸이 죽은 것처럼 버려진 것이 아니라, 심한 고통을 통하여 그 자체로 몸부림치는 마치 살아 있는 것 같은 몸을 본다고 평하였다.[142] 그러나 내가 보기에는 그렇게까지 극심한 고난은 느껴지지 않는다. 오히려 아름답고 역동적이다. 묘사된 그리스도의 몸은 상하고 상한 연약한 몸이 아니라 인류를 구원한 건장하고 아름다운 몸이다.

넷째, 예수의 하체에 드리운 천은 너무나도 얇아서 속이 훤히 비치는 것이 거의 나체에 가까울 정도이다. 사실 이 부분에 대한 묘사는 매우 곤란하고 난처한 작업인데, 미켈란젤로는 역시 대가답게 적절한 명암 처리로 드로잉을 하였다. 사실 이 드로잉을 전후하여 〈최후의 심판〉으로 인해 나체논쟁이 한 바탕 벌어지고 있었다. 미켈란젤로가 오랜 작업을 마치고 1541년 〈최후의 심판〉을 공개하였을 때, 한편에서는 웅장한 스케일과 정교한 표현에 경탄과 찬사를 마지 않았지만, 다른 한편에서는 그림 속 391명의 인물들이 모두 나체였기에 개탄과 비난의 소리가 높았다. 이로 인해 나체 표현과 관련하여 오랫동안 종교적 외설 논란에 휩싸이게 되었다.[143] 이 논란은 트리엔트 공의회(Council of Trient, 1545~1563)의 결정으로 결국 미켈란젤로가 숨지기 한 달 전인 1564년 1월에 그의 제자 다니엘레 다 볼테라

(Daniele da Voltera, 1509~1566)가 벽화 속 인물들의 하체에 허리수건을 덧그려 넣는 것으로 마무리 되었다.

다섯째, 특이하게 이 십자가형 드로잉에는 피 흘림이 없다. 십자가형 그림에는 피 흘림이 일반적이다. 어떤 그림은 세련되게, 어떤 그림은 우아하게, 어떤 그림은 적절하게, 어떤 그림은 잔혹하게 피를 그려 넣었다. 채찍으로 당한 온 몸의 상처는 고사하더라도 최소한 가시관을 쓴 머리, 못 박힌 양 손과 발, 그리고 창에 찔린 옆구리의 핏자국은 기본에 해당한 것이었다. 왜냐하면 십자가형에서 피 흘림은 당연하고 자연스러운 일일뿐더러, 십자가에서 흘린 예수 그리스도의 피는 곧 죄 사함과 구원을 상징하기 때문이다. 그런데, 이 드로잉에는 없다. 앞의 10장 라파엘로의 십자가형과 11장 그뤼네발트의 십자가형과 비교하면, 이 사실이 확연하다.

혹시, 그림의 재료가 흰색과 검은색의 연필이나 분필이어서 그런 것은 아닐까? 그러나 그렇다고 해도 피 흘림에 대한 표현은 충분히 가능하였을 것이다. 특히 인체에 대한 해부학적 연구와 세밀한 표현으로 정평이 난 미켈란젤로라면, 이 부분은 오히려 더욱 자신 있는 영역이었을 것이다. 그런데 피 한 방울, 피의 흔적조차 그리지 않았다. 그러고 보면, 피 흘림이 없는 것은 미켈란젤로의 의도이다. 우나 델라(Una Roman D'Ella)는 미켈란젤로의 이 드로잉들이 오직 흰색과 검은색으로 눈물 없는 눈물흘림과 피 없는 피 흘림(a tearless tearfulness and a bloodless bloodiness)을 표현하고 있다고 해석하였다.[144] 그것은 기존 신앙에 대한 개혁의 미학적 표현이라 할 것이다. 그림에는 기존의 로마 가톨릭 신학에 대한 비판과 기독교 신앙의 본질에 대한 갈망이 담겨 있다.

여섯째, 미켈란젤로의 이 십자가형 드로잉에서 흥미로운 것들 중의 하나는 예수의 못 박힌 손에 대한 묘사이다. 미켈란젤로는 십자가에 못 박힌 예수의 손을 정교하면서도 특이하게 표현하였다. 이전의 그림에서 예수의 손은 대개 단순하고 적나라하게 손바닥에 못이 박혀 있는데, 이 그림에서 예수의 오른손은 손바닥에 못이 박힌 것을 보여 주지만, 이상하게 엄지는 접은 채 검지로 앞을 가리키는 듯하고 중지와 약지는 접은 듯 구부러져 있다. 왼손은 아예 살짝 주먹을 쥐고 있는데다가 손의 옆면을 그리고 있어서 손에 박힌 못이 분명하게 보이지 않는다.

무슨 의미일까? 아마도 미켈란젤로의 생각엔 예수의 손이 십자가에 못박혀있다는 사실보다는 예수의 십자가에 박힌 손에다가 어떤 의미를 담아 표현하고자 한 것 같다. 혹자는 이것이 당시 이탈리아에서 손가락으로 하던 욕이었다고 주장하였는데, 그 진위는 확인된 바 없다. 그러나 노년기에 접어든 미켈란젤로가 더욱 성숙한 신앙을 추구하고 있었다는 점과 그리고 신앙적으로 교제하던 경건한 콜로나에게 준 선물이라는 점을 고려한다면 적어도 그리 저속한 의미를 담지는 않았을 것이다. 여전히 그 내용이 무엇인지는 잘 모른다. 그러나 예수의 오른손이 무엇을 지시하려 하고, 왼손이 무엇을 움켜쥐려 하는 형태라면, 그림의 주제인 예수 그리스도의 십자가를 바라보며 그의 구원의 은혜를 확고히 붙잡으려는 의미는 아닐까?

일곱째, 마지막으로 미켈란젤로의 이 드로잉에서 또 하나 흥미로운 것은 바로 십자가에 달린 예수의 양팔 아래에 그려진 두 천사이다. 약간은 생뚱맞지만, 그래도 그다지 낯설고 어색한 등장은 아니다. 조토와 두초의 십자가형 그림에서처럼 십자가형 그림에 천사들이 등장할 수 있다. 그럴 때 그들은 대개 십자가 주위를 날며 하나님의 구원의 역사를 찬양하거나 아니면 예수의 죽음을 슬퍼하며, 또한 슬퍼하는 이들을 위로하였다. 그런데, 이 그림에서 천사는 많지도 않고 딱 두 명이 등장하는데, 그 포즈 또한 약간 희한하다.

예수의 오른팔 아래, 곧 관람자들이 보기에 그림 왼쪽의 천사는 오른손으로는 자신의 숙인 고개를 지탱하고, 왼손으로는 십자가에 달린 예수를 가리키고 있다. 자신은 슬픔 가운데 차마 보지 못하지만, 관람자들을 향해서는 예수 그리스도를 바라보라고 제안하는 듯하다. 반대편 예수의 왼팔 아래, 곧 그림의 오른쪽에 있는 천사는 양손으로 자신의 턱을 괸 채 십자가에 달린 예수를 응시하고 있다. 그 응시는 약간 뒤에서 예수님을 향하고 있지만, 또한 멀리서 보기에 관객을 향하고도 있다. 이전의 십자가형 그림에서 십자가 아래의 두 인물이라고 하면 의례히 성모 마리아와 제자 요한이었다. 이 드로잉에서 위치상 이 천사들의 존재는 일부분 그들의 역할을 대신한다. 이전 그림들에서 성모 마리아는 아들 예수의 십자가의 고통을 차마 보지 못하고 고개를 돌리고 있고, 제자 요한은 그리스도를 바라보거나 성모 마리아를 부축하고 있다. 두 천사는 그림을 보는 관람자에게 십자가에 달린 예수 그리스도를 바라볼 것을 제안하는 것 같다.

• 믿음의 주요 또 온전하게 하시는 이인 예수를 바라보자 그는 그 앞에 있는 기쁨을 위하여 십자가를 참으사 부끄러움을 개의치 아니하시더니 하나님 보좌 우편에 앉으셨느니라(히 12:2)

예수는 그리스도 곧 구주이시다. 예수 그리스도는 나의 구원자, 우리의 구원자, 세상의 구원자이시다. 믿음으로 주님을 바라보는 데에 구원의 비결이 있다. 주의 이름을 부르는 자가 구원을 받고, 그의 얼굴을 구하는 자가 구원을 받고, 그를 믿고 의지하는 자가 구원을 받고, 그의 십자가 아래 엎드리는 자가 구원을 받는다. 그림은 겉보기에 단순하고 간략한 드로잉이지만, 그 내용으로는 여느 십자가형 그림 못지않게 중요한 내용을 담고 있으며, 특히 친퀘첸토(Cinquecento) 르네상스의 절정기를 흐르는 큰 물줄기에서 뭔가 물줄기를 틀어보고자 하는 소용돌이를 보이고 있다.

피에타에서 드러나는 신학적 변화

미켈란젤로는 이 그리스도의 십자가형 드로잉에서 확실히 이전의 그림들과는 다른 무언가를 표현하고자 한 것으로 보인다. 그런데, 무엇이 정확히 다른 표현이고, 또 그 표현이 정확히 무엇을 뜻하는지 잘 모르겠다. 그러나 적어도 미켈란젤로가 아무 의미 없이 그냥 이렇게 그린 것은 아닐 것이다. 콜로나를 생각해서 그린 것이라고 한다면 더욱 그럴 것이다. 아들러(Sara Adler)에 따르면, 콜로나는 미켈란젤로에게 있어서 세속적인 불륜의 대상이 아니라 정신적 사랑의 연인으로 사상적 교류나 예술적 작업에서 완벽한 뮤즈였다.[145] 그렇다면, 혹시 그 즈음에 콜로나를 위한 다른 그림들 속에 조금 더 단서가 남아 있지는 않을까?

미켈란젤로의 드로잉 중에 1538년경 콜로나를 위해 그렸다고 알려진 소위 〈피에타〉(Pietà)라고 불리는 것이 있다. 이 드로잉은 뒤에서 성모 마리아가 죽은 예수를 앞으로 안고 있기에 미켈란젤로가 1499년에 제작한 '조각상 〈피에타〉'에 빗대어 '그림 〈피에타〉'라고 부르곤 한다. 이 두 피에타를 비교해 보면, 어딘가 느낌이 다르다. 미켈란젤로가 젊어서 조각한 〈피에타〉에는 '피에타(pietà)'라는 말 그대로 죽은 아들을 양팔로 바쳐 안고 하염없이 슬프게 내려다보고 있는 성모 마리아의 비애에 초점이 맞추어져 있다. 성모 마리아가 주연이고, 예수 그리스도는 죽어 마리아의 무릎에 조연처럼 뉘여 있다.

그런데, 노년에 그린 〈피에타〉 그림에서는 성모 마리아가 슬픔에 잠겨 있다기보다 두 손을 위로 들어 하나님에게 찬양과 영광을 돌리는 듯하다. 무엇보다 예수 그리스도가 더 이상 조연이 아니라 오히려 주연으로서 성모 마리아에 앞서 전면에 등장한다. 십자가 형틀은 없지만, 두 천사가 양옆에서 예수의 양팔을 들어 올려 마치 예수가 십자가에 달려있는 것 같은 모양을 연출한다. 예수의 몸은 십자가형에

Michelangelo, Pietà, 1499, Marble, height 174cm, width at the base 195cm, Basilica di San Pietro, Vatican

Michelangelo, Study for the Colonna Pietà, c. 1538, Black chalk, 295×195mm, Isabella Stewart Gardner Museum, Boston

처한 형태를 하고 있다. 고개는 떨구어졌고, 발목은 포개어졌다. 그림은 우리를 위해 십자가에 달려 죽으신 동정심 많은 자애로운 그리스도를 생각하게 하고, 그의 몸에서 흘러내리는 보혈을 통하여 그의 구원을 생각하게 한다. 미켈란젤로의 이 드로잉은 확실히 예수 그리스도를 강조한다. 우리를 위하여 십자가에 달려 죽으신 예수 그리스도를 바라보게 하고, 집중하게 한다. 미켈란젤로의 신앙의 여정은 로마 가톨릭교회의 성모 마리아에 대한 부각에서 다시 성서에 기초한 예수 그리스도에 대한 조명으로 돌아가고 있다.

콜로나는 경건한 과부로서 오랜 수도원 생활을 하였으며, 당시 로마 가톨릭교회의 내적 개혁을 추구하는 후안 발데스(Juan Valdés) 서클에 속해 있었다. 이 서클이 추구하는 신학의 기조는 인간이 선행을 하거나 성례에 참석하는 것으로 구원을 얻는 것이 아니라 믿음으로 구원을 얻는다는 것이었다. 그녀는 바울과 마찬가지로 구원은 오직 그리스도의 희생(십자가와 피와 땀)으로 말미암으며 인간의 의지와 공적은 불필요하다고 굳게 믿고 있었다.[146] 그것은 미켈란젤로도 마찬가지였던 것 같다. 믿음이 최고다. 오직 믿음이다. 십자가의 은혜를 전적으로 믿고 받아들이는 것이 구원의 길이라는 것이다. 그러고 보면, 이 서클의 신학노선은 당시 한창 일어나고 있던 마르틴 루터의 종교개혁과도 지향하는 바가 통한다고 할 것이다. 사실 그도 그럴 것이 로마 가톨릭 교회 내에서도 개혁의 요구는 이미 끊임없이 있어 왔기 때문이다.

작품의 제작 시기를 고려하면, 미켈란젤로는 분명히 1517년에 발발한 마르틴 루터의 종교개혁을 알고 있었을 것이다. 물론 그는 독실한 가톨릭 교인이자 로마 교황청의 미술가였으므로 그가 가톨릭교회의 신앙을 저버리고 루터의 개혁을 추종하지는 않았다. 혹자는 〈최후의 심판〉에 후미지게 그려진 인물이 루터를 표현한 것이라고 주장하기도 한다. 그가 루터의 종교개혁을 지지하거나 동조하지는 않았지만, 적어도 그가 교회 개혁의 필요성을 느꼈던 것은 사실일 것이다. 그의 인생을 살펴보더라도 그가 교황청과 불편한 관계로 얽힌 것이 한두 번이 아니었다. 일평생 확실한 신앙으로 하늘의 영원한 것을 추구하며 작품 활동을 하던 그가 노년기에 접어들면서 자신의 죽음을 전망하여 더욱 순전한 신앙으로 나아가고자 하였던 것 같다. 그는 노년에 오직 예수 그리스도의 십자가의 구원의 은혜에 대한 믿음으로 나아갔을 것이다.

미켈란젤로는 이 드로잉 외에도 마지막 노년기에 일련의 십자가형 드로잉들을 남겼다. 그것들은 대개 성모 마리아와 제자 요한이 함께 등장하는 예수의 십자가형 그림들이다. 이 그림들에서는 섬세하고 정교한 묘사는 거의 찾아보기 어렵다. 투박하다 못해 오히려 두루뭉술하여 얼굴의 표정조차 알아보기 어렵다. 분명한 것은 십자가에 달린 이가 예수 그리스도라는 것과 그 주위의 인물들이 성모 마리아와 제자 요한일 것이라는 것 정도이다. 그런데, 인물들의 이 어정쩡한 자세와 두루뭉술한 표정에서 그들의 감정이 느껴지니 참 신기한 일이다.

Michelangelo, Christ on the Cross with the Virgin and St. John, 1555~1564, Black chalk and white heightening, 382×210mm, Royal Collection, Windsor

Michelangelo, Christ on the Cross with the Virgin and St. John, 1555~1564, Black chalk, white heightening, 412×279mm, British Museum, London

십자가에 달려 구원의 역사를 이루어가는 구주 예수 그리스도가 중앙 상단부에 있다. 십자가 아래 왼쪽으로 아들의 죽음을 애통해 하는 성모 마리아가 있다. 그리고, 그런 예수 그리스도와 성모 마리아를 바라보는 제자 요한의 슬픔 또한 느껴진다. 또 다른 작품에서는 성모 마리아와 제자 요한이 십자가에 달린 예수의 다리를 직접 붙들고 있어서 애절함이 더 깊이 느껴진다. 슬픔이나 아픔은 사랑할수록 더한 법이다. 예수에 대한 친밀한 애정과 처절한 믿음이 더욱 애절하게 느껴진다. 노년 미켈란젤로의 작품에서는 확실히 젊은 시절과는 다른 신앙 내지 신학적 변화가 감지된다.

십자가 신학: 오직 그리스도에 대한 믿음

글을 정리하며 노년의 미켈란젤로가 추구하였던 교회의 개혁과 독실한 신앙이 구체적으로 무엇이었는지 궁금하다. 그것이 무엇이었는지 이 희미한 드로잉 작품들로는 다 헤아릴 수 없다. 뭐라고 단정 짓기는 곤란한 일이다. 그러나 만약 이 작은 종이에 무엇인가 신앙의 흔적이 남아있다면, 그것은 무엇이고, 또 어떤 의미가 담겨있는지 계속하여 신학적 상상의 나래를 펴보게 된다. 교회의 모든 개혁과 신앙의 모든 개선은 르네상스(Renaissance)의 어원처럼 다시 본질로 돌아가서 새로 태어나고, 새 출발하는 것일 것이다.[147] 지난 세기 두 진영의 위대한 십자가 신학자 존 스토트(John Stott, 1921~2011)와 위르겐 몰트만(Jürgen Moltmann, 1926~2024)은 각자의 신학의 자리에서 기독교의 근본이자 핵심으로서 예수 그리스도의 십자가를 강조하였다. 그리고 그 둘의 신학적 유산을 이어받은 알리스터 맥그래스(Alister McGrath, 1953~) 또한 기독교의 출발이자 근거이며 중심은 오직 예수 그리스도의 십자가라고 거듭 강조한다.[148] 예수 그리스도의 십자가 없이 기독교가 있을 수 없다. 뭔가 희미해지고 혼탁해질수록 우리는 다시 근원, 근본, 십자가에 달린 예수 그리스도에 대한 믿음으로 돌아가야 한다. 미켈란젤로는 노년에, 죽음에 다가갈수록 더욱 절실히 그리스도의 십자가의 은혜에 몰두하였으리라. 왜냐하면 우리를 위하여 십자가에 달려 죽으신 예수 그리스도만이 오직 우리의 유일한 구세주이시기 때문이다.

- 사람이 의롭게 되는 것은 율법의 행위로 말미암음이 아니요 오직 예수 그리스도를 믿음으로 말미암는 줄 알므로 우리도 그리스도 예수를 믿나니 이는 우리가 율법의 행위로써가 아니고 그리스도를 믿음으로써 의롭다 함을 얻으려 함이라 율법의 행위로써는 의롭다 함을 얻을 육체가 없느니라(갈 2:16)
- 십자가의 도가 멸망하는 자들에게는 미련한 것이요 구원을 받는 우리에게는 하나님의 능력이라(고전 1:18)
- 다른 이로써는 구원을 받을 수 없나니 천하사람 중에 구원을 받을 만한 다른 이름을 우리에게 주신 일이 없음이라 하였더라(행 4:12)

찬송가 439장 〈십자가로 가까이 나를 이끄시고〉는 크로스비(Fanny Jane Crosby, 1820~1915년) 여사가 1869년에 작사한 곡이다. 크로스비 여사는 생후 6개월 만에 실명하였으나, 95년을 살며 약 9,000곡에 이르는 찬송시를 작사하였다. 그녀에게 장애는 또 하나의 은혜의 통로이며, 사역의 통로였다. 이 곡은 십자가의 은혜와 십자가로 가까이 나아가는 신앙을 노래하고 있다. 예수 그리스도의 십자가가 우리의 구원이고 무한한 영광이다. 1절 가사는 다음과 같다.

♬ 십자가로 가까이 나를 이끄시고 거기 흘린 보혈로 정케 하옵소서 십자가
십자가 무한 영광일세 요단강을 건넌 후 영원 안식 얻네 ♬

성도는 십자가로, 십자가로 날마다, 날마다 더 가까이 나아가야 한다. 언제나 다시금 십자가에 달리신 예수 그리스도를 바라보아야 한다. 오직 십자가의 은혜로 죄 사함을 받고, 구원을 받고, 천국에 들어가고, 영원한 생명을 얻게 되기 때문이다. 예수 그리스도의 십자가에 모든 것이 다 있다. 그의 십자가로 나아가는 사람은 다 잃은 것 같지만, 사실은 모든 것을 다 얻은 사람이다(고후 6:8-10). 가장 비참하고 부끄럽고 고통스런 그의 십자가에 온갖 은혜와 구원과 승리와 영광이 다 담겨 있다. 가장 부끄러운 십자가가 은혜 받은 자에게는 가장 영광스런 십자가가 된다. 십자가로 가까이 나아가는 삶이 은혜의 삶이다. 십자가로 나아가는 길이 구원과 천국으로 들어가는 길이다.

Cranach the Younger, Weimar Altarpiece: Crucifixion (central panel), 1555, Wood, Stadtkirche Sankt Peter und Paul, Weimar

13
크라나흐의 <바이마르 제단화>

종교개혁의 화가 크라나흐

이 그림은 루카스 크라나흐(Lucas Cranach the Elder, 1472~1553)가 그린 예수의 십자가형(Crucifixion) 그림 중 하나이다. 그림 중앙에 예수가 십자가에 달려 있다. 십자가에 달린 예수의 얼굴은 고통에 일그러져 있고, 예수의 못 박힌 손과 발 그리고 창에 찔린 옆구리에서는 붉은 피가 흘러나오고 있다. 십자가 아래에는 한 마리의 어린 양이 있다. 이미 앞서 여러 번 살펴본 대로, 세례 요한이 예수님을 보고 "세상 죄를 지고 가는 하나님의 어린 양"이라고 말한 것을 생각나게 한다(요 1:29).

그런데, 중앙 상단에 십자가에 달린 예수 외에 왼쪽 하단에도 예수가 붉은 망토를 걸친 채 또 있다. 이것은 또 무엇인가? 이 그림이 십자가형(Crucifixion) 그림이 아니었던가? 그런데, 이것은 또 무슨 내용인가? 그는 발로 괴물을 밟아 누른 채 창으로 찌르고 있다. 그런가 하면, 십자가 뒤에 벌거벗은 한 사람이 마귀에게 쫓겨 도망치고 있고, 좀 더 멀리 오른편에는 사람들이 장대에 높이 달린 놋 뱀을 바라보고 있다. 그보다 좀 더 멀리 십자가 저 뒤에는 천사가 양 치던 목자들에게 나타나 있다. 아무래도 이 그림은 뭔가 상당히 많은 내용을 한 화폭 안에 담고 있는 것 같다. 오른쪽 하단에 있는 세 인물은 또 누구인가?

　루카스 크라나흐는 종교개혁자 마르틴 루터(Martin Luther, 1483~1546)의 절친(切親)으로 알려져 있다. 그는 독일 크로나흐(Kronach) 출생으로 빈(Wien)을 중심으로 활동하던 화가였는데, 1505년 작센(Sachsen)의 선제후(Kurfürst) 프리드리히(Johann Friedrich I, 1503~1554)의 궁정화가로 초빙되어 비텐베르크로 건너 왔다. 선제후(選帝侯)란 신성로마제국에서 독일황제의 선거권을 가졌던 일곱 사람의 제후를 일컫는 말이다. 프리드리히는 크라나흐에게 루터의 초상화를 그리도록 하였다. 크라나흐는 그때 거기서 루터를 만나 교제를 시작하여 일평생 그의 후원자이자 조력자가 되었다. 크라나흐와 그의 아내 바바라(Barbara Brengbier, 1485~1540)는 1525년 루터와 카타리나(Catharina von Bora, 1499~1552)가 결혼할 때 증인이 되어 주었다. 둘은 서로 친하여 루터는 크라나흐의 딸 안나(Anna)의 대부가 되어 주었고, 크라나흐는 루터의 장남 요한네스(Johannes)의 대부가 되어 주었다.

　무엇보다 크라나흐는 화가로서 루터의 성서 해석과 신학 사상을 그림으로 표현하여 주었다. 크라나흐는 비텐베르크에서 스튜디오와 인쇄소를 운영하였기에 루터의 성경, 설교집, 기도서, 찬송가 등의 삽화를 판화로 작업하여 세상에 널리 알렸다. 그는 또한 정치가로서 루터를 보호하고 그의 종교개혁을 지지해 주었는데, 1537~1544년에는 비텐베르크의 시장의 직책을 맡기도 하였다. 지금 우리에게 널리 알려진 루터의 초상화들도 대개 크라나흐의 작품들이다. 그래서 크라나흐는 흔히 '종교개혁의 화가'라고 불린다.[149] 마르고트 캐스만

(Margot Käßmann)은 크라나흐가 루터의 이미지를 형성했고 루터의 종교개혁을 그림으로 표현했다고 하였다.[150]

Cranach the Elder, Portrait of Martin Luther, 1525, Oil and tempera on wood, 40×27cm, City Museum and Art Gallery, Bristol

Cranach the Elder, Martin Luther, c. 1532, Oil on beech panel, 33×23cm, Metropolitan Museum of Art, New York

그리고 보면, 루터는 당시 성화에 반대하였던 종교개혁자들과는 적어도 그림에 관하여서는 신학적 노선을 약간 달리하였던 것 같다.[151] 당시 대부분의 종교개혁자들은 로마 가톨릭의 성인숭배와 성상숭배를 우상숭배로 간주하여 반대하였다. 츠빙글리는 성상이나 성화 숭배를 우상숭배라고 비판하며, 1524년 6월에 교회에서 모든 성상이나 성화를 제거해 버렸다.[152] 그러나 루터는 크라나흐와의 개인적인 친분과 공동의 사역 관계에서 드러나듯이 그림을 인정하고 존중하였다. 그는 그림 자체가 본성상 선하거나 악한 것이 아니라 그것의 사용이 문제가 된다고 보았다.[153] 그는 그림의 교육적 기능을 인정할 뿐만 아니라, 오히려 복음을 전하고 종교개혁을 알리는 데에 그림을 적극 활용하였다.[154] 루터의 생각에 따르면, 그림 자체를 숭배하는 것은 결코 있어선 안 될 일이지만, 그림을 통하여 회심과 교육과 영적 성장을 할 수 있다면 결코 금할 일이 아니었다.[155]

어? 그런데, 어딘가 좀 이상하다. 연대가 맞지를 않는다. 크라나흐는 1553년에 죽었는데? 이 십자가형은 1555년 작품이다. 제작 기간이 들어맞지 않는다. 혹시 무슨 착오가 있는 것은 아닐까? 아니다. 이 그림은 아버지 크라나흐(1472~1553)가 작센의 선제후 요한 프리드리히를 위하여 구상하고 시작하였는데, 작업 도중에 사망함에 따라 그의 아들 크라나흐(Lucas Cranach the Younger, 1515~1586)가 아버지를 이어서 작업하여 완성한 것이다. 그래서 어떤 이는 이 그림을 아버지의 것으로 보기도 하고, 또 어떤 이는 아들의 것으로 보기도 하는데, 일반적으로는 아들의 것으로 소개한다. 아버지와 아들의 이름이 똑 같다. 서양에선 종종 있는 일이다. 그래서 둘을 구별하여 아버지를 '대(大) 루카스 크라나흐' 또는 '루카스 크라나흐 디 엘더(the elder)'라 부르고,[156] 아들을 '소(少) 루카스 크라나흐' 또는 '루카스 크라나흐 디 영거(the younger)'라고 부른다.

크라나흐의 초기 십자가형 그림

대(大) 크라나흐는 예수의 십자가형을 평생에 걸쳐 수차례 그렸다. 그는 일찍이 1501년과 1503년에도 십자가형 그림을 그렸다. 이것들은 그가 비텐베르크로 오기 전에 그린 초기 작품으로, 여기에는 도나

우파(Donauschule, 다뉴브파)의 화풍이 물씬 묻어 있다. 도나우파는 16세기 초 남독일과 오스트리아의 도나우(다뉴브) 강변의 도시를 따라 형성된 화파(畫派)로서 로맨틱한 정서의 풍경 묘사를 특징으로 하고 있다. 하늘과 넓게 드리워진 구름이며, 산과 언덕의 풍경, 그리고 인물 묘사도 서정적으로 풍성하게 화면을 가득 채우고 있다. 십자가에 달린 예수의 하체를 가린 흰 수건도 서정적으로 길고 풍성하게 드리워져 있다.

1501년 작품은 도나우파의 서정적 분위기가 역력하지만, 구도와 내용은 전통적인 십자가형 그림을 따르고 있다. 예수의 하체를 가린 너풀거리는 흰색의 긴 옷은 크라나흐가 십자가형 그림에서 젊어서부터 노년까지 시종일관 사용하던 묘사이다. 긴 천을 한쪽으론 정갈하게 고이 접어 하체를 가리고 다른 쪽으론 길게 늘어뜨려 서정적이면서도 온 세계를 덮을듯하게 풀어 헤치고 있다. 이 길게 풀어헤친 천은 오직 예수 그리스도의 것이다. 좌우편 두 강도의 것은 그렇

Cranach the Elder, The Crucifixion, c. 1501, Oil and tempera on limewood, 59×45cm, Kunsthistorisches Museum, Vienn

Cranach the Elder, Crucifixion, 1503, Pine panel, 138×99cm, Alte Pinakothek, Munich

지 않다. 그들의 것은 짧고 초라하다. 1503년 작품도 화풍과 내용은 비슷하다. 그런데 십자가형을 바라보는 구도가 특이하다. 크라나흐는 약간 측면 아래에서 십자가에 달린 예수를 비스듬하게 올려다보고 있다. 그 바람에 성모 마리아와 제자 요한 그리고 그 뒤에 십자가에 달린 한 강도가 적나라하게 정면으로 묘사되었다.

바이마르 제단화의 십자가형

그에 비하면 1555년의 십자가형 작품은 분위기가 사뭇 다르다. 화풍도 그렇거니와 내용에서도 상당한 차이를 보인다. 이 그림의 주제는 단도직입하여 십자가에 달려 죽으심으로써 우리를 죄에서 구원하신 구원자이자 또한 부활하심으로써 마귀를 짓밟아 이기신 승리자 예수 그리스도라고 할 수 있다. 그림 안에는 적어도 다섯 개 이상의 도상들이 들어있다. 내가 얼핏 보기에도 한 일곱 개 정도가 보인다. 중앙 상단에 십자가에 달린 예수 그리스도, 십자가 아래에 어린 양, 왼쪽에 부활하신 예수 그리스도, 예수의 발 뒤에 마귀에게 쫓기는 아담, 그리고 그 맞은편에 모세의 율법, 오른쪽 위에 저 멀리 광야의 놋 뱀, 그리고 더 멀리에 양 치던 목자들에게 성탄의 소식을 전하는 천사 등.

이 그림은 단순한 십자가형 그림이 아니다. 이 그림은 예수의 십자가형 그림 안에 루터의 종교개혁 신학을 고스란히 담아 놓은 그림이다. 예수 그리스도는 왜 십자가에 달려 죽으셔야 했는가? 그것은 우리가 죄인이기 때문이다. 왜 우리는 죄인이 되었는가? 아담이 하나님의 말씀을 어겼기 때문이다. 그래서 인간은 죄로 말미암아 마귀에게 쫓겨 다니는 불쌍한 신세가 되었다. 그림 십자가 뒤에 벌거벗은 채 괴물에게 쫓겨 다니는 사람은 죄로 말미암아 에덴동산에서 내어

쫓김을 당하고 계속 마귀에게 쫓겨 다녀야 하는 아담의 영적 실존을 표현한 것이다. 십자가를 중심으로 아담의 맞은편에는 구약 시대에 모세를 통하여 율법이 주어지는 장면이 위치하고 있다.

그럼, 어떻게 구원을 받을 수 있을까? 그것은 오직 우리를 위하여 십자가에 죽으신 예수 그리스도를 믿음으로만이 가능하다. 예수 그리스도는 우리의 죄를 대신 지시고 십자가에 달려 죽으셨다. 십자가 아래의 어린 양은 세상의 모든 죄를 대신 지신 하나님의 어린 양 예수 그리스도를 상징한다(요 1:29). 아무 점도 흠도 없는 순백의 어린 양이 마치 왕처럼 규(圭)를 어깨에 맨 채로 걸어가고 있다. 그러나 해석하면, 역설적이게도 그의 규는 십자가이다. 예수가 우리의 죄를 대신 지신 대속 제물이자 동시에 우리를 죄에서 구원하신 왕이심을 알려 준다. 그림은 우리가 이 사실을 믿을 때에 우리가 죄 사함을 받고 마귀에게서 놓임을 받게 된다는 진리를 담고 있다(요 3:16, 20:31).

그림 오른쪽 위에는 광야의 천막들 사이로 장대에 높이 달린 놋 뱀이 있다. 이것은 출애굽한 이스라엘 백성이 광야생활 중 하나님과

모세를 원망하다가 불 뱀에 물려 죽어갈 때 하나님이 모세를 통하여 놋 뱀을 만들어 장대에 높이 달고 그 놋 뱀을 바라보게 하여 그 놋 뱀을 바라보는 사람마다 목숨을 건지게 되었다는 사건을 시각화한 것이다(민 21:5-9). 요한복음에 따르면, 예수는 자신이 십자가에 달리게 될 사건을 바로 이 놋 뱀의 구원 사건을 비유로 들어 설명하였다.

• 모세가 광야에서 뱀은 든 것 같이 인자도 들려야 하리니 이는 그를 믿는 자마다 영생을 얻게 하려 하심이니라 하나님이 세상을 이처럼 사랑하사 독생자를 주셨으니 이는 그를 믿는 자마다 멸망하지 않고 영생을 얻게 하려 하심이라(요 3:14-16)

좀 더 멀리 공중의 구름 가운데 노란 광채 속에 한 천사가 있다. 그리고 아래엔 목자들이 있다. 그 앞에 양떼가 그려져 있어서 이들이 양 치던 목자임을 알려 준다. 십자가에 달린 예수의 하체를 가린 흰 천이 날려 마치 또 하나의 구름 같은 역할을 하고 있다. 오직 예수 그리스도가 은혜의 통로이다.

• 천사가 이르되 무서워하지 말라 보라 내가 온 백성에게 미칠 큰 기쁨의 좋은 소식을 너희에게 전하노라 오늘 다윗의 동네에 너희를 위하여 구주가 나셨으니 곧 그리스도 주시니라(눅 2:10-11)

그림 왼쪽 하단에 있는 예수 그리스도는 부활하신 예수 그리스도이다. 그는 붉은색 망토를 걸치고 있다. 붉은색은 십자가와 관련하여 죄를 사하는 대속의 보혈을 의미한다. 예수 그리스도는 만왕의 왕이시며 구원자이시다. 부활하신 예수 그리스도는 오른발로 죽음을 상징하는 해골을 밟고 있고, 왼발로는 마귀로 표현되는 흉측한 괴물의 머리, 정확히는 목을 밟은 채 창으로 그의 입을 찌르고 있다. 예수 그리스도께서 십자가에 죽으시고 부활하심으로써 죄와 마귀와 죽음을 이기고 승리하신 분임을 알려준다. 이 부분에서 현대의 표현주의, 초현실주의, 아방가르드적 표현이 엿보인다.

이 주제는 십자가 바로 뒤에 있는 벌거벗은 한 남자의 실존으로 인간의 현실을 반영하고 있다. 그는 십자가에 달린 예수와 비슷한 옷차림을 하고 있다. 그는 흰 천으로 하체만 살짝 가린 채 벌거벗은 몸으로 항복하듯 두 손을 든 채 달아나고 있다. 그렇게 생각하고 보면, 아담은 죄인인 온 인류를 대변한다. 그리고 그 바로 뒤를 마귀로 표현되는 괴물이 바짝 쫓아오고 있다. 이 괴물은 전경의 부활하신 예수 그리스도가 왼쪽 발로 밟고 있는 바로 그 괴물이다. 곧 마귀 사탄이다. 이것은 무엇을 의미하는가? 우리는 죄로 인하여 마귀에게 쫓기는 인생이 되었다는 것이다. 아담과 하와의 타락 이후로 모든 인간은 죄인이 되어 마귀의 종으로 살아

가는 신세가 되었다. 이 죄를 해결하신 분이 바로 예수 그리스도이시다. 그는 자기 자신을 십자가의 대속물로 내어주심으로써 마귀를 무찌르고 우리를 마귀로부터 해방시켜 주었다.

- 그러므로 한 사람으로 말미암아 죄가 세상에 들어오고 죄로 말미암아 사망이 들어왔나니 이와 같이 모든 사람이 죄를 지었으므로 사망이 모든 사람에게 이르렀느니라 … 그러나 이 은사는 그 범죄와 같지 아니하니 곧 한 사람의 범죄를 인하여 많은 사람이 죽었은즉 더욱 하나님의 은혜와 또한 한 사람 예수 그리스도의 은혜로 말미암은 선물은 많은 사람에게 넘쳤느니라(**롬** 5:12-15)
- 사망이 한 사람으로 말미암았으니 죽은 자의 부활도 한 사람으로 말미암는도다 아담 안에서 모든 사람이 죽은 것 같이 그리스도 안에서 모든 사람이 삶을 얻으리라(**롬** 15:21-22)

십자가의 직접적인 은혜

그럼, 그림의 오른쪽에 있는 세 인물은 누구인가? 크게 그려 놓은 것을 보면 중요한 인물들인 것 같다. 먼저, 십자가에 가장 가까이 있는 붉은색 망토를 걸친 인물은 누구일까? 세례 요한이다. 세례 요한은 십자가형 그림에서 가끔 보았던 등장인물 중의 하나이다. 십자가형 그림에서 대개 어린 양 예수 그리스도를 가리키며 소개하는 인물은 요한복음의 기록처럼 세례 요한이다. 앞의 11장 그뤼네발트의 십자가형에서도 세례 요한은 왼손에 성경을 들고 오른손으로 십자가의 예수를 가리켰다. 이 그림에서 세례 요한은 오른손으로는 위로 십자가에 달린 예수 그리스도를 가리키고, 왼손으로는 십자가 아래의 어린 양을 가리키고 있다. 그런데 흥미롭게도 그의 얼굴은 예수 그리스도를 향하지 않고, 옆의 인물을 향하고 있다. 요한복음의 기록처럼 세례 요한 옆에 있는 사람들에게 십자가에 달린 예수 그리스도를 소개하고 알려주는 것 같다(요 1:35-37). 그러나 옆의 사람들은 세례 요한의 제자들은 아니다.

그림의 제일 바깥 오른쪽의 인물은 누구일까? 서 있는 포스가 예사롭지 않다. 누구일까? 이 사람은 종교개혁자 루터이다. 그는 마치 성직자의 의복인 듯 검은 예복을 입고 있다. 그는 근엄하고도 늠름한 모습으로 당당하게 서있다. 로마 가톨릭에 맞선 담대하고 당당한 개혁자의 모습이다. 그는 왼손으로 성서를 받쳐 들고, 오른손으로 펼쳐진 성서의 본문을 지목하고 있다(히 4:16, 요일 1:7, 요 3:14-15). 루터의 종교개혁이 오직 성서에 근거하고, 성서로부터 출발한 것임을 표현하고 있다(Sola Scriptura).[157]

그럼, 세 인물 중 가운데 인물은 누구인가? 그는 바로 이 그림을 그린 장본인 크라나흐이다. 물론 아버지 크라나흐다. 아들 크라나흐가 1550년에 그린 아버지 크라나흐의 초상화를 보면, 그림 속 가운데 인물과 같다. 그는 공손히 두 손을 모으고 있다. 이것은 겸손의 자세이며 회개의 자세이고, 기도의 자세이자, 예배의 자세이다. 그는 십자가에 달리신 예수 그리스도를 믿음으로 구원받고, 구주 예수 그리스도에게 경배의 예를 표하고 있다. 양 옆의 인물들, 곧 루터가 성서의 말씀에 기초하여 예수 그리스도만이 우리의 유일한 구세주라고 가르쳐 주고 있고, 세례 요한은 실제 몸짓으로 우리의 죄를 대신 짊어진 어린 양 곧 십자가에 달린 예수 그리스도를 바라보라고 가리키고 있다.

Cranach the Younger, Lucas Cranach the Elder, 1550, Oil on panel, 64×49cm, Galleria degli Uffizi, Firenze

흥미로운 점은 십자가에 달린 예수의 옆구리에서 흘러나온 핏줄기가 곡선을 그리며 크라나흐의 머리에 뿌려지고 있다는 것이다. 그리스도의 십자가의 보혈이 우리를 죄에서 구원하신다. 그러므로 그리스도 외에 또 다른 누군가에게 고해성사를 하고, 또 다른 어떤 행위를 통하여 사죄의 은혜를 구할 필요가 없다. 이 그림에는 로마 가톨릭의 고해성사에 반대하는 종교개혁의 입장이 담겨 있다. 또한 십자가 하단에는 크라나흐의 서명이 새겨져 있는데, 십자가를 타고 흘러내리는 예수 그리스도의 피가 십자가 하단에 새겨진 그의 서명 위로 흘러내리고 있다. 이 그림에서 크라나흐는 자신이야말로 예수 그리스도의 십자가의 보혈로 구원받은 존재임을 고백하며 표현하고 있다.

이 그림은 서사와 내용에 있어서 후베트르와 얀 반 에이크 형제(Hubert and Jan van Eyck)가 제작한 겐트 제단화(Ghent Altarpiece)의 〈어린양의 경배〉(1432) 그림을 생각나게 한다.[158] 작업 도중 한 사람이 사망하여 다른 한 사람이 뒤이어 완성하였다는 서사도 그렇거니와 무엇보다 그림의 주제와 내용과 표현이 유사하다. 두 그림 모두 예수 그리스도가 십자가에 죽으심으로 우리를 죄에서 구원하였다는 기독교의 근본 진리를 표현하고 있다. 십자가, 어린 양, 그리고 등장하는 인물들이 그러하다. 다른 점이 있다면, 겐트 제단화는 동심원적 구도 속에 로마 가톨릭의 전통을 따라 성서 밖의 여러 성인, 성녀, 교황, 추기경 등이 등장하는데 반해, 크라나흐의 이 그림에서는 무엇보다 하나님의 말씀인 성서가 강조되고 있으며 많은 성인들을 생략하고 대신에 오직 세례 요한, 루터, 크라나흐가 등장하고 있다는 것이다. 이 그림은 신학적으로는 기독교의 근본 진리를 표현하고 있는데, 중세 로마 가톨릭의 신앙과 달리 종교개혁의 오직 성서, 오직 그리스도, 오직 믿음을 강조하고 있다. 그림의 주제는 같지만, 표현은 양 진영의 입장차를 고스란히 드러낸다.

Jan van Eyck, The Ghent Altarpiece: Adoration of the Lamb (detail), 1432, Oil on wood, Cathedral of St Bavo, Ghent

앞서 살펴 본 크라나흐의 십자가형 그림은 〈바이마르 제단화〉의 메인 그림이다. 이 그림은 바이마르(Weimar)에 있는 성 베드로와 바울의 도성 교회(the City Church of Sts. Peter and Paul)의 제단 상단에 위치하고 있다. 이 세폭 제단화(Triptych)는 독일의 종교개혁을 가장 잘 시각화한 것으로 정평이 나 있다. 왜냐하면 루터의 종교개혁 신학을 고스란히 대변하고 있기 때문이다. 그럼, 바이마르 제단화의 전체 그림은 어떤 모습일까?

Cranach the Younger, Weimar Altarpiece, 1555, Wood, Stadtkirche Sankt Peter und Paul, Weimar

제단화의 중앙 메인 판넬에는 예수의 십자가형이 있고, 내부의 양 날개에는 화려한 색상으로 중후한 옷차림을 한 인물들이 있다. 왼쪽 날개에는 작센의 선제후 요한 프리드리히 1세(John Frederick I, 1503~1554)와 그의 아내 시빌레(Sybille of Cleves, 1512~1554)가 있고, 오른쪽 날개에는 그들의 세 아들이 있다. 이들은 좌우에서 모두 경건하게 두 손을 모은 채 가운데 있는 메인 판넬의 그림, 곧 예수 그리스도가 십자가에서 이룬 구원의 역사를 바라보고 있다. 이 제단화의 바깥 날개에는 예수 그리스도의 세례와 부활이 그려져 있다. 크라나흐의 제단화는 이전의 로마 가톨릭교회 제단화와 달리 성인이나 천사들이 별로 없다. 오직 예수 그리스도만 드러나고 있다. 그리고 종교개혁의 기치에 따라 성서가 특별히 강조되어 자주 등장한다. 그것은 오직 성서에 기초하여, 오직 예수 그리스도를, 오직 믿음으로 의롭게 되고 구원을 얻는다는 루터의 신학을 담고 있는 것이다.

율법과 복음

루터의 이러한 신학을 단적으로 그린 크라나흐의 일련의 그림들이 있다. 그것은 1529년부터 그리기 시작한 〈율법과 복음〉(Law and Gospel) 또는 〈율법과 은혜〉(Law and Grace)라고 불리는 작품들이다.[159] 크라나흐는 이 주제를 20년 이상 반복하여 그렸다. 크라나흐는 이 대비되는 주제를 한 화면을 절반 나누어서 좌우로 구약과 신약, 죄와 구원, 율법과 복음의 내용을 대조적으로 그려 넣었다. 그림 속에 등장하는 도상들은 대부분 앞서 살펴본 바이마르 제단화의 〈십자가형〉의 것과 같다.

Cranach the Elder, Law and Gospel, 1529, Limewood panel, Schlossmuseum, Gotha

이 그림은 제목이 말해주듯이 그림을 좌우로 나누어 왼쪽엔 율법 아래에서의 삶을, 오른쪽엔 복음 곧 은혜 아래의 삶을 표현하고 있다. 왼편은 아담과 하와의 타락 이래 자유를 누리지 못한 채 괴물에게 쫓겨 다니는 인간을 묘사한데 반해, 오른편은 십자가에 달리시고 부활하신 예수 그리스도를 바라보며 구원을 받고 평안을 얻게 된 인간을 묘사하고 있다. 왼편에는 모세를 통하여 주신 율법을 들고 있는데 반해, 오른편에는 예수 그리스도가 못 박힌 십자가 아래로 어린 양이 그려져 있다. 단적으로 가운데 서 있는 나무가 그림의 좌우를 구분한다. 왼쪽의 율법 편으로 뻗은 나무 가지는 아무 잎도 없이 앙상한 가지로 표현된 데 반해, 오른쪽의 복음 곧 은혜 편으로 뻗은 나무 가지는 잎이 무성한 가지로 표현되어 있다.

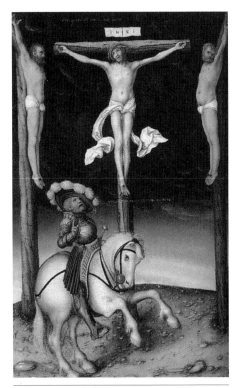

Cranach the Elder, The Crucifixion with the Converted Centurion, 1536, Oil on panel, 51 × 35cm, National Gallery of Art, Washington

루터에게 있어서 율법과 복음이란 주제는 종교개혁의 핵심에 해당하는 것이다. 루터의 종교개혁은 기독교의 핵심이라 할 수 있는 구원론, 특히 칭의론을 중심 주제로 삼고 있다. 루터가 보기에 중세 로마 가톨릭의 신학, 특히 구원론은 인간의 이성과 선행으로 구원에 이르고자 하는 것이었다. 그러니

면죄부 판매를 신학적으로 정당화하였을 것이다. 그에 반하여 루터가 성서를 연구한 바에 따르면, 기독교의 복음은 오직 은혜로, 곧 그리스도를 믿음으로만 의롭다 여김을 받고 구원을 얻게 된다는 것을 분명히 하고 있다.[160] 이 십자가형 그림에도 칭의 곧 구원의 주제가 고스란히 담겨있다.

1536년의 그림 〈회심한 백부장이 있는 십자가형〉(The Crucifixion with the Converted Centurion)은 1501년과 1503년의 십자가형 그림들과 화풍에서는 확연한 변화를 보이는데, 예수 그리스도를 강조함에는 변화가 없다. 서정적 분위기나 아름다운 자연 풍경은 사라지고, 가운데 십자가에 달린 예수 그리스도만이 돋보인다. 길게 풀어헤친 하의는 그대로이다. 십자가 아래에는 기존 십자가형 그림에 등장하는 인물들은 다 없애고, 오직 백부장만 그려 넣었다. 그는 예수의 십자가 처형의 전 과정을 지켜보고서 예수야말로 참 하나님의 아들이라고 고백하였던 인물이다. 전설에 이 백부장은 창으로 예수의 옆구리를 찔렀던 롱기누스라고 하는데, 여기서는 단순히 백부장 한 인물을 넘어서 예수 그리스도를 믿는 모든 성도를 대표한다. 그는 십자가에 달린 구주 예수 그리스도를 알아보고 믿고 경배한다. 그가 탄 말조차 앞발을 들어 걸음을 멈추고 고개를 숙이며 그리스도께 경의를 표하는 듯하다.

• 예수를 향하여 섰던 백부장이 그렇게 숨지심을 보고 이르되 이 사람은 진실로 하나님의 아들이었도다 하더라(막 15:39)

크라나흐의 종교개혁 제단화

　대(大) 크라나흐의 작품 중 루터의 종교개혁 신학을 잘 담고 있는 또 하나의 작품은 1530년대에 제작되어 1547년에 봉헌된 〈종교개혁 제단화〉(Reformation Altar)이다. 제단화의 중앙의 메인 그림은 마지막 만찬(Last supper)을 그린 것이다. 여기엔 흥미로운 점이 몇 가지 있다. 그중의 하나는 만찬을 나누는 예수의 제자들 사이에 루터가 끼어 있다는 것이다. 전통에 따라 예수의 품에 안겨 있는 사람은 제자 요한이고, 그 옆에 가슴에 손을 얹고 항변하는 사람은 베드로이고, 예수 가까이에 붉고 노란 옷을 입은 채 등을 보이고 있는 사람은 가롯 유다이다. 그는 허리춤에 돈주머니를 차고 있고, 배반을 암시하듯 한쪽 발을 빼고 있다. 루터는 오른쪽에 검을 옷을 입고 있는 사람으로 몸을 돌려 뒤에 있는 사람에게 잔을 건네고 있다. 잔을 받고 있

Cranach the Elder, Reformation Altar, 1530s, consecrated in 1547, Oil on panel, Stadtkirche, Wittenberg

는 사람은 아들 크라나흐(Lucas Cranach the Younger)로 전해진다. 이 장면은 매우 개혁적이다. 당시 로마 가톨릭교회의 성찬식에선 회중에게 떡만 주어졌을 뿐, 잔은 주어지지 않았기 때문이다. 그래서 일까? 크라나흐도 흠칫 놀라는 표정이다. 루터는 『교회의 바벨론 유수』(De Captiviate Babylonica Ecclesiae, 1520)에서 성찬은 교회의 부자와 권력자뿐 아니라 모든 사람에게 주어지는 하나님의 선물이라고 하였다.[161]

제단화의 양 날개는 아들 루카스 크라나흐가 그렸다고 전해진다. 크라나흐는 왼쪽 날개에는 세례를 그렸고, 오른쪽 날개에는 회개를 그렸다. 왼쪽 그림은 멜란히톤(Philipp Melanchthon, 1497~1560)이 어린 유아에게 세례를 베푸는 장면이다. 멜란히톤은 1518년 비텐베르크 대학교에 초빙되어 그리스어 교수를 하면서 루터의 사상에 동조하여 라이프치히 논쟁에서 그를 지지하였다. 그는 개신교 최초의 조직신학 책 『신학강요』(1521)를 펴내 개신교 조직신학의 기초를 확립하였고,[162] 신학·철학 교수를 하며 1530년에는 개신교 최초의 신앙고백인 〈아우크스부르크 신앙고백〉(Augsburg Confession)을 저술하였다. 오른쪽 그림은 부겐하겐(Johannes Bugenhagen, 1485~1558)이 성도의 죄의 고백을 듣고 사죄 선언을 베푸는 장면이다. 부겐하겐은 포메라니아 지역과 덴마크 지역에 종교개혁을 소개하였고, 북부 독일과 스칸디나비아 지역에 루터 교회를 조직하였다. 그는 비텐베르크에서 루터의 개인적인 고해신부로서 영적 조언자 역할을 하였고, 1525년 루터와 카타리나의 결혼식을 주례하였으며 루터의 장례식도 집례하였다.

제단화의 하단 프레델라(Predella)에는 루터가 비텐베르크 교구 교회에서 설교하는 모습이 그려져 있다. 설교자와 회중 사이에는 오직 십자가에 달린 예수 그리스도만 있다.[163] 설교는 오직 예수 그리스도의 십자가를 통한 하나님의 구원의 은혜를 선포하는 것이다. 성서는 예수 그리스도의 복음을 알려준다. 오직 성서(Sola Scriptura), 오직 믿음(Sola Gratia), 오직 은혜(Sola Fide), 오직 그리스도(Solus Christus), 오직 하나님께 영광(Soli Deo gloria)이다. 십자가에 달린 예수의 하체를 가린, 감겨서 길게 풀어진 흰 수건은 이 작품이 크라나흐의 것임을 알려 준다. 이 제단화는 루터의 종교개혁에서 가장 중요한 신학적 주제들을 담고 있다. 말씀 곧 설교(프레델라), 그리고 회개와 세례(좌우 날개), 그리고 성찬(중앙 메인 판넬)이다.

십자가 신학: 루터의 칭의

1517년 루터의 종교개혁 출발은 당시에 유행되고 또 강요되던 면죄부 판매에 대한 일종의 문제 제기였다. 당시 교황 레오 10세(Leo X, 재위 1513~1521)는 바티칸의 성 베드로 성당 건축과 또 화려한 교회 장식을 위해 많은 재정이 필요하여 면죄부를 판매하였다. 당시 마인츠 대주교이자 선제후였던 알브레히트(Albrecht, 1490~1545)는 작센의 선제후 프리드리히를 물리치고 독일에서 황제 다음가는 권력자가 되기 위해 교황에게 바칠 재정이 필요하였고, 이에 교황의 허락을 받아 면죄부를 판매하였다. 그는 도미니크 수도사 요한 테첼(Johann Tetzel, 1460~1519)을 면죄부 설교사로 고용하여 면죄부 판매에 전력을 다하였다. 테첼은 굴덴(Gulden)이 돈 궤에 떨어지는 순간, 영혼은 연옥에서 하늘로 올라간다고 설교하였다.[164]

루터가 보기에 이것은 매우 비성서적인 선동이었다. 이에 루터는 비텐베르크 성문에 95개 조문을 걸고 이의를 제기하였다. 이 이의제기는 면죄부를 남발하여 판매하는 현실에 대한 기독교의 정체성이 걸린 근본적인 문제제기였다. 면죄부 판매에 대한 이의제기는 사실 근본적으로 중세 로마 가톨릭교회의 회개론에 대한 문제제기였다.

그럼, 당시 로마 가톨릭교회에서 회개는 어떻게 이루어졌는가? 간략하게 소개하면, 로마 가톨릭교회에서 회개는 크게 세 단계로 진행되었다. 첫째, 회개는 성도가 먼저 마음으로부터 죄를 깊이 후회하고 통회하여야 한다(Contritio cordis). 둘째, 성도는 그 죄를 사제에게 입으로 직접 고백하여야 한다(Confessio oris). 고해성사이다. 셋째, 그러면 사제는 그 죄에 대한 보상 내지 보속을 지시하는데, 성도는 그것을 시행해야 한다(Satisfactio operis). 그러면 죄 사함을 받고 의로워지는 것이다. 이런 절차로 회개와 사죄가 진행되었다. 그런데 이러한 회개는 시간이 흐르면서 점차 내면의 진정한 회개를 도외시한 채, 사제를 통한 제의와 행실을 통한 보속으로 형식화되었다.

루터도 당시 로마 가톨릭교회의 회개의 문제점을 지적하였다. 루터가 보기에 현실적으로 사람의 완전한 통회나 완전한 죄 고백은 불가능한 것이었다. 어떻게 사람이 자신이 저지른 그 많은 죄를 다 깨달아 알고, 또 어떻게 그것을 다 말로 고백할 수 있을까? 그러니 성도는 자연히 겉으로 행해지는 보속에 집착할 수밖에 없게 되었다. 그러나 죄가 분명히 확정되지 않았는데, 보속인들 온전할 수는 없는 노릇이다. 고행이든 금욕이든 선행이든 어떤 것으로도 충분한 보속을 확신할 수 없다. 충분한 보속에 대한 불안은 결국 면죄부(또는 면벌부)를 만들어 내었는데, 돈을 주고 면죄부를 사면 더 이상 보속을 행할 필요조차 없어지게 되었던 것이다. 보속 방법에서 금욕, 경건, 구제, 자선, 노동, 봉사 같은 것들은 점차 사라지고 헌금은 더욱 집중 강화되었고, 강요되었다. 나아가 면죄부의 범위가 과거의 죄뿐 아니라 미래의 죄로 확대되었고, 산자의 죄만 아니라 죽은 자의 죄에까지 확장되었다.

면죄부에 대한 신학적 이론은 십자군 전쟁을 거치면서 더욱 공고해졌다. 특히 은혜잉여설(잉여공로설)과 결합되어 면죄부 판매를 가능케 하였다. 은혜잉여설이란 성모와 성인의 경우에는 자신들이 받아야할 벌을 면제하고도 남는 잉여의 공로가 있다는 주장이었다.[165] 그러면 그들의 잉여 공로를 다른 누군가에게 이전(移轉) 내지 매매(買賣)하는 것이 가능하다는 생각을 하게 된다. 그리고 교회가 바로 그 잉여 공로를 보관하는 보물창고가 되었고, 교황이 그 창고의 관리자가 된 것이었다. 역사적으로 십자군 전쟁은 면죄부를 특별히 돈으로 매매하는 것을 공고히 하는 계기가 되었다. 십자군 전쟁의 참여를 거역한 사람들은 헌금을 대신 바침으로써 죄와 죄책감에서 벗어날 빌미를 제공받았고, 거룩한 전쟁에 간접적으로 기여할 기회를 얻게 되었다. 그리고 베드로성당 건축의 막대한 비용은 이 모든 이론적 과정과 합세하여 본격적인 면죄부 장사에 불을 지폈다.

그러나 루터가 성서를 연구한 바에 따르면, 인간의 구원은 오직 성서(Sola Scriptura)에 기초하여 오직 은혜(Sola Gratia), 오직 그리스도(Sola Christus), 오직 믿음(Sola Fide)으로만 가능한 것이다. 사람이 의롭게 되는 것은 인간의 어떤 공로나 헌금이 아니라 오직 예수 그리스도를 통한 하나님의 은혜를 믿는 데에 있는 것이다. 십자가에 달리신 예수 그리스도가 회개와 사죄, 칭의와 구원의 유일한 통로인 것이다.

1555년 바이마르 제단화의 십자가형 그림을 보노라면, 루터의 이러한 칭의론이 한 눈에 들어온다. 이 그림은 루터의 종교개혁 신학의 정수를 한 화폭 안에 고스란히 담아 놓은 것 같다. 그림을 보면서 나는 그림 속 크라나흐의 자리에 서있고 싶은 마음이 간절하다. 나 또한 크라나흐의 이마에 떨어지는 예수 그리스도의 십자가의 보혈을 나의 온 몸과 맘으로 고스란히 맞고 싶다. 기독교에 다른 구원의 길이 없다. 루터가 고행과 연구 가운데 얻은 진리는 오직 하나님의 은혜에 의한, 오직 예수 그리스도를 통한, 오직 믿음의 구원이다.

찬송가 544장 〈울어도 못하네〉는 로버트 로우리(Robert Lowry, 1826~1899)가 작사 작곡한 것으로 사죄와 구원의 유일한 길이 무엇인지 찬양하고 있다. 인간적으로 울어도, 힘써도, 참아도, 아니 그 무엇을 해도 의롭다 여김을 받고 구원을 받을 수 없다. 오직 십자가에 달려 돌아가신 예수 그리스도를 믿음으로만이 가능한 것이다. 4절 가사는 다음과 같다.

> ♬ 믿으면 되겠네 주 예수만 믿어서 그 은혜를 힘입고 오직 주께 나가면 영원 삶을 얻네 십자가에 달려서 예수 고난당했네 나를 구원 하실 이 예수 밖에 없네 ♬

> • 너희는 그 은혜에 의하여 믿음으로 말미암아 구원을 받았으니 이것은 너희에게서 난 것이 아니요 하나님의 선물이라(엡 2:8)

구원은 삼위일체 하나님이 십자가와 부활의 사건을 통하여 우리에게 주시는 가장 귀하고 귀한 은혜이다. 세상 어디에도 구원의 다른 길이 없다(행 4:12). 오늘도 우리를 대신하여 십자가에 죽으시고 사흘 만에 부활하셔서 우리를 죄와 마귀와 사망과 지옥에서 구원하신 우리 주 예수 그리스도에게 무한한 감사와 존귀와 영광과 찬양을 돌린다. 오직 하나님께 영광(Soli Deo Gloria)! 예수 그리스도의 십자가도 은혜이고, 예수 그리스도를 믿는 믿음도 은혜이다. 구원에 이르게 하는 모든 것은 다 하나님이 거저 주시는 은혜이다. 그러기에 성도는 십자가 앞에서 오직 감사뿐이고, 성도는 오직 십자가를 세상에 전할뿐이다.

El Greco, The Crucifixion, 1596~1600, Oil on canvas, 312×169cm, Museo del Prado, Madrid

14
엘 그레코의 <십자가형>

영적인 화가 엘 그레코의 여정

이 그림은 엘 그레코(El Greco, 1541~1614)가 1596~1600년경에 그린 〈십자가형〉(Crucifixion)이다. 전반적으로 어두운 색을 바탕으로 중앙에 십자가에 달린 예수 그리스도기 환하게 드러나 있다. 그림은 도상학적으로 십자가형 성화의 전통을 따르고 있다. 그림 상단 가운데에는 십자가에 못 박힌 예수가 있고, 아래로 왼쪽에 성모 마리아와 오른쪽에는 사도 요한, 그리고 십자가 아래에는 막달라 마리아가 각각 경건한 포즈를 취하고 있다. 이들은 대개 고상하고 중후한 색으로 채색되어 십자가에 달린 예수 그리스도를 부각시키고 있다.

그림의 형식은 작가가 십자가를 중심하여 임의적으로 화면 전체를 꽉 채운 구도이다. 따라서 르네상스의 자연적인 원근감이나 시원함을 찾아보기 힘들다. 이 그림은 예수의 십자가 사건을 사실적으로 그렸다기보다 작가가 강조하고자 하는 바를 담아 그렸다는 느낌이다. 인물의 형태는 르네상스 작품들보다 약간 길게 묘사되었고, 색상은 르네상스에 비해 어둡고 중후하며, 붓질 또한 르네상스에 비해 격하고 두텁다.

그림의 내용상 두드러진 특징은 등장인물들이 모두 십자가에 달린 예수 그리스도를 향하고 있다는 점이다. 성모 마리아는 두 손을 모아 지극히 경건한 자세로 예수를 향하고, 사도 요한은 양손을 따로 벌려 경건한 자세로 예수를 향하고 있다. 그는 오른손으로 그리스도를 애도하며 경배를 돌리고, 왼손으로 관객들에게 은총을 전하며 그리스도를 제시한다. 막달라 마리아는 십자가 기둥 아래로 흘러내리는 피를 닦아내며 예수를 향하고 있다. 예수의 손에서 흘러내리는 피를 받아내는 두 천사도 예수의 발에서 흘러내리는 피를 받아내는 천사도 모두 십자가에 달린 그리스도를 향하고 있다. 엘 그레코는 이 그림으로 무엇을 말하고자 한 것일까?

엘 그레코(El Greco, 1541~1614)라는 이름은 본명이 아니라 별명이다. 엘 그레코란 말은 '그리스 사람'이라는 뜻으로 스페인어 관사 엘(El)과 이탈리아어 그레코(Greco)를 합성한 것이다. 그의 본명은 도메니코스 테오토코풀로스(Doménikos Theótokopoulos)이다. 그가 그리스 크레타의 수도 칸디아(Candia)에서 태어났으니 그리 불리는 것은 당연할진대, 그가 그렇게 불리었다는 것은 결국 고향을 떠나 다른 곳에서 활동하여 더 알려지게 되었음을 뜻하므로, 그의 인생이 결코 평탄하지 않았음을 의미한다. 그는 1563년에 이미 비잔틴 성상화가로 제법 알려졌으나, 1567년에 베네치아로 건너와 티치아노에게서 베네치아 미술을 배웠고, 1570년에는 로마에 거하며 미켈란젤로와 라파엘로에 심취하였고, 1577년에 마침내 스페인의 톨레도(Toledo)에 정착하여 그곳에서 평생 예술 작업을 하며 살았다. 그의 험난한 여정은 아름다움을 추구한 예술의 여정이었으며, 영적인 것을 추구한 구도의 여정이었다.

엘 그레코는 그의 긴 여정만큼이나 여러 화풍으로 작업을 하였다. 만약 서양미술사에서 그를 굳이 어느 사조에 소속시킨다면, 시기상 아마도 후기르네상스 또는 매너리즘 시대에 속한다고 할 것이다. 특정 사조(思潮)의 시기를 정한다는 것이 매우 애매한 일이지만, 굳이 후기르네상스시대의 시기를 따지자면 대략 16세기 후반부 무렵이라고 할 수 있다. 후기르네상스(Post -Renaissance)란 르네상스의 전성기가 지나고 난 다음이란 의미로 르네상스의 쇠퇴기에 해당한다. 17세기 바로크 시대 비평가들은 이 시기의 미술 작품들이 대개 전성기 르네상스 거장들의 기법을 모방하는데 급급하였다고 비판하여 '매너리즘(Mannerism)'이라 불렀다. 매너리즘이란 용어는 르네상스 거장들이 사용하던 '기법'을 가리켜 말하는 마니에라(Maniera)에서 온 것이다. 이 시기의 작품들은 르네상스의 비례, 균형, 조화, 현실성을 넘어서 나름 생각하는 아름다움을 비대칭, 불균형, 부조화, 비현실성으로 표현하기 시작하였다. 어쩌면 자연미를 넘어 이제 주관적인 예술미를 찾아가기 시작한 것이라 할 수 있다. 한 세대 후 사람들은 엘 그레코의 그림을 비판하였다. 그들은 자연스럽지 않은 형태와 색채를 비판하며 기분 나쁘게 조롱하였다. 그러나 제1차 세계대전 무렵에 이르러서 미술 작품에 대하여 '정확성'이라는 동일한 기준이 적용될 수 없음을 깨닫게 되면서 비로소 엘 그레코의 작품이 재평가 받게 되었다.[166] 그의 기법은 일평생 종교적 진리를 표현하고자 한 그의 예술 여정의 산물이자 도구였다.

엘 그레코의 특이한 화풍

다시 그림 속으로 들어가 보자. 십자가 위에는 '유대인의 왕'이라는 예수의 죄패가 붙어 있다(마 27:37, 막 15:26, 눅 23:38, 요 19:19-20). 예수의 얼굴은 십자가에서 상하고 찢기고 피 흘리는 고통 속에서도 오히려 평온하고 우아하고 고상하다. 이 그림에서는 예수가 십자가에 달려 고요히 고개를 숙이고 있는데, 엘 그레코의 다른 십자가형 그림에서는 대개 예수가 고개를 들어 묵묵히 하늘을 바라보고 있다. 그의 얼굴은 여느 일반인이 십자가에서 죽어가며 지을 수 있는 표정이 아니다. 참 신이며 참 인간이신 구세주 예수 그리스도만이 연출할 수 있는 표정이다. 여기서 십자가는 예수의 고난을 나타내려고 한다기보다 오히려 승리를 나타내려는 것 같다.

예수의 몸은 허리에 아스라이 걸친 흰 천을 제외하곤 거의 벗겨져 있다. 그의 몸은 전반적으로 르네상스를 계승하여 건강한 근육질로서 밝고 환하게 드러나 있는데, 전체적으로 다소 길어진 느낌이다. 매너리즘 시대에는 인체의 해부학적 비례를 넘어서 작가가 임의적으로 약간 길게 그리는 장신화(長身化) 경향이 생겨났다. 또한 곡선으로 길게 늘이기도 하였다. 이것을 '피구라 세르펜티나타(Figura Serpentinata)'라고 한다. 세르펜티나타란 마치 뱀이 기어가는 것(蛇行, 사행)처럼 사람이나 장식을 구불구불 길게 늘어진 곡선으로 표현하는 기법을 일컫는 말이다. 사실적이고 자연적인 것이 지겨워질 때쯤이면, 오히려 변형되고 변색된 것이 눈에 잘 들어오고, 깊은 인상을 안겨 준다. 곰브리치(Ernst Gombrich, 1909~2001)는 엘 그레코의 이러한 화풍에 대해서 중세적 풍토와 반종교개혁적 풍토가 공존하던 시대에 티치아노의 생생한 색채, 틴토레토의 극적인 빛 사용과 편중된 구성, 파르미지아니노의 장신화, 미켈란젤로와 라파엘로의 매너리즘의 영향을 받았다고 평가하였다.[167]

그림에서 예수는 상당한 양의 피를 흘리고 있다. 예수의 양팔 아래에는 두 천사가 나란히 십자가에서 흘리는 예수의 피를 성배가 아니라 맨손으로 받아내고 있다. 예수의 오른팔 아래에 있는 천사는 한 손으로는 예수의 못 박힌 오른손에서 흘러내리는 피를 받아내고, 다른 한 손으로는 예수의 창에 찔린 오른쪽 옆구리에서 쏟아져 나오는 피를 받아내고 있다. 맞은편의 다른 천사는 두 손으로 예수의 못 박힌 왼손에서 흘러내리는 피를 받아내고 있다. 그리고 십자가 아래에는 한 천사가 예수의 못 박힌 발에서 흘러내리는 피를 받아내고 있다.

그림은 십자가에 달린 예수 그리스도의 유난히 희고 밝은 몸과 십자가에 흘리신 그의 피를 강조하고 있다. 십자가에서 찢긴 그의 몸과 흘린 그의 피는 예수 그리스도의 대속의 사역을 증거한다. 그림에 등장하는 모든 인물들과 천사들은 다 십자가에 달린 예수 그리스도를 향하고 있다. 십자가에 달린 예수의 머리 위로는 어떤 천사도 인물도 없다. 오직 예수 그리스도만이 영광을 받으시기에 합당하시다.

• 그는 실로 우리의 질고를 지고 우리의 슬픔을 당하였거늘 우리는 생각하기를 그는 징벌을 받아 하나님께 맞으며 고난을 당한다 하였노라 그가 찔림은 우리의 허물 때문이요 그가 상함은 우리의 죄악 때문이라 그가 징계를 받으므로 우리는 평화를 누리고 그가 채찍에 맞으므로 우리는 나음을 받았도다 우리는 다 양 같아서 그릇 행하여 각기 제 길로 갔거늘 여호와께서는 우리 모두의 죄악을

엘 그레코는 그의 평생에 예수의 십자가형 그림을 여러 차례 그렸다. 여기서 그 중 몇 작품을 살펴보도록 하자. 이 그림은 1580년경에 그린 〈두 후원자로부터 경배 받으시는 십자가 위의 그리스도〉(Christ on the Cross Adored by Two Donors)이다. 두 후원자는 각각 흰색과 검은색의 예복을 입고 있는데, 아마도 흰 예복은 사제, 검은 의복은 귀족을 의미하는 것 같다. 어떤 학자들은 이들이 디에고와 안토니오 코바루비아스 형제(the brothers Diego and Antonio Covarrubias)일 것이라고 이야기한다. 여기서 눈여겨 볼 것은 그들의 손동작인데, 이 손동작은

El Greco, Christ on the Cross Adored by Two Donors, c. 1580, Oil on canvas, 248×180cm, Musee du Louvre, Paris

1596~1600년 작 〈십자가형〉의 하단에 등장하는 마리아와 제자 요한의 손동작과 유사하다. 십자가 위의 예수의 몸은 정갈하고, 머리와 손과 발에서는 핏방울이 떨어진다. 그의 몸은 미켈란젤로의 소묘처럼 벌거벗었으나, 형태는 오히려 반대로 뒤틀려 있다. 왼쪽 다리가 위로 올라가 있다. 짙푸른 하늘과 조각난 구름은 신비로움을 자아내고, 그것을 바탕으로 뒤틀린 예수의 몸은 고통과 함께 아름다움을 느끼게 한다.

다음 작품은 1585~1590년 작 〈십자가 위의 그리스도〉(Christ on the

Cross)이다. 그림은 이전 작품들보다 훨씬 어둡다. 예수의 몸은 조금 더 길어진 느낌이다. 해가 빛을 잃고, 흑암 속에 운명하시는 십자가 위의 예수를 표현하였다. 복음서의 기록에 따르면, 예수가 십자가에 달리셨을 때 유대 시간으로 제 육시부터 구시까지 (정오 12시~오후 3시) 어둠이 계속 이어졌다(마 27:45, 막 15:33, 눅 23:44). 칠흑 같은 어둠 속에서 오직 십자가에 달린 예수의 몸만 하늘의 빛나는 구름 아래 환히 드러나고 있다. 예수는 어두운 세상의 빛이다(요 1:5, 9-14).

El Greco, Christ on the Cross, 1585~1590, Oil on canvas, 57×33cm, Rijksmuseum, Amsterdam

다음 그림은 엘 그레코의 〈십자가형〉 중 현존하는 세 개의 대형 작품 중 하나이다. 그런데, 이 그림에서 예수는 십자가에서 고난 속에 죽어가는 것이 아니라 당당히 살아있다. 이런 도상을 흔히 '크리스토 비보(Cristo Vivo)' 라고 한다. 이 말은 '살아계신 그리스도'라는 뜻으로 십자가 위에

El Greco, Christ on the Cross, 1600~1610, Oil on canvas, 177×105cm, Private collection

계신 그리스도가 생동적으로 묘사되었다. 예수의 몸은 역시 매끈하고 환하게 묘사되었다. 상대적으로 십자가 아래에 해골과 뼈들이 잘 보인다. 십자가 아래 해골은 도상학적 전통을 따른 것이지만, 이 그림에선 살아계신 그리스도와 대조되어 유난히 눈에 띈다.

다음 작품은 제작 연대를 정확히 특정할 수 없지만, 대략 1600년대의 것으로 추정되는 〈십자가에서 괴로워하는 그리스도〉(Christ in Agony on the Cross)이다. 앞서 본 '크리스토 비보'와 정반대의 분위기이다. 십자가 뒤의 배경은 톨레도이다. 배경은 온통 까맣다. 십자가 위에 있던 하늘의 희미한 광채마저 사라졌다. 구름조차 어둡게 표현하였다. 해가 빛을 잃었고, 예수가 십자가 위에서 마지막으로 그의 영혼을 아버지께 부탁하는 장면을 그린 것 같다(눅 22:44-45).

El Greco, Christ in Agony on the Cross, 1600s, 104×62cm, Art Museum, Cincinnati

엘 그레코의 십자가형은 그림의 배경이나 등장인물에서 약간의 차이가 있긴 하지만, 십자가에 달린 예수의 기본 형태와 묘사는 크게 달라지지 않았다. 물론 〈십자가 위에 살아계신 그리스도〉와 〈십자가 위에 고난 받는 그리스도〉는 분위기와 세세한 표현에선 사뭇 다르다. 그럼에도 예수의 전반적인 형태는 거의 같다. 다만, 후기로 갈

수록 그림이 조금 더 추상화되는 느낌이다. 빛의 극적 성격은 더욱 강해졌고, 인물 묘사는 보다 인위적으로 생동감을 띠게 되었다. 이러한 소위 표현주의적(Expressionistic) 경향은 1596~1600년의 〈십자가형〉 작품에서도 엿보인다.

엘 그레코의 십자가형 그림은 모두 다 예수의 몸과 그가 흘리신 피를 강조하고 있다. 여기에는 어떤 신학이 묻어 있는가? 엘 그레코는 로마 가톨릭 신자이다. 당시 스페인은 유럽에서 로마 가톨릭의 세력이 가장 강력한 지역이었다. 그러므로 그의 그림이 당시 로마 가톨릭의 신학을 담고 있을 것이라는 추정은 지극히 당연하고 자연스러운 일이다. 또한 당시 스페인에는 수도원을 중심으로 경건과 영성, 특히 신비주의적인 영성이 확산되어 있었다. 그러므로 그의 그림이 당시 스페인의 신비주의 영성을 담고 있을 것이라는 추정 또한 당연하고 자연스러운 일이다.[168]

반종교개혁의 화풍

1517년 마르틴 루터의 종교개혁 이후 로마 가톨릭은 종교개혁 진영에 맞서 1545~1563년 이탈리아 북부 트리엔트에 모여서 종교회의를 하였다. 이른바 '트리엔트 공의회(Council of Trient)'이다. 중간에 회의가 두 차례 중단되기도 하였지만, 로마 가톨릭은 이 회의를 통하여 종교개혁 진영에 맞서 로마 가톨릭 신학을 재정립하였고, 교회의 미흡한 제도들을 재정비하였다. 성서와 전승, 원죄, 칭의, 성사 등에 대한 로마 가톨릭의 교리를 결정하였고, 교회 개혁에 관한 주교의 의무와 윤리를 규정하였고, 미사 드리는 절차들을 정비하였다. 이 것을 루터의 종교개혁에 대비하여 흔히 로마 가톨릭의 '반종교개혁 (Counter-reformation)'이라고 부른다.[169]

로마 가톨릭은 신앙의 규범으로 오직 성서만을 주장하는 종교개혁 진영에 맞서 성서와 함께 전승을 신앙의 유효한 규범으로 인정하였다. 로마 가톨릭은 종교개혁 진영이 성인과 성물을 공경하는 것을 우상숭배라고 배격한데 반해, 오히려 신앙을 위하여 당연하고 유익한 일로 받아들였다. 일찍이 787년 제2차 니케아공의회에서 하나님께 대하여는 '흠숭(Adoratio, 경배)'하는 것이고, 성인들에 대하여는 '공경(Veneatio, 존경)'하는 것으로 구분한 바 있는데, 이를 재확인한 셈이다. 다만, 성인이나 성물을 공경하는 일에 우상숭배의 오용이나 남용이 없도록 교회가 철저히 관리할 것을 당부하였다. 당연히 성화도 인정되었다. 오히려 로마 가톨릭은 교리의 전파와 교육과 선교를 위하여 성화를 권장하였다. 다만, 이 역시 정확하고 분명한 성화를 제작하기 위해 교회의 엄격한 관리와 감독을 받도록 하였다.

그런 시대적 흐름에서 보면, 엘 그레코의 그림은 로마 가톨릭의 반종교개혁의 신학을 반영하고 있다. 천사들이 맨손으로 받아내는 피는 분명히 그리스도의 피를 강조한 것이고, 막달라 마리아가 십자가에 흐르는 피를 닦는 수건은 성찬식에서 사제들이 사용하는 성작수건(Purificatorium)을 연상케 한다. 십자가에 달린 예수 그리스도의 피에 대한 강조는 로마 가톨릭의 화체설(化體說)의 성찬 이해를 반영한다. 종교개혁자들의 근본적인 이의제기에도 불구하고 로마 가톨릭은 사제가 축사하는 순간, 성찬의 빵과 포도주가 실제로 예수 그리스도의 살이 되고 피가 된다고 믿고 고백하였다. 그런 의도에서, 십자가에 달린 예수 그리스도의 몸은 순결하고 고상하게 표현되어야 하였고, 그의 피는 충분히 강조되어야 하였다. 이 당시 로마 가톨릭 진영의 화가들이 그린 예수 그리스도의 몸은 대개 이런 맥락에 있다.

이 그림에서 또 하나 주목할 것은 성모 마리아 공경이다. 트리엔트 공의회를 통하여 성모 마리아에 대한 신앙도 강화되었다. 성서의 분명한 사실은 마리아가 동정녀로서 성령으로 잉태하여 예수 그리스도를 낳았다는 것이다(마 1:20-25, 눅 1:26-38). 마리아에 관한 복음서의 기록은 그리 많지 않다. 예수의 탄생(마 2:1-12, 눅 2:1-20), 예수의 어린 시절의 일화(마 2:13-23, 눅 2:41-52), 가나의 혼인잔치(요 2:1-12), 사역 중인 예수를 방문한 일화(막 3:31-35), 그리고 예수의 십자가 처형 현장에 있었다(요 19:25-27)는 정도이다. 그럼에도 기독교의 역사에서 성인의 대표는 전통적으로 성모 마리아이다. 트리엔트 공의회는 성모 마리아가 원죄가 없다고 확정하였다. 이 교리는 성모 마리아가 죄 없이 예수를 잉태하였으며, 더 나아가 성모 마리아도 원죄가 없다는 것이다.[170] 전통적으로 성모 마리아는 이미 다른 성인들에 앞선 존재로서 그려졌는데, 트리엔트 공의회 이후로 보다 강조되었다. 엘 그레코도 성모 마리아에 관한 그림을 많이 그렸다.[171]

엘 그레코는 성인을 표현하는 전통에 따라 성모 마리아를 주로 붉은색 의상에 푸른색 외투를 걸친 것으로 묘사하였다. 그것은 1600년 경에 제작된 십자가형 그림에서도 마찬가지이다. 성모 마리아는 사도 요한보다 더욱 거룩하고 경건하게 묘사되었다. 사도 요한이 두 손을 각각 위 아래로 뻗어 예수의 십자가 처형에 경이를 느끼며 경의를 표하는 포즈를 취하고 있다면, 성모 마리아는 두 손 모아 기도하며 모든 것을 인정하고 수용하는 포즈를 취하고 있다. 그림에서도 드러나듯이 당시 스페인의 교인들은 그리스도의 십자가형 그림을 보며 경건 생활에 힘썼다. 엘 그레코의 십자가형 또한 그림을 보며 묵상하고 기도하기에 참 좋은 도구였다.[172] 성모 마리아에 비할 바는 아니지만, 엘 그레코는 또한 예수의 아버지 성 요셉도 성인으로서 묘사하였다.[173]

십자가의 고난에 참여하는 영성

이 그림은 어떤 이유로 제작되었을까? 사실 이 그림은 당시 스페인의 새로운 수도 마드리드(Madrid)에 신축된 아우구스티누스 수도회 소속 엔카르나씨온(Encarnacion) 신학교의 예배당 제단화의 상부 중앙에 있던 그림이다. 이 신학교는 왕비의 시녀 도냐 마리아 데 아라곤(Doña María de Aragón)의 후원으로 설립되었다.[174] 그래서 이 신학교는 도냐 마리아의 신학교로 알려졌다. 도냐 마리아는 독실한 신앙으로 어렸을 때 이미 동정(童貞)을 지킬 것을 서약하였고, 자신의 사회적 지위와 재산으로 평생에 많은 자선을 베풀었다. 그녀는 펠리페 2세(Felipe II, 재위 1556~1598)로부터 신학교 건축 부지를 하사 받아서 알론소 데 오로츠코(Alonso de Orozco, 1500~1591)와 함께 엔카르나씨온 신학교를 설립하였다. 알론소는 신학교의 제단화를 엘 그레코에게 제작 의뢰하였다. 그는 일찍이 세비야 수도원 부원장 시절 꿈에 성모 마리아가 나타나 보여준 것을 엘 그레코에게 이야기하였고, 그를 통하여 신학교의 예배당 제단화로 시각화하였다.[175]

이 〈도냐 마리아 드 아라곤 제단화〉(Doña María de Aragón Altarpiece, 1596-1600)는 총 7개의 그림으로 제작되었는데, 그 중 하나는 분실되었고, 상단과 하단에 각각 3개씩 총 6개의 그림이 여러 곳에 흩어져 남아 있다. 본래 제단화의 하단에는 중앙에 예수의 성탄을 예고하는 〈수태고지〉(The Annunciation)를 중심으로 하여 좌우에 〈목자들의 경배〉(Adoration of the Shepherds)와 〈그리스도의 세례〉(The Baptism)가 있었고, 상단에는 중앙에 〈십자가형〉(The Crucifixion)을 중심으로 좌우에 〈그리스도의 부활〉(The Resurrection)과 〈오순절 성령강림〉(The Pentecost)이 있었다.

이 그림에는 이 신학교를 설립한 초대학장 알론소의 신학과 영성이 담겨 있다. 알론소는 아우구스티누스 수도회 소속 사제로서 당대에 이미 탁월한 영성을 겸비한 명설교자로 널리 알려져 있었다.[176] 그는 카를 5세(Karl V, 재위 1519~1556)와 그의 아들 펠리페 2세의 궁정 사제로 활동하면서도 철저한 고행과 섬김의 삶을 살았다. 그는 왕실에서 받은 사례를 모두 가난한 자들에게 나누어 주었고, 정작 자신은 하루에 한 끼만 먹고 이불도 덮지 않은 채 평생을 딱딱한 바닥에서 잠을 자며 살았다고 한다. 그는 유혹이 있을 때마다 스스로 자신에게 채찍질을 하며 뾰족한 못이 박힌 신발을 신고 다녔다고 하는데, 이것은 예수가 십자가에서 당했던 다섯까지 상처(양손과 양발과 옆구리)를 체험하기 위해서였다고 한다. 그의 신비주의 영성은 십자가의 고난 가운데에서 그리스도와의 연합을 추구하였다.[177]

• 내가 그리스도와 함께 십자가에 못 박혔나니 그런즉 이제는 내가 사는 것이 아니요 오직 내 안에 그리스도께서 사시는 것이라 이제 내가 육체 가운데 사는 것은 나를 사랑하사 나를 위하여 자기 자신을 버리신 하나님의 아들을 믿는 믿

음 안에서 사는 것이라(갈 2:20)

• 우리가 알거니와 우리의 옛 사람이 예수와 함께 십자가에 못 박힌 것은 죄의 몸이 죽어 다시는 우리가 죄에게 종노릇 하지 아니하려 함이니 이는 죽은 자가 죄에서 벗어나 의롭다 하심을 얻었음이라(롬 6:6-7)

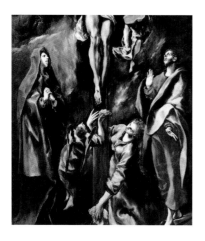

엘 그레코는 이 그림에서 특이하게 예수의 못 박힌 두 발의 위치를 바꾸었다. 당시 화가들의 작품은 물론 엘 그레코 본인이 그린 다른 십자가형 그림에서도 대개 왼발이 위로 올라와 있다. 그런데, 이 그림에서만 유독 오른발이 위로 올라오게 그렸다. 왜 그랬을까? 혹시 실수한 것이 아닐까? 아니다. 그럼, 왜? 그것은 알론소의 주장 때문이었다. 그는 사람이 평소에 더 많이 사용하는 오른발이 위로 올라가는 것이 왼발이 위로 올라가는 것보다 육체적으로 더 심한 고통을 느낀다고 생각했다. 그래서 주위 사람들에게도 종종 그렇게 말하곤 하였다. 그러고 보니 십자가에 달린 예수의 얼굴도 다른 그림에선 고개를 위로 쳐들고 있는데 비해 이 그림에선 약간 아래로 떨구고 있는 것 같다. 알론소는 최고의 고난 가운데에서 승리하신 구세주 예수 그리스도를 표현하기를 원하였다. 그리고 엘 그레코 역시 이에 동의하여 이 제단화에서는 그렇게 표현하였던 것이다.

• 이를 위하여 너희가 부르심을 받았으니 그리스도도 너희를 위하여 고난을

받으사 너희에게 본을 끼쳐 그 자취를 따라오게 하려 하셨느니라 그는 죄를 범하지 아니하시고 그 입에 거짓도 없으시며 욕을 당하시되 맞대어 욕하지 아니하시고 고난을 당하시되 위협하지 아니하시고 오직 공의로 심판하시는 이에게 부탁하시며 친히 나무에 달려 그 몸으로 우리 죄를 담당하셨으니 이는 우리로 죄에 대하여 죽고 의에 대하여 살게 하심이라 그가 채찍에 맞음으로 너희는 나음을 얻었나니 너희가 전에는 양과 같이 길을 잃었더니 이제는 너희 영혼의 목자와 감독 되신 이에게 돌아왔느니라(벧전 2:21-25)

십자가 신학 : 십자가의 영성

이 그림은 엘 그레코 당시는 물론 오늘 우리에게도 우리를 위하여 모든 피를 쏟으신 구세주 예수 그리스도를 바라보며 묵상하게 한다. 우리는 이 그림을 볼 때마다 무엇보다 십자가에서 찢긴 그리스도의 몸과 흘린 그의 피를 주목하게 된다. 그가 십자가에 달려서 피를 흘림으로써 우리가 죄 사함을 받고 마귀에게서 놓임을 얻게 된 것이다. 우리 위해 십자가에 죽으신 예수 그리스도를 찬양하며, 우리에게 주어진 고난의 십자가를 지고 앞서 십자가를 지고 가신 주님을 뒤따라야 할 것이다(마 16:24, 막 8:34, 눅 9:23).

• 무리와 제자들을 불러 이르시되 누구든지 나를 따라오려거든 자기를 부인하고 자기 십자 가를 지고 나를 따를 것이니라(막 8:34)
• 나는 이제 너희를 위하여 받는 괴로움을 기뻐하고 그리스도의 남은 고난을 그의 몸된 교회를 위하여 내 육체에 채우노라(골 1:24)
엘 그레코는 인생의 후반부로 갈수록 고전적인 비잔틴 화풍에서 벗어나 그만의 고유한 화풍을 전개하였다. 그는 자신이 느끼는 바를 이전의 고정된 형식에 얽매이지 않고 자신만의 방식으로 표현했다. 그는 불규칙적인 붓질로 배경을 무겁고 깊은 어둠으로 그렸고, 빛 가운데 인물들의 순간을 포착하여 묘사했다. 엘 그레코는 작품을 수직으로 길게 구성함으로써 관객의 시선을 자연스레 위아래로 움직이게 하였다. 이것은 수평적으로 인간에게 머무는 시선에서 벗어나 수직적으로 하나님께 시선을 향하게 하는 효과를 자아낸다. 그의 십자가형 그림은 형식적으로는 비잔틴 양식에서 많이 벗어난 것 같은데, 실제로 그림을 보면 어딘가 모르게 비잔틴의 이콘처럼 '거룩함'과 '영원함'이 느껴지게 한다. 그리고 십자가의 고난의 영성으로 우리를 초청한다.

영성(Spirituality, 靈性)이란 가장 거룩하고 높고 선하고 아름다운 신앙을 추구하는 삶의 실제, 또한 그런 삶을 가능케 하는 원동력을 말한다. 오늘날 기독교 공동체에 따라 다소 상이한 방향의 영성이 추구되기도 한다. 예를 들어 수도원은 관상의 영성, 개혁교회는 말씀의 영성, 해방공동체는 해방의 영성, 오순절 교회는 은사의 영성 등을 강조한다. 그러나 사실 이 모든 것은 성령의 다양한 역사 가운데 일면들이다. 간단하게 말하면 영성은 하나님 앞에서의 삶이고, 주 안에서의 삶이고, 성령 충만한 삶이다.[178] 다만, 그것은 자신의 삶의 자리와 처한 삶의 문제와 사명에 따라 달리 발현될 뿐이다. 중요한 사실은 기독교 신앙의 기본은 십자가의 영성이라는 사실이다. 예수 그리스도의 십자가로부터 모든 영적인 동기와 의미와 능력이 흘러나온다. 십자가가 기독교 영성의 원천이다.[179] 목회도 십자가의 목회여야 한다.[180]

찬송가 461장 〈십자가를 질 수 있나〉는 얼 말랏(Earl B. Marlatt, 1892~1976)이 신학생 시절인 1924년에 헌신예배를 위하여 작사한 것이다. 말랏은 요한과 야고보의 어머니가 예수에게 자신의 아들들을 높은 자리에 앉혀달라고 요구했던 말씀(막 10:35-40)을 묵상하면서 진정한 헌신이 무엇인지 고민하다가 이 찬송시를 썼다.[181] 십자가를 지고 주님을 따라가는 삶이 성도의 삶이고 제자의 삶이다. 1절 가사는 다음과 같다.

> ♫ 십자가를 질 수 있나 주가 물어 보실 때 죽기까지 따르오리 성도 대답하였다(후렴) 우리의 심령 주의 것이니 주님의 형상 만드소서 주 인도 따라 살아갈 동안 사랑과 충성 늘 바치오리다 ♫

기독교인이 된다는 것은 결국 이 세상에서 예수 그리스도를 따라 십자가를 지고 산다는 것이다. 기독교인은 세상이 정한 가치와 행복과는 다른 가치와 행복을 가지고 살기에 세상에서의 불편과 고난은 지극히 당연한 것이기도 하다. 십자가를 지고 따르기로 하면, 주님은 먼저 우리의 심령 곧 영성을 다듬어 주신다. 우리의 영성도 주님의 것이기에 주님이 성령으로 주님의 형상을 만들어 주신다. 그 영성은 예수와 함께 자기 자신을 십자가에 못 박는 영성이고, 십자가를 지고 그리스도를 따라가는 영성이다. 고난의 영성이며 십자가의 영성이다.

모든 신학이 십자가 신학이어야 하듯이 모든 영성은 십자가 영성이어야 한다. 모든 신학은 예수 그리스도의 십자가에 의해 시험을 받아야 하듯이 기독교의 모든 영성은 예수 그리스도의 십자가에서 샘물을 길러야 한다. 맞닥뜨린 고난이든 짊어진 고난이든 예수 그리스도의 십자가를 바라볼 때, 성령이 감당할 마음과 능력과 방법을 공급해 주신다. 예수 그리스도의 십자가에 온갖 좋은 것들이 다 들어 있다. 영적인 삶을 위하여서는 반드시 십자가를 묵상하고 십자가를 단단히 붙들고 나아가야 한다.

Rubens, Christ on the Cross between the Two Thieves, 1619~1620, Oil on panel, 429×311cm, Koninklijk Museum voor Schone Kunsten, Antwerp

15
루벤스의 <십자가 위의 그리스도>

루벤스 그림의 역동성

이 그림은 루벤스(Peter Paul Rubens, 1577~1640)의 1619~1620년 작 〈십자가 위의 그리스도〉(Christ on the Cross)이다. 보다 정확한 제목은 〈두 강도 사이에 있는 십자가 위의 그리스도〉(Christ on the Cross between the Two Thieves)이다. 그림의 구도와 배치와 색상을 보면, 그뤼네발트 나 크라나흐의 십자가형 그림보다 오히려 이탈리아 르네상스의 십 자가형 그림에 가깝다. 그런데, 이탈리아 르네상스의 작품과는 화풍 이나 분위기가 다르다.

이 그림에 대한 나의 첫 느낌은 역동감이다. 어떤 이는 그림의 구 도나 배치나 색상에 관하여 말하겠지만, 나에겐 먼저 어떤 강력한 역 동성이 느껴진다. 이탈리아 르네상스 작품의 역동성이 원근법이나 인물의 근육 묘사 같은 데서 오는 다소 정적인 역동성이라고 한다면, 이 그림의 역동성은 마치 한 컷의 스냅사진(Snapshot)처럼 역사적으로 중요한 순간을 포착한 매우 동적인 역동성이다.

십자가에 달린 예수의 모습은 정면이 아니라 약간 측면의 모습이 다. 대개 십자가형 그림은 정면에서 예수를 바라보는데, 이 그림은 정면이 아니라 좌편 약간 하단에서 예수를 올려다보고 있다. 화가는 예수를 측면에서 보게 함으로써 십자가형의 다른 것들을 주목하게 한다. 예수의 양 옆에는 비슷한 크기로 두 강도가 십자가에 달려 있다. 화가의 관점을 따라 한 강도는 전면의 앞모습을 보이고, 다른 한 강도는 십자가 기둥에 묶여 뒤로 젖혀진 모습을 보인다. 사다리는 예수가 아니라 오른쪽 강도의 십자가에 기대어 있고, 그 위로 한 군병이 올라가서 강도의 십자가 처형 작업을 하고 있다. 이로써 예수에게의 직접적인 처형을 피하고, 간접적으로 예수의 십자가 처형을 연상하게 한다.

그림 오른쪽 하단, 곧 예수의 입장에서 보기에 좌편 강도의 발아래에는 성모 마리아가 있다. 푸른 의상의 성모 마리아와 붉은 의상의 제자 요한은 루벤스가 기독교의 전통적인 도상을 따라 즐겨 사용하는 패턴이다. 그녀는 얼굴을 예수의 십자가 반대편으로 돌리고 있다. 유독 그녀의 얼굴이 희고 창백하다. 차마 아들의 죽음을 볼 수 없는 피에타(pietà)의 심정이 그녀의 얼굴에 고스란히 담겨 있다. 나는 지금껏 이 그림보다 더 창백한 성모 마리아의 얼굴을 보지 못한 것 같다. 그리고 그런 그녀 옆에 제자 요한이 기대어 있다. 그 역시 감히 십자가의 예수를 바라보지 못하고, 얼굴을 반대편으로 돌리고 있다. 대개 십자가형 그림에서는 요한이 슬픔에 잠겨 쓰러져가는 마리아를 부축하고 있는데, 이 그림에서는 오히려 요한이 마리아에게 기대어 있다. 신학적으로 성모 마리아의 위치와 역할을 강조하는 이미지라 할 수 있다.

막달라 마리아는 십자가를 향하여 두 손을 들고 있다. 긴 머릿결의 그녀는 십자가 아래 예수의 발 가까이 위치하고 있다. 그녀의 얼굴과

옷은 조명에 의하여 환하게 빛나고 있다. 그녀의 오른팔이 십자가 기둥 뒤에 있어서 마치 십자가에 못 박혀 있는 예수의 발을 끌어안고 얼굴을 가져다 대는 것 같은 애틋하고 애절한 분위기를 연출한다. 그런데 그녀의 시선과 방향은 십자가 위의 예수에게서 약간 빗나가고 있다. 마치 건너편에 말을 타고 예수를 향하여 창을 들어 찌르는 군병을 두 손 들어 만류하고 있는 것 같다. 흔히 막달라 마리아는 예수의 발아래에서 그의 은혜를 갈구하거나 그의 죽음을 애통해하는 모습으로 묘사되었다. 그런데, 이 그림에서 막달라 마리아는 보다 적극적이다. 내겐 이 그림에서 이 장면이 가장 인상적이다.

그림 속 인물들은 저마다 뭔가 행동을 취하고 있다. 하다못해 군병이 타고 있는 말조차도 순간의 찰나를 담아내고 있다. 왼쪽 끝의 말은 한 발을 들어 멈추어 서고 있다. 그림에서 포착하고 있는 중요한 장면은 십자가 앞에서 말을 탄 한 군병이 십자가에 달린 예수를 창으로 찌르는 장면이다. 그래서 이 작품을 일명 〈창에 찔린 그리스도〉(Christ Pierced with a Lance) 또는 〈창에 찔린 그리스도의 옆구리〉(Christ's Side Pierced with a Lance)라 부르기도 한다. 말을 타고 창을 들어 찌르는 군병의 포즈가 매우 역동적이다. 말은 멈추어 서서 군병의 역동성을 부각시킨다. 그림은 보는 이들에게 십자가 위의 예수를 창으로 찌르는 사건이 바로 지금 눈앞에서 벌어지는 것 같이 느껴지게 한다. 화가는 이러한 현장성을 보여주고자, 보는 각도를 정면에서 측면으로 바꾼 것이다. 이 그림의 특징은 그런 역동성에서 오는 생생한 감동이다.

그림에서 가장 역동적이지 않은 인물을 고르라면, 역설적이게도 그는 십자가에 달린 예수 그리스도이다. 그만이 고요하고 평온하고 잠잠하다. 좌우의 두 강도들도 나름 몸부림치고 있는데, 예수만이 십자가에 달려서 아무 반응이 없다. 이미 죽은 것일까? 군병이 창으로 찔러 죽임을 확인하는 것을 보면, 그도 나도 예수의 생사를 장담하지 못하는 것 같다. 아무튼 그림 속 등장인물 중 예수 그리스도가 가장 정적이다. 그런데, 가장 정적인 예수 그리스도가 이 순간, 가장 큰 역사를 일으키고 있는 것이다. 바로 이 순간이 이 세상의 역사를 송두리째 바꾸는 구원 사건의 순간이다. 그가 십자가에 못 박혀 죽음으로써 이 세상에 구원의 길이 열리게 되었다. 이 그림에서 가장 정적이지만 가장 동적인 존재, 그 분은 바로 십자가에 달리신 예수 그리스도이다. 그는 고요히, 잠잠히 그러나 가장 역동적으로 모든 것을 이루셨다.

바로크 미술의 대표 화가 루벤스

루벤스는 바로크 기독교 미술의 대명사이다. 그의 이름 자체가 곧 바로크 미술이라 할 만하다. 루벤스는 개신교도인 아버지가 죽자 프랑드르로 돌아와 어머니에 의해 가톨릭 신앙으로 자라났다. 루벤스는 토비아스 베르하르트(Tobias Verhaeght, 1561~1631), 아담 반 노르트(Adam van Noort, 1562~1641), 오토 반 벤(Otto van Veen, 1556~1629) 밑에서 그림을 배웠고, 1600년 당시 화가라면 누구나 꿈꾸던 이탈리아로 미술 수업을 떠났다. 그는 거기서 만토바의 공작 빈센초 곤자가(Vincenzo I Gonzaga, 1562~1612)의 궁정화가가 되었다. 루벤스는 약 8년간 이탈리아에 머물면서 미켈란젤로(Michelangelo, 1475~1564), 라파엘로(Raffaello, 1483~1520), 카라바조(Caravaggio, 1573~1610)의 작품을 접하며 이탈리아 미술에 대하여 배웠다.[182] 1608년 그는 어머니가 위독하다는 소식에 급히 귀국하였다가 안트베르펜(Antwerpen)의 제단화 제작을 의뢰받아서 이를 계기로 루벤스는 여러 편의 제단화를 제작하였다.

　루벤스의 십자가 그림이라고 하면, 가장 유명한 것은 〈십자가에서 내려짐〉 또는 〈십자가에서 내려지는 그리스도〉(Descent from the Cross, 1612~1614)로 알려진 작품이다.[183] 이 주제는 도상학적으로 예수의 십자가와 관련하여 오래 전부터 많이 다루어진 주제이다. 흔히 〈강하〉(降下, Deposition)라고도 한다. 또 그것과 함께 쌍벽을 이루는 루벤스의 작품이 있으니, 내려짐이 있으면 올려짐도 있는 법, 곧 〈십자가의 올림〉 또는 〈십자가의 세움〉(Raising of the Cross, 1610)이라는 작품이다.

Rubens, Raising of the Cross(centre panel), 1610, Oil on panel, 460×340cm, O.-L. Vrouwekathedraal, Antwerp

Rubens, Descent from the Cross(centre panel), 1612~1614, Oil on panel, 421×311cm, O.-L. Vrouwekathedraal, Antwerp

루벤스가 그린 안트베르펜의 두 제단화 곧 〈십자가의 올림〉과 〈십자가에서 내림〉은 바로크 미술의 절정을 장식하고 있다. 이 그림들은 둘 두 제단화의 중앙 판넬 그림들이다. 두 그림은 대각선적인 구도, 확연히 대비되는 극적인 명암처리, 아름답고도 역동적인 인체 표현, 약간은 흐려지고 번져나는 채색, 그리고 전체적으로 완만하고 풍성한 표현 등을 특징으로 한다. 화풍이 르네상스의 완벽한 균형과 비례와 대조에서는 약간은 벗어나고 뒤틀려졌는데, 보기에 따라 르네상스 작품보다 아름답고 화려하여 다분히 감상적으로 느껴진다. 아마도 극적인 역동성에 더한 빛과 색상 때문일 것이다. 정형화된 틀에서 약간 벗어난 것 같은 변화 속에 화가가 전하고 싶은 메시지가 들어 있음을 느낄 수 있다. 이것이 바로 바로크 미술이다.

이 두 작품은 일본 만화영화 〈플란다스의 개〉(A Dog of Flanders)에서 주인공 네로(Nello)가 그의 충견 파트라슈(Patrasche)와 함께 죽어가면서까지 간절히 보고 싶어 했던 작품들이기도 하다.[184] 이 작품들은 모두 안트베르펜의 제단화로 제작된 것들이다.[185] 안트베르펜 성당은 전설에 그리스도를 업어서 강을 건네준 것으로 전해지는 성 크리스토퍼(St. Christopher, ? ~251)를 기념하는 성당이었다. 크리스토퍼라는 이름은 그리스도를 짊어졌다(Christ-barer)는 뜻을 담고 있다.

안트베르펜의 두 제단화에 비하면, 그의 십자가형 작품은 비교적 덜 알려져 있다. 사실 루벤스는 십자가형(Crucifixion) 그림을 여러 번 제작하였다. 그럼, 이참에 루벤스의 다른 십자가형 작품들도 잠시 훑어보도록 하자. 1610~1611년 작 〈십자가 위의 그리스도〉는 십자가 위의 예수 그리스도를 아름답게 표현하였다. 그의 몸은 르네상스의 육중함보다 역동적인 것이 특징이다. 출처를 알 수 없는 빛에 의해 온 몸은 환하게 드러나 보이고, 주위는 온통 어둡다. 조명 받은 몸은 뒤틀린 근육을 드러내며, 고통을 아름답게 담아내고 있다. 그는 하늘을 우러러 보고 있다.

1627년 작 〈십자가 위의 그리스도〉는 겐트의 성 미카엘 교회(St. Michael's Church in Ghent)의 제단화 제작을 위해 디자인용으로 만들어진 유화 스케치이다. 이 그림은 제단화답게 십자가 아래에 여러 인물들을 등장시켰는데, 전통적인 도상의 구도를 따르고 있다. 왼쪽에는 푸른 옷의 성모 마리아와 붉은 옷의 제자 요한, 십자가 아래에는 예수의 발에 입을 맞추는 막달라 마리아, 오른쪽엔 로마 군인들이 있다. 변화된 것은 예수의 몸이 여전히 빛의 조명으로 환하게 드러나지만, 이전 그림보다 많이 축나고 야위어졌다는 것이다. 이탈리아 르네

Rubens, The Crucified Christ, 1610~1611, Oil on canvas, 219× 122cm, Koninklijk Museum voor Schone Kunsten, Antwerp

Rubens, Christ on the Cross, 1627, Oil on panel, 51×38cm, Rockox House, Antwerp

상스의 십자가형 그림이 보여주던 균형 잡힌 튼실한 몸에서 많이 벗어났다. 예수는 고통 속에 고개를 떨어뜨리고 있다.

바로크 미술은 종교적으로 로마 가톨릭의 선교 정책과 연관되어 있다. 1517년 루터의 종교개혁이 발발하고 나서 유럽의 종교 지형은 매우 복잡해졌다. 먼저 구교와 신교, 곧 로마 가톨릭 진영과 종교개혁 진영 사이의 갈등이 심화되어 격한 전쟁으로 번졌다. 또한 종교개혁 진영 내에서도 신학적이고 정치적인 입장에 따라 여러 갈래들이 분립하여 서로 갈등하고 대립하였다. 종교개혁의 직격탄을 맞은 로마 가톨릭교회는 내적으로 개혁을 추진하며 수습과 대처 방안을 마련하고자 했다. 그 대표적인 것이 반(反)종교개혁라고 불리는 '트리엔트 공의회(Council of Trient, 1545~1563)'이다.

트리엔트 공의회는 제19차 공의회로 본래 루터의 종교개혁 이전에 계획된 것이었는데, 시기적으로 종교개혁 이후에 소집됨에 따라 자연스레 개신교의 주장에 맞서 로마 가톨릭의 교리를 결정하고, 교회의 개혁을 구체화하는 교령을 결정하게 되었다.[186] 교리와 관련하여 성서와 함께 전통의 권위를 인정하였고, 성서의 정경성과 라틴어 역을 승인하였다. 또한 원죄, 칭의 등의 교리를 결정하였고, 일곱 성사, 특히 성찬에서 화체설을 재확인하였다. 교회개혁과 관련하여 주교의 영내 거주와 겸직 금지, 미사 방법의 개혁, 성인이나 유물 공경, 신학교 설립을 통한 사제 교육의 향상, 주교회의 개최, 주교의 적성 검사 등에 관한 교령을 채택하였다. 이 공의회는 로마 가톨릭의 교리를 명확히 하였고, 교회의 질서 특히 성직의 남용을 바로잡고자 하였다.[187]

그 중의 한 가지로 트리엔트 공의회 제3기 25차 회의에서 교회는 성화를 성당 안에 보유하고 보존하며 마땅한 존중과 공경을 드리도록 하였다.[188] 종교개혁 진영이 전반적으로 성화나 이미지 사용을 우상숭배 내지 전통숭배로 여겨 그림에 부정적이었던 것에 반해, 로마 가톨릭교회는 오히려 교육과 선교를 위해 그림을 적극 장려하였다. 바로크 미술은 바로 이러한 로마 가톨릭의 미술 장려 정책의 후원을 입고 발전하였다.

따라서 바로크 미술은 형식에 있어서 일반 대중들의 눈길을 끌고 마음을 사로잡기 위해 보다 역동적이며 화려하게 표현하였다. 화면을 확실한 명암과 강렬한 색상으로 보다 아름답고 드라마틱하게 장식하였다. 이것은 르네상스 이후 다소 소강 상태였던 미술계에도 새로운 변화를 일으켰다. 상류층은 물론 중산층의 사람들에게도 이런 화풍의 그림은 선풍적인 인기를 끌었다. 그리고 내용에 있어선 자연스레 로마 가톨릭의 신학이 반영되었다. 성서와 기독교의 내용을 담은 그림이라고 한다면, 특히 예수 그리스도의 수난에 관한 그림이라고 한다면 신학적 색채가 진할 수밖에 없다. 루벤스의 안트베르펜의 두 제단화는 이러한 바로크 미술의 대표작이라 할 수 있다. 빌라데소(Richard Viladesau)는 이 두 작품을 해석하면서 주제뿐 아니라 양식에서도 트리엔트 신학(Tridentine theology)이 미술로 번역되었다고 평하였다.[189]

성찬 신학의 시각화

트리엔트 공의회에서 결정된 교리나 교령 가운데 그림과 관련하여 주목할 것은 성찬에 관한 교리와 성모와 성인들의 공경에 관한 교령이다. 먼저 성찬에 관한 이해이다. 교회의 성례 가운데 가장 정례적이며 대중적인 것이 성찬이다. 그런데, 이 성찬에 관하여는 교파마다 신학적 이해를 달리하였다. 로마 가톨릭에서는 성찬식에서 빵과 포도주가 상징이나 기념이 아니라 실제로, 곧 물질적으로 예수 그리스도의 살과 피로 변한다고 해석하고 고백하였다. 이것을 소위 화체설(化體說, Transubstantiation)이라고 한다.

종교개혁자들은 이러한 로마 가톨릭의 이해에 반대하였다. 그렇다고 해서 종교개혁 진영 내에서 성찬에 대한 통일된 이해가 있었던 것은 아니었다. 1529년, 독일 루터파와 스위스의 개혁파, 두 진영이 황제 카를 5세(Karl V, 재위 1519~1556)의 압력에 함께 대항하고자 마르부르크에 모였다. 이름하여 마르부르크 종교회담(Marburger Religionsgespräch)이다. 그곳에는 루터(Martin Luther, 1483~1546), 멜란히톤(Philipp Melanchthon, 1497~1560), 츠빙글리(Ulrich Zwingli, 1484~1531), 부처(Martin Butzer, 1491~1551), 에콜람파디우스(Johannes 'Oecolampadius, 1482~1531) 등 당시 종교개혁의 지도자들이 대거 참석하였다. 그 회담에서 그들은 삼위일체, 예수 그리스도, 원죄, 하나님의 말씀, 세례 등 14개 조항에서는 서로 일치를 보았으나, 마지막 15번째 조항인 성찬에서는 합의를 보지 못하여 단일화가 결렬되었다.

루터는 성찬에서 포도주와 빵에 주님의 몸이 현실로 임재한다고 주장하였다. 즉, 주님의 몸이 포도주와 빵 안에, 밑에 함께 있다고 믿었다. 이것을 공재설(共在說, Consubstantiation)이라고 한다. 이에 반해, 츠빙글리는 성찬을 그리스도가 이루신 구원에 대한 기념이고 상징이라고 주장하였다. 그는 빵과 포도주의 실체가 그리스도의 몸으로 변하거나 빵과 포도주에 그리스도가 실체로 임재하는 것이 아니라, 성찬은 단지 상징이며 그리스도는 오직 말씀을 믿는 믿음 가운데 임재한다고 주장하였다. 이것을 상징설(象徵說, Symbolism) 또는 기념설(記念說, Remembrance)이라고 한다. 한 세대 후의 칼뱅은 포도주와 빵은 분명히 표징이지만, 성령 안에서 그리스도가 영적으로 임재한다는 것을 믿음으로 받아들일 수 있다고 주장하였다. 이것을 영적 임재설(靈的 臨在說, Spiritual presence theory)이라고 한다.[190]

트리엔트 공의회는 로마 가톨릭의 전통적인 성찬 이해인 화체설을 재확인하였다.[191] 이것을 그림으로 시각화할 때, 가장 부각되는 것은 십자가에 달린 예수 그리스도의 몸에 대한 강조였다. 그래서일까? 루벤스의 〈십자가에서 내려짐〉에서 그리스도의 몸은 유난히 밝은 조명을 받으며 환하게 빛나고 있다. 그의 몸은 아름답고도 거룩하다. 등장인물들은 어떤 방식으로든 예수 그리스도의 거룩한 몸에 닿아있다. 이것은 성찬에 대한 루벤스식의 강조이다. 성찬에 참여하는 일은 그리스도의 몸에 함께 참여하는 성도의 연합이다. 루벤스는 성찬의 중요성을 잘 알고 있었기에, 약 1609년경 〈성찬 논쟁〉(The Disputation of the Holy Sacrament)에 관한 그림을 그렸다. 그가 이 논쟁을 그림으로 그렸다는 것은 이 논쟁, 곧 성찬을 중요하게 의식하였다는 것을 방증한다. 이 그림은 실제로 로마 가톨릭의 입장에 서있으며, 일명 〈성찬 안의 실제 임재〉(Real Presence in the Holy Sacrament)로 불리기도 한다.

Rubens, The Disputation of the Holy Sacrament, c. 1609, Oil on panel, 246×377cm, St.-Pauluskerk, Antwerp,

Rubens, The Defenders of the Eucharist, c. 1625, Oil on canvas, 434.3×444.5cm, John & Mable Ringling Museum of Art, Florida

또한 루벤스는 1622~1625년 어간에 성찬의 신비를 고양하기 위해 이사벨 클라라 에우헤니아(Infanta Isabel Clara Eugenia, 1566~1633, 스페인 국왕 펠리페 2세의 딸로 알브레히트 7세의 아내)로부터 20개의 태피스트리 디자인을 의뢰받아서 성찬에 관한 일련의 작품을 제작하였다. 그중의 하나를 소개하면 〈성찬의 수호자〉(The Defenders of the Eucharist)이다. 그림에는 성찬을 수호하기 위해 수고한 일곱 성인들을 그려 넣었다. 왼쪽 세 사람은 왼쪽부터 성 아우구스티누스(St. Augustinus, 354~430), 성 암브로시우스(St. Ambrosius, 340~397), 성 그레고리우스 대제(St. Gregorius the Great, 540~604)이다. 가운데에 있는 아시시의 성녀 클레어(St. Clare of Assisi)는 작품을 의뢰한 이사벨 클라라 에우헤니아의 모습을 하고 있다. 그 옆에 가운데 맨 머리에 도미니칸 복장을 한 인물은 성 토마스 아퀴나스(St. Thomas Aquinas, 1225~1574)이다. 그는 대학자답게 책을 옆에 끼고 있다. 오른쪽에 사각모에 흰 가운을 입고 있는 인물은 독일의 주교 성 노르베르트(St. Norbert, 1080~1134)이다. 그는 성체를 둘러싸서 두 손으로 고이 움켜잡아 가슴에 품고 있다. 제일 오른쪽에 붉은색 추기경 복장을 한 사람은 성 히에로니무스(St. Hieronymus, c. 347~420)이다. 그는 라틴어 성서인 불가타를 읽고 있다. 루벤스는 성찬을 그림의 주요 주제로 다루었으며, 그 안에는 로마 가톨릭의 신학이 담겨있다.

1617년 작 〈십자가에서 내려짐〉은 이전 작품들에 비해서 성찬을 훨씬 더 시각화하였다. 그림에서 막달라 마리아는 그리스도의 발이 아니라 손에 직접 입을 대고 있다. 십자가 그림에서 막달라 마리아는 주로 예수의 발 주위에 있었다. 제자 요한은 창에 찔려 피 흘리는 그리스도의 옆구리에 직접 입을 대고 있는 것처럼 표현하였다. 여기에는 분명히 그리스도의 살과 피를 먹는 성찬을 강조하려는 의도가 숨겨 있다. 예수의 손과 옆구리는 예수가 십자가에서 고난당한 대표적인 상처이다. 도마는 부활하신 예수를 그의 손의 못 자국과 옆구리의 창 자국으로 확인하고자 하였다(요 20:25-27). 내 생각에는 교파별로 성찬에 대

Rubens, Descent from the Cross, 1616~1617, Oil on canvas, 425×295cm, Palais des Beaux-Arts, Lille

한 이해가 다르다 하더라도, 기독교인이라고 한다면 누구나 공히 그리스도와 하나 되는 삶, 그리스도에 잇대어 살아가는 삶, 그리스도 중심의 삶을 사모하며 추구해야 할 것이다.

그림과 관련하여 트리엔트 공의회의 또 하나의 중요 결정은 성모 마리아와 성인 공경에 관한 교령이다. 트리엔트 공의회에서 성모 마리아와 성인에 대한 공경(Veneratio)이 재확인되었다. 이 공경이라는 것이 오직 삼위일체 하나님께 드려야 할 영광인 흠숭(Adoratio)에 해당하는 것은 아니다. 그럼에도 불구하고 종교개혁 진영에서 평가 절하하였던 성모와 성인에 대한 공경과 존경은 당연한 것으로 재확인하였다. 루벤스의 그림에서 성모 마리아는 특별한 존재로 다시 부각되었다. 루벤스는 성모 마리아를 아들의 죽음 앞에서 연약하고 무기력하게 소극적으로 상심하여 비틀거리고 기절하는 성모 마리아가 아니라, 매우 적극적으로 예수의 시신을 십자가에서 내리는 일에 참여하는 것으로 표현하였다. 마치 예수 그리스도의 십자가의 구원 사역의 동반자(Co-redemptrix)라고나 할까?[192] 이것은 성모 마리아뿐 아니라 십자가에서 내려지는 그림에 함께 등장하는 성인들도 마찬가지이다. 제자 요한, 막달라 마리아, 아리마대 요셉, 니고데모 모두 다 예수를 십자가에서 내리는 일에 함께 직접 참여하고 있다.

그럼, 이 그림, 루벤스의 〈두 강도 사이에 있는 십자가 위의 그리스도〉 그림은 어떨까? 루벤스의 십자가형 그림은 안트베르펜의 제단화에 비하면 약 6~7년 정도 후대의 것이다. 그래서일까? 이 그림의 기법은 바로크의 절정을 넘어서 낭만주의적 화풍이 엿보인다. 조명은 예수 그리스도에게 집중되어 있다. 카라바조로부터 건너온 키아로스쿠로(Chiaroscuro) 기법이 십자가에 달린 예수에게 작렬하고 있다. 키아로스쿠로란 빛의 조명에 의한 명암법을 일컫는 말인데, 카라바조는 극단적인 명암의 대조를 사용하여 그림에 생동감과 함께 강인한 인상을 심어주었다. 루벤스는 이 명암법을 보다 세련되게 작품에 사용하였다. 기법은 시대를 넘어가는 것 같은데, 그림의 내용은 확실히 바로크적이다. 이 그림에서 예수는 무엇보다 고요하면서도 거룩한 역사를 이루고 있다. 그의 몸은 상처투성이가 아니라 우아하고 아름답고 거룩하기까지 하다. 이러한 그리스도의 몸은 온전함을 추구하는 바로크의 미술의 방향과 맞아 떨어진다. 그리고 성모 마리아의 표정은 그 어떤 등장인물들과 비교할 수 없이 창백한데, 이전의 어떤 그림에서도 이런 애절함과 순결함을 찾아볼 수 없다. 이 성모 마리아의 얼굴에 담긴 빛은 그 출처가 어딘지 잘 모른다. 루벤스는 자연적 조명이 아니라 자신이 강조하고 싶은 대로 명암법을 사용하였다.

이 그림에서 십자가에 못 박히고 피 흘림은 오직 예수 그리스도의 고유한 것이다. 함께 달린 좌우편의 강도들은 십자가에 줄로 묶여있을 뿐, 그들의 십자가형에서 못 자국이나 핏자국을 찾아볼 수 없다. 오직 예수의 못 박힌 손과 발 그리고 창에 찔린 옆구리에서만 피가 흘러내리고 있다. 강도들은 자신들의 육체적 고통에 몸부림 칠뿐이지, 인류를 구원하기 위한 거룩한 대속의 희생과는 거리가 멀다. 예수는 엄숙하게 세상의 모든 죄를 대신 지시고 인류 구원의 역사를 이루고 있다. 고요하고 거룩한 그리스도의 몸이 십자가에 달려 루벤스의 고유한 조명 속에 환하게 빛나고 있다. 확실히 루벤스의 그림은 로마 가톨릭적이다.

그런데 루벤스의 작품 중에는 〈두 강도 사이의 십자가 위의 그리스도〉라는 같은 제목의 작품이 또 있다. 그것은 약 15년 후인 1635 년 작으로 안트베르펜의 카푸친 교회(Capuchin church)의 주 제단화 (High altarpiece)에 있던 것이다. 그림의 전체적인 구도는 1619~1920 년 작품과 비슷한데, 화풍이 보다 주관적이다. 정형화된 틀에서 더 벗어나 화가가 표현하고 전하려는 바에 강조를 두고 있다. 무엇보다

Rubens, Christ between the Two Thieves, c. 1635, Oil on panel, 297×194cm, Musee des Augustins, Toulouse

왼쪽의 성모 마리아가 보다 적극적인 역동성을 보여주고 있다. 그녀는 십자가에 달린 예수를 향하여 두 손을 뻗어 절규, 애도 내지 간구, 호소하고 있다. 1619~1620년 작품에서의 모습과는 완전히 대조된다. 거기선 백짓장같이 창백한 얼굴로 차마 십자가에 달린 예수를 보지 못하고 고개를 돌리고 있었는데, 여기선 훨씬 적극적이다. 로마 가톨릭의 성모 마리아에 대한 보다 고조된 신학을 엿볼 수 있다.

십자가 신학: 복음에 참여하는 삶

루벤스의 십자가형은 옛 그리스도의 몸을 조명함으로써 성찬에 대해서 강조하고, 주위에 등장하는 성모 마리아와 성인들을 역동적으로 표현함으로써 구원 사역의 참여함을 강조하고 있다. 신학적으

로 반종교개혁회의에서 재확인된 로마 가톨릭교회의 화체설과 성모와 성인의 공경이라는 주장을 반영하고 있다. 거듭 이야기하지만, 이에 대해서는 속한 교파와 교단의 입장에 따라 이해를 달리할 수 있다. 그럼에도 불구하고 성찬과 구원 사역에의 참여는 모든 기독교들의 공통의 삶이자 사역이다.

성찬과 구원 사역에의 참여는 예수 그리스도의 십자가의 은혜, 곧 삼위일체 하나님의 은혜에 참여함을 의미한다. 우리는 성찬을 통하여 그리스도의 몸과 삶에 참여한다. 우리는 그의 살을 먹고 그의 피를 마심으로 그와 하나가 되고, 그가 바라시는 삶을 살게 된다. 성찬은 과거 십자가의 구원 사건을 기념하고, 앞으로 영원한 하나님 나라에 참여할 것을 기대하며, 무엇보다 오늘을 그와 함께 살아가게 한다. 우리가 십자가의 구원 사역에 무슨 보완을 더 해야 하는 것이 아니다. 우리의 사명은 그의 십자가의 복음을 세상에 널리 알리고 증언해야 할 선교적 사명이다. 우리는 그 안에서 삶의 의미와 보람을 갖는다.

• 예수께서 이르시되 내가 진실로 진실로 너희에게 이르노니 인자의 살을 먹지 아니하고 인자의 피를 마시지 아니하면 너희 속에 생명이 없느니라 내 살을 먹고 내 피를 마시는 자는 영생을 가졌고 마지막 날에 내가 그를 다시 살리리니 내 살은 참된 양식이요 내 피는 참된 음료로다 내 살을 먹고 내 피를 마시는 자는 내 안에 거하고 나도 그의 안에 거하나니 살아 계신 아버지께서 나를 보내시매 내가 아버지로 말미암아 사는 것 같이 나를 먹는 그 사람도 나로 말미암아 살리라 이것은 하늘에서 내려온 떡이니 조상들이 먹고도 죽은 그것과 같지 아니하여 이 떡을 먹는 자는 영원히 살리라(요 6:53-58)

• 나는 이제 너희를 위하여 받는 괴로움을 기뻐하고 그리스도의 남은 고난을 그의 몸된 교회를 위하여 내 육체에 채우노라 내가 교회의 일꾼 된 것은 하나님이 너희를 위하여 내게 주신 직분을 따라 하나님의 말씀을 이루려 함이니라(골 1:24-25)

찬송가 341장 〈십자가를 내가 지고〉는 헨리 라이트(Henry F. Lyte, 1793~1847)가 작사한 곡이다. 그는 어떤 어려움 중에도 세상의 부귀영화를 바라지 않고, 오직 십자가를 지고 주님만 따라갈 것을 다짐하고 있다. 성도의 삶이란 그런 것이다. 십자가의 예수가 나의 유일한 보배이며, 십자가의 예수가 나의 유일한 복이다. 1절 가사는 다음과 같다.

♬ 십자가를 내가 지고 주를 따라 갑니다 이제부터 예수로만 나의 보배 삼겠네 세상에서 부귀영화 모두 잃어버려도 주의 평안 내가 받고 영생 복을 받겠네 ♬

루벤스가 십자가 그림에서 강조하는 것은 우리를 구원하기 위해서 십자가에 달리신 구원자 예수 그리스도이다. 그리스도의 빛나는 몸과 등장인물들의 예수를 향한 경외와 접촉은 그림을 보는 관객들을 그리스도와 하나 되는 성찬에로 초대한다. 성찬은 거룩한 예식을 통하여 전인적으로 그리스도와 하나 되는 사건이다. 성령의 역사 안에서 우리는 주님과 하나가 된다. 그리고 주님과 하나 되는 성찬의 삶은 우리의 모든 현실로 이어져야 한다. 성찬에 참여하는 일은 과거와 미래, 영원과 현실의 만남이자, 또한 그리스도의 십자가와 부활에의 참여이다. 십자가의 성찬 신학과 성찬 영성은 하루하루 살아가는 삶의 현장에서 주님과 하나 되는 삶, 부활의 영원을 꿈꾸며 오늘 고난의 십자가를 짊어지는 삶으로 구현되어야 한다.

Part IV

근대

Rembrandt, Christ crucified between the two thieves "The three crosses", 1653, Drypoint and burin, first state of five, 385×450mm, Teylers Museum, Haarlem

16

렘브란트의 <세 개의 십자가>

판화의 대가 렘브란트

앞서 루벤스의 십자가형을 보았으면, 당연히 렘브란트의 십자가형도 보아야 할 것 같은 왠지 모를 의무감이 있다. 구교와 신교의 그림에 대한 형평성 때문일까? 아니면, 일찍이 한국에 대표적인 플랑드르 화가로 루벤스와 렘브란트가 함께 알려져서일까? 아니면, 렘브란트가 성서 그림을 많이 그린 대표적인 성서화가(聖書畵家)여서일까?[193] 아무튼, 십자가형 그림을 다루면서 렘브란트를 그냥 지나치기에는 어딘가 어색하기도 하고, 서운하기도 하다. 그런데 다른 작품들의 유명세 탓일까 정작 그의 십자가형 그림은 그다지 알려지지 않은 것 같다.

이 그림은 렘브란트(Rembrandt Harmenszoon van Rijn, 1606~1669)가 판화로 제작한 〈두 강도 사이에 있는 십자가에 달린 그리스도〉(Christ crucified between the two thieves)이다. 그림에 세 개의 십자가가 우뚝 솟아 있어서 흔히 〈세 개의 십자가〉(The three crosses)라고 불리기도 한다. 렘브란트의 십자가형 그림으로 어떤 그림이 좋을까 고민하다가 이 그림을 골랐는데, 그것은 앞서 15장에서 살펴본 루벤스의 그림 〈두 강도 사이에 있는 십자가 위의 그리스도〉와 같은 주제이기 때문이다. 사실 렘브란트는 유화에 버금갈 정도로 많은 판화를 남겼으며, 판화의 역사에서도 독보적 존재이다.

17세기 네덜란드에서는 판화가 크게 발전하였다. 판화의 성장은 인쇄술의 성장과도 맞물려 있다. 인쇄술은 또한 그림과는 갈래를 달리하는 문학의 발전과도 맥을 같이한다. 당시 판화는 성서를 찍어내거나 책을 내는데, 삽화로서 역할을 하였다. 뿐만 아니라 가정이나 건물을 꾸미는 소품으로도 사용되기 시작하였다. 물론 자연스레 판화집도 생겨났다.

렘브란트는 특히 드라이포인트(Drypoint)를 사용하여 판화를 회화처럼 표현한 것으로 유명하다. 이 판화에도 드라이포인트가 사용되었다. 동판화에는 여러 기법이 있다. 일반적으로 조각도를 가지고 직접 동판에다가 그림을 새기는 인그레이빙(Engraving) 기법이 있다. 이때 주로 사용하는 것이 금속조각용 끌인 뷰린(Burin)이다. 또 다른 대표적인 기법은 에칭(Etching)이라고 하는 것이다. 에칭은 동판에 밀랍 성분으로 그라운드(Ground)를 하고, 그 위에 그림을 그린 후 부식액을 발라서 부식액에 의해 금속이 산화되면서 동판에 그림을 새기는 방법이다. 이것은 섬세하고 정교한 선 표현이 특징이며 부식 정도와 시간에 따라 다양한 표현이 가능하다. 드라이포인트란 일반 조각도보다 더 단단하고 예리한 철침으로 동판에 직접 새겨 넣는 기법인데, 철침으로 주로 다이아몬드 포인트나 루비 포인트를 사용한다. 철침으로 동판을 새기면 일어나는 거스러미인 버(burr)에 잉크를 머금게 되어 드라이포인트의 특성이 나타난다. 드라이포인트는 단순한 선 디자인에서부터 발전된 색조 구성에 이르기까지 그 형태가 다양한

데, 실제로 동판화 작업에서 단독적으로 쓰이기보다 일반 인그레이빙이나 에칭 기법과 함께 사용되어 훨씬 더 정교하고 풍성하게 표현할 수 있었다. 특히 표현의 악센트나 마무리에 사용되었다.

루벤스와 렘브란트의 십자가형 비교

어차피 렘브란트와 루벤스의 작품을 비교할 것 같으면, 이참에 십자가와 관련하여 두 사람의 대표적인 유화 작품을 함께 살펴보는 것도 좋을 것 같다. 그럼, 먼저 십자가형(Crucifixion) 유화 그림을 보기로 하자.

앞서 살펴본 대로 루벤스는 두 개의 유명한 안트베르펜 제단화를 제작하였다. 곧 1610년에 제작한 〈십자가의 올려짐〉과 1612~1614년에 제작한 〈십자가에서 내려짐〉이 그것이다. 그런데 그 사이 1610~1611년에 그린 십자가형 그림이 있다. 예수 그리스도가 십자가에 못 박혀 있는 그림이다. 그리고 보면, 루벤스는 예수의 십자가 사건을 시간 순서대로 제작한 셈이다. 곧 예수가 십자가에 올려지고, 십자가에 달려 죽임을 당하고, 그리고 십자가에서 내려지는 순서로 작품을 제작한 것이다. 앞서 살펴본 대로 십자가에 달린 예수의 몸은 매우 희고 밝고 아름답다. 그는 고개를 들고 하늘을 우러러 보고 있다. 그는 십자가의 고통과 죽음에 무너진 한낱 인간이 아니라 인류를 구원하는 구원의 역사를 이루신 그리스도를 묘사하고 있다. 그림 하단에 작게나마 배경으로 마을의 전경이 깔려 있다.

Rubens, The Crucified Christ, 1610~1611, Oil
on canvas, 219×122cm, Koninklijk Museum
voor Schone Kunsten, Antwerp

Rembrandt, Christ on the Cross, 1631, Oil on
canvas on panel, 100×73cm, Collégial Saint
Vincent, Le Mas d'Agenais

렘브란트는 1631년에 예수 그리스도의 십자가형(Crucifixion)을 그
렸다. 앞서 1628년경 렘브란트는 오라니에 왕가(Prince of Orange)의 비
서인 콘스탄테인 후이헌스(Constantijn Huygens, 1596~1687)로부터 그리
스도의 수난에 관한 그림을 의뢰받았다. 그것은 오라니에 왕가가 렘
브란트의 그림을 무척 좋아했기 때문이다. 애초에 후이헌스는 렘브
란트에게 루벤스의 그림의 1/25 사이즈보다도 작게 제작해 달라고
요청하였다. 그렇게 해서 렘브란트의 예수 그리스도의 수난 시리즈
가 시작되었다. 1633년 렘브란트가 〈십자가에 올려지는 그리스도〉
와 〈십자가에서 내려지는 그리스도〉 두 작품을 완성하여 전달하였
는데, 어찌나 후이헌스의 맘에 들었던지 그는 그리스도의 수난에 관

한 세 작품을 더 의뢰하였다. 그래서 1636년에 도상학적 순서에 따르면 가장 마지막에 해당하는 〈그리스도의 승천〉을 완성하였고, 1639년에 나머지 두 작품 〈매장〉과 〈부활〉을 완성하였다. 이렇게 다섯 개의 수난 시리즈가 완성되었다. 이후에 아기 예수의 생애와 관련하여 두 작품 곧 〈목자들의 경배〉와 〈할례〉가 더 추가되어 1946년에 예수의 생애 시리즈가 7개로 마무리되었다. 이 일련의 시리즈물을 시작하기 전인 1631년에 렘브란트는 가장 먼저 〈십자가 위의 그리스도〉를 제작하였는데, 이것은 오늘날 본 제품에 앞서 먼저 견본을 제작하여 그 실력과 제품을 확인하듯이 어찌 보면 그리스도의 수난에 시리즈물을 축약하여 앞서 만든 시제품이라 할 수 있다. 그러니까 렘브란트는 먼저 십자가에 달린 그리스도를 그리고 나서, 그리스도의 올려짐과 내려짐을 그린 셈이다.

그림 속에서 예수 그리스도는 고요하고 단아하게 십자가에 못 박혀 있다. 십자가 형틀도 소박하다. 그림을 보는 순간, 가장 먼저 빛에 의한 밝음과 어둠이 다가선다. 세밀한 정밀 묘사도 눈에 들어오지 않는다. 여러 색상도 필요 없는 것 같다. 그저 빛과 어둠만으로 그리스도의 몸을 드러내고 감추며 십자가형을 충분히 그려내고 있다. 카라바조에서 극명한 대비로 어색하게 표출된 키아로스쿠로(chiaroscuro) 기법은 루벤스를 거치며 조절되더니 렘브란트에 와서 어둠을 기본 배경으로 하여 은은하고 온화하게 정제되어 그림 속으로 녹아들었다. 렘브란트에게서 명암법의 절정을 보는 것 같다. 그래서 그를 '빛의 예술가' 또는 '빛과 어둠의 예술가'라고 부르나보다. 십자가에 Y자로 달린 예수의 몸에서는 축 늘어진 육체적 수동성보다 구원사역을 향한 아름다운 능동성이 느껴진다. 일그러진 예수의 얼굴은 고통을 호소하는 한편, 하나님의 구원을 선포하고 있다.

　루벤스가 예수 그리스도로 온 화면을 가득 채웠다면, 렘브란트는 예수 그리스도 중심이지만 주위의 어두운 배경이 상대적으로 많다. 렘브란트의 작품엔 어떤 배경도 없이 오직 빛만이 오른쪽 상단에서 예수 그리스도를 비추고 있다. 예수 그리스도는 십자가 위에 텅 빈 어둠 속에 고통스런 표정으로 홀로 계신다.[194] 주변에 아무도 없다. 루벤스의 작품에서는 그리스도의 몸이 조명에 의해 전반적으로 환하게 드러난다면, 렘브란트의 작품에서는 빛의 그림자에 의해 어두운 부분이 상대적으로 많은 분량을 차지하고 있다. 루벤스의 작품에서 그리스도가 고개를 들고 구원 사역의 완수와 승리와 영광을 담고 있다면, 렘브란트의 작품에서는 그리스도가 고개를 들고 있지만 어딘가 모르게 고뇌와 고통과 고난이 묻어난다. 루벤스가 그린 십자가에 달린 예수 그리스도가 "다 이루었다"(요 19:30)고 말씀하신다면, 렘브란트가 그린 십자자게 달린 예수 그리스도는 "나의 아버지 나의 아버지 어찌하여 나를 버리셨나이까"(마 27:46)라고 말씀하시는 듯하다.

　그러고 보면, 이 그림에선 루벤스의 작품에 담겨 있던 로마 가톨릭의 신학을 찾아보기 어렵다. 빛의 조명 속에 전체적으로 풍성하게 부각되었던 예수 그리스도의 몸은 극적인 명암법으로 상대적으로 초라한 몸을 강하게 비추고 있다. 몸 자체에 대한 부각이 아니라 빛의 조명을 통한 부각이다. 그리스도의 몸보다 빛이 강조되고 있다. 빛의 신학은 렘브란트에게 깊은 관심거리였다.[195] 확실히 신학의 차이는 미술에서 표현의 차이로 드러난다. 몸보다 빛, 성찬보다 말씀이 강조되고 있는 것처럼 느껴진다. 루벤스의 그림과 비교해 볼 때, 확실히 렘브란트의 그림은 구교보다 신교 곧 프로테스탄트적이다. 그래서 손수연은 이 그림이 17세기 개신교의 명상 문학과 어울리는 명상 회화라고 주장하였다.[196]

렘브란트의 판화 〈세 개의 십자가〉

루벤스와 렘브란트는 각각 그의 시대와 나라와 도시를 대표하는 화가들이다. 이들의 작품이 한 두 개가 아니다. 이들은 제단화, 초상화, 역사화, 풍속화, 유화, 드로잉, 판화 등 실로 다양한 주제를 다양한 방법으로 수많은 작품들을 제작하였다. 어찌 한 두 작품으로 그들의 미술세계와 신학 그리고 인생과 사상을 다 논할 수 있으랴? 아무튼 그들은 매우 다작을 한 위인들이다. 루벤스도 그랬듯이 렘브란트는 초상화로 유명세를 얻었고, 역사화 그리기를 선호하였다.

렘브란트가 1630년대에 가지고 있었던 그리스도의 수난에 대한 관심은 1650년대에 들어서 다시 돌아왔다. 이 시기는 그의 작업 여정에서 역사적으로 위대한 드라이포인트 판화의 시기이기도 하였다. 사실 렘브란트는 유화뿐 아니라 판화에서도 위대한 거장이었다. 특히 그의 작업을 통해서 드라이포인트 판화가 크게 부흥하였다. 이때 기획하였던 그리스도의 수난 시리즈는 다 완성되지 못한 채 〈에케 호모〉(Ecco homo)와 〈세 개의 십자가〉(The three crosses) 작품만이 완성되었다. 지금 우리가 다루고 있는 작품이 바로 이 때에 만들어진 〈세 개의 십자가〉이다.

1653년에 제작된 이 〈세 개의 십자가〉는 렘브란트 판화 중 최고의 결정판으로 알려져 있다. 이것은 분명 판화인데, 판화를 넘어 회화에 가깝다고 할 정도이다. 렘브란트는 전반적으로 인그레이빙이나 에칭을 하고, 거기에 드라이포인트 기법을 사용하여 정교하면서도 풍성한 표현을 하였다.[197] 렘브란트는 여러 다양한 종류의 용지와 잉크와 기법으로 그가 유화에서 표현하던 회화적 느낌을 그대로 표현하고자 하였다. 장르가 바뀌었어도 이 어두운 밤 같은 분위기에 빛의 조명과 함께 펼쳐지는 한편의 드라마 같은 구성은 확실히 렘브란트의 것이라 할 것이다.

이 판화에서도 역시 명암의 표현이 압권이다. 이것이 과연 판화로 가능한 것일까? 렘브란트는 가히 판화의 새로운 영역을 연 것 같다. 렘브란트가 유화에서 보이던 가장 큰 특징은 키아로스쿠로(명암법)인데, 이 판화에서도 동일하게 나타난다. 십자가를 중심으로 예수에게

강한 조명이 비치고, 그에게서 멀어질수록 어두워진다. 좌우의 양변, 특히 네 모퉁이는 어둠이 짙다. 하늘로부터 강한 빛이 가운데 십자가에 달린 예수 그리스도를 향하여 내려 비치고 있다. 예수만이 아니라 그 주변을 환하게 비치고 있다. 그는 판화에서도 빛의 예술가이다.

이 판화에는 많은 사람들이 등장한다. 먼저 가운데에는 예수 그리스도가 십자가에 못 박혀 있고, 그의 좌우에는 두 강도가 십자가에 달려있다. 세 개의 십자가 주위로는 애도하는 사람들이 있다. 예수의 십자가 주변으로, 보다 정확히 말해 예수의 십자가 왼쪽으로 군병들이 있다. 그중에 한 군병은 말을 타고 긴 창을 들고 있다. 그리고 예수 바로 앞에는 한 군병이 무릎을 꿇고 있는데, 그는 백부장일 것이다. 화가의 시각이 정면에서 바라보고 있음에도 불구하고 왼쪽 곧 예수의 우편 강도는 어둡게 묘사되어 있고, 오른쪽 곧 예수의 좌편 강도는 하늘로부터 내려오는 빛을 온몸으로 제대로 받고 있다. 마치 하늘로부터 내려오는 은혜를 받고 있는 사람 같다. 둘 중의 어느 편 강도가 은혜를 입은 강도냐고 묻는다면, 이 그림에서는 아마도 그림의 오른쪽에 있는 예수의 좌편 강도일 것 같다. 그 강도의 십자가 아래로 우리가 익히 알고 있는 인물들이 있다. 성모 마리아가 기절한 듯 쓰러져 있고, 제자 요한이 그녀를 부축하고 있고, 그 주위에 여러 여인들이 앉아 기도하며 애도하고 있다. 십자가 아래 곧 예수의 발아래에 위치한 여인은 막달라 마리아일 것이다. 그림 왼편 하단의 전경에는 대화하는 사람들이 있다. 십자가 바로 앞에는 터번을 쓴 두 사람이 십자가 형장을 서둘러 떠나 오른쪽으로 가고 있는데, 아마도 니고데모와 아리마대 요셉일 것이다. 그들의 뒤를 생뚱맞게 개가 따르고 있다. 개는 충성스러운 동물이다. 그들은 오른쪽 하단에 있는 어두운

굴 같은 곳을 향하여 가고 있는데, 그곳은 아마 예수 그리스도가 묻혔다가 부활하게 되는 굴 무덤을 표현한 것 같다. 그들은 예수의 장례를 준비하기 위해 무덤으로 향하는 것 같다.

　이 그림은 다섯 개의 스테이트(State) 중의 첫 번째 것이다. 스테이트란 본래 판화에서 정해진 수량의 본 매수를 찍어내기(Edition, 에디션) 전에 먼저 시범적으로 찍어보는 것을 말한다. 렘브란트는 이 판화를 여러 번 리메이크하면서 용지와 기법과 잉크를 달리하여 상이한 모습들을 연출하였다.[198] 두 번째 스테이트는 오른쪽 끝에 있는 사람과 그 주위로 선영이 짙어졌을 뿐, 첫 번째 스테이트와 별 차이가 없으며 인쇄용지 때문에 다소 온화한 분위기를 연출하였다. 세 번째 스테이트에는 왼쪽 하단에 날짜와 사인이 들어있고, 왼쪽 전경의 사람들과 주위의 땅이 더 어두워졌고, 십자가 앞에 걸어가는 두 사람 중 오른쪽 사람과 그의 앞 땅도 어두워졌다. 왼쪽 하늘에는 구름이 드리워져 있고, 위로부터 내려오는 수직선으로 명암이 짙어졌다.

Second state of five states

Third state of five states

　그런데, 세 번째 스테이트에서 네 번째 스테이트로의 변화는 같은 작품일까 싶을 정도로 파격적이다. 세 번째 스테이트가 예수의 십자가 사건에서 어둠이 덮이기 전의 광경이라면, 네 번째 스테이트는 어둠이 덮인 이후의 광경 같다(마 27:45, 막 15:33, 눅 23:44). 세 번째 스테이트까지는 어둠 속에서 밝은 빛이 십자가 위의 예수 그리스도와 그의 죽음을 슬퍼하는 사람들과 오른쪽 강도에게 비쳤다. 그런데, 네 번째 스테이트에서 전체적으로 훨씬 더 어두워졌다. 하늘로부터 내려오던 빛도 수많은 수직선들과 함께 확연히 어두운 빛을 띠고 있다. 앞의 전경도 어둠 속에 묻혔고, 애도하던 사람들과 앞에 있던 인물과 왼쪽 하단의 대화하는 무리들도 사라졌다. 십자가 앞에는 터번을 한 사람만이 오른쪽으로 가고 있다. 오른쪽 강도는 어둠 속에 묻혀버려서 누가 은혜 받은 강도이고 누가 악한 강도인지 구분할 수조차 없다. 성모 마리아와 성 요한과 막달라 마리아만 겨우 알아볼 정도이다. 빛에 드러난 인물들만 간략하게 묘사되었다. 그림은 짙은 명암 속에 많이 어두워졌지만 대신에 이야기는 아주 단순해지면서 강조점은 보다 분명해졌다. 이 그림에선 오직 십자가에 달린 예수 그리스도만이 고요하고 장엄하게 드러난다. 온 세상에 어둠이 덮이고, 예수 그리스도는 "아버지여 내 영혼을 부탁하나이다."라고 말하는 듯하다.

Fourth state of five states

Fifth state of five states

마지막 다섯 번째 스테이트에도 말을 탄 채 긴 창을 들고 선 사람이 그대로 있다. 오른쪽에는 애도하는 여러 사람들이 있고, 왼쪽 하단 전경에는 여러 사람들이 서 있다. 그들 뒤로 한 마리 말이 있고, 터번을 쓴 한 사람이 오른쪽으로 걸어가고 있다. 렘브란트 사후에 인쇄된 이 다섯 번째 스테이트에는 그리스도의 십자가 왼쪽으로 다른 말과 말을 탄 사람들을 완전히 새로 그린 것 같다. 리메이크를 거듭할수록 기법에서는 드라이포인트가 강화되었고, 구성은 보다 단순하고 명확해졌다.

폴 크렌쇼(Paul Crenshaw)는 이 판화가 프로테스탄트적이라고 지적하였다.[199] 그에 따르면, 이 작품은 렘브란트가 복음서의 정오부터 오후 세 시까지 어둠이 덮이고 예수가 "엘리 엘리 라마 사박다니"를 외치던 장면(마 27:45-54)에서 영감을 받아 제작한 것 같다. 17세기 로마 가톨릭 진영에서 예수 그리스도의 이미지는 대개 영웅으로서 근육질의 격동적인 그리스도를 보여주는 데 반해서, 이 작품은 특히 프로테스탄트의 관점에서 인간적인 예수 그리스도의 이미지를 제공한다.

칼 바르트(Karl Barth)는 그림은 그림일 뿐, 결코 말씀이 아니라고 하였다. 그는 이탈리아 르네상스나 바로크 미술의 십자가형 그림이 예수 그리스도의 신성을 강조하고, 렘브란트의 십자가형 그림이 예수 그리스도의 인성을 강조한다고 하지만, 그것으로 온전한 것은 아니며 화가의 그림이 성서의 말씀을 대신할 수는 없다고 하였다.[200] 그렇다. 옳은 말씀이다. 그림이 말씀을 대신할 수는 결코 없다. 그림도 성서로부터 나왔기 때문이다. 그림도 성서에 대한 여러 해석, 표현, 전달들 중의 하나이다. 그럼에도 성령의 역사 안에서 그림 또한 인간의 시각과 감정을 타고 말씀의 감동을 전해줄 수 있지 않을까?

십자가 신학 : 어둠 속에 이루어진 빛의 역사

렘브란트(1606~1669)는 17세기 네덜란드의 대표화가이다. 당시 네덜란드는 긴 전쟁을 겪었다. 곧 네덜란드 독립전쟁이라고도 불리는 80년 전쟁이다(1568~1648). 그런 후에 마침내 개신교의 자유를 누릴 수 있었다. 렘브란트는 그 사이를 지나며 작품 활동을 하였다. 로마 가톨릭 진영에서는 대형 제단화와 같은 작품들이 많이 제작되었으나, 개신교 진영인 네덜란드에서는 독립적인 그림들이 많이 제작되었다. 그리고 보면, 렘브란트의 작품은 확실히 규모나 표현과 내용면에서 로마 가톨릭 신앙을 담은 루벤스의 작품과는 다르다.

렘브란트는 빛의 예술가답게 빛과 어둠을 천재적으로 사용하였다. 루벤스가 환하게 예수 그리스도의 십자가의 역사를 관객에게 알려준다면, 렘브란트는 깊은 어둠 속에 감추어 두고 아주 희미하게 알려주고 있다. 루벤스의 십자가형에서 십자가에 달린 예수 그리스도가 화폭 전면에 등장하여 조명을 받고 있는 주인공이라면, 렘브란트의 십자가형에서는 예수 그리스도는 그다지 부각되지 않은 주인공이다. 물론 그에게 조명이 비추어 있으나 그것은 전체적으로 희미하다. 신학적으로는 루터의 '숨어계신 하나님'을 생각나게 한다. 루터는 하나님을 계시하시는 하나님(Deus revelatus)인 동시에 숨어계신 하나님(Deus absconditus)으로 주장하였다. 그래서 루터는 오직 십자가와 고난에서만이 하나님을 알 수 있다고 하였다.[201] 이 어둠 속에서 나를 구원하고, 인류를 구원하고, 세상을 구원하는 놀라운 역사가 일어난다. 고난 속에서 바라보는 예수 그리스도의 십자가에서 하나님의 사랑과 구원과 계시를 발견할 수 있다.

찬송가 143장 〈웬말인가 날 위하여〉는 '영국 찬송가의 아버지'라 불리는 아이작 왓츠(Isaac Watts, 1674-1748)가 작사하였다. 이 찬송은 예수 그리스도께서 죄인인 나를 위하여 내 모든 죄를 대신 지시고 십자가에 돌아가셨음을 찬양하고, 그 구원의 은혜를 생각할 때 너무나 고마워서 몸을 드려 앞으로 십자가의 은혜에 합당한 삶을 살 것을 헌신하고 있다. 곡은 스코틀랜드의 전통 가락에서 가져왔다. 3~4절의 가사가 렘브란트의 판화와 잘 어울린다.

♬ 3. 주 십자가 대할 때에 그 해도 빛 잃고 그 밝은 빛 가리워서 캄캄케 되었네 4. 나 십자가 대할 때에 그 일이 고마워 내 얼굴 감히 못 들고 눈물 흘리도다 ♬

캄캄한 어둠 속에서 오히려 십자가의 구원의 빛이 환하게 드러난다. 예수의 십자가형은 어둠 속에 덮여 있다. 온 세상이 암흑 속에 잠겨도 그리스도의 구원의 역사를 막을 수는 없다. 십자가의 은혜가 성령의 역사 안에서 내 맘과 내 삶에 다가온다. 우리는 종종 어둡고 암울한 인생사나 세상사에 낙심하고 절망한다. 그리고 하나님에게 항변하고, 내가 생각하는 정의를 요구한다. 그러나 하나님은 겉으로 보이는 온갖 암흑과 그늘 속에서, 그리고 우리의 얄팍한 비난과 저주 속에서도 꿋꿋하게 사랑과 구원의 역사를 이루어 가신다. 그 옛날 그리스도의 십자가를 비난하고 외면했던 우리를 생각한다면, 오늘의 어려움 속에서 다시금 십자가의 예수를 바라볼 때 우리는 감히 얼굴을 들 수 없다. 오직 그의 한량없는 십자가의 은혜와 권능을 찬양할 뿐이다. 어둠 속에 빛나는 십자가, 어두울수록 더욱 빛나는 십자가!

Zurbarán, Saint Luke as a Painter before Christ on the Cross, c. 1660, Oil on canvas, 105×84cm, Museo del Prado, Madrid

17
수르바란의 <십자가에 달린 그리스도 앞의 화가 성 누가>

수도사의 화가 수르바란

이 그림은 프란시스코 데 수르바란(Francisco de Zurbarán, 1598~1664)이 1660년경에 그린 〈십자가에 달린 그리스도 앞의 화가 성 누가〉(Saint Luke as a Painter before Christ on the Cross)라는 작품이다. 그림 중앙의 약간 왼쪽 상단에 예수 그리스도가 십자가에 달려 있고, 오른쪽 하단에 한 사람이 십자가에 달린 예수를 공경과 경배의 눈으로 바라보고 있다. 이 사람은 누구인가? 그림의 제목이 말해주듯이 이 사람은 성 누가(St. Luke)이다. 그림의 제목은 그리스도보다 누가를 더 부각시키고 있는 것 같다.

그림은 진갈색의 기운이 감도는 검은 바탕에 빛의 조명에 의하여 십자가에 달린 그리스도와 그를 바라보고 있는 성 누가를 드러내고 있다. 조명은 왼쪽 상단으로부터 비쳐온다. 조명에 따라 예수의 얼굴은 그늘에 가려지고, 오히려 누가의 얼굴이 훤히 드러난다. 그런데, 왜 하필 누가일까? 예수의 십자가형 그림이라고 하면, 대개 성모 마리아나 사도 요한이나 막달라 마리아가 등장하는데, 왜 생뚱맞게 누가일까?

수르바란은 미술사에서 스페인 바로크 시대에 속한 인물이다. 그는 16세 되던 해인 1614년에 세비야(Sevilla)의 페드로 디아스 데 빌라누에바(Pedro Diaz de Villanueva)의 공방에서 도제 생활을 시작한 이래 일평생 세비야에 살며 작품 활동을 하였다. 당시 세비야는 신대륙무역의 독점 항구로서 경제적인 부가 축적된 곳이었고, 종교적으로 수도회의 활동이 왕성한 곳이었다. 그는 그곳에서 벨라스케스(Diego Velázquez, 1599~1660)를 만나 친분을 쌓기도 하였다. 벨라스케스가 궁정의 화가가 되었다고 한다면, 수르바란은 수도회의 화가가 되었다. 그는 수도회의 요청에 따라 주로 교회와 수도원의 벽화를 그렸는데, 성인, 수도사, 성직자와 수도원 생활을 소재로 많은 그림을 그렸다. 그래서 그는 '수도사들의 화가'라는 별명을 얻었다.

그의 그림은 소박하면서도 진중하다. 어두운 갈색이나 회색의 색조를 사용함으로써 검소하면서도 중후한 분위기를 연출한다. 잡다하지도 않고 화려하지도 않다. 그림이 표현하고자 하는 주제에 집중하여 매우 정제되고 절제된 느낌이다. 이것은 단조롭고 단순한 것이 마치 현대의 미니멀리즘(Minimalism)을 연상케 한다. 무엇보다 확실한 명암의 대비가 특징이다. 주로 어두운 바탕 위에 강력한 빛의 조명이 돋보이는데, 이것은 이탈리아 화가 카라바조(Michelangelo da Caravaggio, 1573~1610)의 영향을 받은 것으로서 그의 키아로스쿠로(Chiaroscuro, 明暗對照) 기법과 견줄만하다. 그래서 그는 종종 '에스파니아의 카라바조'라고 불리기도 하였다.

카라바조도 그렇고 수르바란도 그렇고, 왜 이렇게 극적인 명암법을 사용하는 것일까? 그것은 겉으로 보이는 사물의 표면 속에 보이지 않는 이면을, 역사의 현상 속에 보이지 않는 내막을, 인간의 외모를 통해 보이지 않는 인간의 내면을 표현하고자 하였기 때문이다. 사실 인생이나 사물이나 역사나 겉으로 보이는 것이 전부가 아니다. 보이지 않는 것을 표현하려니 당연히 인위적일 수밖에 없다. 그중의 대표적인 방법이 바로 이와 같은 극적인 명암법이다. 이것은 마치 무대의 조명과 같이 빛을 비추어 작가가 느끼는 바를 표현한다. 물론 그것으로 내면의 진리가 다 드러나는 것은 아니다. 그럼에도 관객으로 하여금 보이는 것 너머에 보이지 않는 무엇이 있음을 인지하게 하고, 그것을 추구하게 한다. 수르바란의 이러한 화풍은 그의 성화를 대하면 대할수록 보이지 않는 더 깊은 영적인 세계로 인도한다.

수르바란의 십자가형 그림

이 그림에서는 빛이 그림 왼편 상단 저 너머 바깥에서 비쳐온다. 왼쪽 상단에 창(窓)이 있는지, 등(燈)이 있는지, 무엇이 있는지 잘 모른다. 그것은 화가의 자유이자 의도이다. 그래서 화가의 창의성이고 독창성이다. 빛 때문에 십자가에 달린 예수의 몸의 오른편이 환하게 드러난다. 상대적으로 왼편은 어둡게 그늘져 있다. 예수의 오른쪽 다리가 환하게 드러나는 반면, 왼쪽 다리는 어둠 속에 묻혀 있다. 이런 명암대비는 십자가에 달린 예수의 몸을 예술적으로 아름답게 표현한다. 성 누가는 그림 오른쪽 하단에서 십자가에 달린 예수를 바라보기에 왼쪽 상단으로부터 오는 조명을 제대로 받고 있다. 누가의 상체가 매우 환하게 드러난다. 그런데 그의 복부 아래로는 그가 입은 짙은 겉옷과 함께 다시 어둠 속에 묻힌다. 조명이 왼쪽 상단으로부터 온다기보다 작가의 관심, 곧 작가의 마음으로부터 온다는 느낌이다.

그림 속 십자가에 달린 예수 그리스도는 초라하고 처참하다. 예수의 몸은 이전의 르네상스나 매너리즘 시대의 작품들에 비하여 왜소하고 빈약하다. 떨구어진 예수의 얼굴은 초췌하다. 하체를 가리고 있는 의상도 아슬아슬하다. 십자가에 달린 예수의 몸은 누가를 아랑곳하지 않고 명암의 대비 속에 홀로 그리스도의 구속 사역을 표현하고 있다. 그러고 보면, 이 그림에서는 빛의 조명을 따라 오히려 누가가 크게 부각된다. 이전까지 십자가형은 오직 예수 그리스도가 주인공이었다. 혹 주위에 인물들이 등장한다고 해도, 중심은 언제나 예수 그리스도였다. 그런데, 이 그림에선 예수 그리스도 앞에서 그를 바라보며 경배하고 고백하고 표현하는 누가가 부각된다. 그림의 의도가 십자가에 달리신 객관적인 예수 그리스도에서 화가인 누가가 예수 그리스도를 어떻게 경배하고 표현하는가의 주관적인 이해와 감정의 부분으로 옮겨가는 것 같다.

수르바란은 수도사의 화가답게 평생에 걸쳐 십자가형(Crucifixion) 그림을 많이 그렸다. 현재 약 11개 정도의 작품이 남아 있는데, 그 중에 1627년과 1665년경의 작품을 잠시 살펴보도록 하자. 1627년의 작품은 검은색 바탕 위에 오직 십자가에 달린 예수 그리스도만을 강렬한 명암의 대비 속에 그렸다. 그림 속에 자연 배경도 없고, 달리 등장하는 인물도 없다. 벨라스케스가 비슷한 시기인 1632년에 제작한 십자가형도 분위기가 비슷하다. 예수 그리스도의 몸은 십자가의 모진 고통을 당하였음에도 비교적 근육질로 깨끗하고 말끔하다. 오른쪽 상단으로부터 오는 조명 때문에 예수의 오른편이 환하게 드러나 있다. 비스듬히 기운 그의 얼굴에는 고통을 넘어선, 세상이 근접할 수 없는 성스러움이 깃들어 있다.

Zurbarán, Christ on the Cross, 1627, Oil on canvas, 291×165cm, Art Institute, Chicago

Zurbarán, Christ on the Cross, 1655, Oil on canvas, 212×163cm, Private collection

1655년 작 십자가형에서 예수의 몸은 이전 작품들에 비해 약간 빈약하다. 이 작품에서 조명은 1627년 작품과 달리 약간 왼쪽에서 오고 있다. 1627년의 작품에서 예수가 십자가에 달려 고개를 떨어뜨리고 있던 것에 비해, 이 작품에서는 예수가 십자가에 달려서 하늘을 우러러 보고 있다. 복음서의 기록에 따르면, 예수는 십자가 위에서 일곱 마디의 말씀을 하였다. 이것을 소위 가상칠언(架上七言)[202]이라고 한다. 그럼, 어떤 말씀을 외치고 있는 것일까? 고개를 들고 있는 것으로 미루어보면 "엘리 엘리 라마 사박다니"(마 27:46, 막 15:34)나 "아버지 내 영혼을 아버지 손에 부탁하나이다"(눅 23:46)나 "다 이루었다"(요 19:30)를 외치는 듯하다. 십자가 아래로 성모 마리아와 막달라 마리아와 제자 요한이 경건한 포즈로 등장하고 있다. 수르바란의 십자가형 가운데 전통적인 세 인물이 등장하는 것이 이 작품이 유일하다. 이런 작품들에 비해 가장 말년의 작품으로 알려진 1660년경의 작품에서 예수의 몸은 훨씬 더 초라하고 왜소하고 빈약하다. 그는 극심한 고통 가운데 고개를 아래로 떨구고 있다.

수르바란의 십자가형은 당대 스페인 최고의 화가였던 벨라스케스(Diego Velázquez, 1599~1660)의 십자가형과 비교해 볼만하다. 벨라스케스는 12살이 되던 1611년부터 약 6년간 화가 프란시스코 파체코(Francisco Pacheco, 1564~1644) 아래서 미술을 배웠다. 그는 1617년, 그의 나이 18세에 이미 독자적인 화가로서 입지를 다졌고, 이듬해 스승 파체코의 딸 후안나(Juana Pacheco, 1602~1660)와 결혼하였다. 1622년 벨라스케스는 성공을 위하여 마드리드로 향하였고, 이듬해 그는 펠리페 4세(Felipe IV, 1605~1665)의 초상화를 그리며 일약 궁정화가로 올라섰다. 그리하여 평생 펠리페 4세의 화가이자 궁정화가로서 그림을 그렸고 또한 정치가로서 활약하였다. 앞서 성공한 루벤스는 그에게 화가로서나 정치가로서 매우 훌륭한 롤 모델(role-model)이었다. 벨라스케스도 루벤스가 그러했던 것처럼 1628년부터 약 3년간 이탈리아

Velázquez, Christ on the Cross, 1632, Oil on canvas, 248
×169cm, Museo del Prado, Madrid

로 미술 여행을 다녀왔다. 이후로 베네치아의 화풍은 벨라스케스의 그림에 큰 영향을 주었다. 이 십자가형 그림은 1632년경의 작품으로 벨라스케스가 이탈리아 여행을 다녀온 직후의 작품이다. 나는 개인적으로 벨라스케스의 이 십자가형을 최고의 수작으로 꼽고 싶다. 이 그림은 어떤 군더더기나 치장 없이 오직 거룩하신 예수 그리스도만 깊이 묵상하게 한다.

이 그림에서 벨라스케스는 오직 색과 빛을 가지고 그림을 그려내고 있다. 색과 빛은 순수하게 회화적인 요소이다. 이 그림 안에는 예수와 예수가 못 박힌 십자가형틀 외에는 다른 어떤 상징이나 이미지가 없다. 하다못해 자연 배경이나 다른 인물조차 없다. 벨라스케스는 색과 빛으로 단순하면서도 감동적으로 작업을 하였다. 벨라스케스는 화려한 구도나 다채로운 색상을 사용하지 않았다. 오히려 검은색 바탕 위에 매우 단조로운 색상으로 십자가 위의 예수 그리스도를 그려낼 뿐이다. 그는 카라바조처럼 어두운 바탕 위에 환한 빛의 조명을 사용하고 있다. 이 색과 빛의 조화가 벨라스케스 화법의 특징이다. 그는 색과 빛의 조화 속에 그림을 매우 자연스럽게 표현하여서 보는 이로 하여금 현실과의 괴리감 없이 익숙하게 받아들이게 한다.

벨라스케스의 이 그림을 보면, 십자가에 못 박힌 예수 그리스도의 모습이 매우 인상적이다. 갈색의 중후한 십자가 횡대에 예수 그리스도가 고상하게 못 박혀있다. 드리워진 후광 속에 다소곳이 떨어진 고개는 숙연하다. 십자가에 달린 예수 그리스도는 많은 피를 흘리고 있다. 십자가에 못 박힌 손에서 나온 피가 팔을 따라 흘러내린다. 가시관에 찔려 흐른 피가 얼굴을 타고 흘러내려 목과 가슴으로 떨어진다.

창에 찔린 옆구리에서 피가 흘러내려 배와 다리로 흘러내린다. 그의 피가 마치 나의 온몸을 적시듯 그의 온몸을 적시며 흘러내리고 있다. 십자가에 못 박힌 발에서 나온 피는 십자가 기둥을 타고 흘러내린다. 유혈이 낭자한 고난 가운데에도 예수의 몸은 아름답고 순결하고 고상하여 이 십자가형 그림을 볼 때마다 숭고한 감동이 일어난다. 나는 개인적으로 이 그림을 참 좋아한다. 그래서 자주 이 그림을 묵상하며 큰 감동을 받고 있다.

> ♬ 아름답다 예수여 나의 좋은 친구 예수 공로 아니면 영원 형벌 받네 예수님 예수님 나의 죄 위하여 보배 피를 흘리니 죄인 받으소서 ♬ (찬송가 144장 4절)

벨라스케스의 십자가형이 궁정의 화가답게 고상하고 정갈하다면, 수르바란의 십자가형은 수도회의 화가답게 경건하고 소박하다. 벨라스케스의 십자가형이 예수 그리스도를 왕정에 있는 존귀한 왕의 모습으로 표현하였다면, 루스바란의 십자가형 그림은 예수 그리스도를 수도의 길을 걷는 수도사의 모습으로 표현하였다. 벨라스케스의 십자가형이 보는 이를 차원이 다른 거룩한 세계로 이끌어 간다면(존재), 수르바란의 십자가형은 보는 이를 경건한 수도의 세계로 이끌어 간다(인식). 인생이 곤고해질 때나 방만해질 때면 수르바란의 십자가형을 묵상한다. 다시 수도사와 같은 자세로 겸손히 십자가의 은혜를 구하게 된다.

환상의 회화화(繪畵化)

르네상스 시대 십자가형 그림에서 예수는 주로 세 개의 못으로 십자가에 박혀 있었다. 그런데 이 그림을 보면, 예수는 네 개의 못에 의해 십자가에 박혀 있다. 무엇 때문일까? 수르바란과 벨라스케스는 왜 네 개의 못으로 표현하였을까? 그리고 보니, 앞서 살펴보았던 중세의 십자가형 그림에도 네 개의 못으로 묘사되었다. 예수 그리스도의 십자가형 그림에 네 개의 못이 사용된 것은 당시 세비야 화단의 신학적 지침 때문이었다. 로마 가톨릭은 트리엔트 공의회 이후에 교육과 선교를 위해 미술을 적극 권장하였는데, 미술작품을 제작할 때에는 무분별한 남발을 막기 위해 반드시 교회의 지도를 받도록 하였다. 이에 당시 성화를 제작하려면 교회와 수도회의 지도를 받아야 했다.

당시 세비야의 화가 길드 성 누가 형제회의 수장 프란시스코 파체코가 쓴 『회화』(Arte de la pintura, 1649)라는 책에는 당시 성화를 그리는 지침이 실려 있다. 파체코는 벨라스케스의 장인이기도 하다. 이 책에 따르면, 파체코의 신학적 조언자 후안 데 피네다(Juan de Pineda, 1558~1637)는 예수의 십자가형 장면을 그릴 때에는 꼭 네 개의 못을 사용하여 각 발에 못이 하나씩 따로 따로 박히게 표현하도록 하였다.

그럼, 후안 데 피네다는 왜 그런 지침을 내렸을까? 이것은 성서에 근거한 것이 아니다. 성서 어디에도 예수를 십자가에 박은 못이 몇 개인지 알려주지 않는다. 아마도 신학적 고증이 있었으리라. 전설에 따르면, 성녀 헬레나가 예수의 십자가형틀을 찾았을 때 네 개의 못도 함께 찾았던 것으로 전해지고 있다. 그러나 보다 직접적인 이유는 스웨덴의 성녀 브리지다(Santa Brigida de Suecia, 1303~1373)가 본 환상에 따른 것이었다.[203] 그녀는 환상 중에 예수 그리스도가 네 개의 못에 박혀 십자가에 달려 있는 광경을 보았다.[204] 그녀는 예수 그리스도가 십자가에서 당하신 고난을 너무나도 알고 싶어 하였다. 그러던 중, 한번은 예수 그리스도가 나타나서 매일 15번의 주기도와 15번의 성모송을 하라고 명령하였다. 이후로 이것은 오늘날까지 로마 가톨릭의 경건 생활의 하나로 정착되었다.[205]

브리지다는 일찍이 경건 생활과 자선 생활로 널리 이름을 떨쳤는데, 1344년 남편을 여의자 그녀는 아예 수도원에 들어가 일평생 기도하며 가난한 사람과 병든 사람을 돌보며 살았다. 그녀는 어려서부터 수많은 환상과 계시를 보았는데, 특히 예수의 탄생에 관한 환상을 본 것으로 유명하다. 예수의 탄생에 관한 그녀의 환상은 일찍부터 성화 제작에 반영되었다. 그녀의 환상에 따라 그린 예수의 탄생 성화에서는 아기 예수가 특히 환하게 빛나고 있다. 그것은 일종의 키아로스쿠로이다. 또한 환상에서 본대로 성모 마리아의 기도 자세를 그리는 것이 유행하게 되었다. 갓 출산한 산모답지 않게 성모는 반 무릎을 꿇고 허리를 세운 채, 두 손을 모아 경건하게 기도하며 경배하는 자세를 취하고 있다.

수르바란의 십자가형 그림에서 보다 흥미로운 것은 십자가에 못 박힌 예수의 발 모양이다. 이 발 모양은 벨라스케스의 것과 다르고, 심지어 수르바란 자신이 1627년과 1655에 그린 것과도 또 다르다. 앞선 작품들에서는 양 다리를 일자로 곧게 내려서 발목에 각각 하나씩 못이 박힌 것으로 표현하였다. 그런데, 이 작품에서는 발목을 겹처 하나의 못을 박은 것도 아니고, 희한하게 발목을 어긋나게 포개어서 각각 못을 따로 박은 것으로 묘사하였다. 치마부에의 십자가형의 발 모양이 독특했는데, 그것과도 또 다르다. 실제로 2천 년 전에 예수가 과연 이런 발 모양으로 십자가에 못 박혔을지는 심히 의심스럽다. 이것이 현실적으로 정말 가능하기는 한 것일까? 수르바란은 도대체 왜 이렇게 묘사하였을까?

십자가형 그림에서 평행으로 내린 다리보다는 발목을 포개거나 어긋나게 한 것이 십자가형 그림의 구도나 인간의 신체의 구조에 있어서 더 아름다워 보일 수 있다. 수르바란도 그런 미적 아름다움을 모를 리 없다. 그러나 그가 이렇게 표현한 것은 십자가형의 미적 아름다움보다는 예수의 십자가의 고난의 무게 때문이다. 실제로 십자가 처형에서 발목을 포개어 못을 박는 것은 지치고 상한 몸의 무게를 더욱 고통스럽게 부담하게 된다. 십자가형에서 오른쪽 다리가 위로 올라가는 것은 더욱 큰 고통을 받았음을 표현한 것이다.

십자가 위에 걸린 죄패를 보더라도 1627년과 1655년경의 작품에선 '유대인의 왕 나사렛 예수'라는 죄명이 히브리어와 헬라어와 로마어로 제법 큰 패에 적혀 있는데 비해, 1650년경의 작품에는 간단하게 약자로 INRI만 적혀있다. 물론 의미하는 내용은 같다. INRI란 라틴어로 Jesus Nazarenus Rex Judaeorum(유대인의 왕 나사렛 예수)의 약자이다. 이 그림에서 예수 그리스도의 모습은 보다 초라하고 보다 고통스럽다.

화가의 수호성자 누가

수르바란은 이전 작품들과 달리, 1660년 십자가형 작품에서 확실히 무언가를 더 표현하고자 한 것 같다. 기본적으로 예수 그리스도의 십자가의 모진 고통과 그 고통 가운데 이루신 대속의 사역에 대한 신앙이 보다 강조되어 있다. 예수의 몸은 오랜 수도사의 몸처럼 쇠약해 보인다. 그 보다 더한 추가는 그림 속 조명에서 확연히 드러나듯 성 누가의 등장이다. 예수의 십자가형 그림에서는 그의 1655년 작품처럼 대개 성모 마리아와 사도 요한, 막달라 마리아가 등장하는 것이 일반적이다. 혹 주변 인물을 더 추가하면, 여러 여인들 또는 세례 요한이나 예수의 장례에 참여한 아리마대 요셉이나 니고데모, 아니면 로마 군병이나 유대 당국자들이나 군중들이다. 그런데 수르바란은 뜬금없이 성 누가를 등장시켰다. 도대체 왜 그럴까?

누가는 아래에서 위로 십자가에 달린 예수 그리스도를 우러러보고 있다. 누가가 입고 있는 옷은 두껍고 고상한 재질로 가장 밝은 색으로부터 가장 어두운 색까지 다 담고 있다. 희로애락의 모든 인생 경험을 다 포용한 듯하다. 이런 표현은 당시 수르바란이 수도사를 표현하던 방식이었다. 누가는 경건하게 오른손을 가슴에 얹고, 왼손으로는 그림을 그리는 팔레트를 들고 있다. 팔레트를 들고 있음은 그가 화가임을 알려준다.

성 누가(St. Luke)가 화가라고? 성 누가는 누가복음을 기록한 사람이다. 누가복음의 첫 구절에서 누가는 예수 그리스도에 관하여 처음부터 자세히 조사하여 기록하였다고 밝히고 있다(눅 1:1-4). 예수의 탄생과 어린 시절에 관한 짧은 기록이 누가복음에 기록되어 있다. 그런데 이 그림에서는 누가가 복음서의 기자가 아니라 복음서의 화가로서 등장하고 있다. 이것은 누가가 예수 그리스도와 성모를 그렸다고 전해 내려오는 전설에 따른 것이다. 그래서 성 누가는 일찍이 화가나 공예가들의 보호성자로 추앙되었고, 중세에는 성 누가의 이름을 붙인 화가 길드들이 여럿 생겨났다.

일찍이 1453년에 로기어 반 데르 웨이덴(Rogier van der Weyden, 1400~1464)이 브뤼셀의 성 누가 길드(Guild of St. Luke)를 위해 〈성모 마리아를 그리는 성 누가〉(St. Luke Drawing the Portrait of the Madonna)라는 작품을 그렸다. 이 작품은 같은 해에 제작된 얀 반 에이크(Jan van Eyck, c. 1395~1441)의 〈롤린 수상의 성모 마리아〉(The Virgin of Chancellor Rolin)의 모티브를 차용하였는데, 성모 마리아와 성 누가의 좌우 위치가 바뀌었다. 성 누가는 성모 마리아와 아기 예수를 보며 정성을 다해 그

Weyden, St. Luke Drawing a Portrait of the Madonna, 1435, Oil and tempera on panel, 138×111cm, Museum of Fine Arts, Boston

Gossart, St. Luke Drawing the Virgin, c. 1515, Oil on oak panel, 230×205cm, Národní Galerie, Prague

림을 그리고 있다. 1515년경 얀 고사르트(Jan Gossart)는 앞서 본 웨이덴의 그림에 감명을 받아 본인 또한 이 주제로 그림을 그렸다.

수르바란 바로 앞서 스페인 화단을 이끌었던 엘 그레코(El Greco, 1541~1614)도 1567년경에 〈성모 마리아와 아기 예수를 그리는 성 누가〉(St. Luke Painting the Virgin and Child)를 그렸다. 오른쪽의 성모자는 전통적인 도상을 따랐으나, 왼쪽의 누가에 대한 표현은 자유로운 편이다. 엘 그레코는 사도들의 특징에 따라 시리즈로 12사도를 그린 것으로 유명한데. 1608년경에 〈성 누가〉(St. Luke)를 따로 그렸다. 누가가 12사도에 속하지 않음에도 불구하고 엘 그레코가 특별히 그를 주제로 하여 그림을 그렸다. 그런데, 그림에서 드러난 누가의 특징은 바로 화가이다. 누가는 성모 마리아와 아기 예수의 그림을 삽화로 그려 넣은 자신의 복음서를 펼쳐 보이고 있는데, 오른손에 붓을 들고 있다.

El Greco, St. Luke Painting the Virgin and Child, before 1567, Tempera and gold on canvas attached to panel, 41,6×33cm, Benaki Museum, Athens

El Greco, St. Luke, 1605-10, Oil on canvas, 98× 72cm, Cathedral, Toledo

그리고 보면, 누가가 예수의 십자가형 그림에 등장하는 것은 그리 흔한 일은 아니지만, 그렇다고 해서 완전히 낯선 것도 아니다. 이 그림에서 보다 흥미로운 사실은 수르바란이 예수를 그리고 있는 성 누가의 모습에 자기 자신을 그려 넣었다는 것이다. 엘 그레코가 누가를 화가로서 오른손에 붓을 들고 직접 복음서에 그림을 그리는 것으로 묘사한데 반해, 수르바란은 누가가 붓을 들고 직접 그리기 보다는 왼손에 팔레트를 들고 오른손은 가슴에 대고 십자가에 못 박힌 예수 그리스도를 묵상하는 것으로 묘사하고 있다. 왜 그럴까?

수르바란은 오랫동안 수도회의 의뢰를 받아서 기독교 성화를 그렸다. 그것도 대부분 성인이나 성직자들의 인물화였다. 성화 속 인물들은 대개 작품을 의뢰한 수도회가 기념할만한 인물들이었다. 그중의 대표는 아마도 성 프란시스코(St. Francesco of Assisi, 1181~1226)일 것이다. 그래서 그런지 수르바란이 그린 인물화 가운데 프란시스코를 그린 작품이 여럿 있다.[206] 수르바란이 그린 사람들은 대개 매우 영적이고 경건하여서 거룩한 삶을 살았던 인물들이다. 당시 스페인에는 로마 가톨릭의 반종교개혁적 신학과 함께 신비주의적인 영성이 활기를 띠고 있었다. 수르바란의 그림에도 이러한 신비주의적 영성이 깃들어있다.

수르바란의 대표적인 그림 〈성 프란시스의 묵상〉은 아시시의 성자 프란체스코(Francesco of Assisi, 1182~1226)가 묵상하는 모습을 보여주고 있다. 또 유명한 대표작 〈알론소 로드리게스의 비전〉은 로드리게스가 본 환상을 그림으로 그린 것이다. 끊임없이 묵상하고 묵상 중에 환상을 보는 것이 당시 스페인의 신비주의 영성의 한 양식이었다. 그래서 수르바란은 비전 곧 환상에 관한 작품도 여럿 그렸다.[207] 〈놀라스코의 성 베드로의 환상〉(The Vision of St. Peter of Nolasco, 1629)과 〈형제 안드레스 살메론의 환상〉(Vision of Brother Andrés Salmerón, 1639-40)도 있다. 당시 신비주의적 전통은 많은 환상의 경험을 가지고 있었다. 이들은 대개 청빈과 금욕과 고행을 하며 일생을 살았고, 그 과정에서 하나님이 보여주시는 환상을 보았다. 그들의 환상은 로마 가톨릭의 신학으로 영입되었고, 또한 로마 가톨릭 교인의 영성이 되었으며 교인들의 실제 생활로 녹아들었다. 당시 스페인의 가장 유명한 사제이자 신학자요 영성가는 십자가의 성 요한(St. John of the Cross, 1542~1591)이었다. 당연히 수르바란은 십자가의 성 요한도 그렸다(1656년). 그러나 개인적인 환상의 일반화는 자칫 신앙적으로 개인이나 공동체에 위기와 폐해를 가져올 수 있다.

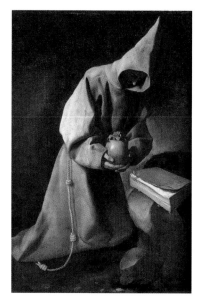 

Zurbarán, Meditation of St. Francis, 1632, Oil on canvas, 114x78cm, Museo Nacional de Bellas Artes, Buenos Aires

Zurbarán, Vision of Blessed Alonso Rodriguez, 1630, Oil on canvas, Museo de la Real Academia de San Fernando, Madrid

십자가 신학 : 십자가의 증인

　그림에서 수르바란은 누가를 십자가에 못 박힌 예수 그리스도를 묵상하며 그림을 그리는 화가로 부각시켰다. 수르바란이 자신을 누가로 그려 넣은 것이라면, 그는 자기 자신을 십자가에 달린 예수 그리스도를 묵상하며 그를 그리는 화가로 표현한 것이다. 그렇다면, 그는 십자가의 은혜를 받았기에 십자가의 고난을 묵상하며, 그 고난에 참여하며, 복음을 위하여 십자가의 길을 걷고자 결단하였음을 표현한 것은 아닐까? 은혜를 입은 사람이 받은 은혜를 증언하고 표현하는 것은 당연하고 마땅한 일이며, 또한 자연스러운 일이다. 그리고 그러한 증거는 당시 예수회에서 선교의 사명으로 이어졌다. 수르바란은 성 누가를 빌어 자신이 화가로서 예수 그리스도 십자가 처형의 목격자이며 증인이며 전달자임을 자처하고 있다. 수르바란의 그림에서 예수 그리스도는 진리의 현현이다. 그의 그림에서 성모 마리아 또한 종종 진리의 현현으로 등장하는데, 수녀나 수도사는 대개 진리를 증거하는 증인의 역할을 하는 것으로 등장한다.[208]

　누가는 예수 그리스도의 복음을 증거하는 증인의 대명사이다. 누가는 데오빌로 단 한 사람을 위하여 예수 그리스도에 대하여 자세히 조사하여 복음서를 기록하였고, 사도행전을 기록하였다(눅 1:3-4, 행 1:1-2). 우리는 누가처럼 내가 만난 예수 그리스도, 아니 나를 만나주신 예수 그리스도에 대하여, 특히 그의 십자가의 사랑과 능력에 대해서 표현하고 전하여야 한다. 수르바란은 화가로서 자기 자신이 복음의 증인임을 고백하며, 그림으로 복음을 전하고 있다. 오늘 우리도 누군가에게 누가가 되어 주어야 하고, 또한 세상 가운데에서 복음의 증인으로서 누가처럼 살아야 할 것이다(눅 24:28, 행 1:8). 곧 십자가의 증인으로서의 삶이다.

> • 그 모든 일을 근원부터 자세히 미루어 살핀 나도 데오빌로 각하에게 차례대로 써 보내는 것이 좋은 줄 알았노니 이는 각하가 알고 있는 바를 더 확실하게 하려 함이로라 (눅 1:3-4)
> • 오직 성령이 너희에게 임하시면 너희가 권능을 받고 예루살렘과 온 유대와 사마리아와 땅 끝까지 이르러 내 증인이 되리라 하시니라 (행 1:8)

찬송가 147장 〈거기 너 있었는가〉는 흑인영가 중의 하나로 작사자와 작곡자가 미상이다. 흑인 영가는 1600년대부터 약 250년간 아프리카에서 미국으로 끌려온 흑인들이 집단 노예생활을 하며 그 애환을 달래기 위해 아프리카 전래 멜로디에 신앙적인 내용을 담아 불렀던 것이다. 흑인 영가는 주로 구속의 은혜, 신앙의 승리, 천국의 소망을 담고 있다. 내려오는 이야기에 따르면, 이 찬송 역시 흑인 노예가 성경 이야기를 듣고 감동을 받아 부르면서 만들어졌다고 한다. 2천 년 전 예수의 십자가 곁에 있던 여인들처럼 눈앞에서 예수가 십자가에 달리는 광경을 목도하는 심정을 노래하고 있다. 1절의 가사는 다음과 같다.

> ♬ 거기 너 있었는가 그때에 주님 그 십자가에 달릴 때 오 때로 그 일로 나는 떨려 떨려 떨려 거기 너 있었는가 그 때에 ♬

기독교인의 삶이란 무엇인가? 관점과 주제에 따라 수많은 정의와 내용들이 있겠지만, 단순하게 말하면 증인의 삶이라고 할 수 있다.

무엇에 대한 증인인가? 예수 그리스도의 복음에 대한 증인이다. 복음은 하나님의 아들 예수 그리스도의 십자가와 부활로 말미암아 우리가 죄 사함을 받고, 하나님의 자녀가 되고, 천국의 백성이 될 수 있다는 기쁜 소식이다. 성도는 이 복음을 누리고 이 복음을 전함으로 복음에 참여한다(고전 9:23). 곧 복음으로 사는 삶이다. 이 복음의 삶은 예수 그리스도의 증인으로서의 삶이다. 진실로 진리라고 믿는다면, 삶으로 드러나게 되어 있다. 진실로 진리라고 믿는다면, 표현하게 되어 있다. 나는 오늘도 복음의 증인, 십자가의 증인으로 살고 있는가?

Silvestre, Christ on the Cross Formed by Clouds, 1734, Oil on canvas, 73 × 52cm, Gemäldegalerie, Dresden

18
실베스트르의 <구름이 만든 십자가 위의 그리스도>

프랑스의 궁정화가 실베스트르

엥, 이 그림은 뭔가? 희한한 십자가형 그림이다. 이 책은 십자가형 그림들을 연대기 순으로 살펴보고 있는데, 갑자기 시대를 거슬러 올라간 것 같은 기분이다. 인물이나 자연 묘사가 세밀하거나 자연스럽지 않고, 마치 뭉개지듯 두루뭉술하다. 혹시, 중세 시대의 그림인가? 그러기엔 색상이나 표현이 현대적이다. 아니면, 어린 아이가 그린 것인가? 아니면, 누군가 그저 한번 끄적거려 본 것인가? 그러기엔 구도며 붓 터치며 명암이 세련되다. 엉성한 것 같은데, 결코 가볍게 볼 수 없는 신비감이 돌고 있다. 이 작품은 도대체 누가 그린 것인가?

이 그림은 루이 드 실베스트르(Louis de Silvestre, 1675~1760)라는 프랑스 화가가 1734년에 그린 작품이다. 실베스트르는 프랑스의 화가 집안에서 태어났다. 그의 아버지 이스라엘 실베스트르(Israël Silvestre, 1621~1691)는 프랑스에서 유명한 판화가였다. 아버지는 주로 프랑스 궁전의 전경을 판화에 담았다. 그는 판화에 담긴 궁전의 전경을 통하여 근대 초기의 왕권을 표현하였다.[209] 루이는 그의 넷째 아들이었는데, 둘째 아들도 이름이 루이 실베스트르여서 1675년에 태어난 이 넷째를 가리켜 '더 어린'이라는 뜻의 불어 '르 쥐네(le jeune)' 또는 영어로 '디 영거(the younger)'를 붙여 표기하기도 한다.

　루이는 어려서 아버지로부터 미술에 관한 기본적인 소양을 배워 익혔다. 그는 샤를 르 브룅(Charles Le Brun, 1619~1690)과 봉 불로뉴(Bon Boullogne, 1649~1717)에게서 그림을 배웠고, 이후에 로마와 베네치아에서 그림을 배우고 돌아와 1702년 프랑스 왕립 아카데미의 일원이 되었다. 그 무렵 프랑스에 온 작센의 선제후 프리드리히 아우구스트 2세(Friedrich August II, 1696~1763)[210]를 사귀게 되었고, 그의 주선으로 1716년 그의 아버지 폴란드 왕 아우구스투스 2세(Augustus II, 재위 1697~1706, 1709~1733)의 궁정에서 일하게 되었다. 그리하여 그는 폴란드의 궁정화가가 되었다. 1748년에 그는 고국 프랑스로 돌아와 1752년 왕립 아카데미의 총장이 되었고, 1760년에 루브르 궁전에서 죽을 때까지 계속하여 후학을 양성하였다. 그는 당대 프랑스와 폴란드를 주름잡던 최고의 화가 중 한 명이었다.

　실베스트르의 작품은 주로 교회나 궁정의 장식용으로 사용되었다. 그래서 그의 화풍은 전반적으로 우아하고 화려하고 세련되었다. 그는 당시 왕궁의 관심에 따라 주로 인물화나 신화, 성서나 역사의 유명한 장면을 그렸다. 실베스트르는 특히 초상화와 신화를 많이 그렸다. 그럼, 여기서 그의 종교화 작품을 잠시 살펴보기로 하자.

실베스트르의 종교화

　당시 프랑스의 문화를 고려할 때, 교회나 궁정의 장식화는 화려해야 했다. 그렇다고 해서 밑도 끝도 없이 아무 내용이나 맥락도 없이 덮어놓고 화려하기만 해서도 안 될 일이었다. 궁정을 장식하는 작품은 수준 있는 내용으로 주로 성서나 신화를 담았다. 1702년에 그는 파리로 돌아와 아카데미 회원이 되었는데, 그때 그린 그림이 〈프로메테우스의 인간 창조〉(The Creation of Man by Prometheus)였다. 1703년에 그는 파리의 금세공 길드의 의뢰로 노틀담의 메이를 위해 〈병자의 치유〉(Healing of the Sick)을 그렸다. 그는 1704년에 조교수, 1706년 교수가 되며 교회와 궁정으로부터 많은 작품의 제작을 의뢰받았다. 그리고 1709년에 베르사유 성당을 위한 〈최후의 만찬〉(Last Supper)을 의뢰받아 1710년에 제작 완료하였다.

Silvestre, Last Supper, 1710, Oil on canvas, 209×156cm, Chapelle du Château de Versailles, Paris

이 작품은 실베스트르가 제작한 〈최후의 만찬〉으로 1710년 9월 25일 당시 루이 14세의 건물 관리자가 베르사유 예배당의 성만찬 제단을 위해 1,200리브르(livres)를 지불한 작품이다. 최후의 만찬은 예수가 십자가에 달려 죽기 전날 밤에 마지막으로 그의 제자들과 저녁식사를 나눈 것을 말하는데, 예수는 그 자리에서 제자들에게 빵을 나누어주며 그것을 자신의 몸이라고 하였고, 포도주를 나누어주며 자신의 피라고 하여서 그의 십자가의 죽음의 의미를 소개하였다. 그래서 최후의 만찬은 이미 중세로부터 교회, 수도원, 대학 등의 식당이나 제단에 주로 장식되던 그림 주제였다.

실베스트르의 이 그림은 전통적인 도상을 충실히 따르고 있다. 식탁 위에는 어린 양이 올라있다. 예수는 위로 하늘을 쳐다보며 왼손으로 빵을 들고, 오른손으로 축사하고 있다. 예수를 중심으로 왼쪽의 요한은 두 손을 모은 채 예수의 품을 향하고 있고, 오른쪽의 베드로는 자신은 아니라는 듯 제스처를 취하고 있다. 예수의 맞은편에 붉은 천을 두른 인물은 가룟 유다이다. 그의 앞에는 접시 위에 빵과 그 옆에 칼이 놓여 있다. 그림에서 흥미로운 것은 어두운 방의 천장에 샹들리에(chandelier)가 걸려 있다는 점이다. 이것은 당시 유럽 궁정의 문화를 반영하여 그림 속 빛의 출처를 밝히는 동시에 빛으로 오신 예수를 상징한다.

다음 그림은 실베스트르가 1735년에 제작한 〈놀리 메 탕게레〉(Noli me tangere)이다.[211] 이 또한 기독교 미술에서 자주 다루어온 주제였다. 예수의 부활과 관련하여 막달라 마리아가 예수의 무덤에 찾아갔다가 부활하신 예수를 만나서 반가운 마음에 만지려 하자, 예수가 만지지 말라고 한 대목을 그린 것이다. '놀리 메 탕게레'는 라틴어로 '나를 만지지 말라(Don't tuch me)'는 말이다. 그림은 매우 성서적이다. 왼쪽에는 예수의 무덤에서 벌어진 사건을 묘사하고 있다. 요한복음에 따르면, 막달라 마리아가 무덤 밖에 서서 울고 있을 때, 무덤 안에는 흰 옷 입은 두 천사가 예수의 시체가 뉘였던 곳에 머리 편과 발편에 앉아 있다가 무덤 안을 들여다보는 막달라 마리아에 말을 걸었다(요 20:11-13).

막달라 마리아는 예수를 잡으려 손을 뻗고 있고, 예수는 오른손으로 이를 저지하며 왼손으로는 하늘을 가리키고 있다. 그림은 사건을 매우 실감나게 표현하였다. 요한복음은 이렇게 기록하고 있다. "나를 붙들지 말라 내가 아직 아버지께로 올라가지 아니하였노라 너는 내 형제들에게 가서 이르되 내가 내 아버지 곧 너희 아버지, 내 하나님 곧 너희 하나님께로 올라간다 하라"(요 20:17). 이 수제는 기독교 미술에서 자주

Silvestre, Noli me tangere, 1735, Oil on canvas, 138.5×103.5cm, Gemäldegalerie, Dresden

다루어온 주제 중의 하나로 다른 화가의 작품들과 비교해 볼수록 실베스트르의 화풍이 잘 드러난다. 실베스트르는 인물 뿐 아니라 자연 풍경도 온화하고 세련되게 표현하였다. 예수와 막달라 마리아는 물론 무덤 속 천사들도 환한 빛 속에 품격 있게 묘사하였다. 부활의 아침이라는 느낌이 물씬 풍기도록 양쪽의 수풀 사이로 환하게 동터오는 하늘을 우아하게 표현하였다.

구름이 연출한 십자가형

실베스트르의 화풍을 생각할 때, 이 십자가형 그림은 보면 볼수록 매우 생뚱맞고 생경하다. 앞서 소개한 종교화의 화풍과 전혀 연결이 되지 않는다. 이것이 과연 실베스트르의 것이 맞는가 싶을 정도이다. 그런데, 이 작품은 분명히 그의 것이 맞다. 그럼, 왜 그는 자신의 기

존의 화풍을 버리고, 이런 파격적인 그림을 그렸을까?

거기에는 기막힌 사연이 있다. 그림의 제목이 대략적인 단서를 제공한다. 이 그림의 제목은 〈구름이 만든 십자가 위의 그리스도〉(Christ on the Cross Formed by Clouds, 1734)이다. 그러니까, 어느 날 본 하늘의 구름이 십자가에 달린 그리스도의 형상을 하고 있었다는 것이다.

실베스트르는 이 작품의 제작에 관해 제법 긴 글을 남겼다. 그에 따르면, 1734년 5월 19일 저녁 6시 25분 로취베르크(Rotschberg)에 있는 포도밭에서 석양 하늘에 떠 있는 신기한 구름을 보았는데, 그것은 약 15분 정도 하늘에 명확하게 십자가 모양을 하고 있었다는 것이다. 그때 거기서 그 광경을 본 사람은 화가 실베스트르만이 아니었다. 그는 그 장면을 함께 목도한 사람들의 목록을 기록해 놓았다. 그때 거기서 그 광경을 본 사람은 라베 피레네(M. L'Abbe Pierenne), 빌드슈타인 영거(The younger M. Bildstein)와 그의 시종, 파브리어(M. Favrier), 엠브리 부인(Mme Embry), 과부 리히터(The widow Richter), 포도밭 관리인과 정원사, 실베스트르 부인(Mme Sylvestre)과 그녀의 두 딸, 그리고 실베스트르 자신이다. 흥미로운 사실은 실베스트르가 이 사람들의 이름을 기록하며 그들의 이름 뒤에 그들이 속한 교파도 함께 적어 놓았다는 것이다. 피레네, 엠브리, 그리고 실베스트르네 식구들은 로마 가톨릭을 의미하는 C를 이름 뒤에 적어놓았고, 빌드슈타인, 리히터 부인, 포도밭 관리인과 정원사 뒤에는 루터교를 의미하는 L을 이름 뒤에 적어 놓았다. 로마 가톨릭교인과 루터란이 함께 어울렸고, 또한 함께 하늘의 이 신비한 현상을 본 것이다.

이 그림은 일반적으로 알려진 실베스트르의 다른 작품들과는 확

연히 다르다. 그의 다른 작품들과 비교하면, 이 그림은 단순하다. 도
상학적 관점에서 전통적으로 그려온 십자가형 그림들과 비교해 보
아도 단조롭다. 그러나 그 제작 동기나 과정이나 표현에서 보면, 이
작품은 매우 특별한 그림이다. 그리고 자세히 들여다보면, 이 작품은
충격적일 정도로 현대적이다. 기존의 전통적인 구성이나 표현에 매
이지 않고 있다. 화가가 버릴 것을 과감히 버린 바도 있지만, 한편으
로 생각하면 자연 현상 있

는 그대로의 묘사일 수도
있다. 하늘에 펼쳐진 자연
현상으로서 구름의 연출
이니 그럴 수밖에 없을 것
이다. 그래서 파격적인 구
성과 강렬한 색상은 그 제
작 과정을 생각할 때, 오
히려 신비적이다.

그림의 양 옆으로 구름들이 있다. 그리고 가운데에는 예수의 십자
가형이 있다. 그런데 이것이 구름의 형성이라는 것이다. 십자가의 형
틀은 검은 구름으로 되어 있고, 십자가에 달린 예수의 몸은 흰 구름
으로 되어 있다. 희고 어두운 구름들은 마치 화가의 전문적인 명암법
을 연상케 한다. 이것이 자연 구름의 연출임을 알리려는 듯 실베스트
르는 붓질을 정교하고 섬세하게 하지 않고, 오히려 거칠고 투박하게
하고 있다. 예수의 얼굴이나 못자국은 그 형체를 제대로 알아보기 어
렵다. 예수의 하체를 가린 천은 정말 바람에 떠가는 흰 구름 같다.

십자가 신학 : 신앙적 이성(십자가를 건넌 이성)

이 그림은 역사적으로 시대의 화풍이나 개인적으로 화가의 화풍에 있어서나 특이한 작품이다. 아니, 기이한 작품이다. 그것은 이 그림이 화가 개인의 매우 특별한 경험에 의해서 제작되었기 때문이다. 그것은 어느 날 하늘의 구름이 십자가형 모양을 이루었던 것이었다. 오늘날도 종종 우리는 자연 현상 속에서 특별한 경험을 하게 된다. 이러한 경험은 크게 나누어 두 가지이다. 첫째는 객관적으로 통계상 매우 이례적인 현상이 일어나는 경우이다. 이러한 경험은 여러 사람의 목격에 의해 오히려 객관성을 확보하기 쉽다. 둘째는 일상적인 현상 같은데 개인이 주관적으로 직관, 이해, 반응하는 경우이다. 이것은 보다 주관적이어서 객관적 입증이 쉽지 않다.

나는 이 그림을 보며 그 날에 있었던 기이한 자연 현상보다 자연 속에서 십자가형을 보는 실베스트르의 신앙적인 눈에 오히려 관심이 간다. 자연과 종교는 현대로 올수록 거리가 점점 더 벌어지는 것 같다. 그것은 극단적으로 자연 대 종교, 과학 대 신앙, 이성 대 신앙으로 대치되기도 한다. 그러나 한 번 더 생각해보면, 이들은 서로 대립되는 것들도 아니고, 대립되어야 할 것도 아니다. 이것은 하나님과 세계와 자신을 바라보는 서로 다른 눈들 곧 관점들이다. 이성이라고 해서 신앙을 배제하거나 배격하는 것이 아니다. 신학은 물론이고 신앙 또한 당연히 이성적 작업을 수반한다. 믿는다는 것에도 이성이 관여하고, 아는 것에도 신앙이 관여한다. 신앙이라고 해서 비이성적이나 몰이성적인 것이 아니다. 신앙 또한 이성적으로 이해하고 고백하고 표현하고 행동한다.

장 칼뱅(Jean Calvin, 1509~1564)은 『기독교강요』에서 인간의 이성을 두 가지로 구분하였다. 그것은 자연적 이성과 거듭난 이성이다.[212] 개혁교회는 이 전통 위에서 신학 작업을 하고 있다.[213] 기독교 신앙에서 이성 자체를 부인하거나 배제하는 것이 아니다. 두 가지 이성은 예수 그리스도를 알기 이전의 비신앙적 이성과 예수 그리스도를 만난 이후의 신앙적 이성이다. 비신앙적 이성으로 보면, 성서와 신앙의 이야기는 모두 비현실적이고 비상식적인 것으로 보인다. 그러나 신앙적 이성으로 보면 성서와 신앙뿐 아니라 세계와 역사의 모든 것에 하나님이 존재하며, 하나님의 주권이 역사하고 있음을 보게 된다. 신앙적 이성은 단순히 인식, 사고, 연산, 기억하는 기능보다 훨씬 더 근원적이다. 신앙의 이성은 느끼고, 생각하고, 소망하고, 행동하는 모든 것을 신앙적으로 받아들이고 행하게 한다.

흔히 계시를 일반계시와 특별계시 또는 자연계시와 초자연적 계시로 소개한다. 일반계시, 자연계시는 하나님이 자연을 통해서 모든 인류에게 보편적으로 자신의 존재와 역사를 드러내는 것을 말한다. 특별계시, 초자연적 계시는 하나님이 성서의 말씀과 예수 그리스도를 통하여서 자신의 존재와 역사를 드러내는 특별한 계시를 말한다.[214] 계시는 인간의 인식과 반응한다. 그래서 어떤 사람은 자연, 역사, 일상 속에서 하나님의 존재와 역사를 느끼는가 하면, 어떤 사람은 전혀 감지하지 못한다. 이에 비해 하나님의 구속의 역사 특히 예수 그리스도의 십자가의 사건에서는 하나님의 존재, 사랑, 구원의 능력을 경험하게 된다. 어떤 것이 우선이고 근원적일까? 성령의 역사 안에서 예수 그리스도의 구원의 경험을 한 사람이 자연, 역사, 일상을 볼 때 하나님의 존재와 경륜을 보다 확실하게 느끼고 이해하게 된다.

그럼 점에서 보면, 실베스트르는 구원의 경험을 가지고 자연 세계를 보고 표현한 것이 아닐까 추정해 본다. 오늘날도 자연 현상 속에서 하나님의 존재를 감지하는 것을 넘어서 하나님의 형상을 발견하고 표현하는 사람들이 있다. 특히 기독교 사진작가들이 이 작업을 선호하는 것 같다. 하늘의 구름은 물론 산의 나무, 나무의 가지와 꽃, 도시의 가로수나 전신주, 가정의 가재도구, 심지어 책상의 필기구에서도 십자가의 모양을 발견하곤 한다. 국내 사진작가로 김수안, 권산의 십자가 작품을 추천한다.[215]

찬송가 158장 〈서쪽 하늘 붉은 노을〉은 주기철 목사가 작사한 것이다. 주기철 목사는 일제강점기에 신사참배에 반대하여 온갖 고문 속에서도 끝까지 신앙의 절개를 지키다가 1944년에 순교하였다. 그의 유명한 설교 〈일사각오〉(一死覺悟)는 그의 신앙과 삶을 잘 대변해 준다. 그는 오직 주님의 신앙으로 죽음을 각오할 것을 교회의 지도자들과 성도들에게 호소하였다.[216] 그는 13살에 예수를 믿기 시작하여 평생 주님을 배반하거나 믿음의 도를 저버리지 않았다. 그의 신앙은 어떤 형편이나 상황에서든 오직 주님, 오직 믿음, 오직 십자가에 맞추어져 있었다. 그러하였기에 그는 서쪽 하늘에 붉은 노을만 비치어도, 그 옛날 십자가를 지고 영문 밖을 걸어가신 예수 그리스도를 생각한 것이다. 1절의 가사가 다음과 같다.

> ♬ 서쪽 하늘 붉은 노을 언덕 위에 비치누나 연약하신 두 어깨에 십자가를 생각하니 머리에 쓴 가시관과 몸에 걸친 붉은 옷에 피 흘리며 걸어가신 영문 밖의 길이라네 ♬

예수 그리스도의 십자가를 진실로 경험한 사람은 자연과 사물, 역사와 일상의 도처에서 하나님의 존재와 경륜, 권능과 영광을 발견한다. 십자가라는 다리를 건넌 사람은 모든 것을 십자가의 관점과 시야, 렌즈와 프레임, 패러다임과 스펙트럼으로 본다. 그래서 그는 모든 시간, 모든 공간, 모든 일에 하나님의 사랑과 권능을 증언하며, 하나님께 찬양과 영광을 돌린다. 십자가는 기독교 신앙 전체의 근거이자 출발이다. 기독교인에게 십자가는 여러 교리 중 하나가 아니라, 그가 세상을 보고 인생을 살아가는 가치관이 되고 세계관이 된다. 너 십자가의 사람아, 오늘도 십자가로 살아라!

Friedrich, Cross in the Mountains (Tetschen Altar), 1808, Oil on canvas, 115×110cm, Gemäldegalerie, Dresden

19
프리드리히의 <산중의 십자가>

독일의 낭만주의 화가 프리드리히

이 그림은 카스파르 프리드리히(Caspar David Friedrich, 1774~1840)가 그린 〈산중의 십자가〉 또는 〈산속의 십자가〉(Cross in the mountain)라고 불리는 작품이다. 그림 중앙에 예수 그리스도의 십자가가 산 위에 높이 우뚝 서 있다. 붉은 색조의 전경 속에 멀리서도 한 눈에 십자가가 잘 드러나 보인다. 그림에 대한 첫 인상은 약간 신비한 분위기 속에 십자가에 달린 그리스도를 높이 올리려는 듯하다.

그림의 중앙 아래로 십자가가 서 있는 산이 크게 자리를 차지하고 있다. 이것은 큰 산봉우리라기보다 산을 가로막고 서 있는 큰 바위로 보인다. 프리드리히는 왜 이렇게 바위산을 크게 그렸을까? 그림에는 십자가에 달린 예수 그리스도 외에 등장하는 사람이 아무도 없다. 왜 일까? 산 너머 십자가 저편에서 사방으로 빛이 비치고 있는데, 이 빛은 또 무엇일까? 그리고 이 그림은 왜 노란 액자 속에 담겼을까?

만약 이 그림에서 산에 높이 서 있는 십자가가 없다면, 이 그림은 어떤 제목이 어울릴까? 만약 그렇다면, 아마도 최소한 〈산중의 십자가〉는 아닐 것이다. 오히려 그냥 〈산〉이나 〈바위산〉이라는 제목이 더 어울릴 것 같다. 무슨 말인가 하면, 이 그림에서 예수 그리스도의 십자가가 유독 홀로 산 위에 서 있지만, 사실 그 십자가만 아니라면 이 그림은 산의 풍광을 그린 풍경화라 할 것이다. 자연 속의 십자가 형? 십자가가 있는 풍경화?

이 그림을 그린 프리드리히는 19세기 독일 초기 낭만주의의 대표적인 화가이다. 낭만주의란 르네상스를 이성 중심으로 계승한 계몽주의에 대한 반동으로 일어난 문예사조이다. 계몽주의는 철학과 과학의 발전 속에 인간의 이성을 절대시하였다. 계몽주의는 이성적인 국가의 도래를 전망하였지만, 실제 유럽의 현실은 비합리적이게도 잔혹한 혁명의 역사로 이어졌다. 계몽주의가 인간의 정신 중에서 유독 이성을 강조하였는데, 어느덧 이성이 만들어 낸 주관적 지식만이 전수될 뿐이었다.[217] 낭만주의는 이에 반하여 이성 외에 인간 정신의 다른 기능, 특히 감정에 끌리게 되었다. 낭만주의가 인간의 삶 전체를 아우르며 인간을 인간으로 존재하게 하고, 인간의 삶을 행복하게 느끼게 하는 것은 이성이라기보다는 더 근원적인 감정이라고 여겼기 때문이다.

인간의 감정은 삶의 경험으로부터 온다. 삶의 경험이란 결국 인간이 세상과 만남으로써 얻어지는 것이다. 인물이든 사물이든 사태이든 어떤 상황을 마주함으로써 인간에게 삶의 경험이 만들어진다. 삶을 생동적으로 가슴 뛰게 하는 것이 낭만이다. 낭만이 인간의 삶을 행복하게 하고, 행복이라는 희망의 세계로 이끌어간다. 인간은 인간의 인생과 세계의 역사뿐 아니라 자연에 대해서도, 자연 안에서도 낭만을 경험한다.

낭만주의는 인간을 둘러싼 자연, 곧 인간이 그 안에서 살고 있는 자연에 관심을 가졌다. 이성주의가 '자연 위의 인간'을 부각시켰다면, 낭만주의는 '자연 속의 인간'으로 관심을 전향하였다. 낭만주의는 자연 속의 인간을 의식하면서 자연에 관심을 갖고, 자연을 주제로, 자연을 통해 인간의 현존과 삶을 담아내기 시작하였다. 이전의 그림에서 자연이 인물을 드러내기 위한 배경에 머물렀다면, 낭만주의 작품에서 자연은 자연대로 주목을 받기 시작하였다. 더 나아가 자연은 곧 인간의 존재와 현실과 감정을 반영하기에 이르렀다. 낭만주의 작품에서 자연은 인간 정신이 신을 만나는 자리이자, 인간 정신이 자신을 투사한 투영체가 되었다.

프리드리히는 특히 산을 많이 그렸다. 이 그림에서도 십자가 외에는 모두 다 산 속의 자연이다. 등장인물은 십자가에 달린 옆모습의 그리스도뿐이다. 정말로 이 그림에서 십자가만 지운다면, 이것은 그냥 산을 그린 풍경화이다. 이 그림에서 바위산이 비교적 크게 앞을 가로막고 있는 것에 비하면, 그림의 전체적인 풍경은 자연스럽다. 그림에서 인위적으로 보이는 것이 있다면, 그것은 당연히 산위에 높이 서있는 십자가이다. 크기는 작지만 십자가가 전체 풍경을 지배하고 있다. 이것은 프리드리히가 무엇인가 아예 작심하고 그린 것이다. 프리드리히는 이 그림이 그리스도 이전의 세계를 상징한다고 하였다. 산은 희망을 비유하는 전나무와 함께 흔들리지 않는 신앙을 나타낸다. 이 그림은 매우 신비로운 분위기로 풍성한 정신적 세계를 보여주고자 한다.[218]

이 그림에서 또 특이한 것은 산 뒤에서부터 뿜어져 나오는 빛이다.

이 빛은 가운데 선명하게 세 방향으로 빛이 비치고 있고, 그 외에 좌우로 거의 누워있는 두 가닥의 빛이 비치고 있다. 이 빛은 보이는 십자가에서 발원한다기보다 십자가 저 너머에 보이지 않는 곳에서부터 발원하고 있다. 그러고 보면 이 그림에서 십자가도 그렇고, 상록수 나무들도 그렇고, 보이는 바위산에 뿌리를 박고 있는 것이 아니라 바위 저 너머에 보이지는 곳에 뿌리를 박고 있다. 빛도 보이는 산이 아니라 저 너머 보이지 않는 곳으로부터 나오고 있다. 인간의 행복과 희망도 보이지 않는 곳에서 출원한다. 이 그림에서 십자가는 단순히 역사적 예수의 십자가형 사건을 넘어서 보다 근원적인 신적 영역의 사건으로 묘사된 것이다.

이 빛은 중세의 십자가형 그림에서 예수의 머리에 드리어진 후광처럼 신적 존재와 그의 영광을 드러내려는 것이다. 후광이 특정 인물에게 드리워져서 그를 거룩한 존재로 알려준다면, 이 빛은 태고의 근원적인 빛으로 온 세계 사방으로 뻗어나가고 있어서 마치 자연 전체에 드리운 후광과 같은 역할을 한다. 그리하여 자연도 거룩한 존재로 느끼게 한다. 물론 이 빛은 그림 가운데 산꼭대기에 서 있는 십자가를 부각시켜 이 세상에 빛으로 오신 예수 그리스도의 존재를 높이고 그의 구원 사역을 기념한다(요 1:4-14). 사람만 아니라 자연도 그의 구원을 바라고 있다(롬 8:19-22). 빛의 한 줄기는 정확히 십자가에 높이 달린 예수 그리스도를 비치고 있다.

프리드리히의 그림은 대개 선명하지 않다. 전반적인 화풍이 어둡고 희미하다. 때로는 안개가 자욱한 풍경이다. 이런 분위기는 당시의 불확실한 시대적 분위기와 인간의 불안한 실존을 반영하는 듯하다.

그의 그림은 원근법을 넘어선 공간 구도와 여러 시점의 회화적 조합과 등장인물의 익명성으로 인해 한정된 시공간의 풍경 안에다가 인간 정신과 종교와 자연을 담아내고 있다.[219] 이 그림에서도 전반적인 분위기가 어두침침하다. 딱딱한 바위산도 황량하고 삭막하기 이를 데 없고, 붉은 빛이 도는 하늘도 스산하기는 별반 다르지 않다. 그런데 산 너머 저 뒤에서부터 사방으로 비취는 빛이 있어 세상을 밝히고 있다. 그것은 바로 인류를 구원하러 세상을 밝히는 예수 그리스도의 참 빛이다. 이 빛은 온 세계를 비추는 구원의 광선이고, 은혜의 광선이고, 소망의 광선이다.

프리드리히의 풍경화는 사진처럼 자연을 사실적으로 표현하려고 한 것이 아니다. 낭만주의 작품이 대개 그러하듯 풍경화 안에 작가의 감정과 의도가 담겨 있다. 이 그림에서도 프리드리히가 나타내고 전하고자 하는 메시지가 있다. 그의 그림 속 자연은 인간이 살아가고 있는 세계이며, 그 자연은 인간의 삶이 묻어나는 자연으로 표현되었다. 그래서 그의 그림 속 자연은 환한 대낮의 밝고 선명한 색조라기보다 마치 안개가 낀 것 같은 희미한 색조가 전반적이다. 인간의 이성에 의해서 명확하게 이해되고 파악되고 예측되는 삶이 아니라, 여전히 애매하고 불확실하고 불안한 인간 실존의 삶을 내포하고 있다.

프리드리히는 1790년 그라이프스발트 대학의 교수 요한 크비스토르프(Johann Gottfried Quistorp, 1755~1835)로부터 개인 교습을 받아서 그림 공부를 시작하였다. 그는 크비스토르프를 통해서 신학자이자 목회자 루드비히 코제가르텐(Ludwig Gotthard Kosegarten, 1758~1818)을 만났고, 그로부터 낭만주의적이고 신비적인 사고를 배웠다. 코제가

르텐은 프리드리히에게 경건주의를 통해서 하나님의 현존을 체험하게 하였고, 자연 또한 하나님의 계시라고 가르쳐 주었다. 그는 자연을 종교적 개념으로 파악하였다. 그에게 신성함이란 자연을 통해 나타나며, 자연에 대한 경험이 곧 하나님에 대한 경험으로 인식이 되었다. 프리드리히의 그림 속에는 이러한 종교적 자연관이 담겨 있다.[220]

테첸의 제단화

이 그림에서 또 하나 의아한 것은 그림을 담고 있는 노란색 액자이다. 프리드리히는 왜 그림을 저런 노란색 액자 안에 담았을까? 사실 이 그림은 일종의 제단화이다. 보다 정확히 말하면, 이 그림은 1808년 프리드리히가 34세의 나이에 제단화로 디자인한 유화 작품이다. 이 작품은 프리드리히를 세상에 널리 알리게 된 인생 역전작품 중의 하나이다. 이 작품은 본래 프리드리히가 나폴레옹에게 저항하였던 스웨덴 왕 구스타브 4세(Gustavus IV Adolphus, 재위 1792~1809)에게 선사하고자 하였는데, 당시의 정치적 사정으로 보헤미아 테첸(Tetschen)에 있는 툰-호헨슈타인의 프란츠 안톤 백작(Count Franz Anton von Thun-Hohenstein(1786~1873)의 성을 위해 팔게 되었다.[221] 그래서 이 그

림은 일명 〈테첸 제단화〉(Tetschen Altar)로 불린다. 액자와 함께 정치적
인 표현에서 종교적인 이미지로 바뀌었는데, 안에 든 그림은 처음부
터 종교적 느낌으로 가득한 산 풍경이었다.

이 액자는 프리드리히가 직접 기안하였고, 제작은 그의 친구인 조
각가 고틀리프 퀸(Gottlieb Christian Kühn, 1780~1828)이 하였다. 제단화
는 성당이나 수도원이나 교회 등에서 주문 제작하여 예배를 위한 분
위기, 교육을 위한 전시, 묵상을 위한 도구, 실내 장식을 위해 사용되
었다. 이 그림의 액자틀은 고딕 양식의 아치로서 기독교의 전통적인
상징을 담고 있다. 그림 아래에는 하나님의 눈, 삼위일체를 상징하는
삼각형, 그리고 그 비깥으로 포도나무 기지와 밀 이삭이 삼위일체를
감싸고 있다.[222] 포도나무 가지와 밀 이삭은 포도주와 빵, 곧 예수 그
리스도의 피와 몸, 잔과 떡의 성찬(Eucharist)을 상징한다. 성찬은 예수
그리스도의 십자가의 구원 사건을 상징하며, 그의 마지막 만찬을 기
념하고 천국에서의 식사를 기약한다. 그런 차원에서 이 액자틀은 나
름 영원함과 고귀함을 상징하는 황금색으로 치장한 것이리라. 그림
에도 불구하고 황금색의 상징적 의미와 달리, 보기에 세련되어 보이
지 않는다. 오히려 초라하고 옹색하고 투박해 보인다.

그래서 프리드리히가 이 그림을 제단화로 헌정하였을 때, 드레스
덴 궁정의 시종이자 예술이론가인 빌헬름 람도르(Wilhelm Basilius von
Ramdohr, 1757~1822)는 이 그림에 대하여 혹평을 하였다. 그가 보기에
이 그림은 교회 제단화로 적합해 보이지 않았기 때문이다. 그가 보기
엔, 그림 전면에 있는 큰 바위로 말미암아 이 그림은 원근법과 예술
적 감각을 결여하고 있을 뿐만 아니라, 신학적으로도 문제가 많아 보

였다. 그는 이 그림을 보고 풍경화가 교회에 숨어들어 제단 위로 오르려는 오만불손(Anmaßung)이라고 비판하였다.[223] 모름지기 제단화라고 한다면 그림에서 예수 그리스도가 단연 중심이 되어 모든 것을 압도해야 할 것 같은데, 이 제단화에서 십자가에 달린 예수는 자연 풍경 속의 작고 작은 일부로 축소되었다. 그리고 람도르는 이 그림을 담은 황금색 액자 또한 경박하다고 비판하였다.

이 그림은 산 아래에서 산 위를 올려다보는 시각으로 구성되어 있다. 그래서 산 위에 십자가에 달린 예수는 더 높이 보인다. 예수 그리스도는 저 높이 계신다. 그가 십자가에 달려 있다는 분명한 사실 외에 그의 신체에 대한 묘사가 알려주는 것은 별로 없다. 앞선 그림들처럼 십자가에 달린 예수의 얼굴 표정이나 신체적 특징은 찾아보기 어렵다. 평범하다는 것이 아니라 너무 멀리에서 바라보고 있어서 구체적인 표현이 드러나지 않는다.

적어도 현대에는 구원이란 그런 것이 아닐까? 예수 그리스도의 십자가의 사건이 객관적인 구원의 사건이라고 하더라도, 개인이 주관적으로 자기의 것으로 받아들이지 않으면 분명히 존재하지만 여전히 밖에 머물러 있는 것이다. 이 빛은 분명히 세상에 존재하지만 저 뒤에, 저 너머에서 사방으로 비치고 있다. 보이지 않는 영원하고 절대적인 것에 대한 내면적이고 주관적인 감정과 확신의 자리에 신앙이 서 있다. 현대에는 구원도 신앙도 개인의 주관적인 영역에 거하고 있다.

프리드리히와 슐라이어마허

화가 프리드리히와 신학자 슐라이어마허와의 연관성이 일찍이 제기되었다. 두 사람은 빠르면 아마도 1798년, 늦어도 1810년에는 만났을 것이다.[224] 슐라이어마허는 소위 '현대 신학의 아버지'라고 추앙받는 인물이다. 그가 현대 신학의 문을 연 사람으로 일컬어지는 이유는 우선 신앙을 교리의 전수가 아니라 개인의 주관에 근거시켰기 때문이고, 다음으로 신앙을 철학이나 도덕과는 다른 독자적인 영역으로 확보하였기 때문이다. 그는 종교를 사변이 아니라 경험에, 이성이 아니라 감정의 영역에 근거시켰다. 근대에 들어서 인간의 주관성이 부상하면서 수많은 교리를 전수받아도 내 안에서 나의 것으로 인정되지 않으면 그것은 진리가 되지 않는다. 신앙은 이제 나의 주관에 의해 진정으로 인식되고 고백되고 실천되어야 한다.

슐라이어마허는 종교를 '절대의존의 감정(The Feeling of absolute dependence)'으로 정의하였다. 전통이 전해준 교리로서 존재하는 진리가 아니라 인간의 주관 안에서 경험되고 고백되는 진리이다. 그것은 인격적이고 절대자인 하나님을 전적으로 신뢰하고 의지하는 감정이다. 오해하지 말아야 할 것은 여기서 감정이란 분명히 낭만주의자들이 선호할만한 것이지만, 슐라이어마허에게 있어서 감정은 단순히 인간의 이성과 대별되는 정서적인 차원으로서의 감정이 아니라, 인간의 모든 삶을 근거지우는 차원에서의 감정이다. 슐라이어마허에 따르면, 종교와 예술은 매우 닮아 있다. 종교와 예술은 공히 직관과 감정에 기반한 것으로서 개별성과 직접성에 근거한다. 그래서 그는 참된 성직자는 예술가라고도 하였다. 종교와 예술은 인식론적 관심

이나 사회적 책임에서도 자유롭다. 그러나 예술은 종교적 감정 외에 다른 감정도 유발할 수 있다.[225]

프리드리히의 그림은 이전 화가들의 그림과 확연히 다르다. 그러고 보면 그는 지난 세대를 지났고 그러나 아직은 오지 않은 세대 사이에 있는 중간 지대의 화가 같기도 하다.[226] 그의 원근법을 벗어난 공간 구성과 모호한 채색 기법은 르네상스 이래 정립된 회화의 규범으로부터 확실히 벗어나 있다. 그는 당연한 것들이 더 이상 내게 의미가 없을 때에는 과감히 삭제하였지만, 반대로 내게 의미 있는 것들은 그림에 등장시키거나 부각시켰다. 프리드리히에게 있어서는 자연, 특히 산이 그렇다. 그에게 산을 배경으로 그린 십자가 위의 예수는 달리 말해 그를 둘러싸고 있으며 그가 사는 '삶의 자리'에서 만나고 경험되고 고백되는 그리스도이다. 그는 세상에서 가장 높이 영광과 존귀를 받으셔야 할 구세주이다.

프리드리히의 작품 가운데에는 십자가가 등장하는 그림들이 여럿 있다. 그중의 하나는 1810년에 그린 〈리젠 산맥의 아침〉이다. 발그레 동이 터오는 광경이 압권이다. 밝아오는 아침에 산 높이 세워진 십자가의 그리스도가 세상의 구원이요 희망임을 보여주고 있다. 리젠 산맥은 폴란드 서남부와 체코와의 국경을 이루는 산맥으로 동부 유럽에서 가장 높은 산맥이다. 리젠은 독일어식 이름이고, 체코에서는 크르코노셰(Krkonoše), 폴란드에서는 카르코노셰(Karkonosze)라고 부른다.

이 그림은 테첸 제단화의 〈산중의 십자가〉와 비슷하다. 십자가가 서 있는 큰 바위도, 서 있는 십자가의 모양도 〈산중의 십자가〉와 흡

Friedrich, Morning in the Riesengebirge, 1810~1811, Oil on canvas, 108×170cm, Nationalgalerie, Berlin

사하다. 그러나 이 그림은 산중의 십자가에 비해 더 많은 산들로 이루어진 큰 산맥을 배경으로 하고 있고, 분위기도 마치 아침 태양이 떠오르듯이 환하고 밝게 빛나고 있다. 바라보는 관점도 마치 반대편 높은 산에서 약간 내려다보는 것처럼 탁 트인 것이 시원하다. 십자가에 오르는 두 인물이 있다. 그런데, 십자가는 더 희미해져서 보일 듯 말듯하다. 자연과 십자가? 생뚱맞아 보이지만, 프리드리히는 십자가를 자연 속에 담고자 하였던 것 같다.

프리드리히가 그린 또 다른 십자가 그림은 1815년경에 그린 〈발트 해변의 십자가〉(The Cross Beside The Baltic)이다. 이 그림은 배경이 산이 아니라 바다이다. 프리드리히는 산을 배경으로 풍경화를 가장 많이 그렸지만, 또한 바다를 배경으로도 여러 작품을 그렸다. 이 그림에선 바다의 수평선 위의 태양이 떠오르는 것인지 넘어가는 것인지 구름에 약간 가려져 있다. 그리고 해변의 큰 바위 위에 역시 십자가가 높

Friedrich, The Cross Beside The Baltic. c. 1815,
Oil on canvas, 45×33.5cm, Neuer Pavillon

이 서 있다. 그런데, 이 그림에서는 십자가만 세워져 있지, 십자가 위에 예수 그리스도는 없다. 십자가만으로 이미 예수 그리스도의 존재와 사역을 내포한다.

프리드리히는 이 작품에 대해서 "돌로 된 삭막한 바닷가 해안에 십자가가 높이 세워져있다. 보는 사람에 따라 위안을 얻을 수도 있고, 하나의 십자가만을 볼 수도 있다."라고 설명하였다.[227] 보는 사람이 어디서 위안을 얻을 수 있을까? 높이 세워진 십자가에서 우리를 위하여 죽으신 예수 그리스도의 사랑과 그 십자가의 구원의 능력을 바라볼 수만 있다면, 얼마나 좋을까? 중요한 것은 자연을 보는 눈에 달려 있다. 신앙의 눈은 자연 속에서 예수 그리스도를 발견하지만, 비신앙의 눈은 어떤 위안도 발견할 수 없을 것이다. 칼 호흐(Karl Ludwig Hoch, 1929~2015)는 프리드리히의 그림에는 범재신론적인 세계관이 루터의 십자가 신학과 섞여 있다고 하였다.[228]

장애인과 십자가

프리드리히의 그림 가운데 유독 나의 시선을 끄는 십자가 그림이 있다. 그것은 1811년에 그린 〈겨울풍경〉이라는 연작 그림이다.

이 〈겨울풍경〉이라는 그림은 두 개가 이어져 있어서 마치 한 편이 이야기 같다. 두 작품을 구별하기 위해서 흔히 앞의 것을 〈겨울풍경〉, 뒤의 것을 〈교회가 있는 겨울풍경〉이라고 부르기도 한다. 이 두 그림 모두 삭막하고 황량한 독일의 눈 덮인 겨울 산속을 표현하고 있다.

Friedrich, Winter Landscape, 1811, Oil on canvas, 33×46cm, Staatliches Museum, Schwerin

Friedrich, Winter Landscape with Church, 1811, Oil on canvas, 33×45cm, Museum fur Kunst und Kulturgeschichte, Dortmund

먼저 앞의 그림을 보면, 한 사람이 눈 내린 겨울 산을 헤매고 있다. 산은 온통 눈으로 덮여 있고, 하늘은 어둡다. 산 속의 나무들은 나뭇잎 하나 없이 모두 휑하니 황량하다. 나무의 가지라도 좀 남아 있으면 나으련만, 기둥 같은 굵은 가지 몇 외에 남은 것이 없어 생기를 찾아보기 어렵다. 뒤에 있는 나무들은 아예 밑동 밖에 남지 않았다. 황량하고 처량하게 눈 덮인 겨울 산은 인간의 현실을 표현한다. 인간은 이 세상 어디에서도 생명과 소망을 찾아보기 어렵다. 그것은 낭만주의자 프리드리히가 독일의 겨울이라는 계절에서 느끼는 정취일 것이다. 그것은 인간의 정신세계에서도 마찬가지이다. 당시의 철학이나 정치나 심지어 종교에서도 소망을 찾기 어려워 보인다.

그림 속의 인물은 걷기가 어려운 듯 지팡이를 의지한 채, 어정쩡한 자세로 우두커니 서 있다. 아니, 어쩌면 걷고 있는 것일지도 모른다. 그렇다고 해서 그가 갈 길을 알고 가는 것 같지도 않다. 오히려 불편한 몸으로 어디로 가야할지 전혀 모른 채, 눈 쌓인 겨울 산을 헤매고 있는 듯하다. 누가 좀 부축해 주거나 동행해 주면 얼마나 좋을까? 누가 갈 길이라고 좀 알려주면 얼마나 좋을까? 인생이란 그런 것이다. 인생이란 미지의 길을 갈 바를 모른 채, 아무 대책도 없이 그렇게 홀로 가는 것인지도 모른다.

이어지는 연작 〈교회가 있는 겨울풍경〉에서는 앞서 눈 쌓인 겨울 산을 헤매던 사람이 어느 바위에 등을 기댄 채 반 누워있다. 짚고 다니던 지팡이는 저만치 하얀 눈 위에 따로 따로 떨어져 있다. 프리드리히의 화풍이 그렇듯, 이 그림에서도 흐리고 희미하게 그려진 겨울 산은 여전히 어디가 어디인지 분간하기 어렵다. 앞의 그림과 이어서 생각해 보자면, 이제 갈 길을 제대로 찾아서 나온 것일까? 목적지에 도착한 것일까? 아니, 여전히 갈 길을 못 찾고 있는 것 같아 보인다. 이제 또 어디로 가야할까? 그렇게 작은 바위에 기대어 있는 그가 두 손 모아 기도하며 응시하고 있는 곳은 바로 눈앞에 서 있는 십자가에 달린 예수 그리스도이다. 그림에서는 저 멀리 흐린 겨울 풍경 속에 고딕 양식의 교회가 희미하게 보이고 있다.

〈겨울풍경〉과 〈교회가 있는 겨울풍경〉 연작은 겨울의 추위와 황량함과 함께 인간의 질고와 죽음을 상징하는 가운데, 부활의 소망과 기쁨을 그려내고 있다고 해석되어 왔다. 프리드리히의 그림은 풍경의 시공간에다 정신적 의미를 확장시키는 특징이 있다. 자연은 종교적으로 상승되었다. 그의 그림은 자연을 인간의 영원한 귀환지로 위치시키면서 자연을 그린 풍경화를 성화로 만들었다.[229] 앞의 그림이 죽음의 절망을 강조한다면, 뒤의 그림은 부활의 소망을 강조하고 있다. 그런데, 그 소망은 어떤 소망일까? 현실에서 실현 가능한 소망일까? 현실에서는 절망하고 내세를 바라보는 소망일까?

프리드리히는 유독 자연 풍경을 많이 그렸다. 그의 작품의 거의 대부분이 자연을 담고 있다. 그의 작품에도 인물들이 등장한다. 그런데, 특이한 것은 인물들의 대부분이 뒷모습으로 등장하거나 아주 작게 등장한다는 것이다.[230] 물론 가끔 정면이나 측면의 인물이 등장하기도 한다. 그림 속에서 뒷모습으로 등장하거나 작게 등장하는 인물은 정확하게 그를 알아볼 수가 없다. 만약 인물의 앞모습을 크고 정확하게 그렸더라면, 우리는 그 인물의 얼굴 표정과 신체적 특징과 정면의 의상에서 그가 어떤 형편이고, 무엇을 표현하려는지 좀 더 명확하게 간파할 수 있었을 것이다. 그러나 뒷모습이기에 그의 존재는 자연 속에 투영되어 다가온다. 정확한 정면을 볼 수 없기에 그의 존재나 심정이나 삶은 오직 뒤에 그려진 자연 풍경을 통해 반영될 뿐이다. 그런 점에서 프리드리히의 풍경화는 작품 속 인물의 삶, 더 나아가 작가의 삶을 담아 표현하고 있다.

작품에 대한 해석은 작가의 것인 동시에 또한 관객의 것이기도 하다. 나는 이 그림에서 한 장애인을 본다. 눈 덮인 산속을 홀로 지팡이를 의지한 채, 헤매어온 한 지체장애인을 본다. 앞의 그림에서 한 지체장애인이 지팡이를 의지한 채, 눈 쌓인 겨울 산속에서 이러지도 저러지도 못하고 있는 것 같아 보인다. 보행이 어려운 지체장애인이 산을 걷는다는 것은 매우 힘든 일이다. 그것도 눈이 쌓여 미끄럽고, 또

눈 아래 무엇이 놓여있는지 모르는 겨울 산을 걷는다는 것은 더욱이
나 위험천만한 일이다. 무엇보다 갈 바를 알지 못한 채, 눈 덮인 겨울
산을 헤매는 것은 비장애인에게도 어렵고 힘든 일이지만, 지체장애
인에게는 더더욱 어렵고 힘든 일이다. 그런데, 다시 생각해보면, 그
것이 인생이다.

뒤의 그림에서 이 장애인은 눈 덮인 산을 빠져나온 것처럼 보이기
도 한다. 그러나 여전히 눈밭이다. 그림 속 저 뒤로는 높이 솟은 교회
가 배경으로 보인다. 교회를 높은 첨탑의 고딕양식으로 그린 것은 아
마도 당시의 교회를 빗대어 그린 듯하다. 바위에 몸을 기댄 장애인이
바라보고 있는 정면에는 예수 그리스도의 십자가가 우뚝 서있다. 지
팡이마저 내팽개쳤다는 것은 더 이상 걸어갈 형편이 못되거나, 보다
극단적으로 이제 더 이상 걸어갈 의지를 포기하여 버렸음을 의미하
는 것인지도 모른다. 그런데, 바로 거기에서 저 멀리 세상이 동경하
는 고딕 첨탑의 교회가 아니라 바로 내 앞에 서 있는 십자가에 달린
예수 그리스도가 마주하고 있다. 이 그림은 현실 교회와 예수 그리스
도 사이의 괴리를 반영하고 있는 것 같다.

사실 프리드리히의 작품에서 교회는 대개 긍정적이고 희망적인
이미지이다. 그의 황량하고 스산한 자연 풍경 속에서 희미하게 보이
는 교회는 막연하게나마 생명과 희망을 의미한다. 그것은 대개 뿌옇
게 마치 환영 속에 있는 것처럼 보인다. 그러나 이 연작의 두 번째 그
림에서 멀리 희미하게 보이는 높은 교회와 지체장애인이 바위에 기
대어 마주하는 십자가의 그리스도 사이엔 어딘가 거리감이 있어 보
인다. 교회는 예수 그리스도의 몸이다. 그런 신학적 연속선 상에서
본다면, 둘은 같은 의미를 가지고 있거나, 아니 오히려 십자가에 달

린 예수 그리스도가 멀리 있고, 오히려 현실에서 보이는 그의 몸인 교회는 가까이 있어야 할 것이다. 그런데, 여전히 그가 그리던 대로 교회는 저 멀리 희미하게 존재한다.

여기서 프리드리히의 또 하나의 십자가 그림을 대조해 보고자 한다. 그것은 바로 1812년에 그린 〈산 속의 십자가와 교회〉라는 작품이다. 이 그림 역시 예수 그리스도의 십자가와 교회가 함께 등장하지만, 〈교회가 있는 겨울 풍경〉과는 확실히 달라 보인다. 이 그림에서는 그림 한 가운데 예수 그리스도가 달린 십자가가 서 있고, 그 뒤에 전나무들 사이로 한 가운데 고딕 양식의 큰 교회가 서 있다. 이 그림에서 십사가에 달리신 에수 그리스도는 곧 교회이다. 예수 그리스도와 교회는 하나이다. 예수 그리스도는 머리이고, 교회는 그의 몸이다. 교회의 전면은 예수 그리스도이고, 예수 그리스도를 통하여 교회에 들어가고, 교회는 세상에 현존하는 예수 그리스도이다.

Friedrich, The Cross in the Mountains, 1812, Oil on canvas, 45×37cm, Museum Kunstpalast, Düsseldorf

그러나 앞의 그림 〈교회가 있는 겨울 풍경〉에서 십자가에 달린 예수 그리스도와 교회는 거리감을 넘어 괴리감을 보여 준다. 고달픈 나그네 인생, 장애의 몸으로 힘겹게 겨울 산속을 헤맨 사람에게 현실의 교회는 희미한 안개 속에 자신만의 고고한 아름다움으로 서 있어서 다다르기 힘든데 비해서, 십자가에 달리신 예수 그리스도는 바로 지금 내 앞에서 나를 위로하시고 내게 소망을 주신다. 곤고할 때 십자가가 유일한 위안이다. 절망될 때 오직 십자가가 희망이다.

십자가 신학 : 십자가 신학으로서 자연신학과 장애신학

근대에는 과학의 발전과 함께 자연에 대한 새로운 이해들이 등장하였다. 오늘에야 자연신학이 신학의 중요한 주제 중의 하나로 다루어지고 있지만, 당시로서는 그렇지 못하였다. 자연은 사람을 위한 부차적이고 부수적인 것이었고, 사람에 의해 정복되고 통치되어야 할 것이었다. 그런데, 낭만주의가 자연에 대한 새로운 인식을 가져다주었다. 그림에서 자연은 인간을 위한 배경을 넘어서 인간에서 독립적이고, 나아가 인간의 정신과 감성을 반영한 것으로 표현되었다. 헤겔은 자연을 정신의 외화 곧 대자적 존재로 보았다.[231] 프리드리히의 그림은 특히 그의 종교적 신념에 따라 자연을 단순히 인간과 독립된 대상이 아니라, 신적 기운을 반영하고 있는 것으로 보았다.

프리드리히의 자연 그림은 이전의 그림 속 풍경 그림이나 당대의 풍경화와는 느낌이 사뭇 다르다. 왜냐하면 거기에 신학이 담겨 있기 때문이다. 프리드리히의 그림에서 자연은 웅장하고 장엄하다. 그림에 인물이 잘 등장하지도 않지만, 혹 등장한다 해도 자연 앞에서 인물은 오히려 미약한 존재이다. 그림 속 자연은 분명하지 않지만, 신적 존재와 능력을 느끼게 한다. 신학적으로 표현하면, 자연은 하나님의 존재를 계시하는 한 통로가 되고, 하나님의 은혜를 베풀어주는 한 도구가 된다. 〈산중의 십자가〉는 그런 자연 속에 예수 그리스도의 십자가를 전격적으로 표현하였으니, 이것은 당연히 신학을 담은 그림이라 할 수 있다.

프리드리히에게 있어서 자연은 신학을 담고 있다. 자연은 하나님의 아름다운 피조물로서 하나님의 영광을 담고 있다. 그래서 자연 속에서 하나님의 은혜와 아름다움을 발견할 수 있다. 자연을 우리의 영광을 위한 소재로 생각하는 것은 큰 교만이자 창조주 하나님에 대한 모독이다. 자연은 그것 자체로서 하나님의 영광을 가지고 있다. 그래서 심광섭은 자연 안에서 은총을 재발견하는 것을 신학의 중요한 과제로 보았다.[232]

오늘 20세기에 자연은 사람을 담고 있는 우주적 세계이다. 자연이 사람의 환경이 아니라 사람도 자연의 일부이다. 생명과 생태계에 대한 신학적 관심은 자연을 하나님이 사랑하시는 피조물로 접근한다. 자연 또한 인간의 죄로 말미암아 고통을 당하였고, 예수 그리스도의 구속을 기다린다. 자연 속에는 하나님의 영이 존재하며, 하나님의 영광을 위하여 역사하고 있다. 자연은 인간의 이익을 위해 지배하고 정복할 대상이 아니라, 하나님의 뜻을 위해 서로 사랑하고 돌보아야 할 존재이다.

• 창세로부터 그의 보이지 아니하는 것들 곧 그의 영원하신 능력과 신성이 그가 만드신 만물에 분명히 보여 알려졌나니 그러므로 그들이 핑계하지 못할지니라 (**롬** 1:20)

• 피조물이 다 이제까지 함께 탄식하며 함께 고통을 겪고 있는 것을 우리가 아느니라 (**롬** 8:22)

프리드리히의 〈겨울풍경〉은 장애에 대해서 선구적 인식을 제공한다. 200년 전의 프리드리히가 오늘날의 장애인지 감수성을 가지고 있지는 않았을 것이다. 그러나 오늘을 사는 내게는 눈 덮인 겨울산 속에서 십자가를 마주한 한 지체장애인이 보인다. 그는 지금 춥고 외로운 겨울 눈밭에서 한 바위에 기대어 있다. 그는 멀리 있는 교회보다 바로 내 앞에서 십자가에 달린 그리스도를 가까이 보고 있다. 지금도 장애라는 이유로 이 험한 세상에서 이리저리 상처와 차별을 받으며 헤매고 있다. 때로는 교회에서마저 소외당하고 외면당하기도 한다. 장애인에게 교회는 여전히 오르기 힘든 '산 위의 교회'나 '언덕 위의 교회'인지도 모른다.[233] 언덕 위의 교회는 보기엔 아름다워 보이지만, 보행 장애인이 접근하기엔 너무나도 어렵다. 그러나 우리 곁엔 우리를 구원하기 위해서 하늘 보좌를 버리고, 이 땅에 인간의 몸으로 내려오셔서 십자가에 죽기까지 자신을 대속물로 내어주신 그리스도가 있다. 그분의 십자가의 사랑과 능력이라면, 이 거친 세상도 넉넉히 살아낼 수 있으리라. 그리고 교회는 그리스도의 몸으로서 장애인은 물론 모든 상처받은 이들을 따뜻하게 환대하여야 한다.

• 너는 귀먹은 자를 저주하지 말며 맹인 앞에 장애물을 놓지 말고 네 하나님을 경외하라 나는 여호와이니라 (**레** 19:14)
• 제자들이 물어 이르되 랍비여 이 사람이 맹인으로 난 것이 누구의 죄로 인함이니이까 자기니이까 그의 부모니이까 예수께서 대답하시되 이 사람이나 그 부모의 죄로 인한 것이 아니라 그에게서 하나님이 하시는 일을 나타내고자 하심

이라 (요 9:2-3)

　찬송가 415장 〈십자가 그늘 아래〉는 엘리자베스 클레페인 (Elizabeth C. D. Clephane, 1830~1869)이 39세의 짧은 생애를 마치기 한 해 전인 1868년에 작사한 것이다. 이 시는 「가정의 보화」라는 가정잡 지에 실렸는데, 이 잡지의 편집자 아넛(W. Arnot)은 이 시에 대해서 한 젊은 크리스찬 숙녀가 삶의 막바지에 이르러 믿음으로 바라보는 하 늘나라에 대한 자기 소망과 경험을 표현한 것이라고 평하였다. 그것 은 마치 바닷가 모래밭에서 하나님이 자신을 인도해주신 발자국을 보는 것과 같다고 하였다.[234] 1절의 가사는 다음과 같다.

　♬ 십자가 그늘 아래 나 쉬기 원하네 저 햇볕 심히 뜨겁고 또 짐이 무거워 이 광야 같은 세상에 늘 방황할 때에 주 십자가의 그늘에 내 쉴 곳 찾았네 ♬

　바닷가 모래밭이 산속으로, 뜨거운 광야가 겨울 산속으로 바뀌었 을 뿐, 프리드리히의 〈겨울풍경〉은 클레페인의 찬송시와 같은 심정 이었을 것이다. 이 세상은 여전히 갈 길을 알지 못하는 막막한 광야 이고, 갈 길을 알지 못하는 미끄러운 눈 덮인 산속이다. 그러나 바로 그때에 예수의 십자가는 우리의 북극성이고, 나침반이다. 십자가에 달린 예수는 우리의 구원이자 소망이고, 빛이자 생명이다.

　찬송가 458장 〈너희 마음에 슬픔이 가득할 때〉는 아이나 오그돈 (Ina M. D. Dgdon, 1872~1964)이 1916년에 작사한 찬송이다. 이 찬송은 1913년 친정아버지가 교통사고로 장애를 입고 실의에 빠져 있자, 아 버지를 위로하려는 심정으로 쓴 것이다. 1절의 가사는 다음과 같다.

♬ 너희 마음에 슬픔이 가득할 때 주가 위로해 주시리라 아침 해같이 빛나는 마음으로 너 십자가 지고 가라 참 기쁜 마음으로 십자가 지고 가라 네가 기쁘게 십자가 지고 가면 슬픈 마음이 위로 받네 ♬

누구에게나 십자가가 있다. 인생에 문제가 없는 사람이 어디 있으랴? 진짜 문제는 그 십자가를 어떻게 대하느냐는 것이다. 어떤 이는 부정하고, 어떤 이는 거부하고, 어떤 이는 포기하는데, 어떤 이는 기꺼이 받아들인다. 주어진 십자가를 참 기쁜 마음으로 지고 가면 주님이 슬픈 마음을 위로해 주시고, 십자가를 감당할 능력을 공급해 주신다. 그분은 나의 모든 십자가를 충분히 아신다. 왜냐하면 그분이야말로 세상에서 가장 무겁고, 힘겨운 십자가, 온 인류의 십자가를 위하여 구원의 십자가를 지셨기 때문이다. 그분의 십자가가 나의 십자가의 답이다.

이 세상에 빛으로 오신 분, 십자가에 죽기까지 나를 사랑하시는 분, 우리를 위하여 자기 자신을 십자가에 희생 제물로 내어주신 분, 우리의 인생의 고달픔과 서글픔을 알아주시는 분, 인생의 길을 잃고 방황할 때 오히려 나를 찾아오시는 분, 질병과 장애 속으로 나를 찾아오시는 분, 주 예수 그리스도! 그는 존귀와 찬송과 영광을 받으시기에 합당하신 분이시다. 그의 십자가를 아무리 높여도 늘 부족한 마음이다.

Gauguin, The Yellow Christ, 1889, Oil on canvas, 92×73cm, Albright-Knox Art Gallery, Buffalo

20
고갱의 <황색의 그리스도>

고갱의 종합주의

이 그림은 폴 고갱(Paul Gauguin, 1848~1903)이 1889년에 그린 〈황색의 그리스도〉(The Yellow Christ)라는 작품이다. 제목이 말해주듯 십자가에 달리신 그리스도가 중앙에 위치하고 있는데, 화면 가득 황색 곧 노란색이 그림의 전반을 지배하고 있다. 배경의 들판이 울긋불긋하긴 하지만 거의 노란색으로 덮여 있고, 십자가에 달리신 그리스도 또한 노란색으로 그려져 있다. 십자가에 달리신 그리스도에 대한 첫 인상은 이전의 십자가형 그림에 비해 평온하고 고요한 것 같다. 그래서 오히려 낯설고 의아하고 난해하다.

왜 노란색일까? 고갱은 왜 십자가의 그리스도를 노란색으로 그렸을까? 예수 시대 유대인의 피부색도 아니고, 모진 고난을 당한 피범벅의 붉은색도 아니고, 그렇다고 해서 고갱이 살던 19세기 유럽인의 피부색도 아니다. 낯설고 생경하다. 어디 십자가에 달린 예수뿐이랴? 뒤에 들녘도 온통 노란색 천지다. 아무래도 이 노란색에는 고갱만의 어떤 특별한 의미가 담겨 있는 것 같다. 이 노란색은 도대체 어디서 온 것일까?

그리고 십자가 아래에 다소곳이 앉아 있는 세 여인은 누구인가?

전통적으로 십자가형 그림에 등장하는 여인들은 복음서의 기록을 따라 성모 마리아, 막달라 마리아, 작은 야고보와 요세의 어머니 마리아나 살로메였다(막 15:40). 그림 속 이 여인들이 복음서에 기록된 그녀들일까? 아무래도 아닌 것 같다. 무엇보다 이 여인들의 의상이 특이하다. 머리에 쓴 흰 모자도 그렇거니와 길고 어두운 감색의 의상은 어떤 특정 종교집단의 단체복 같은 느낌이다.

그림의 구도는 그리스도의 십자가를 중심으로 좌우가 구분된다. 사실 좌우로 나눈다고 해도, 앞의 세 여인을 제외하고 좌우의 내용이 그다지 다른 것도 아니다. 예수의 십자가 뒤로 담장을 넘어가는 한 남자가 있다. 이 담장으로 내용상 무슨 경계를 나눌 수 있을까? 여기에도 무슨 의미가 담겨 있는 것일까? 이렇게 상하로 나눈다고 해도, 하단의 세 여인을 제외하고 상하의 내용이 별로 다른 것도 아니다. 고갱은 이 그림으로 도대체 무엇을 표현하고자 한 것일까? 그리고 이 그림은 오늘 나에게 어떤 의미로 다가오는가?

고갱은 참으로 고단하고 피곤한 인생을 살았다. 일찍이 아버지를 여의고 페루에서 가난하게 살다가 오를레앙(Orléans)으로 돌아왔지만 가난하기는 매한가지였다. 어머니가 돌아가시고 선원이 되어 바다를 떠돌다가 증권가에 취업을 하며 생활의 안정을 찾는 듯하였다. 결혼도 하고, 자녀도 낳고, 그림에도 관심을 갖기 시작하였다. 처음에는 그림을 구입하고 전시회를 찾아가던 애호가였으나, 차츰 그림을 배우기 시작하더니 1882년에 이르러선 직장을 그만두고 아예 전업 화가로 전향하였다. 그러나 그의 작품은 잘 팔리지 않았다. 다시 가난이 시작되었고, 화가로서 제대로 인정받지도 못하였다. 1884년 아내 메테(Mette)는 아이들을 데리고 그녀의 고향 덴마크로 떠나버렸다. 고갱은 고흐(Vincent van Gogh, 1853~1890)를 만나 함께 작업을 하였으나, 그것도 잠시 이내 큰 상처를 받고 결별하고 말았다.[235]

고갱의 화풍은 흔히 후기인상주의(Post-Impressionism)로 분류된다. 우리말 번역에 후기(後期)란 말은 이중적인데, 여기선 영어 포스트(post)에 대한 번역이다. 후기는 그 시대나 사조의 후반부라는 의미도 있지만, 여기선 그 시대나 사조의 다음(after, next)이라는 의미가 강하다. 그러므로 후기인상주의란 인상주의 다음의 사조나 운동을 말한다. 고갱은 그림을 처음 배우던 시절에 인상파 전시회에 함께 참여하기도 하였다. 인상주의(Impressionism)란 19세기 후반부터 20세기 초반까지 성행한 예술 사조로 사물이나 사건을 객관적으로 그리는 사실주의와 달리, 아틀리에에서 벗어나 사생을 통해 빛에 따라 시시각각 변화하는 대상의 색과 분위기를 개인의 주관적인 느낌에 따라 표현하였다. 그러나 고갱은 그러한 인상주의에 차츰 싫증을 느끼기 시작하였다. 그러므로 후기인상주의란 인상주의에 대한 반동이다. 인상주의가 밖에서부터 안으로 들어온 인상에 주목했다면, 후기인상주의는 안에서 밖으로 드러내는 표현에 주목하였다. 그래서 후기인상주의는 인상주의보다 더 강렬한 형태와 색채와 구도를 특징으로 한다.

고갱은 자신의 미술을 종종 '종합주의(Synthètisme)'라고 말하였다.[236] 1889년, 그는 파리에서 '인상주의 및 종합주의' 전람회를 개최하며 종합주의의 출발을 알렸다. 여기서 종합(綜合)이란 인상주의의 색채 분할과 그 기법의 해체적이고 분석적인 경향에 대항하는 의미로서 종합이다. 종합주의는 주관성과 장식성이라는 특징을 가지고 있다. 주관성이란 단순히 자연을 표현하는 것이 아니라 자연 경험을 통해 얻어진 인간 내면의 감정과 사상을 말하는 것이고, 장식성이란 조형적 원리를 이용하여 작품을 장식하는 기법을 말하는 것이다. 고 갱은 그림을 그릴 때 형태의 윤곽선을 강조하여 표현하고, 색상을 단순하게 평면적으로 채색하여 표현하곤 하였다.

이 〈황색의 그리스도〉에서도 고갱은 굵고 검은 윤곽선을 사용하였다. 십자가와 예수 그리스도와 들녘의 구분선이 없다면, 그림은 온통 노란색으로 섞여서 분간이 어려울 수 있다. 굵은 선으로 노란색을 구별하며 사물과 사람과 자연의 형태의 윤곽을 분명하게 하였다. 이렇게 원색의 평면에 단순하고 굵은 윤곽선으로 표현하는 기법을 흔히 '클루아조니즘(Cloisonnisme, 분할주의)'이라고 한다. 이 용어는 중세의 클로와조네(cloisonné, 칸막이된) 에나멜 기법에서 유래하였다.

그럼, 고갱이 이 작품에서 인상적으로 느끼고 전하고자 하는 주관적 내용은 무엇일까? 십자가에 달린 그리스도를 노란색으로 표현함으로써 도대체 무엇을 말하고자 한 것일까? 십자가는 고난의 상징이다. 고난 가운데서도 가장 처절하고 잔혹한 고난이 십자가의 고난이다. 그래서 전통적으로 예수의 십자가 처형을 주제로 한 그림은 그리스도의 고난, 곧 육체적 고통과 정신적 고뇌와 영적 소외를 담고 있다. 특히 르네상스 이후로 인간적이고 사실적인 표현 추세는 대부분의 예수의 십자가형 그림에서 피 흘림, 상처투성이의 육체, 일그러진 얼굴 표정 등으로 고통을 구체화하였다.

그런데, 이 그림에서 십자가에 달리신 예수 그리스도의 얼굴과 몸에 상처가 별로 없다. 고갱은 왜 그렇게 묘사한 것일까? 고갱은 이 그림에서 예수 그리스도의 고난이 아닌 다른 무엇을 전하려고 한 것은 아닐까? 고갱은 그가 붙여놓은 제목처럼 십자가에 달리신 그리스도를 크게 전면에 부각시켜 놓았다. 그런데, 그림의 구조상 어딘가 모르게 어색하다. 십자가 위의 예수가 그림의 중앙이긴 한데, 정 중앙이라기보다는 약간 좌측 상단으로 치우친 감이 있다. 마치 보다 큰 그림에서 예수의 십자가형을 어설프게 잘라낸 것 같은 느낌이다.

그리고 그림에 입체감이 없어 보인다. 입체감이 없는 것은 그림에 원근감이 두드러지지 않고, 색을 칠한 붓의 터치감도 별로 없어 밋밋하기 때문이다. 뒤에 배경이 들녘이어서 약간의 원근감은 있지만, 온통 노란색 속에 십자가의 그리스도와 별로 구분이 가지 않는다. 다만 예수 그리스도의 외곽선을 검은색으로 굵고 진하게 그려서 구분을 하고 있다. 색을 칠한 붓의 터치는 부분적으로 점묘기법이 보이긴 하지만, 전반적으로 마치 벽지처럼 색이 고루다. 고갱이 이 작품에서 느끼고 전하고자 한 것은 무엇일까?

격정의 시기 1889년

고갱이 이 그림을 그린 때가 1889년이다. 이 무렵 고갱은 다시 프랑스 브르타뉴(Bretagne) 지방으로 돌아왔다. 고갱은 1886~1890년 프랑스 브르타뉴 지방의 퐁타방(Pont-Aven) 농민들의 두터운 신앙과 순박한 삶에 매료되었다. 브르타뉴 지방은 프랑스의 다른 지역과 달리 영국에서 이주한 켈트족 출신 사람들이 사는 곳이었다. 브르타뉴란 지명도 브리타니(Brittany) 곧 영국인(Briton)들이 사는 곳이라는 뜻에서 지어진 이름이다. 이 사람들은 당시 탈종교적 사회 분위기와 달리 강력한 종교적 전통을 가지고 있었다. 그들은 경건한 종교에 따른 의복, 문화, 윤리, 생활양식을 가지고 있었다. 고갱은 이 지역의 전통 풍습에 깊이 매료되었다. 그래서 이 작품 속의 여인들 또한 퐁타방 지역의 경건한 신앙에 따라 머리에 흰 모자를 쓰고 있다. 세월이 흘렀어도 이 지역의 경건한 여인들은 변함이 없었다. 그리고 그것은 계속해서 고갱이 격정의 시간을 보내며 기독교를 저울질하는 하나의 요소이기도 하다.

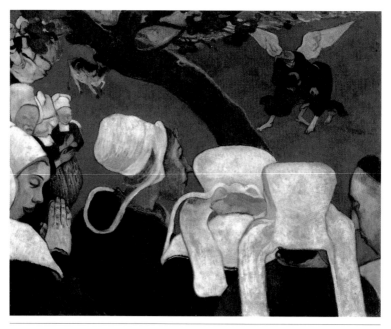

Gauguin, Vision after the Sermon (Jacob Wrestling with the Angel), 1888, Oil on canvas, 73×92cm, National Gallery of Scotland, Edinburgh

비슷한 시기인 1888년 작 〈설교 후의 환상〉(Vision after the Sermon)에도 이러한 의상의 경건한 여인들이 등장하고 있다. 〈설교 후의 환상〉은 야곱이 얍복강 가에서 하나님의 천사와 씨름하는 장면을 그리고 있는데, 그 장면은 나무 너머 저편의 환상적인 성서 속의 광경이고, 현실 이편에는 더 크게 흰 모자를 쓴 경건한 여인들이 두 손을 모아 기도하고 있다. 성서 속 야곱의 씨름은 현실에서 여인들의 기도와 치환 가능하다. 환상과 현실? 어느 편에 발을 딛고 설 것인가? 이것은 신앙생활의 중요한 문제이기도 하다. 고갱의 작품에는 많은 여인들이 등장하는데, 중요한 존재들이다. 퐁타방의 여인들은 경건한 그리스도인들이고, 타히티의 여인들은 자연의 생명력을 가진 존재들이다.

어떤 이들은 고갱이 독실한 기독교인은 아니었지만, 그래도 신앙을 가지고 있었기 때문에 그림에 신앙적 표현을 담았다고 해석하곤 한다. 반대로 어떤 이들은 고갱이 기독교의 이미지를 자신의 작품에 활용한 것이지, 그에게는 신앙이 없었다고 주장하곤 한다.[237] 나는 이 시기 인생의 여정 속에 있는 고갱의 실존에 주목하고 싶다. 후에 고갱은 결국 타이티로 건너갔지만, 적어도 브르타뉴의 이 시기에 그는 자신의 인생을 놓고 가장 절실하게 고민하였던 것으로 보인다. 인생이란 대단히 복잡하고 난해한데, 단순하게 생각해 보면 격정의 시기, 위기의 시기를 어떻게 보내느냐에 달려있다. 위기의 순간에 신앙이 그의 생명과 삶을 지켜주기도 한다. 결정의 순간에 신앙이 그의 인생에 새로운 길을 열어주기도 한다. 고갱은 1891년 4월 4일 결국 마르세유에서 타이티를 향해 떠나게 된다.

1889년은 고갱은 그의 인생에서 가장 심각하게 인생의 진로를 고민했던 것 같다. 재정은 파산 지경이고, 가족은 이미 멀어진지 오래

다. 고흐와 아를(Arles)에 있는 노란 집(The Yellow House)에서 함께 생활하다가 헤어져서 다시 브르타뉴로 돌아왔다. 퐁타방으로 온 것이 벌써 세 번째다. 퐁타방은 그의 안식처이자 새로운 여정을 결정하는 수도처이다. 그는 이 시기 이 퐁타방에서 그의 생애에 유일하다 할 정도로 집중적으로 기독교 주제로 그림을 그렸다. 그렇다면, 이 시기 작품들은 당시의 그의 실존으로부터 해석되어야 할 것이다. 이 그림은 외면적인 요소보다 인간의 내면적인 감정을 표현한 그림이라 할 수 있다.

그는 십자가에 달린 그리스도에게서 무엇을 보았을까? 나는 기독교인의 한 사람으로서 그가 십자가에서 사랑, 구원, 평안, 희망의 예수 그리스도를 발견하였으면 좋았을 것 같다. 그런데, 고갱은 십자가에 달리신 그리스도 안에서 고난당하는 자기 자신을 발견한 것 같다. 자신의 소망과는 달리 실패와 가난과 불행으로 위기에 내몰린 자신의 모습을 십자가에 달리신 그리스도에게서 찾으려 한 것 같다. 그래서 이 그림에서 고갱의 노란색은 고흐가 표현하는 위로나 희망의 노란색이라기보다는 오히려 우울과 위기의 노란색이라 할만하다. 노란색이라고 해서 다 같은 노

Bernard, Yellow Christ, 1889, Oil on canvas, 70×60cm, Jane H. Fortune Gallery, Indianapolis Museum of Art

란색이 아니다. 같은 색이라 하더라도 색상의 의미는 화가마다, 시대마다, 작품마다 전혀 다를 수 있다. 옥타브 미르보(Octave Mirbeau, 1848~1917)는 이 그림에 대하여 "이 십자가의 그리스도가 지닌 우수는 뭐라 말로 다 표현할 수 없다. 그 얼굴에는 무서운 슬픔이 깃들어 있다."고 말하였다.[238)

흥미롭게도 고갱의 〈황색의 그리스도〉와 같은 시기에 그려진 그림으로 에밀 베르나르(Émile Bernard, 1868~1941)의 〈황색의 그리스도〉(Yellow Christ, 1889)가 있다. 베르나르 역시 이 시기에 퐁타방에 머무르며 그림을 그렸다. 그림의 제목은 같은데, 베르나르가 십자가 처형을 앞두고 겟세마네 동산에서 기도하는 그리스도를 그렸다면, 고갱은 십자가에 달린 예수를 그렸다. 물론 둘 다 제목처럼 노란색으로 그리스도를 그렸다.

베르나르의 〈황색의 그리스도〉는 예수가 십자가에 달리시기 전날 밤에 겟세마네 동산(감람산)에서 기도하는 장면을 그린 것이다. 예수는 자신의 십자가 처형을 알았기에 심각한 고뇌 가운데 땀이 피로 변할 정도로 간절히 기도하였다(눅 22:39-46). 제자들은 아래에 잠들어 있고, 왼쪽 위에는 가룟 유다가 예수를 잡으러 사람들을 데려오고 있고, 오른쪽 위에는 천사가 기도하는 예수를 돕고 있다. 예수는 고갱의 그림과 마찬가지로 노란색으로 묘사되었다. 표현기법은 두꺼운 윤곽선에 따른 클루아조니즘과 원색의 채색으로 거의 같다. 그러나 고갱이 십자가에 달린 예수의 벌거벗은 몸을 노랗게 칠했다면, 베르나르는 기도하는 예수의 옷을 노랗게 칠하였다. 이 그림은 고갱의 그림과 달리 예수를 부각시킨다. 복음서의 기록 그대로를 따르고 있기도 하고,

예수의 머리에 두 개의 후광으로 그리스도를 부각시키고 있다. 베르나르의 〈황색의 그리스도〉와 비교할 때, 고갱의 표현하고자 하는 바가 조금 더 명확해 지는 것 같다.

고갱의 〈황색의 그리스도〉는 고갱이 이전에 퐁타방 근처의 트레말로(Trémalo) 성당에 방문하여 보았던 17세기의 목각 다색 십자가를 기억하여 그린 그림이다. 그러나 고갱이 그린 그림의 분위기는 그것과 사뭇 다르다. 평면적 분위기 속에 십자가에 달리신 그리스도의 얼굴 표정과 몸의 자세 또한 밋밋하다. 십자가의 고난에 예수의 얼굴은 일그러질 법도 한데 오히려 평온하다 못해 창백하고, 몸은 피로 얼룩질 법도 한데 오히려 말끔하다. 눈을 감은 채 오른쪽으로 약간 기운 예수의 얼굴은 고난을 표현하는 것인지 분간하기 어렵고, 양손과 발목을 포개어 박은 못은 너무나도 정갈하여 예수의 고난을 표현하는 것인지 확언하기 어렵다.

Gauguin, The Yellow Christ, 1889, Watercolor, 152×121mm, Private collection

고갱은 이 그림에 심혈을 기울였던 것 같다. 그에게 〈황색의 그리스도〉는 분명히 무엇인가 인생의 큰 의미를 담고 있는 것이 분명하다. 트레말로의 '목각 십자가', 고흐와 함께한 '노란 집', 베르나르의 '황색의 그리스도'가 이 작품을 위한 하나의 계기나 요소가 될 수 있다. 그는 그 모든 것들을 통하여 자신의 인생의 고난을 예수 그리스도의 십자가형에 담고자 하였다. 고갱이 이 유화 작품을 위하여 앞서 예비적으로 작업한 수채화가 남아 있다.

그림의 구도를 놓고 보면, 십자가 아래의 세 여인이 중요하게 부각된다. 그림의 하단에 위치하여 원근법상 가장 가까이 크게 보이기 때문이다. 전통적으로 예수의 십자가 아래의 여인들은 큰 슬픔과 비탄에 젖어 있었다. 대개 성모 마리아는 큰 충격으로 몸을 가누지 못하는 것으로 묘사되곤 하였는데, 이 그림에서 십자가 아래의 여인들은 다소곳이 앉아서 기도하는 경건한 자세를 취하고 있다. 고갱은 이 그림에서 전하고자 하는 것은 기존의 십자가 그림과 달리 인류의 죄 사함을 위해 피 흘린 대속의 고난

이 아닌 듯하다. 누구나 마주하는 고난에 대처하는 신앙인의 모습을 소개하는 듯하다. 신앙은 자신의 고난을 예수 그리스도의 십자가 아래로 가져간다. 그리고 그리스도의 십자가 아래에서 긍휼과 위로, 은혜와 구원을 구한다.

십자가에 달린 그리스도와 십자가 아래에 앉은 세 여인뿐 아니라 그림의 전반적인 전경 자체가 핏빛의 고난이나 암흑의 절망과는 거리가 있어 보인다. 주위에 낮은 언덕은 2천 년 전 이스라엘의 골고다가 아니라 유럽의 낮은 평지를 배경으로 하고 있으며, 노랑과 녹색의 평온함을 풍긴다. 그러나 평온하기에 오히려 잔인한 풍경이다. 예수가 십자가에 달려 있는데, 이토록 평온하다니! 고갱은 어쩌면 이 그

림에서 인간 예수의 처절한 십자가의 고난을 담기보다 메시야 그리스도가 십자가에 이루신 평안을 찾고자 하는 자신의 소망을 담았는지도 모른다. 고난 속에 있는 고갱이 고난의 십자가에 달리신 예수를 그렸다. 그래서 더욱 잔인하고 잔혹한 황색의 십자가이다.

고갱의 〈녹색의 그리스도〉

이 시기 고갱의 그림 가운데 관심이 가는 또 하나의 작품은 〈녹색의 그리스도〉(The Green Christ)이다. 이 작품은 종종 〈골고다 언덕〉 또는 〈갈보리〉(The Calvary)로 불리기도 한다. 갈보리란 명칭은 해골을 의미하는 라틴어 칼바리스(calvaris)에서 왔다. 황색의 그리스도가 예

Gauguin, The Green Christ or The Calvary, 1889, Oil on canvas, 92×73cm, Musées Royaux des Beaux-Arts, Brussels

수의 십자가를 그렸다면, 녹색의 그리스도는 예수의 부활을 연상케 한다. 녹색의 세 여인이 예수의 시신을 나르고 있다. 이 작품은 퐁타방의 해변을 배경으로 희망의 색인 녹색이 그림 전반을 지배하고 있다. 예수의 축 늘어진 손에 선명한 못자국은 예수의 손의 못 자국을 직접 만져보기 전에는 예수의 부활을 믿을 수 없다던 도마의 일화(요 20:24-29)를 생각나게 한다.

그러나 그림은 어딘가 우울한 분위기다. 예수의 부활을 생각나게 는 하지만, 부활보다 오히려 십자가에서 시신을 내리는 애도나 장 례 장면에 가깝다. 그림 속 예수는 아직 부활하지 않았다. 그래서 여 전히 수동적이다. 그리스도는 아무 것도 하지 않는다. 아니, 할 수 없 다. 그저 옮겨지고 있을 뿐이다. 뒤에 배경엔 여전히 노란색 언덕과 잿빛 하늘이 펼쳐져 있다. 녹색이 성서로부터 온 환상이라면, 앞에 예수를 떠받들 듯 움츠리고 있는 사람의 삶은 현실이다. 이것은 〈설 교 후 환상〉이나 〈황색의 그리스도〉와 같이 환상과 현실의 거리감, 나아가 괴리감을 표출한다. 고갱은 여전히 고난 속에 고민 중이다.

1891년경에 그린 〈황색 그리스도가 있는 자화상〉은 고갱의 생각 을 보다 확실히 엿볼 수 있을 것 같다. 이 그림은 1891년 4월, 고갱이 타히티로 가기 전에 브르타뉴 지방을 떠나면서 마지막으로 그린 작 품이다. 아마도 이 작품이 당시 고갱의 자신에 대한 이해와 심정을 가장 잘 표현하고 있다고 할 것이다[239] 고갱은 자신을 그린 자화상의 배경으로 양 옆에 이전에 제작한 두 작품을 함께 그려 넣었다. 언뜻 보기에도 확실히 무엇인가 대단한 의미가 담겨 있는 느낌이다. 자화 상이란 모름지기 자기가 자기 자 신을 그린 것인데, 거기에는 당 시 자신에 대한 이해와 감성이 담겨 있다. 그런 그림에 이전에 제작한 작품을 배치하였다고 한 다면, 그것은 결코 예삿일이 아 니다.

Gauguin, Self-Portrait with Yellow Christ, 1889, Oil on canvas, 38×46cm, d'Orsay, Paris

그림의 오른쪽 상단에는 사람의 얼굴 모양을 한 이상하게 생긴 토기 작품이 있다. 이 작품은 1890년에 고갱이 제작하여 친구 에밀 슈페네커(Emile Schuffenecker, 1851~1934)에게 선물한 〈그로테스크한 얼굴 형태의 자화상 항아리〉이다. 이 토기 자화상은 비극적 영웅인 세례 요한(John the Baptist)이나 오르페우스(Orpheus)의 두상을 연상케 한다. 그리고 왼쪽 상단에는 앞서 소개한 〈황색의 그리스도〉가 있는데, 원작과 비교해보면 좌우가 바뀌어 있다. 그것은 아마도 고갱이 보다 정확하게 그리고자 거울 앞에서 거울을 들여다보며 그렸기에 자신의 모습은 물론 거울 속에 비춰진 뒤의 작품도 좌우가 바뀌게 되었을 것이다. 고갱은 이 작품에서 자신을 고통 받는 의인이자 순교자로 묘사하고자 한 것 같다.

결국 이 자화상에서 고갱은 거울을 통해 보이는 자기 자신을 그대로 가운데 그려 넣었다. 어쩌면 겉으로 보이는, 남도 알고 자신도 아는, 있는 그대로의 고갱 자신을 객관적이고 정확하게 그리려고 하였던 것 같다. 이것이 현실이다. 그렇다면 왼쪽의 황색의 그리스도와 오른쪽의 토기는 자신의 실패와 낙심과 절망 속에서 자신이 동일시하는 가장 이상적이고, 종교적이고, 영웅적인 인물을 이상화한 것이라 할 수 있다. 결국 퐁타방을 떠나면서 고갱은 여전히 선과 악, 성과 속, 희망과 절망, 이타와 이기, 문명과 원시, 기독교와 타종교 등 대립되는 두 영역 모두와 동일시하는 동시에 또한 둘 사이에서 갈등하는 자신의 실존을 솔직하게 그려낸 것이다. 그런 의미에서 이 그림은 이 시기 고갱의 가장 솔직한 내면을 그린 자화상이라 할 것이다. 이 자화상을 보면, 여전히 그는 한 편으로는 십자가의 그리스도를 붙들고자 하는 것 같다. 그러던 중 고갱은 남태평양의 이국적인 풍경에서

Gauguin, Christ in the Garden of Olives, 1889, Oil on canvas, 73×92cm, Norton Museum of Art, West Palm Beach, Florida

문명의 원초적인 대상을 찾을 것이라는 생각에 프랑스령인 타히티 섬으로 떠났다.

고갱은 1889년 〈감람산의 그리스도〉(Christ in the Garden of Olives)를 그렸다. 이 주제는 베르나르가 황색의 그리스도라는 제목으로 그렸던 주제이다. 예수 그리스도가 십자가에 달리시기 전에 감람산에서 애절하게 기도하는 장면이다. 고갱은 1889년 빈센트에게 보낸 편지에서 이 그림에 대해서 언급했고, 훗날 평론가에게는 이 그림이 자화상을 그린 것이었다고 하였다. 이 그림을 자화상이라고 한다면, 그것은 고뇌하며 기도하는 예수 그리스도와 자기 자신을 동일시한 것으로 추정해 볼 수 있다. 고갱에게서 황색의 그리스도는 인류의 대속자이자 메시야로서 그려진 것이라기보다 오히려 그것을 비유하여 자신의 고난을 그려낸 것이라 할 수 있다. 그림을 보면, 어둠 속 저 숲길 사이로 검은 인물들이 다가오고 있다. 가룟 유다의 일행이다. 그의 인생에서 내일은 십자가형이라는 더 큰 고난이 예비되어 있다.

십자가 신학 : 고난의 신학(삶의 표준)

고갱의 〈황색의 그리스도〉는 전통적인 십자가형에서 많이 벗어난 느낌이다. 그것은 예수 그리스도의 십자가를 묵상하거나 표현하거나 높이고자 한다기보다, 오히려 그리스도의 십자가형에서 자신의 고난을 찾거나 자신의 고난을 그리스도의 십자가형에 투사하려는 것 같다. 여기서 무게 중심은 예수의 십자가형이 아니라 나의 고난에 있다. 나의 고난을 예수의 십자가형이라고 하는 고난을 매개로 표현하고자 한 것이다. 사실 이러한 십자가형 그림은 지극히 현대적이다. 자신의 주관을 중심으로 사고하고, 느끼고, 살아가는 주관주의는 현대적 특성이다.

후기인상주의 다음의 야수파, 입체파, 추상화 등은 기존의 사실주의를 보다 파격적으로 파괴하며 구도와 색채에서 보다 강렬한 표현을 드러내었고, 그러한 해체 속에서 표현하고자 하는 주제들을 보다 심화하고 강화하였다. 표현주의가 강렬한 색채와 표현으로 강화하였다면, 추상화는 해체와 재구성으로 강화하였다. 이러한 경향은 십자가형 그림에서도 마찬가지이다. 십자가형 그림에서는 인간이 당하는 고난의 문제를 예수의 십자가형에 비유하며 그 안에서 위로와 고발, 해방과 평화를 추구하였다.

20세기 전반에 이어지는 피카소(Pablo Picasso, 1881~1973)의 〈십자가형〉(Crucifixion, 1930)이나 샤갈(Marc Chagall, 1887~1985)의 〈하얀 십자가〉(White Crucifixion, 1938)에서 보다 확장된 십자가형은 개인의 고난을 넘어 사회로, 역사로 확장된다. 피카소나 샤갈의 십자가형은 화가 개인의 고난보다는 20세기 전반의 시대적 고난을 고발하고 있다. 샤갈의 〈하얀 십자가〉는 나치즘의 유대인 학살을 고발한다. 십자가에 달린 예수는 유대인의 모습을 하고 있으며, 주위의 단편적 표현들은 유대인을 학살하는 역사적 사건들을 묘사하고 있다.

20세기 후반의 상황신학은 십자가에서 고난당하신 예수 그리스도에게서 고난당하는 자들의 모습을 발견하고 고난당하는 마이너리티들과의 연대를 찾고자 하였다. 십자가에서 고난당하시는 예수에게서 소외당하고 차별당하는 마이너리티의 모습을 발견할 수 있다. 고난당하는 자들에게 예수가 진정으로 그리스도이고자 할 때 자신의 고난에로 성육신의 모습을 발견하게 된다. 예수 그리스도는 고난당하심으로써 모든 고난당하는 자들의 고난을 알고 위로하고 치유하시고 구원하고 해방하신다. 해방자 그리스도, 민중 예수, 흑인 그리스도, 장애 입으신 그리스도는 십자가에 달리신 예수에게서 고난을 체휼하시고 해방하시는 그리스도를 찾는다.[240] 그러나 그렇다고 해서 소외당하고 차별당하는 마이너리티가 곧 그리스도라고 주장하는 것은 지나친 비약이다. 고갱은 예수의 고난에서 자신의 고난을 발견하는 것을 넘어서 자신의 고난을 그리스도의 고난과 동일시하는 것 같다. 고갱의 〈황색의 그리스도〉는 황색이라는 이미지 때문에 지난 세기 아시아 신학의 표상이나 모티브가 되기도 하였다.[241]

우리는 누구나 다 자신의 인생을 가지고 예수 그리스도의 십자가 앞에 선다. 고갱은 너덜너덜해진 자신의 인생을 안고 인상주의 주류에 한편으로 밀리고 한편으로 환멸을 느꼈다. 고흐와도 불편하게 갈라서서는 무엇인가에 귀의하고자 하는 심정으로 다시 브르타뉴로 내려왔다. 낯선 곳에서 그는 애써 자신의 실패와 절망을 잊고자 새로운 무엇을 찾고 싶어한다. 그런데 정말 의외의 놀라운 사람들을 만났다. 소소하지만 경건하게 살아가는 퐁타방 지역의 사람들은 충분히 매료될 만하다. 특히 퐁타방의 여인들은 경건하기 이루 말할 데가 없다. 고갱의 생애에서 그 이전과 그 이후에 이처럼 경건한 작품들이 없다.

• 수고하고 무거운 짐 진 자들아 다 내게로 오라 내가 너희를 쉬게 하리라(마 11:28)

• 믿음의 주요 또 온전하게 하시는 이인 예수를 바라보자 그는 그 앞에 있는 기쁨을 위하여 십자가를 참으사 부끄러움을 개의치 아니하시더니 하나님 보좌 우편에 앉으셨느니라 (히 12:2)

고난의 시기, 역경의 시기를 생각하면 이 찬송가가 생각난다. 찬송가 272장 〈고통의 멍에 벗으려고〉이다. 이 곡은 윌리엄 슬리퍼(William True Sleeper, 1819~1904)가 〈예수님, 제가 갑니다〉(Jesus, I come)라는 제목으로 작사한 것이다. 인생은 늘 실패하고 넘어진다. 그래서 인생이다. 그러나 세상에서 어떤 고통, 어떤 낭패와 실망을 당하였다 할지라도 예수께로 돌아와 십자가의 은혜를 받기만 하면 회생불능이란 없다. 병든 몸, 빈궁한 삶, 슬픈 마음, 이생의 풍랑 등 모든 것이 주님의 은혜로 변하게 된다. 2절의 가사이다.

♬ 낭패와 실망 당한 뒤에 예수께로 나갑니다 십자가 은혜 받으려고 주께로 갑니다 슬프던 마음 위로받고 이생의 풍파 잔잔하며 영광의 찬송 부르려고 주께로 갑니다 ♬

우리는 오늘도 누구나 질병, 장애, 사건, 사고, 재난, 박해, 실패, 낙심, 불안, 절망, 우울, 비난, 저주, 파산, 단절, 소외, 차별 등 수많은 인생의 소용돌이 속에서 살아간다. 시험 걱정 모든 괴롬 없는 누군가? 모든 사람은 다 걱정 근심 무거운 짐을 지고 살아간다(찬송가 369장). 내 주님 지신 십자가 우리는 안질까? 십자가는 누구에게나 있고 내게도 있다(찬송가 339장). 그것이 인생이다. 인생은 연약하여 늘 깨어지기 쉽다. 그러나 그러기에 도전하고, 성취하고, 함께 나누는 삶이 더없이 귀하다. 다만, 성도는 그것을 내 힘으로 감당하려다 넘어지는 것이 아니라 우리 위해 십자가를 지신 주님 앞으로 나아가는 존재이다. 주 안에 있는 성도는 십자가 밑에 나아가 모든 짐을 풀어 놓는다(찬송가 370장). 나를 위해 십자가에 달리신 그리스도를 바라볼 때 인생의 모든 고통과 허무와 절망이 사라진다. 인생의 고난과 역경을 맞았으면, 십자가를 바라보라. 인생의 의미와 보람을 찾으려면, 십자가를 바라보라. 오늘 또 다시 예수 그리스도의 십자가 앞에 엎드린다.

미주

서언 : 그림에서 장애인을 만나다

1) 알리스터 맥그래스/정옥배 옮김, 『십자가로 돌아가라』(서울:생명의말씀사, 2014), 16-24. 오늘날 기독교의 위기 곧 신학의 위기, 교회의 위기, 신앙의 위기도 십자가로 돌아가야 길이 있다.

2) 스토트와 몰트만은 십자가 중심의 신학자로 견줄만한 현대의 두 거장이다. 존 스토트/황영철 옮김, 『그리스도의 십자가』(서울:IVP, 2007), 27-83; 위르겐 몰트만/김균진 옮김, 『십자가에 달리신 하나님』(서울:한국신학연구소, 1988), 13-37.

3) 이완희, "그리스도교 상징으로서의 십자가," 『십자가』(서울:학연문화사, 2007), 16. 인류는 고대로부터 종교적 상징으로 •, ㅣ, †, 卍 등을 사용하였다.

4) 송병구, 『십자가 이야기』(서울:신앙과지성사, 2015), 84. 이 책은 십자가를 이해하는 데에 매우 유익한 입문서이다. 저자는 십자가 수집과 연구에 세계적인 전문가이다.

5) 마르틴 헹엘/이영욱 옮김, 『십자가 처형』(서울:감은사, 2019), 53-55.

6) 남병식, 『바이블 문화 코드』(서울:생명의말씀사, 2006), 16-31. 남병식은 구약의 전통에 따라 고난보다 수치, 곧 부끄러움(shame)에 초점을 맞추어 예수의 십자가를 해석하였다.

7) 김균진, 『기독교 신학 2』(서울:새물결플러스, 2014), 437-461 참조. 김균진은 메시야 신학의 관점에서 예수를 하나님 나라의 메시야로 조명하였다.

8) 김창선, 『21세기 신약성서 신학』(서울:예영커뮤니케이션, 2004), 210-235.

9) 마르틴 루터/지원용 옮김, 『루터 선집 5:교회의 개혁자(I)』(서울:컨콜디아사, 1984), 247-249, 특히 § 20-21 논제; 알리스터 맥그래스/정진오·최대열 옮김, 『루터의 십자가 신학』(서울:컨콜디아사, 2001), 159-198. 맥그래스는 루터의 십자가 신학이 1509~1519년에 하나님의 의를 발견함에 따라 점차적으로 발전하였다고 주장하였다; 루터의 십자가 신학의 현대적 해석 및 확장에 대해서는 정진오의 "루터의 십자가 신학과 그 현대적 발전에 관한 연구,"(연세대학교 박사학위논문, 2009) 참조.

10) 조수정, "중세 미술에서의 십자가:그 의미의 다양성," 『십자가』(서울:학연문화사, 2007), 85-86와 송병구, 『십자가 이야기』, 39, 91, 251-268 참조,

11) 알리스터 맥그래스/황을호·전의우 옮김, 『한 권으로 읽는 기독교』(서울:생명의말씀사, 2017), 455-456.

12) 임영방, 『중세 미술과 도상』(서울:서울대학교출판문화원, 2011), 14.

13) 앞의 책, 19-21.

14) 보라기네의 야코부스/윤기향 옮김, 『황금전설』(고양:크리스찬다이제스트, 2007), 448-452.

15) 서성록·김이순·김미경·심상용·서현주·최태연·안용준, 『종교개혁과 미술』(서울:예경, 2011).

16) 하비 콕스/구덕관 옮김, 『세속 도시』(서울:대한기독교서회, 2018), 7-12, 25-29.

17) 정진옥, "표현주의 회화에 나타난 '십자가 처형' 도상 연구:루오, 놀데, 벡크만을 중심으로,"(이화여자대학교 석사학위논문, 1997).

18) 배철현, 『창세기, 샤갈이 그림으로 말하다』(서울:코바나컨텐츠, 2011).

19) 현성주, "예수 그리스도의 형상화의 역사적 변천과 그 신학 미학적 함의에 관한 연구,"(백석대학교 박사학위논문, 2014), 325-326.

20) 김학철, "이미지와 종교, 종교적 시각 문해력 서론- 선사시대부터 종교개혁까지," 「한국기독교신학논총」 118(2020), 539-544. 1990년대 중반부터 시작된 괴베클리 테페(Göbekli Tepe) 발굴은 이미지 탄생에 종교가 깊이 관련되어 있음을 입증해주고 있다. 괴베클리 테페는 BC 약 10000년경에 형성된 것으로 추정된다.

21) 마이클 해트·샬럿 클롱크/전영백 외 옮김, 『미술사 방법론』(서울:세미콜론, 2018), 17-43.

22) 최대열, 『어, 보인다 보여』(서울:나눔사, 2022)와 『그림에서 장애인을 만나다』(서울:나눔사, 2023).

23) 정경비평은 차일즈(Brevard S. Childs)에 의해 주창되었다. 본문의 역사를 추적하는 고등비평 대신 주어진 본문을 텍스트 삼아 해석하는 비평 방법들에는 구조주의, 해체주의 등의 신문학비평, 서사비평, 수사비평, 독자반응비평 등이 있다. 권종선, 『신약성서 해석과 비평』(대전:침례신학대학교출판부, 2005).

24) 진중권, 『교수대 위의 까치』(서울:휴머니스트, 2009), 15-22. 진중권은 롤랑 바르트(Roland Barthes)의 사진의 의미에 대한 두 가지 층위를 미술 해석에 적용하였다. 곧 스투디움(Studium)이 사진을 사회직으로 공유되는 일반적 해석의 틀에 따라서 읽어내는 의미라면, 푼크툼(Punctum)은 오직 보는 이 혼자만이 느끼는 절대적으로 개별적인 의미이다. 오늘 미술을 해석하고 감상하는 것도 같은 흐름 안에 있다.

25) 강명관, 『그림으로 읽는 조선 여성의 역사』(서울:휴머니스트, 2012); 박소울, 『그림으로 읽는 숨겨진 아시아의 역사』(서울:알에이치코리아, 2014); 김서형, 『그림으로 읽는 빅히스토리』(서울:학교도서관저널, 2018); 고종희, 『명화로 읽는 성서』(서울:한길아트, 2000); 릴리스, 『그림 쏙 세계사』(서울:지식서재, 2020); 문소영, 『그림 속의 경제학』(서울:이다미디어, 2014); 서민아, 『미술관에 간 물리학자』(서울:어바웃어북, 2020), 안현배, 『미술관에 간 인문학자』(서울:어바웃어북, 2016); 전창림, 『미술관에 간 화학자』(서울:어바웃어북, 2019); 박광혁, 『미술관에 간 의학자』(서울:어바웃어북, 2017); 윤현희, 『미술관에 간 심리학』(서울:믹스커피, 2019); 박소현, 『미술관에 간 클래식』(서울:믹스커피, 2023); 이유리, 『검은 미술관』(서울:아트북스, 2011); 진병관, 『위로의 미술관』(서울:빅피시, 2022); 박민경, 『사람이 사는 미술관』(서울:그래도봄, 2023); 김선지, 『뜻밖의 미술관』(서울:브라이트, 2023); 김건우, 『인생미술관』(서울:어바웃어북, 2022); 전창림·이광연·박광혁·서민아, 『과학자의 미술관』(서울:어바웃어북, 2021); 임현균, 『내 머릿속 미술관』(서울:지식의날개, 2023), 이유리, 『기울어진 미술관』(서울:한겨레출판사, 2022); 이주헌, 『혁신의 미술관』(서울:아트박스, 2021) 등.

26) 예를 들면, 고종희, 『명화로 읽는 성서』(서울:한길아트, 2000); 김영숙, 『성화, 그림이 된 성서』(서울:휴머니스트 출판그룹, 2015); 정은진, 『미술과 성서』(서울:예경, 2013); 전창림, 『명화로 여는 성경』(서울:어바웃어북, 2017); 레지스 드브레/심민화 옮김, 『100편의 명화로 읽는 신약』(서울:마로니에북스, 2006); 김영준, 『명화들이 말해주는 그림 속 성경 이야기』(서울:J&jj, 2015); 인천가톨릭대학교 조형예술대학 그리스도교미술연구소, 『성경의 재해석』(서울:학연문화사, 2013)과 『십자가』(서울:학연문화사, 2006); 김현화, 『성서 미술을 만나다』(파주:한길사, 2008) 등. 특히 김현화의 『성서 미술을 만나다』의 257-333은 '현대의 골고다'라는 표제로 앙소르(James Ensor, 1860~1949), 뭉크(Edvard Munch, 1863~1944), 피카소(Pablo Picasso, 1881~1973), 구투소(Renato Guttuso, 1912~1987), 베이컨(Francis Bacon,

1909~1992)의 십자가형 그림을 다루었다.

27) 에릭 푹스/박건택 옮김, 『신학으로 그림보기』(서울:솔로몬, 2007); 신학과 미술의 관계 및 주요 논제와 추세에 대해서는 그레이엄 하우즈(Graham Howes)의 "신학과 예술:시각미술," 『현대 신학과 신학자들』(서울:기독교문서선교회, 2006), 1019-1041 참조.

28) 대표적인 예를 다음의 책에서 찾아볼 수 있다. 김학철, 『렘브란트 성서를 그리다』(서울:대한기독교서회, 2010); 배철현, 『창세기, 샤갈이 그림으로 말하다』(서울:코바나 컨텐츠, 2011); 김상근, 『엘 그레코, 지중해의 영혼을 그린 화가』(서울:연세대학교출판부, 2009); 김상근, 『카라바조, 이중성의 살인미학』(파주:21세기북스, 2016) 등.

29) 키아라 데카포아/김숙 옮김, 『구약성서, 그림으로 읽기』(서울:예경, 2009)와 스테파노 추피/정은진 옮김, 『신약성서, 그림으로 읽기』(서울:예경, 2014) 참조.

30) 심광섭, 『예술신학』(서울:대한기독교서회, 2016), 254. "기독교 신학은 화가들이 그린 십자가 책형을 진지하게 받아들여 그것들을 신학적 영감의 보고이며 신학의 자료로 생각해야 한다."

31) E. H. 곰브리치/백승길·이종숭 옮김, 『서양미술사』(서울:예경, 2012), 15, 36. 곰브리치의 서문에서 나에게 가장 인상적이며 핵심적인 두 구절은 다음이다. "미술(Art)이라는 것은 사실상 존재하지 않는다. 다만 미술가들이 있을 뿐이다."(15) "우리가 미술에게서 배우는 것은 끝이 없는 일이다. 미술에는 언제나 발견해야 할 새로운 것들이 있다."(36)

32) 박성관, "변혁모델로서 기독교 문화예술텍스트 해석-기독교미학을 중심으로,"(장로회신학대학교 박사학위논문, 2010), 234.

33) 오소운, 『알기 쉽게 쓴 21세기 찬송가 해설』(서울:성서원, 2015), 764-765.

1장. 알렉사메노스의 그라피토

34) 오늘날의 '그라피티 아트(graffiti art)'가 여기서 출발하였다. 김태형, 『그라피티와 거리예술』(서울:커뮤니케이션북스, 2018).

35) https://artandtheology.org/alexamenos-graffito. Rudolfo Lanciani, "Ancient Rome in the Light of Recent Discoveries"(1898).

36) 신약성서 누가복음은 누가가 예수 그리스도에 관한 행적을 기록하여 데오빌로 각하에게 보낸 것인데(눅 1:1-4), 수신자 데오빌로라는 이름이 실제 이름인지 아니면 헬라어 테오스(Θεός, 하나님)와 필로스(φίλος, 사랑하는 사람)의 합성어로 상징 이름인지에 대한 논의가 있다.

37) Oliver L. Yarbrough, "The Shadow of an Ass:On Reading the Alexamenos Graffito," *Text, Image, and Christians in the Graeco-Roman World*(Eugene:Pickwick Publications, 2012), 245.

38) 김광채, 『그림으로 본 10대 박해』(서울:기독교문서선교회, 2010).

39) 디오니소스를 소재로 한 작품들에 관해서 https://lost-history.com/dionysus.php 참조.

40) 마르틴 헹엘/이영욱 옮김, 『십자가 처형』(서울:감은사, 2019), 47.

41) 오리게네스/임걸 옮김, 『켈수스를 논박함』(서울:새물결, 2005), 3.1. 이 책은 철학자 켈수스의 *The True Doctrine*을 기독교의 입장에서 반박한 신학적 변증서이다.

42) 이솝/천병희 옮김, 『이솝 우화』(서울:숲, 2013), 163, 231-233, 288-307 참조. 이솝 우화(Aesop's Fables)는 고대 그리스의 노예이자 이야기꾼이었던 아이소포스(이솝)가 지은 우화 모음집이다. 이솝 우화는 주로 동물을 의인화하여 인생의 교훈을 전해 주고 있다.

43) 바티스타 몬딘/조규만·박규흠·유승록·이건 옮김, 『신학사 1』 (서울:가톨릭출판사, 2012), 141-176 참조.

44) 오소운, 『21세기 찬송가 해설』 (서울:성서원, 2017), 297.

45) 김균진, 『루터의 종교개혁』 (서울:새물결플러스, 2018), 229-230.

2장. 도미틸라의 사르코파구스

46) 사르고파구스는 헬라어 사릌스($\sigma\acute{\alpha}\rho\xi$,살)와 파게인($\varphi\alpha\gamma\varepsilon\tilde{\iota}\nu$, 먹다)으로부터 유래한다. 본래 시체를 넣는 상자를 의미하였기에 꼭 돌로 된 것만은 아니었는데, 갈수록 돌을 많이 사용하게 되면서 나중에는 아예 석관을 지칭하게 되었다. $\lambda\acute{\iota}\theta o\varsigma$ $\sigma\alpha\rho\kappa o\varphi\acute{\alpha}\gamma o\varsigma$ (리토스 사르코파고스, 살을 먹는 돌).

47) 마르틴 하이데거/전양범 옮김, 『존재와 시간』 (서울:시간과공간사, 1992), 344-353, 422-435. '선구적 결의성'이라고 번역하기도 한다.

48) 위르겐 몰트만/이신건 옮김, 『희망의 신학』 (서울:대한기독교서회, 1991), 22-23. 몰트만은 2020년 그의 마지막 저서로 개인적 종말론을 저술하였다. 1964년 『희망의 신학』, 1995년 『오시는 하나님』이 하나님 나라를 향한 역사적·우주적·인격적 종말론이었다면, 2020년의 저서는 아내 엘리자베트(Elizabeth)의 죽음 이후 개인적 죽음에 대해서 신학적으로 성찰한 것이다. 몰트만은 개인적 죽음도 예수 그리스도의 죽음과 부활에 기초하고 있다. 몰트만/이신건 옮김, 『나는 영생을 믿는다』 (서울:신앙과지성사, 2020), 14-15, 25-62.

49) 앙드레 그라바/박성은 옮김, 『기독교 도상학의 이해』 (서울:이화여자대학교출판부, 2008), 34.

50) Olaf Steen, "The Iconography of Sarcophagus in S. Ambrogio," *Acta ad Archaeologiam et Artium Historiam Pertinentia* 15(2021), 283-294. 특히 밀란에 있는 성 암브로지오(St. Ambrogio) 교회에 있는 사르코파구스(390년경)에는 그리스도의 말씀을 통한 구원에 대한 희망이 담겨 있다.

51) 리키니우스는 308년 세베루스를 대신하여 갈렐리우스에 의해 서부의 황제로 임명되었다. 그는 312년 콘스탄티누스와 동맹을 맺고 이듬해 콘스탄티누스의 이복누이 콘스탄티아(Flavia Julia Constantia)와 결혼하였다. 그러나 로마의 단일 지배권을 놓고 콘스탄티누스와 314년부터 대결하다가 결국 325년에 처형당하였다.

52) 보라기네의 야코부스/윤기향 옮김, 『황금전설』 (고양:크리스찬다이제스트, 2007), 453.

53) 키로(XP)는 일찍이 이집트의 프톨레마이오스 3세(Ptolemaeos III, BC 246~221 재위)가 동전을 발행할 때 사용한 적이 있다. 그때에 키로는 헬라어로 '좋다'는 의미의 크레스톤($\mathbf{XPE\Sigma TON}$)에서 따온 것으로서 예수 그리스도와는 관련이 없었다.

54) 십자가의 형태와 문양도 매우 다양하였다. 송병구, 『십자가 이야기』, 69, 87 참조.

55) 김재원·김정락·윤인복, 『유럽의 그리스도교 미술사』 (파주:한국학술정보, 2014), 46-47 참조. 이 책에서는 바수스의 석관을 359년에 제작된 것으로 보고 있다.

3장. 사비나 성당의 목문 부조

56) 오늘날 사람들이 관을 의미하는 코핀(Coffin)과 카스켓(Casket)을 혼용하고 있는데, 옛날로 거슬러 올라가면 둘은 전혀 다른 것이었다. 코핀은 시체를 보관하거나 나르기 위한 관이었고, 카스켓은 귀한 물건들 담아 보관하기 위한 상자였다.

57) 보라기네의 야코부스/윤기향 옮김, 『황금전설』 (고양:크리스찬다이제스트, 2007),

303.

58) https://www.rome101.com/Christian/Sabina.

59) 기독교 초기의 기독론 논쟁에 관해서는 리차드 A. 노리스/홍삼열 옮김, 『기독론 논쟁』(서울:은성출판사, 2010) 참조. 이 책은 순교자 저스틴(Justin Martyr)에서 칼케돈 공의회에 이르는 여러 기독론 논쟁들을 소개하고 있다.

60) 김균진, 『기독교 신학 2』(서울:새물결플러스, 2014), 560-571.

4장. 라뷸라 복음서의 삽화

61) Robin M. Jensen, *The Cross:History, Art, and Controversy*(Massachusetts:Harvard University Press, 2017), 79-82. 상아로 된 유물함은 일명 〈마스켈 카스켓〉(Maskell casket)이라 불린다. 성 사비나 성당은 126년경 순교하여 아벤티노(Aventino) 언덕에 묻힌 성녀 사비나를 기념하여 아벤티노에 건축한 바실리카 건축 양식의 성당이다.

62) 송병건, 『세계화의 단서들』(파주:아트북스, 2019), 69-81 참조.

63) 보라기네의 야코부스/윤기향 옮김, 『황금전설』(고양:크리스찬다이제스트, 2007), 453-454.

64) 임동훈, 『경외복음2』(서울:북랩, 2018), 74-75. 니고데모 행전 9:16, 10:9. 두 강도의 이름은 4세기 중반의 외경 〈니고데모 복음서〉(Evangilium Nicodemi)에서 처음 등장한다.

65) 〈라뷸라 복음서〉 외에도 대표적인 비잔틴 필사본으로 4~5세기의 것으로 추정되는 〈코튼 창세기〉(Cotton-Genesis)와 6세기의 것으로 추정되는 〈비엔나 창세기〉(Wiener Genesis), 〈로사노 복음서〉(Codex Purpureus Rossanensis), 〈시노펜시스 복음서〉(Codex Sinopensis) 등이 있다.

66) T. J. Baarda, "The Gospel Text in the Biography of Rabbula," *Vigilae Christiane* 14(1960), 120. 바아르다는 수도원의 수사보다 영향력이 있는 마을의 비숍이었을 것이라고 추정하였다. 바우어삭은 시리아 헬레니즘의 문화 속에서 라뷸라의 생애를 추적하였다. G. W. Bowersock, "The Syriac Life of Rabbula and Syrian Hellenism," *Transformation of the Classical Heritage* 31(2000), 255-271.

67) 이형기, 『세계개혁교회의 신앙고백서』(서울:대한예수교장로회총회출판국, 1991), 14-19.

68) Gerard Rouwhorst, "The Liturgical background of the Crucifixion and Resurrection scene of the Syriac Gospel Codex of Rabbula:An Example of the Relatedness between Liturgy and Iconography," *Eastern Christian Studies* 19 (2013), 225-238.

69) 김남민, "제단화에 나타난 그리스도 이미지 연구,"(백석대학교 박사학위논문, 2016), 5-25.

5장. 다프니 수도원의 모자이크

70) 존 로덴/임산 옮김, 『초기 그리스도교와 비잔틴 미술』(파주:한길아트, 2003), 147-184.

71) 레오니드 우스펜스키/박노양 옮김, 『정교회의 이콘 신학』(서울:정교회출판사, 2015), 99-100.

72) 존 로덴/임산 옮김, 『초기 그리스도교와 비잔틴 예술』(서울:한길아트, 2003), 145-184. 726년 황제 레오 3세가 성상제거를 주장하자, 교황 그레고리 2세는 황제를 파문시켜 버렸다. 레오 3세의 아들 콘스탄티누스 5세는 성상파괴를 정당화하고 대대적인

성상파괴를 시행하였다. 787년, 여제 이레네(Irene)는 니케아에서 두 번째 열린 제7차 공의회에서 성상을 옹호하였다. 813년, 레오 5세는 787년 니케아 공의회의 결정을 파기하고, 다시 대대적인 성상파괴를 시행하였다. 843년, 여제 테오도라(Theodora)는 아들인 황제 미카엘 3세의 이름으로 성상공경을 부활하였다.

73) 신준형, 『루터와 미켈란젤로』(서울:사회평론, 2014), 47-90 참조. 신학적으로 종교 개혁과 관련한 성상논쟁은 중세의 성상논쟁의 연장선상에 있다.

74) 김균진, 『기독교 신학 2』(서울:새물결플러스, 2014), 403-407.

75) 방지일, 『피의 복음』(서울:홍성사, 2017), 107-110, 127-142.

6장. 치마부에의 〈십자가형〉

76) 알리기에리 단테/박상진 옮김, 『신곡:지옥편』(서울:민음사, 2007), 제 11가(歌).

77) 조르조 바사리/이근배·고종희 옮김, 『르네상스 미술가평전 1』(서울:한길사, 2018). 바사리는 이 책을 조반니 치마부에(Giovanni Cimabue)로부터 시작하여 16세기 중반까지의 약 200여 명의 르네상스 미술가들을 소개하고 있다.

78) 채승희, "초대교회의 막달라 마리아의 표상 변화에 대한 역사적 고찰-사도들의 사도적 표상에서 참회하는 창녀의 표상으로," 「한국기독교신학논총」 56(2008):87-111.

79) 오소운, 『알기 쉽게 쓴 21세기 찬송가 해설』(서울:성서원, 2015), 285-287.

7장. 조토의 〈십자가형〉

80) 곰브리치/백승길·이종숭 옮김, 『서양미술사』(서울:예경, 2012), 201.

81) 조르조 바사리/이근배 옮김, 『르네상스 미술가 평전 1』(파주:2018), 193-194.

82) 십자가형 그림에서 해골 또한 하나의 도상이 되었다. 그것은 전통적으로 인류의 최초의 인물로서 이 세상에 죄와 죽음을 가져온 아담의 것으로 이해되었다. 첫째 아담은 인류에게 죽음을 가져온 것에 반해, 예수 그리스도는 둘째 아담으로서 이 세상에 생명을 가져다 주었다(롬 5:14-21, 고전 15:21-22, 45-47).

83) 이은기, "참회의 막달라 마리아:중세 말 이탈리아의 막달레나 이미지와 신앙," 「서양미술사학회논문 집」 30(2009), 110-111.

84) 보라기네의 야코부스/윤기향 옮김, 『황금전설』(고양:크리스찬다이제스트, 2007), 303.

85) 메리 비어드/김지혜 옮김, 『로마는 왜 위대해졌는가』(서울:다른, 2017). 로마의 철학자 중에도 플라톤주의를 신봉하였던 롱기누스(Cassius Longnius, AD 217~273)라는 인물이 있다. 롱기누스라는 이름은 로마의 권력과 지성을 대표하는 인물들의 이름을 생각나게 한다.

86) 조르조 바사리, 『르네상스 미술가평전 1』, 111. 바사리는 단테의 『신곡』〈연옥편〉 11곡에 있는 글을 인용하였다. "그림에서는 치마부에가 패자(覇者)의 자리를 유지한다고 생각했는데, 작금에 이르러선 조토의 명성만 높고 그의 이름은 희미하게 되었다."

87) 박성은, "14세기 스크로베니 예배당의 〈최후의 심판〉 도상 연구," 「미술사논단」 30(2010), 369.

88) 양정무, 『난생 처음 한번 공부하는 미술 이야기 5』(서울:사회평론, 2019), 58-61.

89) 고종희, "일상의 관점에서 본 조토의 스크로베니 예배당 벽화," 「미술사논단」 21(2011), 17.

90) 박성은, "14세기 스크로베니 예배당의 〈최후의 심판〉 도상 연구," 363. 604년에 그레고리 대교황에 의해 7가지 대죄(大罪)가 규정되었다. 칠죄종(七罪宗)은 곧 교만(pride),

질투(envy), 분노(wrath), 나태(sloth), 탐욕(greed), 폭식(gluttony), 음욕(lust)이며, 모든 악의 근원인 교만을 제일 무거운 죄로 지목하였다.

91) 오소운, 『알기 쉽게 쓴 21세기 찬송가 해설』(서울:성서원, 2015), 504-505.

92) 이선령, "윌리엄 쿠퍼(William Cowper, 1731-1800)의 찬송시 연구 II:『21세기 찬송가』에 실린 "샘물과 같은 보혈은"과 "귀하신 주님 계신 곳"에 나타난 그의 신학관을 중심으로," 「개혁논총」 54(2020), 391-419.

8장. 얀 반 에이크의 〈십자가형〉

93) 김남민, "제단화에 나타난 그리스도 이미지 연구 - 북유럽 제단화를 중심으로,"(백석대학교 박사학위 논문, 2016), 89-90.

94) 앞의 글, 95-96.

95) 겐트 제단화에 관해서는 박성은의 글을 참조하기 바란다. 박성은은 겐트 제단화에 관하여 미술사학적, 도상학적, 인문학적, 미학적으로 설명하고 있다. 박성은, "15세기 플랑드르의 겐트 제단화 연구,"「미술사논단」 5(1997), 41-63; "겐트 제단화 연구:어린 양 경배에 나타난 세례구도와 도상적 의미,"「서양미술사학회논문집」 9(1997), 93-112; 『15세기 제단화를 중심으로 플랑드르 사실주의 회화』(서울:이화여자대학교출판부, 2008); 『기독교 미술사』(서울:대한기독교서회, 2013), 203-215.

96) 겐트 제단화의 작가와 제작 기록에 관해서는 Paul Claes, "The first line of The Ghent altarpiece quatrain restored," *Simiolus-Bussum* 40-1(2018), 5-7; Joris C. Heyder, "Further to the discussuion of the highlighted chronogram on The Ghent altarpiece," *Simiolus-Bussum* 38-1(2016), 5-16 참조.

97) Rune Pettersson, "Jan Van Eyck and the Ghent Altarpiece," *Journal of Visual Literacy* 37-3(2018), 220. 겐트 제단화의 관한 보다 상세한 설명을 원하면 이 논문을 참조하기 바란다. 페테르손은 최근의 연구 자료를 가지고 겐트 제단화를 세세하게 설명하고 있다.

98) 박성은, 『15세기 제단화를 중심으로 플랑드르 사실주의 회화』, 106.

9장. 마사초의 〈삼위일체〉

99) 김석만, "마사치오의 "삼위일체" 벽화에서 나타난 공간적인 특성에 관한 연구," 「건축역사연구」 22-6 (2013), 12.

100) 박성국, "마사초의 성 삼위일체의 도상적 의미,"「미술사학보」 24(2005), 86, 91-94.

101) 삼위일체에 관해서는 김균진, 『기독교 신학 1』(서울:새물결플러스, 2014), 409-452 참조.

102) Karl Rahner, *Schriften zur Theologie*, Bd. IV(Einsleden:Benziger Verlag, 3. Aufl., 1962), 105 참조.

103) 김석환, 『교부들의 삼위일체론』(서울:기독교문서선교회, 2000). 김석환은 특히 카파도키아의 세 교부들의 삼위일체론을 집중적으로 연구하였다.

104) 아우구스티누스/성염 옮김, 『삼위일체론』(칠곡:분도출판사, 2015).

105) Thomas R. Tompson, *Imitatio Trinitatis:The Trinity as social model in the Theologies of Jürgen Moltmann and Leonardo Boff*, Ph. D. Dissertation(Princeton Theological Seminary, 1960), 3; Joy A. McDougall, *The Pilgrimage of Love:The Trinitarian Theology of Jürgen Moltmann*, Ph. D. Dissertation(The University of Chicago, 1998), 6.

106) 최대열, 『장애 조직신학을 향하여』(서울:나눔사, 2018), 86-91.

107) 위르겐 몰트만/김균진 옮김, 『삼위일체와 하나님의 나라』(서울:대한기독교서회, 2017), 11-12.

108) 김용규, 『신:인문학으로 읽는 하나님과 서양문명 이야기』(서울:IVP, 2018), 770.

109) 윤인복, "마사초와 안드레이 루블료프의 '삼위일체' 도상," 「이탈리아어문학」 57(2019), 39-67.

110) 카를 5세(Karl V)는 역사적으로 중요한 인물이다. 그는 합스부르크가(家) 출신으로 겐트에서 출생하였다. 다스렸던 영토와 영향력이 광범위하여 그의 이름이나 재위 기간이 약간씩 다르다. 그는 1519년 친조부 막시밀리안 1세(Maximilian I, 1459~1519)의 뒤를 이어 신성로마제국의 황제가 되었다(재위 1519~1556). 그는 또한 스페인의 왕으로서 카를로스 1세(Carlos I, 재위 1516~1556)라고 불리었다. 그는 신성로마제국은 동생 페르디난트 1세(Ferdinand I, 재위 1556~1564)에게, 스페인과 네덜란드와 나폴리 지역은 아들 펠리페 2세(Felipe II, 재위 1556~1598)에게 넘겨주었다.

111) 위르겐 몰트만/김균진 옮김, 『십자가에 달리신 하나님』(서울:한국신학연구소출판부, 1988), 248-262;『삼위일체와 하나님의 나라』, 104-108, 112;이동영, 『송영의 삼위일체론』(서울:새물결플러스, 2017), 21-22, 285-299.

10장. 라파엘로의 〈십자가형〉

113) 클라우디오 메를로/노성두 옮김, 『르네상스의 세 거장:레오나르도·미켈란젤로·라파엘로』(파주:사계절, 2004).

114) 고종희, "바사리의 『가장 위대한 화가, 조각가, 건축가의 생애』와 매너리즘," 「서양미술사학회논문집」 33(2010), 199-203, 219.

115) 미켈란젤로가 노년에 그린 일련의 십자가형 드로잉이 남아 있다. 이 드로잉 작품에는 로마 가톨릭 교회 내의 개혁적 신학이 묻어 있다. 미켈란젤로가 노년에 가까이 교제하였던 비토리아 콜로나(Vittoria Colonna, 1492~1547)는 후안 발데스(Juan Valdés) 서클에 속해 있었는데, 이 서클은 구원을 인간의 선행이나 성찬에의 참여가 아니라 오직 믿음에 근거한 것으로 보았다.

116) 보라기네의 야코부스/윤기향 옮김, 『황금전설』(고양:크리스찬다이제스트, 2007), 929 참조.

117) 김삼환, 『십자가 십자가』(서울:오주, 2016), 35-37, 48, 111, 114. 기독교는 피의 종교이며, 그 피는 예수 그리스도가 십자가에서 흘린 피다.

118) J. 노이어·J. 뒤퓌/안소근·신정훈·최대한 옮김, 『가톨릭교회의 교리 문헌에 나타난 그리스도교 신앙』(서울:가톨릭출판사, 2017), 70, 714, 717. "만약 누군가 신약의 성사들이 예수 그리스도에 의해 제정된 것이 아니라고 하거나 7개 보다 더 많거나 적다거나 또는 7개 가운데 어떤 것이 참되고 성사가 아니라고 말한다면, 그는 파문되어야 한다."(717)

119) 김균진, 『기독교 신학 4』(서울:새물결플러스, 2017), 520. 종교개혁자 루터와 칼뱅도 세례와 성만찬, 두 가지만 성례로 인정하였다.

120) 오소운, 『알기 쉽게 쓴 21세기 찬송가 해설』(서울:성서원, 2015), 434-435.

121) 이 그림에 대한 간략한 접근과 쉬운 설명을 위해서는 최대열, 『어, 보인다 보여』(서울, 나눔사, 2022), 297-312 참조. 제 21장 "예수님의 십자가형"을 확장 심화하여 이 책 『그림에서 묻어나는 십자가 신학』을 구성하였다.

122) 유진현, "위스망스와 마티아스 그뤼네발트- 미학적 발견에서 신비주의적 성찰로," 「불어불문학연구」 95(2013), 203-234.

123) 김향숙, "마티스 그뤼네발트의 이젠하임 제단화," 『십자가』(서울:학연문화사,

2006), 99-100.

124) Robert Baldwin, "Anguish, Healing and Redemption in Grünewald's Isenheim Altarpiece," *Sacred Heart University Review* 20(2000), 83, 89-90.

125) 김승환, "〈이젠하임 제단화〉와 맥각중독- 미술과 질병,"「프랑스문화예술연구」 43(2013), 195-196.

126) 아타나시우스/전경미 옮김,『안토니우스의 생애』(서울:키아츠프레스, 2019).

127) 제단화의 구도에 대해서는 김남민, "제단화에 나타난 그리스도 이미지 연구,"(백석 대학교 박사학위 논문, 2016), 103-117 참조.

128) 최대열,『그림에서 장애인을 만나다』(서울:나눔사, 2023), 49-58 참조.

129) 루터/지원용 옮김,『루터전집』(서울:컨콜디아사, 1084). 특히 루터의 십자가신학을 위해서는 테제 20-21이 중요하다.

130) 최영,『칼 바르트의 신학 이해』(성남:민들레책방, 2005), 42-43, 53. 칼 바르트는 신 학의 기능과 역할이 성서적 증언인데, 그것은 그뤼네발트의 그림에서 세례 요한의 집게손가락 이상이 될 수 없다고 하였다.

131) 칼 바르트/전경연 옮김,『휴머니즘과 문화』(서울:대한기독교서회, 1979), 38.

132) 칼 바르트의『교회 교의학』에 수록된 그뤼네발트에 관해서는『교회 교의학 I/1』 (서울:대한기독교서회, 2003), 155, 343;『교회 교의학 I/2』(서울:대한기독교서회, 2010), 162;『교회 교의학 III/3』(서울:대한기독교서회, 2016), 686 참조.

133) 테오 순더마이어/채수일 옮김,『미술과 신학』(오산:한신대학교출판부, 2007), 67, 106-122. 순더 마이어는 이 그림이 당시 특정한 공간적 콘텍스트를 위해 만들어졌 지만, 모든 시간과 공간을 뛰어넘어 보편적인 예술작품이라고 해석하였다. 이러한 그의 해석은 콘텍스트적 신학의 보편성을 설명하는 하나의 좋은 예이다.

134) 박성관, "변혁모델로서 기독교 문화예술텍스트 해석- 기독교미학을 중심으로,"(장 로회신학대학교 박사학위논문, 2010), 223-234.

135) 헨리 나우웬/최원준 옮김,『상처 입은 치유자』(서울:두란노, 1999), 110-111; 최대열,『장애 조직 신학을 향하여』(서울:나눔사, 2018), 342-371. "나우웬(H. Nouwen)의 장애신학."

12장. 미켈란젤로의 〈십자가 위의 그리스도〉

136) 미술 영역에서는 이탈리어를 따라 소묘를 디세뇨(Disegno), 채색화를 콜로레 (Colore)로 부르기도 한다.

137) 윌리엄 윌리스/이종인 옮김,『미켈란젤로, 생의 마지막 도전:황혼이 깃든 예술가의 성 베드로 대성당 건축 분투기』(서울:책과함께, 2021).

138) 조반니 파피니/정진국 옮김,『미켈란젤로 부오나로티 2』(파주:글항아리, 2008), 67-75.

139) Lauren Tracy, "Michelangelo's Deposition of Christ:Masculine Beauty and Neoplatonism," *Jama Facial Plastic Surgery &Aesthetic Medicine* 15(2013), 68-69.

140) William Wallace, "Michelangelo's Risen Christ," *Sixteenth Century Journal* 28-4(1997), 1280.

141) John Drury, "Michelangelo and Rembrandt:the Crucifixion," *Word and Image* 24-4(2008), 359.

142) 조르조 바사리/이근배 옮김,『르네상스 미술가 평전 5』(파주:한길사, 2018).

143) 조반니 파피니,『미켈란젤로 부오나로티 2』, 99-111.

144) Una Roman D'Elia, "Drawing Christ's Blood:Michelangelo, Vittoria Colonna, and the Aesthetics of Reform," *Renaissance Quarterly* 59(2006), 90, 103-113.

145) Sara Adler, "Vittoria Colonna:Michelangelo's Perfect Muse," *Italica* 92-1(2015), 5-32.

146) John Drury, "Michelangelo and Rembrandt: the Crucifixion," 352.

147) 르네상스(Renaissance)라는 말은 프랑스어인데, 영어권은 물론 전 세계적으로도 그대로 널리 사용되는 단어이다. 본래 Rinascimento(리나시멘토)라는 이탈리아어에서 시작되었다. 이 단어의 원 의미는 '재생'(再生), '부활'(復活)이라는 뜻이다. 그 어원은 조르조 바사리가 『예술가 열전』에서 미켈란젤로의 작품을 해석하면서 그리스와 로마의 재림이라 하여 이탈리아어로 리나시타(rinascita, 부활)이라한 데서 유래한다. 이것을 프랑스의 역사가였던 쥘 미슐레가 '르네상스(Renaissance, 재탄생:re, 다시 + naissance, 탄생)'으로 번역하였고, 스위스의 역사가였던 야코프 부르크하르트가 1860년에 확정하였다. 부르크하르트는 이것을 인문주의자들이 신이 모든 것의 중심인 그리스도교의 신본주의적 세계관에서 벗어나 인간이 모든 것의 척도였던 고대 그리스로마 시절로 회귀하려 한 운동, 즉 인본주의(Humanism)이라고 해석했다.

148) 알리스터 맥그래스/정옥배 옮김, 『십자가로 돌아가라』(서울:생명의말씀사, 2014).

13장. 크라나흐의 〈바이마르 제단화〉

149) 서현주, "크라나흐, 개혁의 현장을 캔버스에 옮긴 화가(1472~1553)," 『종교개혁과 미술』(서울:예경, 2011), 54-71; 그러나 크라나흐는 이전에 1520년대 추기경 브란덴부르크의 알브레히트(Albrecht von Brandenburg, 1490~1545)의 주문으로 회화 작품을 제작하기도 하였다. 이와 관련해서는 한유나, "〈그리스도의 몸 제단화〉 연구:크라나흐 회화의 17세기 재구성과 수용,"(서울대학교 석사학위논문, 2011) 참조.

150) https://blog-archiv.klassik-stiftung.de/margot-kaessman-ueber-cranach-in-weimar.

151) 지난세기 후반부터 개혁교회에서 이미지 사용과 미술 신학에 대한 연구들이 증가하고 있다. 국내에서도 최근 들어 이에 관한 연구가 활발해지고 있다. 노병균, "칼뱅의 성찬신학에서 본 프로테스탄트 이미지 신학의 가능성,"(총신대학교 석사학위논문, 2008); 박성관, "변혁모델로서 기독교 문화예술텍스트 해석- 기독교미학을 중심으로,"(장로회신학대학교 박사학위논문, 2010); 현성주, "예수 그리스도의 형상화의 역사적 변천과 그 신학 미학적 함의에 관한 연구,"(백석대학교 박사학위논문, 2014) 등.

152) 그러나 흥미롭게도 츠빙글리를 포함하여 대부분의 종교개혁자들은 성서나 서적 안에 삽화를 사용하는 것은 별로 개의치 않았다. 오히려 적극적으로 사용하였다.

153) 마르틴 루터/지원용 옮김, 『루터선집 10:설교자 루터』(서울:컨콜디아사, 1984), 447.

154) 박종석, "종교개혁과 시각예술- 루터의 이미지 활용을 중심으로," 「신학사상」 178(2017), 250-270; 전한호, "종교개혁과 미술의 변화:크라나흐와 뒤러의 작품을 중심으로," 「서양중세사연구」 41(2018), 113-120.

155) Martin Luther, *Martin Luthers Werke, Kritische Gesamtausgabe* 6 (Weimar:H. Böhlaus, 1988), 53. WA 26. 509.

156) 대(大) 루카스 크라나흐에 관해서는 Victoria Mier, "Recent Interest in Lucas Cranach the Elder," *Reformation* 13(2008), 173-183와 W. L. M. Burke, "Lucas Cranach the Elder," *The Art bulletin* 18(1936), 25-53.참조.

157) Rosa Giorgi, *The History of the Church in Art* (Los Angeles:J. Paul Getty Museum, 2008), 260.

158) 박성은, 『기독교 미술사』(서울:대한기독교서회, 2013), 181-215.

159) 쉬네베르크 제단화(Schneeber Altarpiece)는 크라나흐가 로마 가톨릭의 제단화를 사용하여 루터의 종교개혁 신학을 표현하였음을 잘 보여준다. Bonnie J. Noble, "A work in which the angels are wont to rejoice:Lucas Cranach's Schneeberg Altarpiece,"

Sixteenth Century Journal 344(2003), 1018-1020, 1037.

160) 마르틴 루터/이길상 옮김, 『탁상담화』(고양:크리스찬다이제스트, 2014), 223-224. § 305 "우리가 구원을 얻는 방법을 다루는 이 조항은 기독교 교리를 통틀어 가장 중요하며, 모든 신학 논쟁이 이 점에 집중됩니다.… 다른 교리들도 저마다 다 중요하지만 칭의 교리가 모든 것을 능가합니다." § 306 "진정한 그리스도인은 '나는 나 자신이 내놓는 어떤 선행이나 공로와 상관없이 오직 그리스도를 믿는 믿음으로만 의롭다 함과 구원을 얻는다.'고 말합니다."

161) 마틴 루터/전경미 옮김, 『교회의 바빌론 유수』(서울:키아츠, 2021), 25-47.

162) 필립 멜란히톤/이승구 옮김, 『신학총론』(고양:크리스찬다이제스트, 2000).

163) Martin Junge, "Cranach painting reveals Luther's understanding of the Bible and art of preaching," *The Lutheran World Federation* 1 May 2019.

164) 김균진, 『루터의 종교개혁』(서울:새물결플러스, 2018), 196-198. 굴덴(Gulden)은 당시 독일의 금화(단위)였다.

165) 앞의 책, 187-201.

14장. 엘 그레코의 〈십자가형〉

166) 곰브리치/백승길·이종숭 옮김, 『서양미술사』(서울:예경, 2012), 374.

167) 앞의 책, 111.

168) 최경화, "엘 그레코(1541~1614) 종교화의 반종교개혁적 도상 연구,"(이화여자대학교 석사학위논문, 2004), 3.

169) 권태경, "반동 종교개혁(counter-reformation)의 신학연구- 트리엔트 공의회(1545~1563)을 중심으로," 「총신대논집」 26(2006), 483-509. 트리엔트 공의회는 약 18년간 25차에 걸친 회의를 하였다. 권태경은 역사적으로 두 번의 중단 시기를 기점으로 하여 3기로 나누어서 트리엔트 공의회의 신학을 정리하였다.

170) J. 노이어·J. 뒤퓌/안소근·신정훈·최대한 옮김, 『가톨릭교회의 교리 문헌에 나타난 그리스도교 신앙』(서울:가톨릭출판사, 2017), 393-394, 398. 성모 마리아가 원죄 없이 잉태되었다는 교리는 1854년 비오 9세(Pius IX, 재위 1846~1878)의 칙서에 의해 공식 교리로 채택되었다. 또한 1950년 비오 12세(Pius XII, 재위 1939~1958)는 교황령으로 성모 마리아는 천사의 영광으로 승천하였다고 규정하였다.

171) 엘 그레코는 성모 마리아와 관련하여 전통적인 주제인 〈수태고지〉, 〈성탄도〉, 〈아기 예수를 품에 안은 성모〉 외에도 〈성모임종〉(The Dormition of the Virgin, 1567 前), 〈피에타〉(Pietà, 1571~1576, c. 1575), 〈성모승천〉(The Assumption of the Virgin, 1577), 〈성모 무염시태〉(The Virgin of the Immaculate Conception, 1585, 1605~1610, 1608~1613), 〈성모대관〉(The Coronation of the Virgin, 1591) 등을 그렸다.

172) 최경화, "엘 그레코(1541~1614) 종교화의 반종교개혁적 도상 연구," 65-66.

173) 김상은, "엘 그레코의 〈성 요셉과 그리스도〉와 16세기 스페인의 성 요셉 경배 문화,"(홍익대학교 석사학위논문, 2017).

174) 미하엘 숄츠 헨젤/김영숙 옮김, 『엘 그레코』(서울:마로니에북스, 2006), 73.

175) 최경화, "엘 그레코(1541~1614) 종교화의 반종교개혁적 도상 연구," 43.

176) Edward James Schuster, "Alonso de Orozco and Fray Luis de Leon: De los nombres de Cristo," *Hispanic Review* 24 (1956), 261-270.

177) 제럴드 싯처/신현기 옮김, 『영성의 깊은 샘』(서울:IVP, 2007), 249-287.

178) 최대열, 『사랑부에서 사랑을 배우다』(서울:오주, 2016), 23-32.

179) 진 바이트/엄진섭 옮김, 『십자가의 영성』(서울:컨콜디아사, 2004). 예수 그리스도의

십자가로 거듭났으면 예배는 물론 삶의 모든 것이 영성의 삶이 된다.

180) 앤드류 퍼브스/안정임 옮김, 『십자가의 목회』(분당:새세대, 2016).
181) 오소운, 『알기 쉽게 쓴 21세기 찬송가 해설』(서울:성서원, 2017), 811.

15장. 루벤스의 〈두 강도 사이에 있는 십자가 위의 그리스도〉

182) 다니엘라 타라브라/최병진 옮김, 『루벤스』(서울:마로니에북스, 2009), 6-49.
183) 이 작품에 관한 자세한 설명은 최대열, 『어, 보인다 보여』(서울:나눔사, 2022), 314-323 참조.
184) 본래 〈플란다스의 개〉는 영국의 여류작가 매리 루이스 드 라 라메(Marie Louise de la Ramée, 1839~1908)가 1872년에 위다(Ouida)라는 필명으로 발표한 동화인데, 1975년 일본에서 만화영화로 제작하여서 국내와 세계에 널리 알려지게 되었다. 위다/손인혜 옮김, 『플란다스의 개』(서울:더모던, 2019).
185) Cynthia Lawrence, "Before The Raising of the Cross:The Origins of Rubens's Earlist Antwerp Altarpiece," *Art Bulletin* 81-2(1999), 267-296.
186) 권태경, "반동 종교개혁(Counter-Reformation)의 신학연구- 트리엔트 공의회(1545~1563)을 중심으로," 「총신대논집」 26(2006), 507.
187) 알리스터 맥그래스/황을호·전의우 옮김, 『한 권으로 읽는 기독교』(서울:생명의말씀사, 2017), 283-284. 188) J. 노이어·J. 뒤퓌/안소근·신정훈·최대한 옮김, 『가톨릭교회의 교리 문헌에 나타난 그리스도교 신앙』(서울:가톨릭출판사, 2017), 703. 또한 트리엔트공의회는 이미 787년 제2차 니케아공의회에서 결의되었던 하나님께만 드릴 수 있는 흠숭(Latreia)과 성인에게 적용할 수 있는 공경(Proskynesis)을 재확인하였다. 699.
189) Richard Viladesau, "Counter-Reformation Theology and Art:The Example of Rubens's Paintings of the Passion," *Toronto Journal of Theology* 28-1(2012), 29.
190) 김균진, 『기독교 신학 4』(서울:새물결플러스, 2017), 640-646.
191) J. 노이어·J. 뒤퓌, 『가톨릭교회의 교리 문헌에 나타난 그리스도교 신앙』, 781, 784.
192) 손수연, "피터 파울 루벤스의 〈십자가에서 내려지는 그리스도〉 제단화와 반종교개혁," 「서양미술사학회」 16(2001), 153-154. 손수연은 이 제단화에 4가지의 마리아 신앙이 담겨 있다고 분석하였다:구원동반자(Co-Redemptrix), 사제로서의 성모(Virgo Sacerdos), 하늘의 여왕(Queen of Heaven), 무원죄 잉태설.

16장. 렘브란트의 〈세 개의 십자가〉

193) 최광열, "바로크 미술, 신학으로 읽기- 루벤스와 렘브란트 비교,"(숭실대학교 석사학위논문, 2014), 2; 김학철, 『렘브란트, 성서를 그리다』(서울:대한기독교서회, 2011).
194) 심광섭, 『십자가와 부활의 미학』(서울:예술과영성, 2021), 160.
195) John Drury, "Michelangelo and Rembrandt:the Crucifixion," *Word and Image* 24-4(2008), 365.
196) 손수연, "네덜란드 황금시대의 종교화:렘브란트의 〈십자가를 내림〉(1633)," 「한국예술연구」 27(2020), 185-208.
197) 손수연, "17세기 네덜란드 판화와 물질문화," 「미술사연구」 28(2014), 33.
198) Dudley Ashton, "Rembrandt's Three Crosses," *Revista de Filosofia* 36 (1969), 274. 렘브란트 연구의 권위자인 크리스토퍼 화이트(Christopher White)는 렘브란트의 다양한 용지와 잉크 방법의 실험적 사용에 따른 효과와 이후의 재작업 등에 대해서 상세

히 언급하였다.

199) Paul Crenshaw, "Rembrandt's Three Crosses," Mildred Lane Kemper Art Museum Spotlight Series: October 2008; http://kemperartmuseum.wustl.edu/spotlight10.08pdf.

200) 칼 바르트/황정욱 옮김, 『교회교의학 IV/3-2』(서울:대한기독교서회, 2005), 415.

201) 알리스터 맥그래스/정진오·최대열 옮김, 『루터의 십자가 신학』(서울:컨콜디아사, 2001). 루터의 숨어계신 하나님에 관해서는 루터의 히브리서 12장 11절 주석, 이사야 45장 15절 주석, 하이델베르크 논제 20번 참조.

17장. 수르바란의 〈십자가에 달린 그리스도 앞의 화가 성 누가〉

202) 가상칠언(架上七言, The Seven Words)은 다음과 같다. ① 아버지 저들을 사하여 주옵소서 자기들이 하는 것을 알지 못함이니이다(눅 23:34). ② 내가 진실로 네게 이르노니 오늘 네가 나와 함께 낙원에 있으리라(눅 23:43). ③ 여자여 보소서 아들이니이다 … 보라 네 어머니라(요 19:26-27). ④ 엘리 엘리 라마 사박다니(마 27:46, 막 15:34). ⑤ 내가 목마르다 (요 19:28). ⑥ 다 이루었다(요 19:30). ⑦ 아버지 내 영혼을 아버지 손에 부탁하나이다(눅 23:46).

203) 성녀 브리지다(St. Brigid)로 불리는 인물에는 여러 명이 있다. 가장 유명한 인물은 초기 켈트 기독교의 여성 지도자였던 아일랜드의 브리지다(Brigid of Ireland, 451~525)인데, 그녀는 킬데어의 브리지다(Brigid of Kildare)로 불리기도 한다. 이 글에서 언급된 브리지다는 14세기 스웨덴의 성녀이다.

204) Vicente Carducho, *Dialogos de la pintura:Su defensa, origen, esencia, definicion, modos, y diferencias*, ed. and intro. by Francisco Calvo Serraller(Madrid:Ediciones Turner, 1979), 343. 김현직, "프란시스코 데 수르바란의 〈알론소 로드리게스의 비전〉 연구," (서울대학교 석사학위논문, 2010), 18 재인용.

205) 환상 중에 예수 그리스도가 나타나서 "나는 5,480대의 매를 맞았다. 만일 네가 이 매 맞은 고통과 상처를 공경하고자 한다면, 매일 주님의 기도 15번과 성모송 15번을 바치고 이 기도를 1년 동안 바쳐라. 이렇게 실천하는 자에게는 많은 사람에게 회개의 은총을 베풀어 주겠다."라고 하였다.

206) <Meditation of St. Francis>(1632), <St. Francis of Assisi Receiving the Stigmata>(17c), <St. Francis at Prayer>(1650~1655), <St Francis>(c. 1660) 등.

207) <The Vision of St. Peter of Nolasco>(1629), <Vision of Blessed Alonso Rodriguez>(1632), <Vision of Brother Andrés Salmerón>(1639~1640) 등.

208) Mindy Nancarrow, "Theology and Devotion in Zurbaran's Image of the Infant Virgin in Temple," *South Atlantic Review* 72-1(2007), 90.

18장. 실베스트르의 〈구름이 만든 십자가 위의 그리스도〉

209) Robert Wellington, "Lines of sight:Israël Silvestre and axial symbolism of Louis XIV's gardens at Versailles," *Studies in the History of Gardens and Designed Landscapes* 37-2(2017), 120.

210) 근대 유럽의 왕들은 지역 왕국에 따라 동일인물도 달리 불리곤 한다. 여기서 아들 아우구스트 2세(Friedrich August II)는 독일식 표현이다. 그는 신성로마제국에서 작센의 선제후로 있었기에 독일식으로 불리기도 하였다. 그러나 실제 폴란드 역사에서 그는 아버지 아우구스투스 2세의 뒤를 이어 아우구스투스 3세(Augustus III)로 불리

는 인물로서 1733년부터 1763년까지 폴란드의 국왕이자 리투아니아의 대공이었다.

211) Harald Marx, *Gemäldegalerie Dresden Alte Meister* (Leipzig:Seemann, 2008), 122.

212) 장 칼뱅/박건택 옮김, 『기독교 강요』(서울:부흥과개혁사, 2018), 59-168. 제1장 "하나님 지식"과 제2장 "인간 지식" 참조.

213) 이미라, "개혁주의생명신학 신학방법론을 위한 이성의 사용에 대한 연구- 존 칼빈과 찰스 핫지를 중심으로,"(백석대학교 박사학위논문, 2023), 109-112.

214) 김균진, 『기독교 신학 1』(서울:새물결플러스, 2014), 238-249.

215) 김삼환, 『십자가 십자가』(서울:오주, 2016). 이 책의 사진들은 모두 자연과 일상 속에서 발견한 십자가 사진들로 김수안과 권산 작가의 작품들이다.

216) 유승준, 『서쪽 하늘 붉은 노을:주기철 목사와 주광조 장로 이야기』(서울:홍성사, 2014). 주기철 목사는 1935년 9월 평양장로회신학교에서 개최됐던 선교 50주년기념 부흥사경회에서 요한복음 11장 16절을 본문으로 '일사각오(一死覺悟)'라는 주제로 설교하였다. 이 설교에서 그는 "예수를 버리고 사느냐? 예수를 따라 죽느냐? 예수를 버리고 사는 것은 정말 죽는 것이요 예수를 따라 죽는 것은 정말 사는 것이다…. 예수를 환영하던 한때도 지금 지나가고 수난의 때는 박도하였나니 물러갈 자는 물러가고, 따라갈 자는 일사를 각오하고 나서라"고 외쳤다.

19장. 프리드리히의 〈산중의 십자가〉

217) 변기숙, "독일 낭만주의 철학이 회화에 미친 영향-카스파 다비트 프리드리히(Caspar David Friedrich) 작품을 중심으로," 「유럽문화예술학논집」 3(2011), 29-32.

218) 피터 왓슨/박병화 옮김, 『저먼 지니어스』(파주:글항아리, 2015), 332-333.

219) 이화진, "C. D. 프리드리히(C. D. Friedrich)의 풍경화에 나타난 공간 구성 연구," 「서양사학회미술논문집」 22(2004), 85-95.

220) 정금희, 『프리드리히』(서울:재원, 2005), 5.

221) Colin J. Bailey, "Religious Symbolism In Caspar David Friedrich," *Bulletin of the John Rylands Library* 71 (1989), 5-6.

222) 심광섭, 『공감과 대화의 신학』(서울:신앙과지성사, 2015), 865-866.

223) 노르베르트 볼프/이명주 옮김, 『카스파 다비트 프리드리히』(서울:마로니에북스, 2005), 26; Sigrid Hinz(hg), *Caspar David Friedrich in Briefen und Bekenntnissen* (Berlin:Henschelverlag, 1968), 155.

224) Werner Busch, *Caspar David Friedrich:Ästhetik und Religion* (München:C. H. Beck, 2003, 2003), 161.

225) 슐라이어마허/최신한 옮김, 『종교론』(서울:대한기독교서회, 2002), 23, 123.

226) 랜쉬-트릴은 칸트의 경험론에 근거해서 프리드리히의 그림이 주관과 객관, 영원과 현실 사이(zwischen)를 가교한다고 분석하였다. Barbara Ränsch-Trill, "Erwachen erhabener Empfindungen bei der Betrachtung neuerer Landschaftsbilder- Kants Theorie des Erhabenen und die Malerei Caspar David Friedrich," *Kant Studien* 68(1977), 90-99.

227) 정금희, 『프리드리히』, 9.

228) Karl Ludwig Hoch, *Zur Ikonographie des Kreuzes bei C. D. Friedrich* (Dortmund, 1990), 71.

229) 이화진, "C. D. 프리드리히(C. D. Friedrich)의 풍경화에 나타난 공간 구성 연구," 95.

230) Nina Amstutz, "Caspar David Friedrich and the Aesthetics of Community," *Studies in Romanticism* 54-4(2015), 471-472. 프리드리히의 풍경화에서 뒷모습을 한 인물은 인간과 자연 사이, 정신계와 물질세계 사이의 중재인으로 이해되었는데, 또한 주체로서

의 인간과 인간 사이의 중재인의 역할도 하고 있다.

231) 최대열, "헤겔의 정신과 자연과 인간,"『생명신학·생태신학』(서울:한들출판사, 2004), 249-274.
232) 심광섭, 『십자가와 부활의 미학』(서울:예술과영성, 2021), 291.
233) 낸시 아이에스랜드는 교회를 가리켜 장애인에겐 '언덕 위의 도시(City on a hill)'라고 하였다. Nancy L. Eiesland, *The Disabled God:Toward a Liberatory Theology of Disability* (Nashville:Abingdon Press, 1994), 20. 장애신학의 교회론에 관하여서는 최대열, 『성서, 장애 그리고 신학』(서울:나눔사, 2015), 148-176과 최대열, 『장애 조직신학을 향하여』(서울:나눔사, 2018), 190-217 참조.
234) 오소운, 『알기 쉽게 쓴 21세기 찬송가 해설』(고양:성서원, 2017), 754-755.

20장. 고갱의 〈황색의 그리스도〉

235) 이택광, 『반 고흐와 고갱의 유토피아』(파주:아트북스, 2014). 이 책은 주로 고흐와 고갱의 얽힌 삶을 작품과 함께 서술하고 있다.
236) 고갱의 종합주의에 관하여서는 이선영의 "고갱의 종합주의,"(관동대학교 석사학위논문, 2011) 참조.
237) 라영환, "폴 고갱의 기독교적 이미지 사용에 대한 연구,"「신앙과 학문」 18-4(2013), 117-119.
238) 이택광, 『반 고흐와 고갱의 유토피아』, 83.
239) 자화상은 화가가 자기 자신을 그린 그림이다. 자화상에는 화가의 자기 자신에 대한 이해가 담겨 있다. 고갱은 여러 번에 걸쳐서 자화상을 그렸는데, 그때마다 자신의 심정을 그림 속에 담았다. 그의 대표적인 자화상은 다음과 같다. 20대 후반에 아마추어로서 그린 〈자화상〉(1875~1877), 〈이젤 앞의 자화상〉(1884~1885), 〈레자방에서의 자화상〉(1888), 〈고흐에게 바치는 자화상〉(1888), 〈붉은 베레모를 쓴 남자 폴 고갱〉(1888), 〈자화상 '레 미제라블'〉(1888), 〈만돌린을 들고 있는 자화상〉(1889), 〈안녕하세요. 고갱 씨〉(1889), 〈후광이 있는 자화상〉(1889), 〈황색 그리스도가 있는 자화상〉(1891), 〈팔레트를 들고 있는 자화상〉(1893), 〈우상이 있는 예술가의 초상〉(1893), 〈들라크루아의 작품 '사르다나 팔루스의 죽음'이 걸려 있는 자화상〉(1893) 〈예술가의 초상〉(1893~1894), 〈예술가의 초상〉(1896), 〈골고다 곁에서의 자화상〉(1896), 〈한 예술가의 초상〉(1902~1903) 등.
240) 최대열, 『장애 조직신학을 향하여』(서울:나눔사, 2018), 156-187.
241) 김정환, 『황색예수전』(서울:실천문학사, 1983); 박종천, 『기어가시는 하느님』(서울:감신, 1995), 제4장 "황색 예수와 포월의 영성"; 지창영, "김정환의 연작 『황색예수』에 나타난 해방신학적 관점,"「동악어문학」 85(2021) 참조.

강명관.『그림으로 읽는 조선 여성의 역사』. 서울:휴머니스트, 2012.

고종희. "일상의 관점에서 본 조토의 스크로베니 예배당 벽화."「미술사논단」32 (2011):13-35.

_____. "바사리의『가장 위대한 화가, 조각가, 건축가의 생애』와 매너리즘."「서양미술 사학회논문집」33(2010):193-224.

_____.『명화로 읽는 성서』. 서울:한길아트, 2000.

곰브리치/백승길·이종승 옮김.『서양미술사』. 서울:예경, 2012.

권종선.『신약성서 해석과 비평』. 대전:침례신학대학교출판부, 2005.

권태경. "반동 종교개혁(Counter-Reformation)의 신학연구- 트리엔트 공의회(1545~ 1563)를 중심으로."「총신대논집」26(2006): 483-509.

그라바, 앙드레/박성은 옮김.『기독교 도상학의 이해』. 서울:이화여자대학교출판부, 2008.

김건우.『인생미술관』. 서울:어바웃어북, 2022.

김광채.『그림으로 본 10대 박해』. 서울:기독교문서선교회, 2010.

김균진.『루터의 종교개혁』. 서울:새물결플러스, 2018.

_____.『기독교 신학 4』. 서울:새물결플러스, 2017.

_____.『기독교 신학 2』. 서울:새물결플러스, 2014.

_____.『기독교 신학 1』. 서울:새물결플러스, 2014.

김남민. "제단화에 나타난 그리스도 이미지 연구." 백석대학교 박사학위논문, 2016.

김삼환.『십자가 십자가』. 서울:오주, 2016.

김상근.『카라바조, 이중성의 살인미학』. 파주:21세기북스, 2016.

_____.『엘 그레꼬, 지중해의 영혼을 그린 화가』. 서울:연세대학교출판부, 2009.

김상은. "엘 그레코의〈성 요셉과 그리스도〉와 16세기 스페인의 성 요셉 경배 문화." 홍익 대학교 석사학위논문, 2017.

김서형.『그림으로 읽는 빅히스토리』. 서울:학교도서관저널, 2018.

김석만. "마사치오의 "삼위일체" 벽화에서 나타난 공간적인 특성에 관한 연구."「건축역 사연구」22-6 (2013):7-22.

김석환.『교부들의 삼위일체론』. 서울:기독교문서선교회, 2000.

김선지.『뜻밖의 미술관』. 서울:브라이트, 2023.

김승환. "〈이젠하임 제단화〉와 맥각중독- 미술과 질병." 「프랑스문화예술연구」
    43(2013):191-216.

김영숙. 『성화, 그림이 된 성서』. 서울:휴머니스트 출판그룹, 2015.

김영준. 『명화들이 말해주는 그림 속 성경 이야기』. 서울:J&jj, 2015.

김용규. 『신:인문학으로 읽는 하나님과 서양문명 이야기』. 서울:IVP, 2018.

김은희. 『그림으로 읽는 러시아』. 서울:아담북스, 2014.

김재원·김정락·윤인복. 『유럽의 그리스도교 미술사』. 파주:한국학술정보, 2014.

김정환. 『황색예수전』. 서울:실천문학사, 1983.

김주한. "마르틴 루터의 영성신학." 「한국기독교신학논총」 43(2006):93-114.

김창선. 『21세기 신약성서 신학』. 서울:예영커뮤니케이션, 2004.

김태형. 『그라피티와 거리예술』. 서울:커뮤니케이션북스, 2018.

김학철. "이미지와 종교, 종교적 시각 문해력 서론- 선사시대부터 종교개혁까지." 「한국
    기독교신학논총」 118(2020):537-565.

_____. 『렘브란트, 성서를 그리다』. 서울:대한기독교서회, 2011.

김향숙. "마티스 그뤼네발트의 이젠하임 제단화." 「십자가」. 서울:학연문화사, 2006.

김현직. "프란시스코 데 수르바란의 〈알론소 로드리게스의 비전〉 연구." 서울대학교 석
    사학위논문, 2010.

김현화. 『성서 미술을 만나다』. 파주:한길사, 2008.

나성원. "비잔틴 성화상 논쟁과 이미지의 편재성:보드리야르의 시뮬라크르를 중심으로."
    성공회대학교 박사학위논문, 2022

나우웬, 헨리/최원준 옮김. 『상처 입은 치유자』. 서울:두란노, 1999.

남병식. 『바이블 문화 코드』. 서울:생명의말씀사, 2006.

남성현. 『고대 기독교 예술사』. 서울:이담북스, 2016.

노리스, 리차드/홍삼열 옮김. 『기독론 논쟁』. 서울:은성출판사, 2010.

노병균. "칼뱅의 성찬신학에서 본 프로테스탄트 이미지 신학의 가능성." 총신대학교 석사
    학위논문, 2008.

노이어, J·뒤퓌, J/안소근·신정훈·최대한 옮김. 『가톨릭교회의 교리 문헌에 나타난 그리스
    도교 신앙』. 서울:가톨릭출판사, 2017.

단테, 알리기에리/박상진 옮김. 『신곡:지옥편』. 서울:민음사, 2007.

데카포아, 키아라/김숙 옮김. 『구약성서, 그림으로 읽기』. 서울:예경, 2009.

드브레, 레지스/심민화 옮김. 『100편의 명화로 읽는 신약』. 서울:마로니에북스, 2006.

라영환. "폴 고갱의 기독교적 이미지 사용에 대한 연구." 「신앙과 학문」 18-4(2014):
    115-139.

로덴, 존/임산 옮김. 『초기 그리스도교와 비잔틴 예술』. 서울:한길아트, 2003.

루터, 마르틴/전경미 옮김. 『교회의 바빌론 유수』. 서울:키아츠, 2021.

_____ / 이길상 옮김. 『탁상담화』. 고양:크리스찬다이제스트, 2014.

_____ / 지원용 옮김. 『루터선집 10:설교자 루터』. 서울:컨콜디아사, 1984.

_____ / 지원용 옮김. 『루터선집 5:교회의 개혁자(I)』. 서울:컨콜디아사, 1984.

릴리스. 『그림 쏙 세계사』. 서울:지식서재, 2020.

맥그래스, 알리스터/황을호·전의우 옮김. 『한 권으로 읽는 기독교』. 서울:생명의말씀사, 2017.

_____ /정옥배 옮김. 『십자가로 돌아가라』. 서울:생명의말씀사, 2014.

_____ /정진오·최대열 옮김. 『루터의 십자가 신학』. 서울:컨콜디아사, 2001.

메를로, 클라우디오/노성두 옮김. 『르네상스의 세 거장:레오나르도·미켈란젤로·라파엘로』. 파주:사계절, 2004.

멜란히톤, 필립/이승구 옮김. 『신학총론』. 고양:크리스찬다이제스트, 2000.

몬딘, 바티스타/조규만·박규흠·유승록·이건 옮김. 『신학사 1』. 서울:가톨릭출판사, 2012.

몰트만, 위르겐/이신건 옮김. 『나는 영생을 믿는다』. 서울:신앙과지성사, 2020.

_____ / 김균진 옮김. 『삼위일체와 하나님의 나라』. 서울:대한기독교서회, 2017.

_____ / 김균진 옮김. 『오시는 하나님』. 서울:대한기독교서회, 1997.

_____ / 이신건 옮김. 『희망의 신학』. 서울:대한기독교서회, 1991.

_____ / 김균진 옮김. 『십자가에 달리신 하나님』. 서울:한국신학연구소, 1988.

문소영. 『그림 속의 경제학』. 서울:이다미디어, 2014.

바르트, 칼/윤응진 옮김. 『교회 교의학 III/3』. 서울:대한기독교서회, 2016.

_____ / 신준호 옮김. 『교회 교의학 I/2』. 서울:대한기독교서회, 2010.

_____ / 황정욱 옮김. 『교회교의학 IV/3-2』. 서울:대한기독교서회, 2005.

_____ / 박순경 옮김. 『교회 교의학 I/1』. 서울:대한기독교서회, 2003.

_____ / 전경연 옮김. 『휴머니즘과 문화』. 서울:대한기독교서회, 1979.

바사리, 조르조/이근배 옮김. 『르네상스 미술가 평전 1』. 파주:한길사, 2018.

_____ . 『르네상스 미술가 평전 5』. 파주:한길사, 2018.

바이트, 진/엄진섭 옮김. 『십자가의 영성』. 서울:컨콜디아사, 2004.

박광혁. 『미술관에 간 의학자』. 서울:어바웃어북, 2017.

박민경. 『사람이 사는 미술관』. 서울:그래도봄, 2023.

박민수. "카스파 다비트 프리드리히의 해양풍경화와 슐라이어마허의 영향." 「해항도시문화교섭학」 9(2013):215-241.

박성관. "변혁모델로서 기독교 문화예술텍스트 해석- 기독교미학을 중심으로." 장로회신학대학교 박사학위논문, 2010.

박성국. "마사초의 성 삼위일체의 도상적 의미." 「미술사학보」 24(2005):85-117.

박성은. 『기독교 미술사』. 서울:대한기독교서회, 2013.

_____ . "14세기 스크로베니 예배당의 〈최후의 심판〉 도상 연구." 「미술사논단」 30 (2010):353-376.

_____ . 『15세기 제단화를 중심으로 플랑드르 사실주의 회화』. 서울:이화여자대학교출판부, 2008.

_____ . "15세기 플랑드르의 겐트 제단화 연구." 「미술사논단」 5(1997):41-63.

_____ . "겐트 제단화 연구:어린 양 경배에 나타난 세례구도와 도상적 의미." 「서양미술사학회논문집」 9(1997):93-112.

_____ . "15세기 서구 사실주의 풍경화의 태동과 화가 얀 반 아이크." 「미술사논단」 1(1995):167-189.

박소울.『그림으로 읽는 숨겨진 아시아의 역사』. 서울:알에이치코리아, 2014.

박소현.『미술관에 간 클래식』. 서울:믹스커피, 2023.

박종석. "종교개혁과 시각예술-루터의 이미지 활용을 중심으로."「신학사상」
    178(2017):245-278.

박종천.『기어가시는 하느님』. 서울:감신, 1995.

방지일.『피의 복음』. 서울:홍성사, 2017.

배철현.『창세기, 샤갈이 그림으로 말하다』. 서울:코바나컨텐츠, 2011.

버드, 마이클·에반스, 크레이그·게더콜, 사이먼·힐, 찰스·틸링, 크리스/손현선 옮김.『하나
    님은 어떻게 예수가 되셨나?』. 서울:좋은씨앗, 2016.

변기숙. "독일 낭만주의 철학이 회화에 미친 영향-카스파 다비트 프리드리히(Caspar
    David Friedrich) 작품을 중심으로."「유럽문화예술학논집」 3(2011):27-47.

보라기네의 야코부스/윤기향 옮김.『황금전설』. 고양:크리스찬다이제스트, 2007.

볼프, 노르베르트/이명주 옮김.『카스파 다비트 프리드리히』. 서울:마로니에북스, 2005.

부르하르트, 야콥/최승규 옮김.『루벤스의 그림과 생애:루벤스의 회상』. 서울:한명출판,
    1999.

비어드, 메리/김지혜 옮김.『로마는 왜 위대해졌는가』. 서울:다른, 2017.

서민아.『미술관에 간 물리학자』. 서울:어바웃어북, 2020.

서성록·김이순·김미경·심상용·서현주·최태연·안용준.『종교개혁과 미술』. 서울:예경,
    2011.

서현주. "크라나흐, 개혁의 현장을 캔버스에 옮긴 화가(1472~1553)."『종교개혁과 미
    술』. 서울:예경, 2011.

손수연. "네덜란드 황금시대의 종교화:렘브란트의 〈십자가를 내림〉(1633)."「한국예술
    연구」 27(2020):185-208.

_____.『그림으로 읽는 아리아』. 서울:북랩, 2019.

_____. "17세기 네덜란드 판화와 물질문화."「미술사연구」 28(2014):33-58.

_____. "피터 파울 루벤스의 〈십자가에서 내려지는 그리스도〉 제단화와 반종교개혁."
    「서양미술사학회」 16(2001):153-154.

송병건.『세계화의 단서들』. 파주:아트북스, 2019.

_____.『세계화의 풍경들』. 파주:아트북스, 2017.

_____.『비주얼 경제사』. 파주:아트북스, 2015.

송병구.『십자가 이야기』. 서울:신앙과지성사, 2015.

송혜영. "마사초의 성 삼위일체."「미술사논단」 9(1999).

순더마이어, 테오/채수일 옮김.『미술과 신학』. 오산:한신대학교출판부, 2007.

슐라이어마허/최신한 옮김.『종교론』. 서울:대한기독교서회, 2002.

스토트, 존/황영철 옮김.『그리스도의 십자가』. 서울:IVP, 2007.

시대역사연구소.『그림으로 읽는 역사, 건축으로 읽는 역사』. 서울:시대인, 2017.

싯처, 제럴드/신현기 옮김.『영성의 깊은 샘』. 서울:IVP, 2007.

신승철. "베로니카의 후예들:도상파괴와 20세기 추상 미술."「미학예술학연구」
    55(2018):39-76.

심광섭.『십자가와 부활의 미학』. 서울:예술과영성, 2021.

_____.『예술신학』. 서울:대한기독교서회, 2016.

_____.『공감과 대화의 신학』. 서울:신앙과지성사, 2015.

신준형.『루터와 미켈란젤로』. 서울:사회평론, 2014.

아우구스티누스/성염 옮김.『삼위일체론』. 칠곡:분도출판사, 2015.

아타나시우스/전경미·김재현 옮김.『안토니우스의 생애』. 서울:키아츠프레스, 2019.

안현배.『미술관에 간 인문학자』. 서울:어바웃어북, 2016.

양정무.『난생 처음 한번 공부하는 미술 이야기 5』. 서울:사회평론, 2019.

오리게네스/임걸 옮김.『켈수스를 논박함』. 서울:새물결, 2005.

오소운.『알기 쉽게 쓴 21세기 찬송가 해설』. 고양:성서원, 2017.

왓슨, 피터/박병화 옮김.『저먼 지니어스』. 파주:글항아리, 2015.

우스펜스키, 레오니드/박노양 옮김.『정교회의 이콘 신학』. 서울:정교회출판사, 2015.

월리스, 윌리엄/이종인 옮김.『미켈란젤로, 생의 마지막 도전:황혼이 깃든 예술가의 성 베드로 대성당 건축 분투기』. 서울:책과함께, 2021.

위다/손인혜 옮김.『플란다스의 개』. 서울:더모던, 2019.

윌리엄 본 외.『화가로 보는 서양미술사:비잔틴에서 팝아트까지, 치마부에서 앤디 워홀 까지』. 서울:북로드, 2011.

유진현. "위스망스와 마티아스 그뤼네발트-미학적 발견에서 신비주의적 성찰로."「불어 불문학연구」 95(2013):203-234.

윤인복. "마사초와 안드레이 루블료프의 '삼위일체' 도상."「이탈리아어문학」 57(2019):39-67.

윤현희.『미술관에 간 심리학』. 서울:믹스커피, 2019.

이광래.『미술철학사 I』. 서울:미메시스, 2016.

이동영.『송영의 삼위일체론』. 서울:새물결플러스, 2017.

이미라. "개혁주의생명신학 신학방법론을 위한 이성의 사용에 대한 연구- 존 칼빈과 찰 스 핫지를 중심으로." 백석대학교 박사학위논문, 2023.

이선령. "윌리엄 쿠퍼(William Cowper, 1731-1800)의 찬송시 연구 II:『21세기 찬송 가』에 실린 "샘물과 같은 보혈은"과 "귀하신 주님 계신 곳"에 나타난 그의 신학 관을 중심으로."「개혁논총」 54(2020):391-419.

이선영. "고갱의 종합주의." 관동대학교 석사학위논문, 2011.

이솝/천병희 옮김.『이솝 우화』. 서울:숲, 2013.

이완희. "그리스도교 상징으로서의 십자가."「누리와 말씀」 18(2005):138-156.

이유리.『기울어진 미술관』. 서울:한겨레출판사, 2022.

_____.『검은 미술관』. 서울:아트북스, 2011.

이은기. "참회의 막달라 마리아:중세 말 이탈리아의 막달레나 이미지와 신앙."「서양미 술사학회논문집」 30(2009):99-129.

이정아.『그림 속 여자가 말하다』. 서울:영진닷컴, 2020.

이주헌.『혁신의 미술관』. 서울:아트박스, 2021.

이진숙.『시대를 훔친 미술』. 서울:민음사, 2015.

이태광. 『반 고흐와 고갱의 유토피아』. 파주:아트북스, 2014.

이형기. 『세계개혁교회의 신앙고백서』. 서울:대한예수교장로회총회출판국, 1991.

이형의. "예수를 따른 갈릴리의 여인들-막달라 마리아에 대한 고찰을 중심으로." 『한국신학교육연구원』 6(2007):159-180.

이화진. "C. D. 프리드리히(C. D. Friedrich)의 풍경화에 나타난 공간 구성 연구." 『서양미술사학회논문집』 22(2004):81-100.

인천가톨릭대학교 조형예술대학 그리스도교미술연구소. 『성경의 재해석』. 서울:학연문화사, 2013.

인천가톨릭대학교 종교미술학부. 『십자가』. 서울:학연문화사, 2006.

임동훈. 『경외복음 2』. 서울:북랩, 2018.

임영방. 『중세 미술과 도상』. 서울:서울대학교출판문화원, 2011.

임현균. 『내 머릿속 미술관』. 서울:지식의날개, 2023.

장 칼뱅/박건택 옮김. 『기독교 강요』. 서울:부흥과개혁사, 2018.

전창림. 『미술관에 간 화학자』. 서울:어바웃어북, 2019.

_____. 『명화로 여는 성경』. 서울:어바웃어북, 2017.

전창림·이광연·박광혁·서민아. 『과학자의 미술관』. 서울:어바웃어북, 2021.

전한호. "종교개혁과 미술의 변화:크라나흐와 뒤러의 작품을 중심으로." 『서양중세사연구』 41(2018):105-141.

정금희. 『프리드리히』. 서울:재원, 2005.

정은진. 『미술과 성서』. 서울:예경, 2013.

정진오. "루터의 십자가 신학과 그 현대적 발전에 관한 연구." 연세대학교 박사학위논문, 2009.

정진옥. "표현주의 회화에 나타난 '십자가 처형' 도상 연구:루오, 놀데, 벡크만을 중심으로." 이화여자대학교 석사학위논문, 1997.

조수정. "중세 미술에서의 십자가:그 의미의 다양성." 『십자가』. 서울:학연문화사, 2007.

지창영. "김정환의 연작 『황색예수』에 나타난 해방신학적 관점." 『동악어문학』 85(2021):163-191.

진병관. 『위로의 미술관』. 서울:빅피시, 2022.

진중권. 『교수대 위의 까치』. 서울:휴머니스트, 2009.

차재승. 『7인의 십자가 사상:십자가 그 자체로부터 넘치는 십자가로』. 서울:새물결플러스, 2014.

채승희. "초대교회의 막달라 마리아의 표상 변화에 대한 역사적 고찰-사도들의 사도적 표상에서 참회하는 창녀의 표상으로." 『한국기독교신학논총』 56(2008):87-111.

최경화. "엘 그레코(1541~1614) 종교화의 반종교개혁적 도상 연구." 이화여자대학교 석사학위논문, 2004.

최광열. "바로크 미술, 신학으로 읽기-루벤스와 렘브란트 비교." 숭실대학교 석사학위논문, 2014.

최대열. 『그림에서 장애인을 만나다』. 서울:나눔사, 2023.

___. 『어, 보인다 보여』. 서울:나눔사, 2022.

___. 『장애 조직신학을 향하여』. 서울:나눔사, 2018.

___. 『성서, 장애 그리고 신학』. 서울:나눔사, 2015.

___. "헤겔의 정신과 자연과 인간." 『생명신학·생태신학』. 김균진 교수 회갑기념논문집. 서울:한들출판사, 2004.

최영. 『칼 바르트의 신학 이해』. 성남:민들레책방, 2005.

추피, 스테파노/정은진 옮김. 『신약성서, 그림으로 읽기』. 서울:예경, 2014.

콕스, 하비/구덕관 옮김. 『세속 도시』. 서울:대한기독교서회, 2018.

타라브라, 다니엘라/최병진 옮김. 『루벤스』. 서울:마로니에북스, 2009.

파피니, 조반니/정진국 옮김. 『미켈란젤로 부오나로티 2』. 파주:글항아리, 2008.

퍼브스, 앤드류/안정임 옮김. 『십자가의 목회』. 분당:새세대, 2016.

페브라로, 플라비우·슈베제, 부르크하르트/안혜영 옮김. 『세계 명화 속 역사 읽기』. 서울:마로니에북스, 2012.

포드, 데이비드/류장열·오흥명·정진오·최대열 옮김. 『현대 신학과 신학자들』. 서울:기독교문서선교회, 2006.

푹스, 에릭/박건택 옮김. 『신학으로 그림보기』. 서울:솔로몬, 2007.

하이데거, 마르틴/전양범 옮김. 『존재와 시간』. 서울:시간과공간사, 1992.

한유나. "그리스도의 몸 제단화 연구:크라나흐 회화의 17세기 재구성과 수용." 서울대학교 석사학위논문, 2011.

헨젤, 미하엘 슐츠/김영숙 옮김. 『엘 그레코』. 서울:마로니에북스, 2006.

헹엘, 마르틴/이영욱 옮김. 『십자가 처형』. 서울:감은사, 2019.

현성주. "예수 그리스도의 형상화의 역사적 변천과 그 신학 미학적 함의에 관한 연구." 백석대학교 박사학위논문, 2014.

Adler, Sara. "Vittoria Colonna:Michelangelo's Perfect Muse." *Italica* 92-1(2015):5-32.

Amstutz, Nina. "Caspar David Friedrich and the Aesthetics of Community." *Studies in Romanticism* 54-4(2015):447-476.

Ashton, Dudley. "Rembrandt's Three Crosses." *Revista de Filosofia* 36 (1969):274.

Baarda, T. J. "The Gospel Text in the Biography of Rabbula." *Vigiliae Christianae* 14 (1960):102-127.

Baldwin, Robert. "Anguish, Healing and Redemption in Grunewald's Isenheim Altarpiece." *Sacred Heart University Review* 20(2000),

Bailey, Colin. "Religious Symbolism In Caspar David Friedrich." *Bulletin of the John Rylands Library* 71 (1989):5-20.

Bowersock, G. W. "The Syriac Life of Rabbula and Syrian Hellenism." *Transformation of the Classical Heritage* 31(2000):255-271.

Burke, W. L. M. "Lucas Cranach the Elder." *The Art bulletin* 18(1936):25-53.

Busch, Werner. *Caspar David Friedrich:Ästhetik und Religion*. München:C. H. Beck, 2003.

Claes, Paul. "The first line of The Ghent altarpiece quatrain restored." *Simiolus-Bussum* 40-

1(2018):5-7.

Crenshaw, Paul. "Rembrandt's Three Crosses." Mildred Lane Kemper Art Museum Spotlight Series: October 2008.

D'Elia, Una Roman. "Drawing Christ's Blood:Michelangelo, Vittoria Colonna, and the Aesthetics of Reform." *Renaissance Quarterly* 59(2006):90-129.

Drury, John. "Michelangelo and Rembrandt:the Crucifixion." *Word and Image* 24-4(2008):349-366.

Eiesland, Nancy L. *The Disabled God:Toward a Liberatory Theology of Disability.* Nashville:Abingdon Press, 1994.

Haxton, Brooks. "Catalpa, Meaning Head with Wings: Giotto's Angel over the Dead Christ Spread His Arms in Flight." *The Southern review* 31-1(1995):19-21.

Heyder, Joris C. "Further to the discussion of the highlighted chronogram on The Ghent altarpiece." *Simiolus-Bussum* 38-1(2016):5-16.

Hinz, Sigrid(Hg). *Caspar David Friedrich in Briefen und Bekenntnissen.* Berlin: Henschelverlag, 1968.

Hoch, Karl Ludwig. *Zur Ikonographie des Kreuzes bei C. D. Friedrich.* Dortmund, 1990.

Giorgi, Rosa. *The History of the Church in Art.* Los Angeles:J. Paul Getty Museum, 2008.

Jensen, Robin. *The Cross:History, Art, and Controversy.* Massachusetts:Harvard University Press, 2017.

Junge, Martin. "Cranach painting reveals Luther's understanding of the Bible and art of preaching." *The Lutheran World Federation* 1 May 2019.

Lawrence, Cynthia. "Before The Raising of the Cross:The Origins of Rubens's Earlist Antwerp Altarpiece." *Art Bulletin* 81-2(1999):267-296.

Luther, Martin. *Martin Luthers Werke, Kritische Gesamtausgabe* 6. Weimar:H. Böhlaus, 1988.

Marx, Harald. *Gemäldegalerie Dresden Alte Meister.* Leipzig:Seemann, 2008.

McDougall, Joy. *The Pilgrimage of Love:The Trinitarian Theology of Jürgen Moltmann.* Ph. D. Dissertation. The University of Chicago, 1998.

Mier, Victoria. "Recent Interest in Lucas Cranach the Elder." *Reformation* 13(2008):173-183.

Nancarrow, Mindy. "Theology and Devotion in Zurbaran's Images of the Infant Virgin in the Temple." *South Atlantic Review* 72(2007):76-92.

Noble, Bonnie. *Lucas Cranach the Elder:Art and Devotion of the German Reformation.* Lanham:University Press of America, 2009.

_____. "A work in which the angels are wont to rejoice:Lucas Cranach's Schneeberg Altarpiece." *Sixteenth Century Journal* 344(2003):1011-1037.

Pettersson, Rune. "Jan Van Eyck and the Ghent Altarpiece." *Journal of Visual Literacy* 37-3(2018):213-229.

Price, David. "Bonnie Noble, Lucas Cranach them Elder:Art and Devotion of the German Reformation." Book Reviews. *Renaissance Quarterly* 62(2009):1273-1275.

Rahner, Karl. *Schriften zur Theologie,* Bd. IV. Einsleden:Benziger Verlag, 1962.

Ränsch-Trill, Barbara. "Erwachen erhabener Empfindungen bei der Betrachtung neuerer Landschatsbilder - Kants Theorie des Erhabenen und die Malerei Caspar David Friedrich." *Kant Studien* 68(1977):90-99.

Rouwhorst, Gerard. "The Liturgical background of the Crucifixion and Resurrection scene of the Syriac Gospel Codex of Rabbula:An Example of the Relatedness between Liturgy and Iconography." *Eastern Christian Studies* 19 (2013):225-238.

Schuster, Edward James. "Alonso de Orozco and Fray Luis de Leon:De los nombres de Cristo." *Hispanic review* 24(1956):261-270

Steen, Olaf. "The Iconography of Sarcophagus in S. Ambrogio." *Acta ad Archaeologiam et Artium Historiam Pertinentia* 15(2021):283-294.

Tompson, Thomas. *Imitatio Trinitatis:The Trinity as social model in the Theologies of Jürgen Moltmann and Leonardo Boff.* Ph. D. Dissertation. Princeton Theological Seminary, 1996.

Tracy, Lauren. "Michelangelo's Deposition of Christ:Masculine Beauty and Neoplatonism." *Jama Facial Plastic Surgery &Aesthetic Medicine* 15(2013):68-69.

Viladesau, Richard. "Counter-Reformation Theology and Art:The Example of Rubens's Paintings of the Passion." *Toronto Journal of Theology* 28-1(2012):29-42.

Wallace, William. "Michelangelo's Risen Christ." *Sixteenth Century Journal* 28-4(1997):1251-1280.

Wellington, Robert. "Lines of sight:Israel Silvestre and axial symbolism of Louis XIV's gardens at Versailles." *Studies in the History of Gardens and Designed Landscapes* 37-2(2017):120-133.

Yarbrough, Oliver Larry. "The Shadow of an Ass:On Reading the Alexamenos Graffito." *Text, Image, and Christians in the Graeco-Roman World.* Eugene:Pickwick Publications, 2012.

https://artandtheology.org/alexamenos-graffito.

https://blog-archiv.klassik-stiftung.de/margot-kaessman-ueber-cranach-in-weimar.

https://kemperartmuseum.wustl.edu/files/spotlight10.08.pdf.

https://lost-history.com/dionysus.php.

https://lutheranworld.org/blog/cranach-painting-reveals-luthers-understanding-bible-and-art-preaching.

https://www.rome101.com/Christian/Sabina.